Führungsstile in Familienunternehmen

Ein quantitativer Vergleich transformationalen Führungsverhaltens in Familienunternehmen und Nicht-Familienunternehmen sowie von Familienangehörigen und externen Managern

Inauguraldissertation

zur Erlangung des Grades eines Doktors der Wirtschaftswissenschaft

der Universität Witten/Herdecke gGmbH

im Bereich der Wirtschaftswissenschaft

am Wittener Institut für Familienunternehmen (WIFU)

vorgelegt von:

Anke Skopec

aus Berlin

Dezember 2014

Erstgutachter: Prof. Dr. Arist von Schlippe,
                     Akademischer Direktor des WIFU / Inhaber des Lehrstuhls für
                     Führung & Dynamik von Familienunternehmen

Zweitgutachter: Prof. Dr. Andreas Hack,
                     Institutsdirektor IOP (Institut für Personal und Organisation),
                     Universität Bern

Tag der Disputation: 10.09.2015

Kontakt zur Autorin: Anke Skopec (M. Sc.)
                              Am Wieseneck 2
                              15562 Rüdersdorf b. Berlin
                              anke.skopec@gmail.com
                              +49 / 176 / 218 25 745
                              +49 / 30 / 577 058 200

Abstract

Die vorliegende Studie untersucht die in der Familienunternehmensforschung diskutierte Frage, wie und in welchem Ausmaß sich Führungskräfte aus Familienunternehmen von denen aus Nicht-Familienunternehmen sowie familienangehörige von familienexternen Führungskräften aus Familienunternehmen in ihrem Führungsstil unterscheiden. Über die Dimensionen „Unternehmenstypus" und „Unternehmerfamilienzugehörigkeit" ergeben sich drei Zielgruppen. Das „Full Range Leadership"-Modell und der „Socio-Emotional Wealth"-Ansatz bilden die theoretische Grundlage der Studie. Es ergeben sich zehn verschiedene Hypothesen zum Einfluss der drei Versuchsgruppen auf die Faktoren transformationaler Führung. Die empirischen Daten wurden mit einem Online-Fragebogen erhoben. Neben dem MLQ 5X werden diverse Kontrollvariablen erfasst, welche eine Reihe statistischer Analysen ermöglichen. Nur eine der zehn Hypothesen wird bestätigt, sodass der Führungsstil kein sinnvolles Unterscheidungsmerkmal für die drei Gruppen ist. Der Anteilsbesitz der Führungskraft am Unternehmen hat einen größeren Einfluss auf den Führungsstil als der Unternehmenstypus oder die Unternehmerfamilienzugehörigkeit. Sinnvoll erscheint die Untersuchung der Organisationsergebnisse aus dem Führungsstil, welche sich über die Unternehmenstypen unterscheiden.

The present study investigates a fundamental question in family business research: How and to what extent do executives in family businesses differ from those in non-family businesses and family-member executives differ from non-family executives in family businesses in terms of their leadership style. Three different target groups result from the two dimensions of "Business Type" and "Entrepreneurial Family Membership". The "Full Range Leadership" model and the "Socio-Emotional Wealth" approach form the theoretical basis of the study. Building on these theoretical foundations, ten different hypotheses about the influence of the three conditional groups on the factors of transformational leadership are presented. An online survey was conducted to investigate the research question. In addition to the MLQ 5X, various control variables were captured allowing a series of statistical analyses. Only one of the ten hypotheses was confirmed, so that leadership style seems to be no meaningful differentiator for the three groups. Shares held by the executive give a greater influence on the leadership style than the business type or entrepreneurial family membership. Thus, it makes sense to study the organizational outputs which differ in terms of business types.

Bezug der Autorin zum Forschungsfeld

Anke Skopec studierte Psychologie und Wirtschaftswissenschaften im Bachelor und So-zial-, Arbeits- und Organisationspsychologie im Master an der Universität Bern. Sie stammt selbst aus einer Unternehmerfamilie, wobei sie gemeinsam mit ihrem Bruder die dritte Generation repräsentiert. Nach einem kurzen Aufenthalt direkt nach dem Stu-dium in einer verantwortungsvollen Position des Familienunternehmens trat sie tempo-rär aus, um ein eigenes Unternehmen mit familiärer Kultur und der Arbeitsweise eines Start-Ups zu gründen. Neben ihrer Tätigkeit als Geschäftsführerin arbeitete sie seit No-vember 2011 an ihrer Dissertation.

Danksagung

Die Erstellung dieser Arbeit wäre nicht ohne das Mitwirken verschiedener Personen möglich gewesen, welchen ich an dieser Stelle meinen expliziten Dank aussprechen möchte. Prof. Dr. von Schlippe erkannte mein Potential für den Fachbereich und inspi-rierte mich stets mit Gedankenexperimenten. Prof. Dr. Hack nahm sich meiner erweiter-ten Betreuung spontan und couragiert an und verbesserte diese Arbeit durch stunden-lange Reviews und seine pragmatischen Ansätze. Prof. Dr. Rau stand mir durch Mento-ring in den großen Fragen zur Seite. Im regelmäßigen Wittener Forschungskolloquium konnte ich in offener und interessierter Runde die aktuellen Arbeitsstände vorstellen. Das Berliner Kolloquium, bestehend aus Leonie Fittko, Annika Geyer, Julia-Carolin Schmid und mir, bot einen vertrauten Rahmen und eine konstruktive Arbeitswerkstatt. Besonders hervorzuheben ist David Stephenson, der mich operativ und moralisch über einen langen Zeitraum in vielen aufwendigen Arbeiten unterstützte. Prof. Dr. Dr. Thomas Stautmeister und Dr. Thomas Krüger standen mir mit so kritischen wie kon-struktiven Anmerkungen zur Seite und brachten zahlreiche Vorschläge zur Verbesse-rung dieser Arbeit ein. Das Berliner Institut für Innovationsforschung GmbH unterstütz-te mich finanziell und durch zeitweilige Freistellung sowie großzügige Bereitstellung von diversen Ressourcen. Die H. Hugendubel GmbH & Co. KG stellte kostenlose Incenti-ves für die Rekrutierung der Studienteilnehmer zur Verfügung. Jakob Lorenz und Oliver Skopec erwiesen sich als fantastische Sparringspartner für die logischen Strukturen die-ser Arbeit. Dr. Julia Fröhlich und David Kassim berieten mich in methodischen und sta-tistischen Fragen. Ohne Alexandra Stautmeister, Birgit Fiedler, Annika Grotjohann, Ste-fan Albrecht und Valerie Hofmann wäre die Teilnehmerrekrutierung, deren Koordinati-on und Betreuung sowie das Layout und die formale Fehlerfreiheit dieser Arbeit nicht in der anvisierten Qualität umgesetzt worden. Mein Dank gilt auch Thomas Wittig und Otto Obermaier für bedeutende Hilfestellung in der Kontaktanbahnung. Nicht zuletzt wäre die Umsetzung der Studie ohne alle freiwilligen und interessierten Teilnehmer der Be-fragung nicht möglich gewesen. Ich danke meinen Eltern für die Rückendeckung in stressigen Phasen sowie die lebenslange Ermutigung und Förderung und meinem Mann für die Ermöglichung des vergangenen und der nun folgenden Kapitel in meinem Leben.

Berlin im Juli 2014

Inhaltsverzeichnis

Abkürzungsverzeichnis

α	Cronbachs Alpha
AV	Abhängige Variable
AVn	Abhängige Variablen
BAM	Behavioral Agency Model
β	Regressionskoeffizient
BFI (10)	Big-Five-Inventory-10
Δ	Delta, Differenz zwischen zwei Werten
extFU	Familienexterne Führungskräfte aus Familienunternehmen
famFU	Familienangehörige Führungskräfte aus Familienunternehmen
FIBER	Fünf Dimensionen des Socio-emotional Wealth
F-PEC-Skala	Messinstrument des Familieneinflusses auf Unternehmen
FRLM	"Full Range Leadership"-Modell
FU	Familienunternehmen
H	Anzahl gültiger Fälle ('hits')
IfM	Institut für Mittelstandsforschung
LMX	"Leader-Member-Exchange"-Theorie
LPC	Least Preferred Coworker Scale
M	Mittelwert ('mean')
MLQ	Multifactor Leadership Questionnaire
n	Stichprobengröße ('number of units in a sample')
NFU	Nicht-Familienunternehmen
nonFU	Führungskräfte aus Nicht-Familienunternehmen
p	Irrtumswahrscheinlichkeit ('probability of error')
P-A-Theorie	Prinzipal-Agenten-Theorie
PVF	Passiv-vermeidende Führung
r	Korrelationskoeffizient
RBV	Ressourcenbasierter Strategieansatz ("Resource Based View")
SD	Standardabweichung ('standard deviation')
SE	Standardfehler ('standard error')
SEW	Socio-emotional Wealth
sign.	signifikant
SPSS	Statistik-Software ('Statistical Package for the Social Sciences')
TAF	Transaktionale Führung
TFF	Transformationale Führung
Übers. d. Verf.	Übersetzung des Verfassers
UV	Unabhängige Variable
UVn	Unabhängige Variablen

1. Einleitung

1.1. Relevanz und Motivation

Kaum eine Einflussgröße vermag solchen Effekt auf den Unternehmenserfolg auszuüben wie die Unternehmensführung. Kleinste Verhaltensweisen können kaskadisch zu einer Kultur für das gesamte Unternehmen führen und große Entscheidungen lenken die Strategie für Generationen. Der Ursprung all dessen liegt möglicherweise insbesondere bei Familienunternehmen im Führungsstil der Inhaber und wird durch das Führungsverhalten von familienfremden Managern, aber auch tiefer im Unternehmen sitzenden Familienangehörigen weiterentwickelt und geprägt.

Es wird diskutiert, dass sich Führungsstile in Familienunternehmen von der Führung in Nicht-Familienunternehmen unterscheiden. Die Art der Führung halten viele Autoren für einen der „gravierendsten Unterschiede" zwischen Familien- und Nicht-Familienunternehmen (Mittelsten-Scheid, 1985; Wimmer et al., 1996; Siefer, 1994). Diese Annahmen sind überwiegend anekdotenbasiert. Die 10 Wittener Thesen zu Familienunternehmen (von Schlippe, Buberti, Groth & Plate, 2009) widmen dieser Idee eine ganze These: „Familienunternehmen sind familiärer – Sie übertragen familiäre Beziehungsmuster auf Führungskräfte und Mitarbeiter. So erfährt deren Tätigkeit eine höhere Sinnstiftung, auch die Identifikation mit dem Unternehmen wird gesteigert - Man gehört dazu! Von diesen ‚emotionalen Zusatzausschüttungen' profitieren Unternehmen wie Mitarbeiter." Der Führungsstil von Familienunternehmensmitgliedern sollte danach durch eine gesteigerte Fähigkeit zur Mitarbeitermotivation und Bedeutungsvermittlung gekennzeichnet sein. Die Autoren der Wittener Thesen greifen für ihre Übersicht z. B. auf Hilse und Wimmer (2009) zurück, laut denen sich Personalmanagement in Familienunternehmen durch einen stärker personen- und vertrauensorientierten Führungsstil auszeichnet. Weiterhin seien flachere Hierarchien und informellere Kommunikationswege, z. B. aufgrund von Loyalität und Engagement statt formaler Positionen, zu beobachten als in Nicht-Familienunternehmen. Trotz der hervorgehobenen Bedeutung gibt es derzeit noch sehr wenig empirische Forschung zu diesem Thema (Klein, 2010a; Vallejo, 2009; Gómez-Mejía et al., 2011).

Praktisch relevant wird die Verifizierung der Unterschiedlichkeit der Führungsstile in Familien- und Nicht-Familienunternehmen aufgrund der Diskrepanz in der Auswahl von Führungskräften in beiden Unternehmensformen und den Schlussfolgerungen auf Führungsstile und Organisationsergebnisse. Während das höhere Management in Nicht-Familienunternehmen aus einem großen Pool potentiell geeigneter Kandidaten nach primär rationalen Kriterien ausgewählt wird, werden in Familienunternehmen häufig zur Verfügung stehende Familienmitglieder bevorzugt (IfM Mannheim, 2003). Die Frage ist, ob dies für Familienunternehmen ein Vor- oder Nachteil ist oder ob durch diese Form der Rekrutierung keine bedeutsamen Auswirkungen hervorgerufen werden. Für viele Unternehmerfamilien stellt sich die Frage der Heranführung der potenziellen, familieninternen Nachfolger an das Unternehmen. Macht ein Berufseinstieg in einem fremden Unternehmen u. U. Sinn, um dort außerhalb des eigenen Betriebs Inspirationen und Erfahrungen zu sammeln und wie wirkt sich diese Berufserfahrung auf den eigenen, sich v. a. zu Beginn einer Laufbahn stark entwickelnden, Führungsstil aus? Aus der vorliegenden Studie können auch Teile dieser Entscheidungen bewertet werden.

Da Führungsstile trainierbar sind, können aus der Extraktion herausragender Führungsstile in bestimmten Unternehmensformen mit erfolgreichen Organisationsergebnissen konkrete Trainingsprogramme in Abhängigkeit verschiedener Unternehmens-, Kultur- und Persönlichkeitstypen extrahiert werden. Jegliche Führungskräfte können bzgl. ihres Führungsstils über ein Benchmarking-System in Relation zur erhobenen Stichprobe gesetzt werden: Welcher Typ bin ich? Wo möchte ich mich ansiedeln? Wie erreiche ich meine Wunschposition?

1.2. Inhalt der Arbeit

Die Dissertation möchte die Frage beantworten, wie und in welchem Ausmaß sich Führungskräfte in Familienunternehmen von denen in Nicht-Familienunternehmen in ihrem Führungsstil unterscheiden. Ebenfalls wird untersucht, ob sich familienangehörige Führungskräfte in Familienunternehmen von familienexternen Führungskräften in Familienunternehmen unterscheiden. So werden die Dimensionen „Unternehmenstypus" und „Unternehmerfamilienzugehörigkeit" betrachtet.

Familienunternehmen zeichnen sich unverwechselbar durch die Existenz einer Unternehmerfamilie, welche das Unternehmen beeinflusst, aus. Daraus ergeben sich Spezifika für Maßstäbe und Referenzpunkte, welche wiederum zu charakteristischen Führungsstilen führen. Beziehungsaspekte sind entscheidende Führungsmerkmale. Wenn sich die Beziehungsaspekte in Familienunternehmen, z. B. aufgrund des Einflusses der Familie, von denen in anderen Unternehmen unterscheiden, so könnte dies einen anderen Führungsstil formen. Es scheint, als könnten in der dynamischen, immer komplexer werdenden Arbeitswelt die Existenz positiver, produktiver Beziehungen und die Verfolgung eines größeren, gemeinsamen Ziels zu einem transformaleren Verhalten führen, in dem Werte, geteilte Visionen, das Betreten neuer Wege und die Befähigung der einzelnen Mitglieder im Vordergrund stehen.

Die Arbeit befasst sich detaillierter mit der Analyse, welchen Einfluss die Zugehörigkeit zur Unternehmerfamilie auf den Führungsstil und den damit verbundenen Unternehmenserfolg hat. So ließe sich z. B. ermitteln, ob ein Familienmitglied in einem bestimmten Familienunternehmen schon allein durch seine Familienzugehörigkeit einen positiven Effekt über seine Mitarbeit erzielen kann, und deshalb aus belegbaren, rationalen Kriterien heraus einem familienfremden Manager gegenüber bevorzugt eingesetzt werden sollte. Weiterhin wird untersucht, inwiefern die Beteiligung am Unternehmen einen Einfluss auf den Führungsstil hat. Dies kann für das Anteilsmanagement, einerseits der Familie, andererseits sogar der Mitarbeiter, relevant sein. Auch die Persönlichkeit der Führungskräfte wird berücksichtigt, sodass alle untersuchten Effekte an dieser sehr stabilen Variable evaluiert werden können.

Die Studie untersucht ebenfalls die Frage nach den Erfolgsergebnissen des Führungsverhaltens für die verschiedenen Führungsgruppen in Abhängigkeit von u. a. Alter, Größe, Umsatzstärke, Branche, Gesellschafteranzahl und anderen Parametern des Unternehmens. Auch personenbezogene Einflussgrößen wie das Geschlecht, Alter, Führungserfahrung und Management-Level werden untersucht. Da Führungsstile trainierbare Verhaltensweisen sind, helfen die Studienergebnisse, eine realistisch optimierbare Stellschraube im Unternehmen besser einschätzen zu können. Ebenso wirken sich die Ergebnisse auf Fragen des Human-Ressource-Managements aus, um sowohl Familienmitglieder als auch externe Mitarbeiter anhand ihres Führungsstils beurteilen, allozieren und entwickeln zu können.

Die Ergebnisse lassen dadurch Antwortmöglichkeiten auf verschiedene und jeweils für die Unternehmenspraxis höchst relevante Fragen entstehen: Ist es aus wissenschaftlicher Perspektive legitim, einen familieninternen Kandidaten gegenüber einem familienexternen Anwärter trotz fachlicher Unterlegenheit bevorzugt auf eine Position zu besetzen? Sind die in Familienunternehmen vermeintlich exklusiv erfahrenen Vorzüge eines familiären Führungsstils unter Umständen doch erlernbar, unabhängig von Eigentümerverhältnissen?

Zur Untersuchung der Fragestellung wird eine Online-Befragung mit der Zielgruppe und deren Teammitgliedern aufgesetzt. Der Wert der damit erzielten Erkenntnisse liegt einerseits in der quantifizierten, und damit objektiven, Untersuchung aller Hypothesen. Die Analyse der Ergebnisse und die Generierung von Implikationen lassen wenig Spielraum für Interpretationen. Andererseits lässt die Vielzahl der erfassten Variablen innerhalb des Fragebogens eine Mannigfaltigkeit an Analysen zu.

Zusammenfassend lassen sich aus der Dissertationsarbeit Erkenntnisse darüber gewinnen, welchen Einfluss die Positionierung familieninterner oder -externer Führungskräfte auf unterschiedlichen Positionen im Unternehmen auf ihren Führungsstil, im Konkreten die Aspekte „Verbreitung von Charisma", „Vermittlung von Visionen", „Innovationsförderung" und „Berücksichtigung von Mitarbeiterbedürfnissen", hat. Zudem sind quantifizierbare Aussagen über die Diskrepanz zu Nicht-Familienunternehmen möglich.

1.3. Struktur der Arbeit

Die Dissertation legt zur Untersuchung des Führungsstils das etablierte „Full Range Leadership"-Modell zugrunde. Um die Güte des Modells einschätzen zu können, wird in Kapitel 2 die Führungsforschung vorgestellt. Führung bezieht sich im Kontext dieser Arbeit auf Personalverantwortung und soziale Beeinflussung zwischen Führenden und Geführten (Chemer, 1997; Rost, 1991). Der „transformationale Führungsstil" des „Full Range Leadership"-Modells stellt das erfolgreichste Führungsverhalten dar, weswegen dieser detaillierter vorgestellt und bezüglich seiner Einflussfaktoren strukturiert wird. In Kapitel 3 wird der Unternehmenstypus „Familienunternehmen" genauer beleuchtet. Dafür werden Familien- und andere Unternehmen sowie die unterschiedlichen Formen von Familienunternehmen unterschieden. Die häufig verwendeten Theorien in der Familienunternehmensforschung werden vorgestellt, um das aktuell bestimmende theoretische Rahmenwerk des „Socio-emotional Wealth" bewerten zu können. Zum Ende des Theorieeinblicks wird Führung in Familienunternehmen betrachtet, was die Hypothesenherleitung in Kapitel 4 vorbereitet. Dort werden Annahmen über die fünf Komponenten transformationaler Führung bezüglich ihrer Unterschiedlichkeit zwischen familienangehörigen Führungskräften in Familienunternehmen, familienexternen Führungskräften in Familienunternehmen und Führungskräften in Nicht-Familienunternehmen entwickelt. Die Datenerfassung wird in Kapitel 5 in der Form vorgestellt, dass eine Replizierung der Studie ermöglicht wird. Dabei wird auch das Erfassungsinstrument in seinen Komponenten detailliert beschrieben. Kapitel 6 präsentiert die Auswertungsergebnisse über die Überprüfung von Gütekriterien, die Beschreibung der Stichprobe, die Überprüfung der Hypothesen und die explorative Analyse weiterer Zusammenhänge im Datensatz. In Kapitel 7 werden die Ergebnisse und deren Implikationen diskutiert. Hier werden zuerst die konkreten Ergebnisse interpretiert, um mit deren Hilfe relevante Schlüsse für die Familienunternehmensforschung und die Praxis von Familien- und Nicht-Familienunternehmen zu entwickeln. Die Arbeit endet mit Ausführungen zu Limitationen der Studie und einem Forschungsausblick.

2. Führung

Im vorliegenden Kapitel wird Führung definiert (2.1.) und als Forschungsgegenstand genauer betrachtet (2.2.). Die bedeutendsten Theoriestränge der Führungsforschung werden vorgestellt (2.3.), wonach genauer auf das „Full Range Leadership"-Modell (2.4.) eingegangen wird. Anschließend werden die theoretischen Einflussfaktoren auf die bedeutsamen Komponenten des Modells (2.5.) behandelt, womit die Herleitung der Hypothesen vorbereitet wird. Im nächsten Kapitel werden Familienunternehmen als Forschungsgegenstand beleuchtet, um zusammenführend auf die Hypothesen der Studie einzugehen.

2.1. Definitionen zur „Führung"

Yukl (2002) analysierte die meist zitierten Definitionen im Managementbereich zum Führungsbegriff von 1957 bis 1999 und leitete daraus den kleinsten gemeinsamen Nenner aller Definitionen ab: "Leadership is a process whereby *intentional influence* is exerted by one person over others in order *to guide, structure and facilitate organizational activities and relationships*" (Yukl, 2002, S. 7, im Original nicht kursiv). Diese Definition passte er vier Jahre später an: "Leadership is the *process of influencing others* to understand and agree about *what needs to be done and how to do it* and the process of *facilitating individual and collective efforts* to *accomplish shared objectives*" (Yukl, 2006, S. 8; s. a. Yukl, 2013, S. 8, im Original nicht kursiv). Diese begriffliche Festlegung dient als Ausgangspunkt zahlreicher Studien zu Führung in Organisationen (Rowe, 2007) und lässt genügend Spielraum für eine breite Auslegung. Northouse (2007, S. 3; s. a. Northouse 2010, S. 3) definiert Führung besonders kurz als "a process whereby an *individual influences a group* of individuals to *achieve a common goal*" (im Original nicht kursiv). Auch diese Definition resultiert aus einer Übersichtsarbeit des Autors über alle bestehenden relevanten Definitionen und wird häufig zitiert (Rowe, 2007). Somit wird Führung von den Autoren als Prozess bezeichnet, in dem bewusst Einfluss ausgeübt wird. Diese Beeinflussung geht von einer Person aus und wirkt auf andere Personen. Sie zielt darauf ab, ein gemeinsam erwünschtes Ergebnis zu erreichen, und bedient sich dafür des individuellen und kollektiven Einsatzes der Mitarbeiter.

Auch Day und Antonakis (2012) charakterisieren Führung als „(a) an *influencing process*—and its resultant outcomes— that occurs between a *leader* and *followers* and (b) how this influencing process is explained by the *leader's dispositional characteristics and behaviors, follower perceptions* and attributions of the leader, and the context in which the influencing process occurs" (Day & Antonakis, 2012, S. 5). Über den von Yukl und

Northouse erwähnten Einflussprozess hinaus schließen die Autoren auch die sich daraus ergebenden Resultate ein. Auch sie sprechen von den beiden Parteien und deren möglicher Anzahl. Ebenfalls zu einem Bestandteil von Führung machen sie die Dispositionen und das Verhalten der Führungskraft sowie die Wahrnehmungen und Attributionen der Geführten. Auch der Kontext, in dem die Einflussnahme stattfindet, findet hier Berücksichtigung.

Die o. g. Definitionen lassen sich entsprechend Sohm (2007; auch Rowe, 2007; Rowe, 2010) auf vier zentrale Elemente des Phänomens herunterbrechen:
Führung
(1.) ist ein Prozess,
(2.) der die Beeinflussung anderer beinhaltet
(3.) und in einem Gruppenkontext[1] stattfindet,
(4.) damit ein gemeinsames Ziel erreicht wird.

Weiterhin zu unterscheiden sind die oft synonym verwendeten Begriffe *Führungsverhalten* und *Führungsstil*. Während Führungsverhalten ein je nach Situation variierendes, empirisch beobachtbares Beeinflussungsbestreben darstellt, lässt sich ein Führungsstil als ein langfristiges, situationsinvariantes Verhaltensmuster definieren (Staehle, 1999).

Unter einer *Führungsperson* wird diejenige Person verstanden, welche die Führung ausübt, d. h. andere mit dem Ziel führt, eine Veränderung zu bewirken (McGovern, Simmons & Gaken, 2008). Dieser Begriff wird in der vorliegenden Arbeit gleichwertig mit den Formulierungen Führungskraft und Führende/r[2] verwendet. Unter *Geführten* werden diejenigen Personen verstanden, an die diese Führung gerichtet ist oder die die Vision der Führungsperson unterstützen (McGovern, Simmons & Gaken, 2008). Synonym wird hier der Begriff Mitarbeiter verwendet.

2.2. Führung als Forschungsgegenstand

Gibt es Führung überhaupt? Vroom (1976) schreibt dazu: „Die zentrale Bedeutung von Exekutivfunktionen und deren Ausführenden für das Überleben und die Effektivität von Organisationen kann nicht geleugnet werden" [Übers. d. Verf.]. In den 1970er bis 1980er Jahren wurde Führung jedoch hinterfragt und mehr als soziales Konstrukt denn als reale Tatsache gesehen, entweder aufgrund der nur minimalen Effekte von Führung auf die

---

[1] Als Gruppenkontext wird hier bereits eine Konstellation aus zwei Personen verstanden (Sohm, 2007).
[2] Bei allen Bezeichnungen, die auf Personen bezogen sind, meint die gewählte Formulierung beide Geschlechter, auch
[2] Bei allen Bezeichnungen, die auf Personen bezogen sind, meint die gewählte Formulierung beide Geschlechter, auch wenn zur leichteren Lesbarkeit überwiegend die männliche Form verwendet wird.

Organisation (Brown, 1982; Meindl, Ehrlich & Dukerich, 1985; Pfeffer, 1977; Tsui & Gutek, 1984) oder aufgrund der Führung als ein romantisiertes Konstrukt (Meindl & Ehrlich, 1987; Meindl, Ehrlich & Dukerich, 1985). Diese Skepsis an einem tatsächlichen Existieren und signifikanten Wirken von Führung wurde aber von Day und Lord (1988) vor allem auf methodologische Ungenauigkeiten zurückgeführt und spätestens mit dem Aufkommen der zahlreichen Metaanalysen zu Führungseffekten widerlegt (Metaanalysen: DeGroot, Kiker & Cross, 2000; Dumdum, Lowe & Avolio, 2002; Gasper, 1992; Judge & Piccolo, 2004; Lowe, Kroeck & Sivasubramaniam, 1996; Wang et al., 2011; sonstige Artikel zu „leadership matters": Day & Lord, 1988; Katz & Kahn, 1978; Pfeffer & Sotton, 2006; Antonakis, Cianciolo & Sternberg, 2004; Van Vugt, 2010; Dionne et al., 2002).

Warum ist Führung als Forschungsgegenstand bedeutsam? Über die Betrachtung von Führung können, unabhängig von der jeweiligen Hierarchiestufe, starke Voraussagen hinsichtlich der Leistungsfähigkeit der Organisation und der Geführten getroffen werden (DeGroot, Kiker & Cross, 2000; Dumdum, Lowe & Avolio, 2002; Gasper, 1992; Judge & Piccolo, 2004; Lowe, Kroeck & Sivasubramaniam, 1996; Wang, Oh, Courtright & Colbert, 2011). Pfeffer und Sotton (2006) betonen wiederum, dass der Glaube an einen massiven Einfluss der Führungskraft auf die Unternehmensleistung nicht in dem Maße gerechtfertigt ist[3]. Dennoch stimmen die Autoren mit der überwältigenden Mehrheit der Führungstheoretiker darin überein, dass Führung von entscheidender Bedeutung für die Leistung der Geführten ist (Katz & Kahn, 1978; Pfeffer & Sotton, 2006; Antonakis, Cianciolo & Sternberg, 2004; Van Vugt, 2010; Dionne et al., 2002).

Warum ist Führung als Phänomen schwer zu fassen? Es gibt eine Vielzahl an Forschungsansätzen und beispielsweise keinen breiten Konsens über das genaue zeitliche Auftreten und die Form der Führung. Weibler (2004) geht soweit, zu sagen, dass die Hauptaufgabe der Führungsforschung darin bestehe, einheitlich zu klären, was unter dem Begriff der Führung zu verstehen sei. Grint (2000) beschreibt vier Facetten, die das Phänomen Führung erschaffen: Führung als Person ('is it WHO ‚leaders' are that makes them leaders?'), Führung als Ergebnis ('is it WHAT ‚leaders' achieve that makes them leaders?'), Führung als Position ('is it WHERE ‚leaders' operate that makes them leaders?') und Führung als Prozess ('is it HOW ‚leaders' get things done that makes them leaders?').

---

[3] Während Day und Lord (1988) davon ausgehen, dass Führung 40 % der Unterschiede in der Organisationsleistung ausmacht, behaupten Pfeffer und Sotton (2006), dass dieser Effekt „not more than 10 %" betrage (Zitat übernommen aus Sohm, 2007, S. 35). Vor allem die neueren Ansätze zur Führungsforschung (siehe Abschnitt 2.3.4.) belegen, dass Führung – auf allen Hierarchieebenen einer Organisation – die Leistungen der Geführten sowie der Organisation stark beeinflusst.

In der Führungsforschung kann zudem eine periodenhafte Entwicklung der Begriffe Führung, Führungsstil und Führungsstilforschung verzeichnet werden. Die Debatten der Führungsforschung sind nicht zuletzt von der jeweiligen Region abhängig, sodass allein zwischen den USA und dem deutschsprachigen Raum bemerkenswerte Unterschiede hinsichtlich der Bedeutung der jeweiligen Führungstheorien existieren (vgl. Stippler et al., 2011) - mehr noch im weltweiten Verständnis von Führung (Wibbeke, 2008).

Wie muss Führung im Detail betrachtet und kategorisiert werden? Bedeutsam ist die Berücksichtigung des jeweiligen „level of analysis", welches mit der gewählten Analyse-technik übereinstimmen muss (Dansereau, Alutto & Yammarino, 1984; Dansereau, Yammarino & Kohles, 1999; House, Rousseau & Thomas-Hunt, 1995; Klein, Dansereau & Hall, 1994; Rousseau, 1985). „Level of analysis" meint alle Elemente einer Studie, die theoretisch behandelt werden und integrale Bestandteile der Definition des Konstruk-tes, der Operationalisierung und der empirischen Hypothesen-Tests sind (Antonakis, 2010). Das Analyse-Level variiert jeweils über die betrachtete Hierarchie und die jewei-lige Ebene des Individuums, der Gruppe oder der Organisation. So wird ebenfalls unter-schieden, ob es sich um „Führung einer Organisation" oder „Führung in einer Organisa-tion" handelt [Übers. d. Verf.] (Antonakis, 2014, S. 10). Weiterhin können Dyaden-, d. h. die Zweierkonstellation aus Führungskraft und Geführtem, und Gruppen-Konstellationen, in denen gruppendynamische Prozesse eine Rolle spielen, unterschie-den werden (Antonakis, 2010).

Wodurch unterscheidet sich Führung von Management? Führung erfordert andere un-ternehmensspezifische Kompetenzen als Management. Führungskompetenzen sind u. a. die Erfüllung der Erwartungen aller Stakeholder. Managementaufgaben sind die Über-nahme von Planung, Organisation, Führung und Kontrolle. Führung ist damit ein Teilbe-reich des Managements (Mintzberg, 2004). Es hat sich jedoch in neuerer Zeit eine Debat-te über unterschiedliche Aufgabenstellungen an und ein unterschiedliches Verhalten von "Leadern" und "Managern" entwickelt (Conger & Hunt, 1999). Typische Manager verhalten sich demnach rational, bürokratisch, unpersönlich und vermeiden Emotionen und Konfrontationen. Sie handeln aufgabenorientiert und verfolgen das primäre Ziel, Stabilität und den Status Quo zu erhalten und materielle Belohnung und Sanktion zu koordinieren. Typische Leader verhalten sich hingegen emotionsgeleitet, sind wertege-trieben, proaktiv, konfrontativ, persönlich und fokussieren sich auf eine Mission. Sie ver-folgen das primäre Ziel, den Status Quo neu zu definieren und intrinsische Belohnung zu befördern (Bass, 1985a; Bass, 1985b; Bennis & Nanus, 1985; Zaleznik, 1977). Der per-sönliche Einfluss und die individualisierte Interaktion zwischen Führenden und Geführ-ten trennen Manager von Leadern (Zaleznik, 1977). Der Begriff des Managers ist in diesen Fällen mit einem Mangel belegt und wird daher in der vorliegenden Arbeit nicht verwendet.

2.3. Theoriestränge der Führungsforschung

In Tabelle 1 liefert Bryman (1992, S. 1; s. a. Heinitz, 2006) eine Unterteilung der diversen Trends der Führungsforschung und ihre chronologische Gliederung für den anglo-amerikanischen Raum. Die Anfänge der Führungsforschung waren auf die Person des Führenden mit seinen Eigenschaften und Fähigkeiten zugeschnitten (s. 2.3.1.). Vor allem die einseitige Einflussnahme durch den Führenden auf die Geführten stand im Fokus der Betrachtungen (Stippler et al., 2011). Im weiteren Verlauf der Forschungsentwicklung wurde der Fokus auf das Verhalten der Führungsperson verschoben, sodass die Führungsstilforschung Variablen wie das Verhalten der Führungsperson für den Führungs-erfolg verantwortlich machen konnte (s. 2.3.2.). Es folgte eine differenzierte Entwick-lung zwischen den USA und dem deutschsprachigen Raum: Wo im angloamerikanischen Raum die Kontingenztheorie von Fiedler (1967) eine bedeutsame Zäsur einleitete, setz-ten sich in Deutschland, Österreich und der Schweiz systemische Betrachtungen von Führung durch. Diese stellten das Organisationsgefüge, in dem Führung stattfindet und das eine systemische Eigendynamik innehat, in den Mittelpunkt (s. 2.3.3.). Daran an-schließend entwickelte sich, sowohl in den USA als auch im deutschsprachigen Raum, ein vierter Theoriestrang, in dem Führung als Beziehungsphänomen zwischen zwei Par-teien betrachtet wird (s. 2.3.4.). Die Bedeutung von transformationalen Elementen der Führung wie Charisma und Visionsvermittlung traten in den Vordergrund. Die relevan-testen Theorien für jeden der vier Theoriestränge sollen im Weiteren kurz erwähnt werden.

Period	Approach	Core theme
Up to late 1940s	Trait approach	Leadership ability is innate
Late 1940s to late 1960s	Style approach	Leadership effectiveness is to do with how the leader behaves
Late 1960s to early 1980s	Contingency approach	It all depends; effective leadership is affected by the situation
Since early 1980s	New Leadership approach (includes transformational and charismatic leadership)	Leaders need vision

Tabelle 1: „Trends in leadership theory and research" (Originalliteratur: Bryman, 1992, S. 1; gefunden in: Heinitz, 2006, S. 6)

2.3.1. Personenzentrierte Führungsforschung

„Die Führung darf aber nur den Bestqualifizierten überlassen werden, die sich ausschließlich durch ihre Kompetenz dafür legitimieren und nur das Wohl des Gemeinwesens im Blick haben", Platon (Politeia 412b-414b)

Die ältesten Führungstheorien stellen die Führungsperson in den Mittelpunkt des Interesses. Sie hatten bis ins 20. Jahrhundert Bedeutung, existierten jedoch bereits in der chinesischen Literatur um 600 v. Chr., in ägyptischen und babylonischen Sagen und bei Platon (Bass & Stogdill, 1990). Sie behandeln eine einseitige Einflussnahme, suchen nach einer personenimmanenten Eigenschaftenliste und sehen in den Geführten als Kollektiv und in den jeweiligen Führungssituationen kaum Einflussfaktoren.

Bis zur Mitte des 20. Jahrhunderts betrachtet die *Great-Man-Theorie* erfolgreiche Führende der Geschichte und sucht dabei „einzigartige, besondere Persönlichkeiten", welche „auf natürliche Weise zur Führungsperson prädestiniert" sind, indem sie angeborene Eigenschaften aufweisen (Stippler et al., 2011, S. 16). Führende unterscheiden sich damit unveränderlich von „anderen Menschen" (ebenda, S. 16) und formen die Geschichte und Gesellschaft unabhängig vom Einfluss der Geführten. Diese sollten sie verehren (Carlyle, 1902), da 'Great Men' wüssten, was das Beste für alle sei.

Auch die *Trait-Theorie*, entwickelt im frühen 20. Jahrhundert, spricht von angeborenen, zeitstabilen und situationsunabhängigen Eigenschaften, welche effektive Führungspersonen besitzen, um Einfluss auf andere möglich zu machen. Diese besonders wünschenswerten, klar feststellbaren und messbaren Charaktereigenschaften zu identifizieren ist das Ziel der Theoretiker (vgl. Bass, 2008). Stogdill berücksichtigte 124 Studien aus den Anfängen des 20. Jahrhunderts (1948) und später 163 Studien (1974) und stellte eine Liste mit zehn Eigenschaften zusammen, die die Wahrscheinlichkeit für jede beliebige Situation erhöhen, erfolgreich zu führen. Die aktuellste Eigenschaftsliste beinhaltet z. B. Intelligenz, Ausdauer und Extraversion (Wegge & von Rosenstiel, 2004; weitere Listen z. B. Mann, 1959; Lord, DeVader & Alliger, 1986). Auch diese Theorie gilt als veraltet, da eine endgültige, situationsübergreifende Liste unmöglich erscheint und der Einfluss der Geführten vernachlässigt wird (Stippler et al., 2011).

Die *Skills-Theorie*, entwickelt in der Mitte des 20. Jahrhunderts, verschiebt den Fokus auf Fähigkeiten der Führungskraft, die erlernt und trainiert werden können. So unterscheidet Katz (1955) drei Arten förderbarer Führungsfähigkeiten: technische, z. B. Fachwissen, soziale, z. B. Empathie, und konzeptionelle, z. B. Urteilsfähigkeit (Northouse, 2007; McGovern, Simmons & Gaken, 2008). Mumford u. a. (2000) ergänzten dieses Basisparadigma um die Annahme, dass Basiskompetenzen durch Erfahrungen und Umwelt geprägt und verändert werden. Sie unterscheiden fünf abhängige Komponenten effektiver Führung: Kompetenzen, individuelle Attribute, Führungsergebnis, Karriereerwartungen und den Einfluss der Umwelt. Die Theorie betont die Bedeutung von Kontextfaktoren und stellt erlernte, statt angeborene, Eigenschaften heraus. Die Beziehung zwischen Führenden und Geführten wird jedoch vernachlässigt (Stippler et al., 2011).

2.3.2. Führungsstil-Forschung

"Managers do things right, leaders do the right things",
Warren Bennis (1989, S. 30)

Die Führungsstil-Forschung betrachtet neben persönlichen Eigenschaften und Fähigkeiten der Führungskraft auch die Situation und das Verhalten der Führungskraft als erfolgsbestimmende Faktoren (für eine Klassifizierung von Führungsstilen s. Tannenbaum & Schmidt, 1958; Lattmann, 1975; Staehle, 1999). Sie gilt als erste Erweiterung des Blicks von der Führungskraft auf die Geführten und das System. Die Betrachtungsweise führte die Forschungsentwicklung in eine neue Richtung, wodurch die personenzentrierte Führungsforschung an Bedeutung verlor (Staehle, 1999).

In den 1960er Jahren wurde an den Universitäten von *Ohio und Michigan* parallel die Unterteilung in aufgabenorientiertes und beziehungs- bzw. mitarbeiterorientiertes Führungsverhalten eingeführt[4], wobei die Ohio-Schule von zwei voneinander unabhängigen Skalen und die Michigan-Schule von den beiden Polen eines Kontinuums ausgeht, was sich nicht belegen ließ (McGovern, Simmons & Gaken, 2008). Blake und Mouton (1964) kombinierten die beiden Skalen und extrahieren fünf Führungsstile: Eine starke Ausprägung auf beiden Achsen führt zu einer höheren Effektivität, der Führungserfolg des Verhaltens ist jedoch stark situationsabhängig. Dieses zweidimensionale Führungskonzept hatte eine großen Einfluss auf die Führungsforschung und dominierte diese (Judge, Piccolo & Ilies, 2004) bis zum Aufkommen des Konzeptes der transformationalen Führung in den späten 1970er Jahren (Bass, 1985; Burns, 1978; House, 1977).

Die *situative Führungstheorie* von Hersey und Blanchard (1969) besagt, dass unterschiedliche Situationen nach unterschiedlichen Arten von Führung verlangen, sodass es

---

[4] Die Ohio-Schule, bestehend aus dem Ohio-Forschungskuratorium mit Professoren diverser Departments, (s. a. Fleishman, 1973; Hemphill & Coons, 1957; Halpin & Winer, 1957) verwendete die Begriffe „Initiating structure" für Aufgabenorientierung, Planungsinitiative und strukturierende Aktivität und „Consideration" für Beziehungsorientierung, Rücksichtnahme und praktische Besorgtheit (s. a. Wunderer, 2007; Bryman, 1992). Die Michigan-Schule um die Michigan State University spricht von „Production orientation" für Aufgabenorientierung mit dem Fokus auf Aufgabenerledigung und von „Employee orientation" für Mitarbeiterorientierung und Bedürfnisberücksichtigung (s. a. Northouse, 2007).

kein Patentrezept für universell effektives Führungsverhalten gibt, sondern vielmehr „situative Moderatoreffekte" (Yukl, 2002) auf die jeweilige Effektivität einwirken. Der Führungsstil wird durch die Reife der Geführten bestimmt, welche arbeitsbezogen und psychisch betrachtet und über eine Reife-Skala gemessen werden kann. Führungskräfte sollten sich an diese Geführten-Reife anpassen, um die besten Ergebnisse zu erzielen: je reifer diese sind, desto weniger Führung ist notwendig. Auch hier entscheidet eine Kombination aus aufgaben- und mitarbeiterorientiertem Verhalten, wobei die erfolgversprechendste Kombination dieser beiden Dimensionen sich aus dem Reifegrad der Mitarbeiter ergibt.

Insbesondere die *Kontingenztheorie der Führungseffektivität* von Fiedler (1967) ist für den angloamerikanischen Raum von großer Bedeutung. Sein Leader-Match-Konzept stellt die Kombination aus dem Führungsstil und der „favorability", der „situativen Günstigkeit", dar und sagt daraus den Führungserfolg nach einem bestimmten Schema vorher. Zum einen erfasst er den „natürlichen" Führungsstil einer Person mit seiner Messskala „Least Preferred Coworker Scale" (LPC), in der ein Mitarbeiter die Führungskraft über 18 Gegensatzpaare jeweils zwischen Aufgaben- und Beziehungsorientierung einschätzt. Zum anderen wird über drei Variablen die Günstigkeit der Situation bestimmt: die Führenden-Geführten-Beziehung, Aufgabenstruktur und Positionsmacht. Vor allem die klare Vorhersage des „Führungseffekts" nach Messung der Kriterien „Person" und „Situation" hat dem Modell seine vorrangige Stellung gewährt[5]. Die Schwäche von Fiedlers LPC liegt in der offenen Interpretierbarkeit des Instruments (Schriesheim & Kerr, 1977), in der zu schmalen Definition von Effizienz als Aufgabeneffizienz (Heinitz, 2006) und in der Tatsache, dass es keine Ratschläge zur Veränderung der Parameter bzw. keine Erklärung für die Kombinationen geben kann. Er spricht daher selbst vom Black-Box-Problem (Fiedler, 1993).

Die *Weg-Ziel-Theorie* der Führung von Evans (1970) „postuliert, dass Führende die Motivation der Geführten durch entsprechendes Führungsverhalten beeinflussen können, indem sie die Zielerreichung für die Geführten einfacher und attraktiver machen" (Stippler et al., 2011, S. 26). Die Führungskraft gibt den Geführten das, was in der aktuellen Situation fehlt, um sie zu motivieren, und wird zum „Wegbereiter", indem sie Ziele erläutert, an Anreize bindet, Wege aufzeigt, unterstützt und eventuelle Hindernisse beräumt. Die Validität der Aussagen wird nur teilweise unterstützt (House & Dessler, 1974; Wofford & Liska, 1993).

---

[5] Chemers (2000) richtet sich bei seinem Überblick zur Führungsliteratur deutlich an Fiedler aus und betont, dass die "contingency era" (1965-1975) eine dramatische Kursänderung für die Führungsforschung bedeutete.

2.3.3. Systemische Führung

„Führen [bezeichnet] das gezielte Gestalten von sozialen Situationen innerhalb eines größeren, sinnstiftenden sozialen Ganzen",
Rudolf Wimmer (1989, S. 141 f.)

Im deutschsprachigen Raum gewann ab den 70er Jahren ein systemtheoretisches Verständnis von Führung an Bedeutung. Dabei wird abgelehnt, dass Führung nur von der Führungskraft abhinge und diese - ob durch Charaktereigenschaften oder Führungsverhalten - allein für den Führungserfolg verantwortlich sei (O'Connor & Day, 2007). Stattdessen wird das Unternehmen als soziales System betrachtet, das sich durch Selbstorganisation (‚Autopoiese') selbst reguliert, nicht direkt von außen steuerbar ist und undurchschaubar bzw. unberechenbar ist. Führung ist insofern paradox, als dass sie einen steuerbaren Einfluss auf nicht steuerbare Systeme auszuüben versucht. Daher sprechen Vertreter davon, über Führung entsprechende Rahmenbedingungen zu schaffen und auf die Eigendynamik der Organisation zu vertrauen, wobei sich die systemischen Ansätze im jeweils eingeräumten Stellenwert der Führungskraft sowie der Möglichkeit zur Führung unterscheiden.

Das *St. Galler Management-Modell* betrachtet Führung als „Lenkungselement in einem größeren Ganzen" (Stippler et al., 2011, S. 35; vgl. Ulrich & Krieg, 1974; Ulrich & Sidler, 1977). Das Paradoxon der Führung wird hier durch die technokratische Systemsteuerung von oben überbrückt. „Das Unternehmen wird unter dem Leitbild der Ganzheitlichkeit von oben rationalisiert und harmonisiert" (Stippler et al., 2011, S. 37; vgl. Steinkellner, 2005; Hilse, 2001). Für Fredmund Malik (2006), Vertreter der St. Galler Schule, ist die ideale Führungskraft kein „Universalgenie" (Malik, 2006, S. 33), sondern eine „wirksame Führungskraft" (Malik, 2006, S. 37). Charisma und Vision sind dafür laut Malik nicht nötig, stattdessen zeichnet sie sich durch Professionalität, Sachverstand und Erfahrung aus. Wirksame Führungskräfte können als Personen jeweils sehr unterschiedlich sein, doch sie haben gemein, dass sie sich von bestimmten Grundsätzen leiten lassen, Aufgaben mithilfe bestimmter Werkzeuge erfüllen und diese professionell und effektiv einsetzen. Welche Aufgaben und Werkzeuge existieren und wie diese zueinander in Beziehung stehen, werden in einem „Führungsrad" dargestellt (Malik, 2006). Verantwortung ist das Kernelement wirksamer Führung, welche weder erlernbar noch angeboren ist, sondern eine persönliche Entscheidung darstellt. Kritiker stören sich an der Betonung des „Managers von oben" und der dafür notwendigen Unterordnung der Unberechenbarkeit von Organisationen (Steinkellner, 2005). Zudem sei durch die Betonung der Verantwortung auch die Verantwortung des Führenden für Ausgrenzung und Ausblendung zu berücksichtigen (Baecker, 1995; Bardmann & Groth, 2001).

Der *Wittener Ansatz* basiert auf George Bateson, betont die Selbstorganisation des Unternehmens deutlich stärker und sieht die erste Leistung eines Unternehmens darin, sich von anderen Organisationen zu unterscheiden, sodass auf sehr viel weniger aus der Umwelt zu reagieren ist (Stippler et al., 2011). Für Rudolf Wimmer ist Führen „das gezielte Gestalten von sozialen Situationen innerhalb eines größeren, sinnstiftenden sozialen Ganzen" (Wimmer, 1989a, S. 141 f.). Er vertritt eine zirkuläre Denkweise, in der die Führungskraft Teil des Systems ist und Maßnahmen weder erzwingbar, noch kalkulierbar sind. Führung ist ein iterativer, selbstreferentieller Vorgang und wird nicht einer einzelnen Person zugeschrieben, sondern meint das Zusammenspiel vieler Führungskräfte unterschiedlicher Ebenen (Wimmer, 1989a; Wimmer, 1989b; Wimmer, 1996). Betont wird die Unmöglichkeit der gezielten Steuerung und die Notwendigkeit der bewussten Registrierung von Rückkoppelungen, durch die eine „angemessene Situationseinschätzung" erarbeitet werden kann. Dirk Baecker (1995) bezeichnet Organisationen als „nichttriviale, unzuverlässige Systeme, die sich von einem Moment zum nächsten durch kommunizierte Entscheidungen (re-)konstruieren mit dem Ziel, das eigene Überleben zu sichern" (Stippler et al., 2011). Es handelt sich um ein „postheroisches Management", das seine Aufgaben vornehmlich in der „Kultivierung von Handlungsmöglichkeiten" sieht (Baecker, 1995). Die wichtigste Maßnahme eines Managers sei das Schaffen von Abteilungen, welche dazu diene, bestimmte Menschen zusammenzuhalten und gleichzeitig andere voneinander fernzuhalten. Damit werden konkrete soziale Situationen bewusst geschaffen. Das Vorgeben von Inhalten sollte laut Baecker gering gehalten werden (Baecker, 1995).

Daniel F. Pinnow (2008) von der Akademie für Führungskräfte der Wirtschaft in *Bad Harzburg* ist der jüngste Vertreter systemischer Führung und verfolgt wie Malik einen praxisorientierten Ansatz: Systemische Führung soll das Ganze sehen, was für ihn bedeutet, neben den rationalen, beobachtbaren Aspekten auch die affektiven, verdeckten Aspekte zu berücksichtigen. In seinem Eisberg-Modell verweist er auf das Verhältnis zwischen den beobachtbaren Aspekten, welche mit einer Häufigkeit von 15 % auftreten, und den 85 % verdeckten Aspekten. „Systemisch zu führen bedeutet, individuell zu führen, einen eigenen flexiblen Stil zu haben und diesen den Gegebenheiten, der Organisation und den Menschen, die man führt, jederzeit anpassen zu können, statt nur schematisch mit standardisieren Tools zu arbeiten" (Pinnow, 2008, S. 160). Wirksame und beziehungsorientierte Führung ist für ihn weder die Zusammenstellung von Grundsätzen und Werkzeugen wie bei Malik noch ein Führungsstil, sondern ein „Lebensstil". Führen sei kein Handwerk, sondern eine Kunst, die nur bedingt erlernbar sei (Pinnow, 2008).

Eine Weiterentwicklung der systemtheoretischen Betrachtung bietet Rolf Wunderer (2007) durch sein Konzept des *Mitunternehmertums*. Hier wird ebenfalls die gesamte Organisationseinheit aus Führung und Mitarbeiterschaft berücksichtigt, die von der Führungskraft bewusst gefördert werden kann. Mitunternehmertum ist „die aktive und effiziente Unterstützung der Unternehmerstrategie durch problemlösendes, sozialkompetentes und umsetzendes Denken und Handeln einer möglichst großen Anzahl von Mitarbeitern aller Hierarchie- und Funktionsbereiche mit hoher Eigeninitiative und -verantwortung in/mit dafür fördernden Strukturen und Personen" (Wunderer, 2007, S. 51). Wunderer plädiere „für eine kooperativ-delegative Führung oder die Verbindung von kooperativ-transaktionaler mit einer werteverändernden (transformierenden) Führung" (Stippler et al., 2011, S. 45). Die systemischen Ansätze, in denen Führung als Management im System betrachtet wird, werden im folgenden Abschnitt durch beziehungsbezogene Ansätze abgelöst, welche Führung als Beeinflussung von Personengruppen betrachten.

2.3.4. Führung als Beziehungsphänomen

"People buy into the leader before they buy into the vision",
John Maxwell (1998, S. 143)

Der aktuellste Theoriestrang der Führungsforschung befasst sich mit der Interaktion zwischen Führungsperson und Geführten im Führungsprozess, wodurch Führung als Beziehungsphänomen verstanden wird.

Der Ansatz des „*Servant Leadership*" unterstellt eine Pflicht der Machthabenden, den Machtlosen zu dienen, und richtet sich damit gegen das Paradigma der Führung durch Macht und Zwang (Stippler et al., 2011). Greenleaf (1977) postuliert, legitime Autorität sollte durch die Erfüllung der Bedürfnisse der Mitarbeiter entstehen. Führende sollten ihr eigenes Ego unterordnen und lediglich Erste unter Gleichen sein (Bass, 2008). In dieses Paradigma sind auch die neueren Konstrukte ‚Self-sacrificial Leaders' (Choi & Mai-Dalton, 1999), ‚Social Entrepreneurship' (u. a. Prabhu, 1999) und ‚Corporate Social Responsibility' (u. a. Blake & El Mansour, 2012) einzuordnen.

In der *Leader-Member-Exchange-Theorie* (LMX) werden Geführte nicht mehr als Kollektiv, sondern als Individuen betrachtet (Graen & Uhl-Bien, 1995). Die Qualität, Art und Form der Austauschbeziehung zwischen Führungsperson und jeweiligen Geführten kann unterschiedlich ausgeprägt sein (Danserau, Graen & Haga, 1975; Graen & Scandura, 1987). Je nach Beziehungsqualität lassen sich Geführte in Mitglieder der „In-group" oder „Out-group" einordnen. Mitglieder der „In-group" haben eine gute Beziehung zur

Führungsperson, übernehmen Verantwortung über die eigene Rolle hinaus, sind engagierter, bringen sich stärker ein, leisten mehr als formal erwartet und sind loyaler, profitieren damit von mehr Möglichkeiten und häufigeren Belohnungen. „In-group"-Mitglieder verhelfen der Organisation zu mehr Kreativität, Effektivität und weniger Fluktuation (Graen & Uhl-Bien, 1995; Paulus & Yang, 2000; Puccio, Murdock & Mance, 2007). Mitglieder der „Out-group" erfüllen dagegen genau die Rolle ihrer Arbeitsplatzbeschreibung und teilen wenig Einflussnahme mit ihrer Führungsperson (Neuberger, 2002; Danserau et al., 1975; Graen & Cashman, 1975). Führende sollten Fairness und offene Kommunikation anwenden, um die partnerschaftlichen Beziehungen zu verbessern und das gegenseitige Vertrauen und den Respekt zu erhöhen. So könnten „Out-group"-Mitglieder zu „In-group"-Mitgliedern werden. Kritisiert wird an der Theorie, dass evtl. Vorurteile und Konflikte gefördert würden und keine detaillierten Hinweise zur Verbesserung der Beziehungen gegeben werden.

Diverse Autoren befassen sich mit dem *Aufbau positiver, produktiver Beziehungen*. O'Connor und Day (2007) betonen, dass die Identität von Führenden als Produkt der Beziehungen mit anderen dynamisch entsteht. Lipman-Blumen (2000) stellen dar, dass Führungspersonen Gegenseitigkeit bzw. Gemeinsamkeit betonen und parallel dazu Diversität in Interessen und Werten einbeziehen sollten. Bennis (1997) rät, dass Führende eine „Great Group", d. h. ein engagiertes Team mit einem größeren gemeinsamen Ziel, schaffen sollten. Dies zeigt sich heute u. a. in dem Aufzeigen einer gemeinsamen Unternehmensvision. Das Stadienmodell der Teamentwicklung (Tuckman, 1965) beschreibt in fünf Stadien die Entwicklung von Teams über die Zeit: Vom „Forming", des Zusammenkommens der Mitglieder, über das „Storming", das Kennenlernen der Gruppe, das „Norming", die Bildung einer Gruppenkultur, über das „Performing", die effektive Arbeit, bis hin zum „Adjourning", die Auflösung der Gruppe, sind alle Phasen bedeutsam für den Erfolg der Gruppe. Hackman (2002) fordert, dass Führende ihre Teams derart zusammenstellen und unterstützen, dass diese sich selbst managen können. Demnach ist eine demokratische Führung mit harmonischer Gruppendynamik weniger gesund und effektivitätsfördernd als aufgaben- und perspektivenorientierte Spannungen und eine direktive Führung. Putnam (2000) stellt heraus, dass die Reduzierung des sozialen Kapitals und des bürgerlichen Engagements eine Konsequenz aus der Moderne sei und dass der Fokus kollaborativer, partizipativer, transformationaler Führung auf Teambildung, Persönlichkeit und „Servant Leadership" ein Katalysator zurück zu einer idealisierten Form zwischenmenschlicher Verbundenheit und sozial bedeutsamer Arbeit ist. Die vorliegende Arbeit soll nicht untersuchen, inwiefern sich sozio-kulturelle Hintergründe im Zusammenhang mit dem Führungsstil oder den Organisationsergebnissen unterscheiden.

Die *Theorie der Transformationalen Führung* von Burns (1978; weitergeführt von Bass, 1990) ist die meistdiskutierte und diejenige mit der heute noch größten Bedeutung (Lowe & Gardner, 2000; Hunt, 1999; Antonakis, Avolio & Sivasubramaniam, 2003). Burns nimmt an, dass Führung als Prozess Führende und Geführte verändert, d. h. „transformiert" und sie zu einer höheren Produktivität und moralischerem Verhalten veranlasst. Die Führungsperson steht auch hier im Fokus und ist dafür verantwortlich, Bedürfnisse der Geführten zu bedienen, damit gemeinsam eine geteilte, dem Gemeinwohl dienende Vision verfolgt werden kann. Transformationale Führung wird transaktionaler Führung gegenübergestellt, welche sich auf die Befriedigung der Bedürfnisse einzelner Geführter in einem erwartbaren, vorher festgelegten Rahmen konzentriert (s. a. Weg-Ziel-Theorie in 2.3.2.). Burns' Theorie bezieht die intrinsische Motivation und die Entwicklung der Geführten auf eine höhere moralische Ebene ein (Bass & Riggio, 2006; Northouse, 2007).

Die Einführung der transformationalen Führung als Begrifflichkeit ebnete den Weg zum darauf aufbauenden *Modell des „Full Range Leadership"* von Bass und Avolio (1991). Mit dem zugehörigen Messinstrument, dem „Multifactor Leadership Questionnaire" (MLQ), wird ein konkretes Werkzeug für die empirische Arbeit geboten. Der MLQ ist der am häufigsten verwendete Fragebogen in der Führungsforschung und dient auch dem Training erfolgreicher Führungsstile. Er wurde für die Empirie der vorliegenden Arbeit herangezogen. Das Modell sowie das Messinstrument werden im weiteren Verlauf ausführlich vorgestellt.

2.4. Das „Full Range Leadership"-Modell

Alle vier der oben geschilderten Führungsansätze verdeutlichen, dass alte Erklärungsmodelle in den neueren fortwirken und dass eine Vielzahl an Theorien sich gegenseitig ergänzt und aufeinander Bezug nimmt. Das „Full Range Leadership"-Modell (Bass, 1999; Avolio & Bass, 1991) stellt ebendiese Bandbreite verschiedener Führungsstile dar. Bestandteile der Persönlichkeits-, Verhaltens-, und Kontingenzansätze werden in diesem Modell integriert - von der „transformationalen Führung" (TFF) über die „transaktionale Führung" (TAF) bis hin zur „passiv-vermeidenden Führung" (PVF). Die Erfolgsaussichten der jeweiligen Führungsstile auf zusätzliche Anstrengung der Mitarbeiter, eine erhöhte Effektivität (gemeint ist die Mitarbeiter- bzw. Unternehmensleistung) und gesteigerte Zufriedenheit der Mitarbeiter sind in dieser Reihenfolge abfallend.

Entgegen dem ursprünglichen Verständnis von Burns (1978, s. o. 2.3.4.), der TFF und TAF zunächst als zwei gegensätzliche Enden eines Kontinuums verstand, dient TAF laut

Bass (1985a, 1995) als Basis für eine effektive Führung. Einen vorhersagbaren Anstieg zusätzlicher Anstrengung, Effektivität und Zufriedenheit der Mitarbeiter kann die Führungskraft nur durch die Anreicherung der TAF mit TFF erzielen. Dieses Zusammenwirken wird als „Augmentations-Effekt" bezeichnet (Waldman, Bass & Yammarino, 1990). Die Ausschöpfung des kompletten Potentials ist daher durch die Anwendung beider Stile möglich, nicht des einen oder des anderen. Studien aus dem industriellen, militärischen, Regierungs- und Religionsbereich belegen, dass TAF oft als „prescription for lower levels of performance or non-significant change" (Bass & Avolio, 2004, S. 20) wirkt (Bass & Avolio, 1993b; Avolio & Bass, 1988). Dies gilt insbesondere dann, wenn die Führungskraft hohe Werte des Faktors „Management-by-Exception: Passive" aufweist und somit nur interveniert, wenn Vereinbarungen oder Standards der Aufgabenerfüllung nicht erreicht wurden (Bass, 1985; Bass & Avolio, 2004). TFF schafft eine einmalige Varianz in den Performance-Ratings für die TAF und darüber hinaus (Bass, 1985).

Das „Full Range Leadership"-Modell verbindet jeden Führungsstil mit der zu erwartenden Organisationsleistung. Dabei ist die TFF mit dem besten Ergebnis verbunden und bewirkt laut den Autoren eine zusätzliche Anstrengung der Mitarbeiter, höhere Führungseffektivität und Zufriedenheit der Mitarbeiter mit dem Führungsstil. Auch für TAF existiert diese Verbindung, sie ist jedoch deutlich schwächer. Die PVF steht hingegen in stark negativer Verbindung mit den o. g. Leistungsergebnissen.

2.4.1. Bestandteile

Das Modell unterteilt die verwendeten Konzepte auf zwei Ebenen. Auf der höheren Ebene befinden sich die drei Führungsstile „transformationale Führung", „transaktionale Führung", die „passiv-vermeidende Führung" und die sich daraus ergebenden „Organisationsergebnisse". Auf tieferer Ebene beinhaltet die TFF die Konzepte „Idealized Influence (Behavioral and Attributed)", „Inspirational Motivation", „Intellectual Stimulation" und „Individualized Consideration". Die TAF beinhaltet die Konzepte „Contingent Reward" und „Management-by-Exception: Active", die PVF die Konzepte „Management-by-Exception: Passive" und „Laissez-Faire" (s. Abb. 1). Alle Konzepte werden im Folgenden kurz beschrieben.

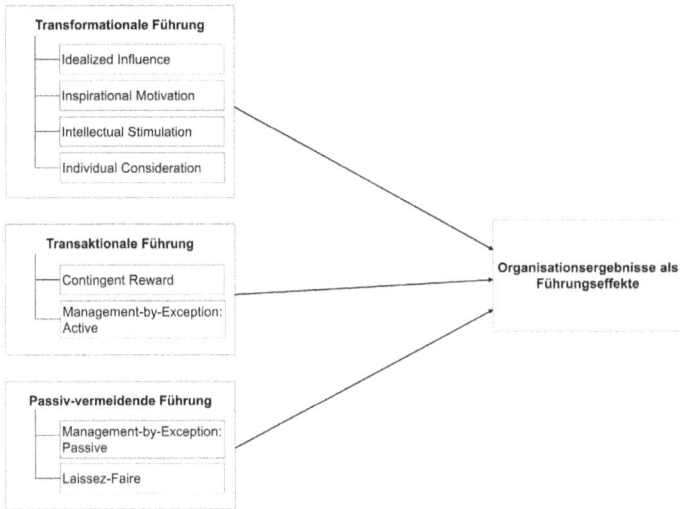

Abbildung 1: *Bestandteile des „Full Range Leadership"-Modells, eigene Darstellung*

A) *Transformationale Führung* ist der Beeinflussungsprozess, durch den Führungskräfte die Aufmerksamkeit ihrer Mitarbeiter darauf, was wichtig ist, verändern und sie zu einer neuen Betrachtung der Möglichkeiten und Herausforderungen bewegen. Transformationale Führungskräfte optimieren die individuelle, gruppale und organisationale Entwicklung, um Ziele über das Erwartete hinaus zu erreichen. Sie bringen ihre Geführten dazu, mehr Potentiale zu entfalten und moralische und ethische Standards zu berücksichtigen. Dafür werden die Bedürfnisse und Eigeninteressen der Mitarbeiter von einer niedrigeren zu einer höheren Reifestufe entwickelt, konkret zugunsten des Teams, der Organisation bzw. der höheren Ordnung. Die TFF ergibt sich aus den fünf folgenden, empirisch extrahierten Faktoren (Bass, 1985a).

A.a) "*Idealized Influence*" erfasst den Einfluss der Führungskraft, den sie durch ihre idealisierte Vorbildlichkeit und Glaubwürdigkeit erreicht. Führungskräfte agieren als fachliches und moralisches Vorbild, zeigen sich uneigennützig und sind in der Durchsetzung von Prinzipien, Werten und ethischen Gesichtspunkten konsistent. Sie riskieren, selbst ersetzt zu werden, um höhere Ziele mit maximal leistungsfähigen Mitarbeitern zu erreichen. Mitarbeiter identifizieren sich mit der Führungskraft und der Mission, entwickeln stärkere Gefühle zu beiden und investieren mehr Vertrauen, Respekt und Zuversicht (Bass, 1985a). So umfasst „Idealized Influence" einerseits das ideal-nahe Verhalten der Führungskraft (*"Behavioral Idealized Influence"*) und andererseits die Zuschreibung dieser Verhaltensweise durch die Geführten (*"Attributed Idealized Influence"*).

A.b) *"Inspirational Motivation"* erfasst die Motivationsfähigkeit der Führungskraft durch begeisternde Visionen und die Schaffung eines Bedeutungsgehalts sowie herausfordernder Tätigkeiten. Führende inspirieren mit einer Vision davon, was durch zusätzliche persönliche Anstrengung erreicht werden kann (Bass & Riggio, 2006). Sie vermitteln verständliche und annehmbare Visionen und damit ebenfalls Hoffnung und Zuversicht. Sowohl die individuelle Motivation als auch der Teamgeist werden angespornt. Enthusiasmus, Zuversicht und Optimismus werden vorgelebt und auf das Team übertragen. Ein attraktives Zukunftsszenario, das die Geführten auch für sich als vollständig erstrebenswert annehmen, wird als erreichbares Ziel kommuniziert (Bass, 1985a; Bass, 1988). Durch diese inspirierende Motivation werden alle Anstrengungen in der Organisation für die Erreichung der Unternehmensziele gebündelt (Bass, 1990).

A.c) *"Intellectual Stimulation"* erfasst die Anstrengungen der Führungskraft, kreatives und unabhängiges Denken bei den Geführten anzuregen und zu fördern. Führende stimulieren die eigenständige innovative Problemlösung und die Bewältigung alter Situationen durch neue Herangehensweisen. Geführte werden in die Problemansprache und den Lösungsfindungsprozess integriert. Der Status Quo wird hinterfragt und in neuer Art gedacht. Neue, kreative Methoden zur Erreichung der Organisationsmission werden erkundet (Bass & Riggio, 2006). Individuelle Fehler werden nicht öffentlich kritisiert oder verspottet. Mitarbeiter werden dazu stimuliert, die Welt aus neuen Perspektiven und mithilfe weiterer Informationsquellen zu betrachten. Sie hinterfragen selbst die erfolgreichsten Strategien, um sie über die Zeit weiter zu verbessern (Bass, 1985a). So sind alle Annahmen einem ständigen Klima der Kreativität, Innovation und Alternativenfindung unterworfen.

A.d) *"Individualized Consideration"* erfasst die individuelle Unterstützung und Förderung jedes einzelnen Geführten. Die Führenden agieren als persönliche Coaches und Mentoren, um dem Wunsch der Geführten nach Wachstum nachzukommen. Neue Lernmöglichkeiten und ein unterstützendes Wachstumsklima werden kreiert. Persönliche Bedürfnisse werden in Abhängigkeit von der Leistung und Entwicklung erkannt und systematisch gefördert. Geführte werden schrittweise zur Entfaltung höherer Potentiale entwickelt. Individuelle Unterschiede zwischen den Geführten bzgl. deren Bedürfnissen und Wünschen werden berücksichtigt. Dyadische Beziehungen zwischen Führenden und Geführten werden gepflegt und individuelle Bedürfnisse mit der Organisationsmission verbunden (Bass, 1985a). Eine besondere Bedeutung liegt in persönlichen Gesprächen statt distanzierter Führung (Bass & Riggio, 2006). Dieser persönliche Einfluss und die individualisierte Interaktion zwischen Führenden und Geführten trennen Manager von Leadern (Zaleznik, 1977).

B) *Transaktionale Führung* ist das Verhalten, konstruktive und korrektive Transaktionen zu veranlassen. Die konstruktive Form wird als bedingte Belohnung („Contingent Reward") bezeichnet und meint die Festlegung von Vereinbarungen oder Verträgen über spezifische Arbeitsziele, die Entdeckung des individuellen Leistungsvermögens der einzelnen Geführten und die Spezifizierung der Kompensation für erfolgreich erbrachte Leistungen. Die korrektive Form beruht auf negativem Feedback und Kritik („Management-by-Exception") und fokussiert auf die Identifizierung von Fehlern und die aktive Beobachtung des Auftretens von Fehlern. Die Führungskraft muss erkennen, was ihre Mitarbeiter aus ihrer Arbeit gewinnen wollen, und sich um die Erfüllung kümmern, falls deren Leistung dies gewährleistet. Getauscht werden Belohnungen gegen entsprechende Anstrengungsniveaus (Burns, 1978).

B.a) "*Contingent Reward*" klärt die Erwartungen der Führenden und Geführten und bietet Anerkennung und Belohnung, wenn die gesetzten Ziele erreicht werden. Die Klärung von Zielen und Meilensteinen und die verlässliche Bereitstellung der Anerkennung und Belohnung, falls die Ziele erreicht werden, sollten dazu führen, dass Individuen und Gruppen die erwarteten Leistungsniveaus erreichen.

B.b) "*Management-by-Exception: Active*" spezifiziert Standards und definiert ineffektive Leistung. Geführte werden für die Nichteinhaltung von Standards bestraft. Der Führungsstil beinhaltet die enge Beobachtung von Abweichungen, fehlerhafte Handlungen und Ergebnisse und lässt diesen baldestmöglich nach deren Auftreten eine korrektive Handlung folgen.

C) *Passiv-vermeidende Führung* ist eine passivere und reaktivere Form der Management-by-Exception-Führung, die "*Management-by-Exception: Passive*". So wird nicht systematisch auf Situationen und Probleme reagiert, sondern auf das Auftreten von Fehlern gewartet, bevor eine Handlung unternommen wird. Der Führungsstil zeichnet sich vornehmlich durch Unterlassung aus, sodass Führende für die Geführten nicht berechenbar sind. Die Spezifizierung von Vereinbarungen, die Klärung von Erwartungen, die Erarbeitung von Zielen und Standards wird vermieden. Synonym werden auch die Begriffe „Nicht-Führung" und „Laissez Faire"-Führung verwendet (Bass & Avolio, 2004). Der Stil hat negative Auswirkungen auf die Ergebnisse einer Führungskraft.

D) *Organisationsergebnisse als Führungseffekte* stellen das Resultat des jeweiligen Führungsstils dar. Sowohl TFF als auch TAF sind mit dem Erfolg der Gruppe verbunden. Das „Full Range Leadership"-Modell nennt folgende Ergebnisse des Führungsstils: (a) individuelle und organisationale Produktivität, (b) Effektivität, (c) Zufriedenheit, (d) Stress und (e) Motivation (Bass & Avolio, 2004, S. 2). Zudem wird der Erfolg des Führungsstils an dem Ausmaß gemessen, in dem die Geführten „transformiert" werden („Kaskadie-rungs-Effekt", ebenda S. 28, s. a. 2.4.2.). Das Messinstrument MLQ 5X erfasst die Ergeb-nisse „Extra Effort" (MLQ-Items: 39, 42, 44), „Leader Effectiveness" (MLQ-Items: 37, 40, 43, 45) und „Satisfaction with Leader" (MLQ-Items: 38,41).

2.4.2. Theoretische Basis

Führungskräfte zeigen über einen typischen Tag hinweg verschiedene „Verteilungen" von Verhaltensweisen. Über deren quantitative Kategorisierung lässt sich der aktuelle Führungsstil bestimmen, so die Idee des „Full Range Leadership"-Modells. Um den Füh-rungsstil zu optimieren, müssen Führende diese Verteilung von Verhaltensweisen an-passen. Sie müssen mehr der für TFF-Verhalten typischen Verhaltensweisen über den Tag hinweg anwenden, sodass deren Auftretenshäufigkeit steigt. Auf diese Weise kann der Führungsstil auf eine höhere Ebene entwickelt werden (Avolio & Bass, 1991). Eine durchschnittliche Führungsperson wendet alle möglichen Verhaltensweisen in einem bestimmten Verhältnis an. Je mehr Anteile auf transformationales Verhalten fallen, des-to effektiver und aktiver ist der Führungsstil. Je mehr passiv-vermeidendes Verhalten anfällt, desto ineffektiver und passiver ist der Führungsstil (Bass & Riggio, 2006).

Der Kern des „Full Range Leadership"-Modells besteht in der Macht, die TFF zugespro-chen wird, und dem Verhältnis von TFF und TAF zueinander. Laut den Autoren kann TFF die Bedürfnisse der Mitarbeiter und der Führungskraft zu einem höheren Reifegrad entwickeln. So werden Bedürfnisse niedrigerer Ebenen, wie die persönliche, individuelle Sicherheit, von Bedürfnissen höherer Ebenen, wie Anerkennung, Errungenschaft, Auto-nomie und Selbstaktualisierung, abgelöst (Burns, 1978). Dies verlangt eine fundamenta-le Veränderung der Orientierung aller Teammitglieder auf Verhalten, das nunmehr der Gruppe und dem Individuum dient: Nicht die einfache Transaktion von Aufwand gegen Leistung und die Erhaltung des Selbst wird fokussiert, sondern die Erhaltung sowohl der Gruppe als auch deren Individuen mit lang- und kurzfristigen Implikationen für die Entwicklung und Leistung. Langfristig kann TAF wegen der Ressourcenbeschneidungen, unter denen die meisten Führungskräfte operieren müssen, laut den Autoren nicht zu einer signifikanten Veränderung der Individuen und der Organisation führen. TFF ist damit assoziiert, Mitarbeiter zu mehr Leistung zu motivieren, als sie ursprünglich für möglich gehalten haben (Bass & Avolio, 2004).

Bass und Avolio (1988) liefern ein anschauliches Beispiel für die Veränderungen höhe-rer Ordnung: In einer öffentlichen Schule funktioniere TAF erfolgreich, wenn Schüler Lernziele verfolgten, weil Eltern sie für gute Noten belohnten, sie soziale Anerkennung von Mitschülern und Lehrern erhielten und Stipendien u. ä. in Aussicht stünden. Dies seien jeweils Beispiele für den Austausch von Anstrengung und spezifischen Belohnungen. Doch selbst unter optimalen Bedingungen werde dieser transaktionale Austausch nicht zu einer substantiellen Veränderung dessen führen, wie Schüler die Vorteile des Lernens bewerten. Sie würden Lerninitiativen nicht außerhalb des Schulkontextes oder des Belohnungsnetzwerkes verspüren. Sie würden ebenfalls nicht ihr volles Potential ausschöpfen, weil ihr Bedeutungssystem nicht verändert würde. Transformation habe erst dann stattgefunden, wenn die Schüler aus einer intrinsischen Motivation heraus, um sich selbst zu entwickeln oder aus reinem Interesse am Lerngegenstand, lernen würden.

Der Augmentationseffekt beschreibt das Verhältnis von TFF und TAF zueinander und spezifiziert die zu erwartenden Resultate (s. Abb. 2). So wirken die Faktoren von TAF auf eine zu erwartende Anstrengung der Geführten und diese führt zu einer erwartbaren Leistung der Geführten. Die Faktoren der TFF jedoch wirken als Moderator und beeinflussen so die Stärke der Wahrscheinlichkeit, dass neben der erwartbaren Anstrengung der Geführten eine erhöhte Motivation bzgl. bestimmter Ergebnisse stattfindet, die in einer zusätzlichen Anstrengung, einer erhöhten Effektivität und der Zufriedenheit der Geführten mündet. Diese Faktoren führen zu einer Leistung der Geführten, welche sich über die Erwartungen hinausbewegt (Bass & Avolio, 2004).

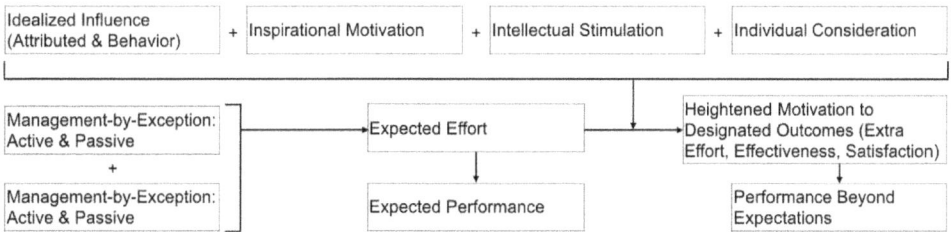

Abbildung 2: *"The Augmentation Model of Transactional and Transformational Leadership", nach Bass & Avolio (2004)*

Bzgl. verwandter Paradigmen verweisen Stippler u. a. (2011) in ihrem Forschungsüberblick auf die Weg-Ziel-Theorie von Evans (1970; s. 2.3.2.). Die Idee der TAF mit ihren Herausforderungen und Aufgaben entspricht der Beschreibung der Führenden als Wegbereiter, welche Ziele erläutern, an Anreize binden und Hindernisse beräumen. Weiterhin heranzuziehen sei die Eigenschafts-Theorie (s. 2.3.1.), wobei die Autoren nicht ausführen, wie sich diese auf das „Full Range Leadership"-Modell beziehen lässt. Auch die Idee der Ohio-Schule (s. 2.3.2.) einer Aufteilung von Verhaltensweisen in aufgabenorientierte „Initiation of Structure" und beziehungsorientierte „Consideration" erinnert laut Stippler u. a. (2011) an die Trennung von transaktionaler (aufgabenorientierter) und transformationaler (beziehungsorientierter) Führung. Das „Full Range Leadership"-Modell integriert Bestandteile dieser Theorien, geht jedoch in jedem Fall in seinen Aussagen und Spezifikationen weiter.

Auch die Debatte „Leadership" vs. „Management" (z. B. Conger & Hunt, 1999) lässt sich mit der Ausprägung von TAF und TFF in Verbindung bringen: Wo typische Manager als rational bzw. nicht-emotional, bürokratisch, konfrontationsmeidend, unpersönlich und aufgabenorientiert, mit dem Ziel, Stabilität und den Status Quo zu erhalten und materielle Belohnung und Sanktion zu koordinieren, charakterisiert werden, werden „Leader" als emotionsgeleitet, wertegetrieben, proaktiv, konfrontativ, persönlich und missionsfokussiert, mit dem Ziel, den Status Quo zu redefinieren, Realitäten zu schaffen und intrinsische Belohnung zu befördern, charakterisiert (Bass, 1985a; Bass, 1985b; Bennis & Nanus, 1985; Zaleznik, 1977). Die Liste an Eigenschaften zeigt auf, dass der Kern der organisatorischen Management-Funktionen aus den TAF-Komponenten „Contingent Reward" und „Management-by-Exception" besteht, während die transformierenden Elemente der TFF-Konzepte den Begriff Leadership ausfüllen. „Full Range Leaders do this and more", betonen die Autoren Bass und Avolio (2004, S. 96) und beziehen sich hier auf den Augmentations-Effekt TFF auf TAF. Im Umkehrschluss spricht das auch für die sich ergänzenden Funktionen Management und Leadership.

Nicht zuletzt die o. g. Leader-Member-Exchange-Theorie (LMX, s. 2.3.4.), welche die Geführten, abhängig von der Qualität der Beziehung mit der Führungskraft, in Mitglieder der „In-group" oder „Out-group" einordnet, weist auffällige Gemeinsamkeiten mit dem „Full Range Leadership"-Modell auf. Eine gute Beziehung, die Übernahme von Verantwortung, Engagement, Übererfüllung und Loyalität zeichnen die Mitglieder der „In-group" aus. Sie erhöhen die Effektivität und verringern die Fluktuation in einer Organisation (Graen & Uhl-Bien, 1995), wobei „Out-group"-Mitglieder genau die Rolle ihrer Arbeitsplatzbeschreibung erfüllen (Neuberger, 2002). Die „In-group"-Mitglieder erinnern stark an Geführte eines transformationalen Führungsstils, wobei die Ausführungen zur „Out-group" an Geführte eines transaktionalen Führungsstils erinnern. Die Kritikpunkte an der LMX-Theorie werden durch das „Full Range Leadership"-Modell entkräftet, denn der Fokus liegt hier nicht auf der Gruppenzugehörigkeit der Geführten, sondern auf dem Führungsverhalten der Führenden. Weiterhin gibt das Modell, auch mithilfe des Messinstruments „Multifactor Leadership Questionnaire", klare Anweisungen, wie der Führungsstil optimiert werden kann.

Die Unterscheidung zwischen Prinzipalen der Prinzipal-Agenten-Theorie und Stewards der Stewardship-Theorie erinnert ebenfalls an einerseits transaktional und andererseits transformational Führende. Laut Felfe ist Stewardship die „treibende Bedingung UND

Folge von transformationaler Führung" (Felfe, 2009, S. 202). Dem Prinzipal liegt der eindeutige Auftrag vor, den klaren Tausch von Verfügungsrechten mit dem Agenten zu organisieren und zu überwachen und dabei die Effizienz der Austauschbeziehung zu steigern (Jensen & Meckling, 1976). Diese Beschreibung entspricht der der TAF. Die Prinzipal-Agenten-Theorie befasst sich eingehend mit den Problemen bei der Bewältigung dieser Aufgaben: Informationsasymmetrie und Zielkonflikte (z. B. Göbel, 2002; Chrisman, Chua & Litz, 2003; Schulze et al., 2001). Ein bestimmter Reifegrad der Agenten, d. h. Geführten, wird von der Theorie ausgeblendet (Sundaramurthy & Lewis, 2003; Baron, 2008; Hirsch, Michaels & Friedman, 1987; Perrow, 1986). Die Stewardship-Theorie räumt ein pro-organisationales, kollektivistisches Verhalten mit dem Fokus auf eine höhere Gemeinnützigkeit statt individualistisches bzw. selbstdienliches Verhalten ein, wenn die Motive der Stewards (Geführten) mit denen der Prinzipalen- (Führenden-) Ziele übereinstimmen (Davis, Schoorman & Donaldson, 1997). Stewards teilen die Interessen der Organisation und stellen Kooperation über Eigennutzen, weil sie in kooperativem Verhalten mehr Nützlichkeit (‚utility') wahrnehmen (Miller & Le Breton-Miller, 2006; Pearson & Marler, 2010). Die Autoren betonen, dass Prinzipal-Agenten-Verhältnisse von Bedürfnissen niedrigerer Ordnung wie Physiologie, Sicherheit und Ökonomie geprägt sind, Stewardship-Verhältnisse jedoch von Bedürfnissen höherer Ordnung wie Wachstum, Errungenschaft (‚achievement') und Selbstaktualisierung. Stewards zeichnen sich durch mehr Werte-Commitment, Involvement, Identifikation, Vertrauen und Leistungssteigerung aus (Davis, Schoorman & Donaldson, 1997; Eisenhardt, 1989). Im Gegensatz zu Stewardship-Verhalten lässt Agenten-Verhalten nur eine begrenzte Identifikation mit den Unternehmenszielen zu (Donaldson & Davis, 1991). Hier herrschen statt vereinfachenden und befähigenden Strukturen beobachtende und kontrollierende vor. Damit weist die Stewardship-Theorie und ihre Abgrenzung zur Prinzipal-Agenten-Theorie die meisten theoretischen Überschneidungen mit dem „Full Range Leadership"-Modell auf. Die Stewardship-Theorie kann auch dabei helfen, die Unterschiede zwischen Nicht-Familienunternehmen und Familienunternehmen sowie das besondere Verhalten in Familienunternehmen theoretisch herzuleiten, weswegen in Kapitel 3 noch einmal auf sie eingegangen wird.

2.4.3. Empirische Basis

Sowohl transformationale als auch transaktionale Führungsstile wurden auf allen Ebenen und in allen Branchen von Organisationen entdeckt (Avolio & Yammarino, 2002; Avolio, Bass & Jung, 1996; Avolio & Bass, 1988; Bass & Avolio, 1993; Bass & Avolio, 1994; Boyd, 1988; Deluga, 1988; Koh, 1990), ebenso auf allen Kontinenten außer der Antarktis (Bass, 1997). In Zeiten des Wachstums, des Wandels und der Krise kommt

TAF mit seinen Faktoren „Contingent Reward" und „Management by Exception" eher vor als TFF (Bass & Avolio, 2004). Jede Führungskraft zeigt alle vorgestellten Führungsstile in einem gewissen Grad. Ein optimales Profil zeigt sehr hohe Werte für TFF, hohe Werte für TAF, geringere Werte für „Management-by-exception: Passive" und die geringsten Werte für „Laissez-Faire". Ineffektive Führungskräfte wiederum zeigen das gegenteilige Profil (Avolio, 1999; Bass & Avolio, 1994).

TFF ersetzt die TAF nicht, sondern erweitert sie mit der Erreichung der Ziele von Führenden, Mitarbeitern, der Gruppe und der Organisation (Waldman & Bass, 1986; Howell & Avolio, 1993; Waldman, Bass & Yammarino, 1990). TFF produziert in anderen eine höhere Ausprägung an Extra-Anstrengung, Effektivität und Zufriedenheit (Avolio, Waldman & Einstein, 1988; Howell & Avolio, 1993; Lowe, Kroeck & Sivasubramaniam, 1996; Bass, 1985a; Dumdum, Sivasubramaniam & Avolio, 2002; Hater & Bass, 1988; Waldman, Bass & Einstein, 1987) durch die Faktoren „Idealized Influence", „Inspirational Motivation", „Intellectual Stimulation" und „Individualized Consideration". Zahlreiche Studien belegen die Effektivität von TFF für profitorientierte Organisationen (Barling, Weber & Kelloway, 1996), Gewerkschaften (Kelloway & Barling, 1993), junge Arbeitende (Barling, Loughlin & Kelloway, 2002; Sivanathan, Barling & Turner, 2003) und Sportmannschaften (Charbonneau, Barling & Kelloway, 2001; Zacharatos, Barling & Kelloway, 2000). Diese Studien demonstrieren jeweils die Überlegenheit von TFF über TAF bzgl. der Verbindung zu positiven Leistungsaspekten.

Auch das Muster der Ergebnisse für die verschiedenen Führungsstile wurde mehrfach empirisch belegt: So korreliert TFF positiv mit Effektivität und Mitarbeiterzufriedenheit, die TAF nur in geringerem Maße. Die PVF korreliert hingegen stark negativ mit diesen. Die erste Meta-Analyse (Lowe, Kroeck & Sivasubramaniam, 1996) bestätigte das Muster: Die TFF hatte den stärksten positiven, sowohl subjektiven als auch objektiven, Einfluss. Die TAF hatte wiederum einen stärkeren Einfluss als die PVF, unabhängig von der Hierarchieebene der Führungskraft. Die gefundenen hierarchischen Muster sind konsistent mit den Vorhersagen der Theorie. Eine neuere Meta-Analyse von Dumdum, Sivasubramaniam und Avolio (2002) bestätigte die früheren Ergebnisse. Auch über weitere Studien ist der Zusammenhang zwischen TFF und externalen Kriterien, z. B. der Jobzufriedenheit, affektivem Commitment in der Organisation und der kommunikationsbasierten Unterstützung durch Führende, sowie die Korrelationshierarchie von TFF bis hin zu PVF konsistent belegt worden (Heinitz, 2006; Bass & Avolio, 1995; Vandenberghe et al., 2002; Waldman et al., 1987). Da TFF demnach der einflussreichste Führungsstil ist und über das Erwartete hinausgeht, soll er im Weiteren primär berücksichtigt werden.

Laut McCarthy u. a. (1998) werden 25 bis 50 % der Varianz in der Ausprägung des TFF-Verhaltens durch Genetik und Heredität erklärt. Weitere Determinanten sind die Sozialisation und das Lernen im Laufe des Lebens: So wird die Anwendung von TFF im Erwachsenenalter durch angenehme Erfahrungen während der Schulzeit und die erste Vollzeit-Arbeitsstelle der Führungskraft, elterliches Interesse in Bildung und elterliche moralische Standards vorhergesagt (Avolio, 1994). Auch das initiale Entwicklungslevel der Geführten sagt TFF durch die Führungskraft voraus, so z. B. deren Selbst-Aktualisierung, aktives Engagement und Selbstwirksamkeit (Bass & Avolio, 2004; Dvir & Shamir, 2003). Die Entstehung und Wirkung von TFF ist kontextabhängig: Gibt es die Möglichkeit für moralisches Handeln, abstrakte Ziele, unsichere Ergebnisse, die Unstrukturiertheit des Kontextes oder die Notwendigkeit besonderer Anstrengung? TFF tritt damit häufiger in komplexen und unsicheren Kontexten, z. B. in Gründungsphasen, auf. In großen Unternehmen wird den Führenden weniger TFF zugeschrieben (Felfe, 2005).

Der Führungsstil korreliert mit diversen Dimensionen der Persönlichkeit wie Gewissenhaftigkeit, emotionale Stabilität, Verträglichkeit, Extraversion, Offenheit, Durchsetzungsvermögen, Leistungsmotivation, Selbstbewusstsein und Intelligenz. Das 5-Faktoren-Modell der Persönlichkeit korreliert mit $r = .48$ mit der Führung (Judge et al., 2002). TFF korreliert sowohl mit subjektiven als auch objektiven Erfolgskriterien wie Verkaufserfolg in Finanzdienstleistungen, der wirtschaftlichen Entwicklung durch CEOs, Absentismus, Zufriedenheit, Commitment, „Organisational Citizenship Behavior" und Verkaufszahlen sowie Kundenzufriedenheit. Dadurch wird TFF laut Bass und Avolio (2004) zu einem wichtigen Erfolgsfaktor. Da TFF mit Commitment korreliert, steht sie in Zusammenhang mit der Entwicklung von Autonomie, Kompetenz, Empowerment, Förderung der Identifikation der Mitarbeiter mit Zielen (Identifikation und „self-concordance"; Bono & Judge, 2003), individueller Sympathie, höherer Kohäsion der Gruppe und kollektiver Selbstwirksamkeit. Der Zusammenhang zwischen TFF und „Organisational Citizenship Behavior" bewirkt bei den Mitarbeitern Vertrauen, verminderte Rollenambiguität, wahrgenommene Gerechtigkeit, positivere Wahrnehmung des Arbeitsinhaltes und z. T. ein positives Arbeitsklima. Da TFF mit Zufriedenheit und Anstrengung korreliert, hängt sie mit dem Glauben an einen höheren Sinn oder Zweck der eigenen Arbeit zusammen. TFF korreliert ebenfalls mit Kreativität und erhöht die Wahrscheinlichkeit des Auftretens von Flow-Zuständen. TFF scheint vor allem deshalb einen positiven Einfluss zu haben, da sie eine Erhöhung der Selbstwirksamkeit, der Identifikation und des Sinns verursacht (Felfe, 2009). Die Wahrnehmung von Fairness und Vertrauen fungiert als Mediator für TFF und TAF (Pillai, Schriesheim & Williams, 1999). Moderatorvariablen zwischen TFF und Führungseffektivität sind die Hierarchieebene der Führungskraft und das Organisationsumfeld, welches entweder öffentlich oder privat eingestuft wird, und die Operationalisierung der Kriterienmessung, welche durch die Wahrnehmung der Geführten oder die organisationale Effektivitätsmessung erfolgen kann (Lowe, Kroeck & Sivasubramaniam, 1996). Manager von Abteilungen, die höhere Werte auf der TFF-Skala erreichen, zeigen sich auch innovativer, risikoaffiner und weniger bürokratisch. Organisationale Leistungsdaten, welche Effektivität und Potential messen, sind positiv mit TFF und aktiver TAF korreliert. Zudem sind organisationskulturelle Faktoren wie Innovativität, Risikofreude und Komplexitätsstruktur positiv korreliert. Höhere TFF- und TAF-Werte sind mit effektiveren Leistungen der Unternehmenseinheiten assoziiert (Howell & Avolio, 1993).

2.4.4. Kritik

Transformationale Führung ist das am intensivsten untersuchte Führungskonstrukt in den Jahren 1990 bis 2003 (Judge & Piccolo, 2004). Ein Drittel aller Veröffentlichungen in ‚The Leadership Quarterly' befassen sich mit TFF (Lowe & Gardner, 2000). Die Effektivität von TFF und die Beziehung zu wünschenswerten Organisationsparametern wurde in der Literatur durchgehend bestätigt. Antonakis und House (2002) halten das „Full Range Leadership"-Modell aus drei Gründen für die bisher vielversprechendste Führungstheorie: Sie erfährt eine bisher noch nie dagewesene Akzeptanz in Wirtschaft und Führungsliteratur, wird durch zahlreiche empirische Studien gestützt und wurde integrativ entwickelt.

Andere Autoren äußern sich kritischer: „Die Forschungsergebnisse deuten vielleicht darauf hin, dass Bass und Kollegen eine gute Theorie transformationaler Führung entwickelt haben, aber sie haben kein Messinstrument entworfen, das diese gut erfasst." [Übers. d. Verf.] (Hinkin & Tracey, 1999, S. 112). Fünf transformationale Facetten können empirisch nicht voneinander getrennt werden, Teile der transaktionalen Skala korrelieren hoch mit der transformationalen Skala und die Faktorstruktur wurde nicht universell bestätigt. Die Persönlichkeitsfaktoren der Führungskraft werden außer Acht gelassen. Die zugrundeliegenden Prozesse der TFF bleiben unklar und wurden nie systematisch untersucht (Heinitz, 2006). Das gleichzeitige Auftreten aller transformationalen Konstrukte ist ungewöhnlich und instabil (Yukl, 1999b). Die Theorie sollte daher „nicht als revolutionärer Ansatz verkündet werden, der alle früheren Theorien obsolet mache" [Übers. d. Verf.] (Yukl, 1999a, S. 47).

Avolio (1999) betont zu seiner Verteidigung die Absicht, nicht alle denkbaren Konstrukte der Führung zu erfassen, sondern sich auf eine bestimmte Bandbreite an Führungsstilen festzulegen und diese in ihrer Tiefe und Breite zu erfassen. Das „Full Range Leadership"-Modell bietet sich als etablierte theoretische Grundlage für die Erfassung von Führungsstilen für den vorliegenden Kontext sinnvoll an.

2.5. Einflussfaktoren des Transformationalen Führungsstils

Für die Fragestellung der vorliegenden Studie ist vor allem die transformationale Führung relevant, da sie den effektivsten Führungsstil darstellt (Lowe, Kroeck & Sivasubramaniam, 1996; Dumdum, Sivasubramaniam & Avolio, 2002) und damit den deutlichsten Unterschied zwischen Familienunternehmern und Nicht-Familienunternehmern bewirken sollte. Für die in Kapitel 4 folgende Herleitung der Hypothesen sollen an dieser Stelle die allgemeinen Einflussfaktoren auf die fünf Komponenten des „transformationalen Führungsstils" aufgezählt werden: „Behavioral Idealized Influence", „Attributed Idealized Influence", „Inspirational Motivation", „Intellectual Stimulation" und „Individualized Consideration" (Bycio, Hackett & Allen, 1995; basierend auf Bass, 1985).

2.5.1. Idealized Influence

„Idealized Influence" wird von den Autoren in die zwei Unterfaktoren „Behavioral Idealized Influence" und „Attributed Idealized Influence" unterteilt, welche selten getrennt behandelt werden, weil sie starke Ähnlichkeiten aufweisen. In der Literatur findet sich ebenfalls die Terminologie Charisma als deutlich überschneidendes Konstrukt.

„Behavioral Idealized Influence" meint den Grad, zu dem Führende als Rollenmodelle für die von ihnen Geführten fungieren und Werte verkörpern, sodass andere diese nachahmen können. Führungskräfte verhalten sich fachlich und moralisch vorbildlich, zeigen sich glaubwürdig und uneigennützig und setzen Prinzipien, Werte und ethische Gesichtspunkte konsistent durch. Sie verkörpern Enthusiasmus und Optimismus. Das Konstrukt wird über vier verschiedene Items erfasst. Diese treffen Aussagen über die Verkörperung von Werten, die Betonung von Ziel, Zweck und Bedeutung des Handelns, die Einbeziehung von Moral und Ethik auf Entscheidungen und die Darstellung der Bedeutung einer gemeinsamen Mission. Die Inhalte der verkörperten Werte, Ziele oder der Mission werden nicht thematisiert.

„Attributed Idealized Influence" meint die Zuschreibung dieses Rollenmodells, die durch die Geführten erfolgen muss. Diese nehmen die Führenden als in einem bestimmten Maße fachlich und moralisch vorbildlich, glaubwürdig und uneigennützig wahr und sehen Prinzipien, Werte und ethische Gesichtspunkte als konsistent durchgesetzt an. Sie übernehmen Werte und bringen der Führungsperson Respekt und Bewunderung entgegen. Geführte sehen den Teamgeist und ihr Commitment durch das Verhalten der Führungskraft angeregt.

Die Trennung zwischen „Behavior" und „Attributed" wurde eingeführt, um neben den verhaltensabhängigen Items auch den Einfluss einer Rolle auf die Geführten zu messen und damit über zwei Perspektiven die tatsächliche Idealisierung bestimmen zu können.

Immer wieder werden die Begriffe „Charisma" und „Idealized Influence" synonym verwendet, weswegen hier eine kurze Abgrenzung erfolgen soll. Die Literatur zu charismatischer Führung nimmt, entgegen dem „Full Range Leadership"-Modell, keine ganzheitliche Perspektive ein (Bass & Avolio, 2004; Avolio & Bass, 1988; Bass & Avolio, 1990; Antonakis, Avolio & Sivasubramaniam, 2003; Bass & Avolio, 1994). „A charismatic leader, by our definition, is one who articulates an all embracing goal or vision, shows confidence, is respected and trusted, turns threats into opportunities, effectively focuses attention on the importance of the group's mission, and creates a strong desire for identification on the part of associates." (Bass & Avolio, 2004, S. 24). Charisma kann laut den Autoren eine Grundlage für „Idolisierung" sein, ohne eine transformationale Wirkung über „Idealisierung" zu erzielen (Bass & Avolio, 2004, S. 26 f.). Der Unterschied besteht in der Übernahme der Werte und Verhaltensweisen durch die Geführten, welche sich im Zuge einer Idolisierung weniger gleichwertig und daher weniger inspiriert fühlen als im Zuge einer „Idealisierung". Oft gelingt es Führungskräften mit persönlichem Charisma nicht, ihre Mitarbeiter so zu entwickeln, dass sie eigenständig agierend und befähigt werden (Bass, 1989; Howell, 1988; Howell & Avolio, 1993; McClelland, 1975). Teils wird dies von charismatischen Personen sogar als Bedrohung empfunden (Bass & Avolio, 2004). „Idealized Influence"-Führungskräfte hingegen nehmen das Risiko in Kauf, sich selbst überflüssig zu machen, um Geführten bewusst Autonomie- und Kontrollräume zu ermöglichen. Häufig wird von transformational-charismatischer Führung gesprochen, wenn das Unterkonstrukt „Idealized Influence" gemeint ist, was aus obiger Herleitung nicht eindeutig ist und einen Aspekt von „Idealized Influence" vernachlässigt.

Die in der Literatur behandelten Einflussfaktoren auf das übergeordnete Konstrukt „Idealized Influence" sind ein Zusammenspiel aus a) den Personeneigenschaften der Führungsperson, dem „Behavior"-Aspekt, und b) der Zuschreibung der Eigenschaften durch die Geführten, dem „Attributed"-Aspekt. Beide zusammen bestimmen die c) Beziehung zwischen Führenden und Geführten.

a) Personeneigenschaften der Führungsperson: „Behavior"

Individuelle Persönlichkeitsmerkmale der Führenden leisten einen Beitrag zur Anwendung eines transformationalen Führungsstils (s. 2.4.3.; Steyrer, 1999). Auch der kognitive Stil, den Führungskräfte bei Problemlösungsprozessen anwenden, wirkt sich darauf aus, zu welchem Grad transformational geführt wird (Church & Waclawski, 1998, S. 99): „Erfinder und Motivatoren führen transformationaler als Manager und Umsetzer". Eine „transformationale Persönlichkeit" wird stärker durch Begabungen und Biografie geformt als durch eine Aufgaben- bzw. Leistungsorientierung im Sinne der „initiating structure" der Ohio-Schule (Popper et al., 2000). Das Antrainieren transformationaler Führung stößt daher an gewisse Grenzen (Weinert & Scheffer, 1999).

b) Zuschreibung der Eigenschaften durch die Geführten: „Attributed"

Ein begünstigender Faktor für die Zuschreibung von „Idealized Influence" auf gesellschaftlicher Ebene ist der allgemeine Verlust an Nähe und Integrität: Öffnungsprozesse in der Gesellschaft sind mit dem Verlust der Vorzüge geschlossener Strukturen zu bezahlen (Gebert & Boerner, 1995). Eine verbreitete individualistische Orientierung, nachlassende Verbindlichkeit von Normen und Werthaltungen sozialer Kollektive sowie eine abnehmende soziale Kontrolle durch Anonymisierungstendenzen verstärken diesen Verlust (Schreyögg, 2000; Mintzberg, 1991). Dadurch werden charismatische, durch menschliche Nähe, Unmittelbarkeit und Emotionalität getragene Beziehungen attraktiv (Neuberger, 1990; Türcke, 1994). Ein begünstigender Faktor für die Zuschreibung von „Idealized Influence" auf individueller Ebene ist die Suche nach Führung: Der individuelle „Need for leadership"[6] einer Person korreliert signifikant positiv mit TFF und ist ein Moderator für die Beziehung zwischen charismatischer Führung und den sich aus dem Führungsstil ergebenden Resultaten für die Mitarbeiter ist (De Vries, Roe & Thaillieu, 1999).

Die Zuschreibung von „Idealized Influence" durch die Geführten benötigt also zunächst die wahrgenommene Glaubwürdigkeit des Führenden, die aus der Wahrnehmung von Opferbereitschaft erwächst, welche keinen direkten eigenen Profit bewirkt (Gebert, 2002). Weiterhin begünstigt eine „bestätigte Vertrauensgrundlage" (Podsakoff et al., 1990) die Zuschreibung idealer Motivation und die Wahrnehmung der Führungskraft als transformational. Auch die Wahrnehmung der Führungskraft als attraktives Modell beeinflusst die Zuschreibung von „Idealized Influence" durch die Geführten, indem sie doppelte Identifikationsprozesse, einerseits mit der Person („Idealized Influence") und andererseits mit dem Tun („Inspirational Motivation"), auslöst (Bandura, 1997)[7]. „Be-

---

[6] Der Begriff „Need for leadership" wird über die Single-Item-Messung „In welchem Maße benötigen Sie einen Führenden zur Erreichung Ihrer persönlichen und Ihrer dienstlichen Ziele?" erfasst (De Vries, Roe & Thaillieu, 1999).
[7] S. a. das Konzept der sozialen Identität (Tajfel, 1981), welche über den sozialen Vergleich mit anderen entsteht.

cause of other ‚gifts' attributed to the leader, such as extraordinary competence, the followers believe that the leader will bring about social change and will thus deliver them from their plight." (House, 1977, S. 204).

c) Beziehung zwischen Führenden und Geführten

Diverse Autoren, vor allem aus der Tiefenpsychologie, behaupten, transformational-charismatische Führung stelle im Kern eine spezifische Beziehung zwischen Führungskraft und Geführten dar (Ehrhart & Klein, 2001; Boerner, 1994) und sei nicht auf persönliche Merkmale von Führungskraft oder Geführten reduzierbar (Weierter, 1997; Gabriel, 1997). Es besteht eine „Emotional-affektive Beziehung zwischen Führer und Geführtem innerhalb der transformational-charismatischen Führung" (Steyrer, 1999, S. 183). In dieser Beziehung führt das narzisstische Spiegelungsbedürfnis der Führungsperson zu einer sozialen Dramatisierung. Das Idealisierungs- und Verschmelzungsbedürfnis des Geführten wiederum führt zu sozialer Affirmation, d. h. zu schwärmerischer Verehrung, Bewunderung, Akklamation des Führenden. Über die Interaktion wird das archaische Größenselbst des Führenden[8] bestärkt und beachtet, wodurch ein kohärentes Selbst-System entsteht. Das idealisierte Elternimago der Geführten wird bedient und die Geführten sind fasziniert, beeindruckt und emotional stimuliert (s. Abb. 3).

---

[8] Das Ideal-Ich beinhaltet den „Anspruch auf Größe" und versucht diesen durch soziale Beachtung zu erringen.

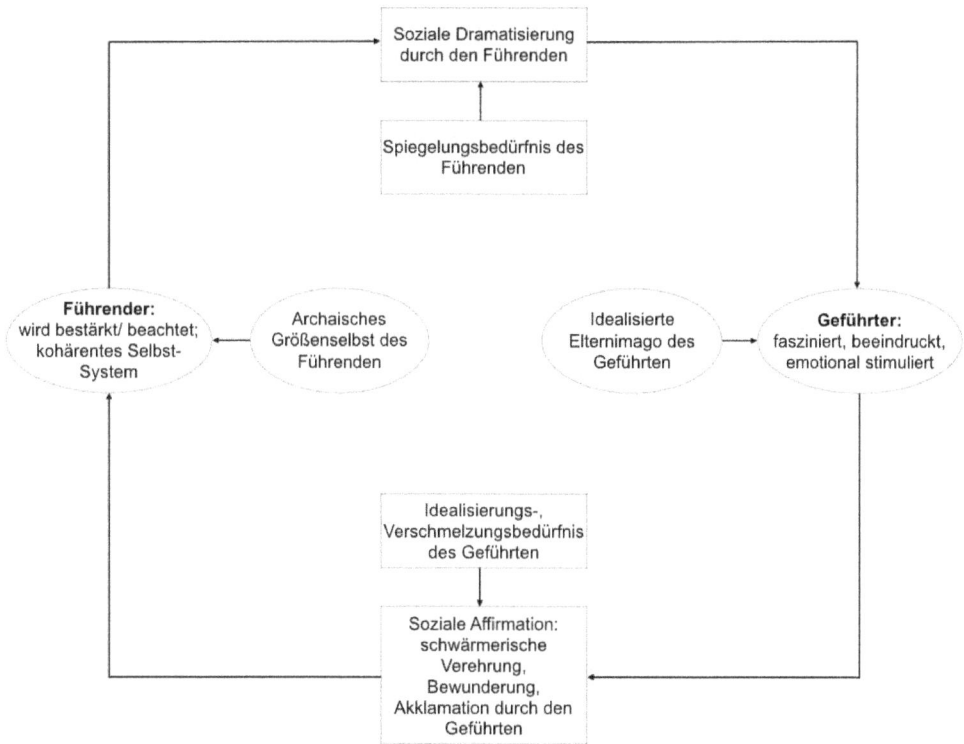

Abbildung 3: Emotional-affektive Beziehung zwischen Führendem und Geführtem innerhalb der transforma-
tional-charismatischen Führung, ursprüngliche Quelle: Steyrer, 1999, S.183, übernommen aus Gebert, 2002

House und Shamir (1993) ziehen für diesen Sachverhalt Theorien zur Selbstkonzeptbe-stätigung und Motivation heran[9] und stellen heraus, dass Führende solche Formen der sozialen Beachtung suchen, die ihr Ideal-Ich bestätigen. Die Interaktion zwischen Füh-rungsperson und geführter Person bietet dafür die Möglichkeit, weil sich die Führungs-person hier in narzisstischer Weise spiegeln kann, wodurch die angestrebte Selbstkon-zept-Bestätigung gefördert wird. Diese sozialen Inszenierungen lösen in den Geführten bestehende Elternrollen bzw. -bilder aus (Gardner & Avolio, 1998). Transformational-charismatische Führungspersonen gewinnen auf diese Weise eine natürlich erscheinen-de Anziehungskraft für die Geführten (House, 1977). So gelingt es Führenden mit ihrem Verhalten, ihren Werten und Zielen als generalisierte Modelle zu fungieren, was wiede-rum zu einer erhöhten Opferbereitschaft der Geführten im Sinne der Gruppe beiträgt (House, Spangler & Woyke, 1991; Conger, 1989). Die Bindung des Selbstkonzeptes der Geführten an die Zielerreichung der Gruppe verstärkt die Motivation und Selbstregulie-rung der Geführten (Chemers, 2000).

---

[9] Erwähnt werden die Theorie intrinsischer Motivation und des Selbstkonzeptes sowie die selbstkonzeptbasierte Motivationstheorie (House & Shamir, 1993).

Gefahren dieser emotionalen Bindung bestehen in ausgelösten „Group-Think"-Mechanismen: So ist der charismatisch Führende weder dazu bereit, sich selbst zu hinterfragen, noch, sich hinterfragen zu lassen (Beyer, 1999). Das Spiegelungsbedürfnis (s. o., Steyrer, 1999) birgt die Gefahr, dass die Funktion der Führungskraft in den Hintergrund rückt und dem Namen und der Person selbst eine besonders herausgestellte, narzisstische Bedeutung zukommt.

Einflussfaktoren auf das Konstrukt „Idealized Influence" sind demnach das Selbstkonzept des Führenden mit seinen Werten, individuelle Persönlichkeitsmerkmale, der kognitive Stil für Problemlösungen, Begabungen und Biografie des Führenden, genauso wie der allgemeine Verlust an Nähe und Integrität in der Gesellschaft, der individuelle „Need for leadership" der Geführten, die wahrgenommene Glaubwürdigkeit bzw. die wahrgenommene Opferbereitschaft des Führenden, eine „bestätigte Vertrauensgrundlage" und die Wahrnehmung der Führungskraft als attraktives Modell.

2.5.2. Inspirational Motivation

„Inspirational Motivation" findet dann statt, wenn die Führungsperson mithilfe einer überzeugenden Zukunftsvision die Geführten insofern motiviert, als dass diese mit intrinsischem Antrieb auf das ausgewiesene Endergebnis hinarbeiten (Avolio & Bass, 2004). Das zugehörige Verhalten beinhaltet die Darstellung eines Zukunftsoptimismus, Enthusiasmus bzgl. notwendiger Ziele, einer ansprechenden Zukunftsvision und der Zuversicht über die Erreichung von Zielen (s. Items des MLQ). „Inspirational Motivation" beschreibt Führungskräfte, die leidenschaftlich eine idealisierte Zukunft der Organisation kommunizieren, welche von anderen Personen angenommen werden kann (Hater & Bass, 1988).

Das konkrete Aufzeigenkönnen einer Vision ist das Kernelement dieses Konstruktes. Vision wird als kollektiv gewünschte Zukunft definiert (House & Shamir, 1993; Scholz, 1991). Merkmale einer Vision sind a) eine geringe Messbarkeit, die vor allem an qualitativen Indikatoren orientiert ist, b) ein in der Zukunft liegender, längerfristiger, stabiler Zeithorizont, c) ein abstraktes Bestimmungsniveau und d) eine eher emotionale als kognitive Ebene, die zur Inspiration beiträgt (Gebert, 2002). Die Formulierung und Vermittlung einer glaubwürdigen Vision geschieht durch die Führungsperson, weshalb diese den Erfolg der Vision maßgeblich bestimmt.

Doch auch die Geführteneigenschaften bestimmen den Erfolg der inspirierenden Motivation des Führenden. So bestimmen die individuellen Werte- und Zielvorstellungen (Gardner & Avolio, 1998) sowie die Wahrnehmung von Unsicherheiten durch die Geführten (Waldman et al., 2001) die Annahme der Vision mit. Individuelle Werte- und Zielvorstellungen der Geführten bestimmen, wie attraktiv eine Vision individuell für die Geführten ist. Je mehr diese mit den eigenen erstrebenswerten Zielen übereinstimmt, desto höher ist die Wahrscheinlichkeit, dass sich die Geführten ebenfalls mit der Organisationsvision identifizieren können. Je höher die wahrgenommene Unsicherheit der Geführten ist, desto wahrscheinlicher nehmen Geführte die dargebotene Vision dankbar an.

Aus den oben genannten Facetten ergibt sich ein ,visionäres Moment', an dem eine Deckung der Zielvorstellungen zwischen Führungskraft und Geführten stattfindet (Pawar & Eastman, 1997; Shamir & Howell, 1999). Bei einer erfolgreichen Zieldeckung absorbiert visionäre Führung die Unsicherheit (Pawar & Eastman, 1997; Shamir & Howell, 1999) und den Stress der Geführten (Waldman et al., 2001) und transformiert diese in Hoffnung und die Wahrnehmung von Chancen. Die Zieldeckung zwischen Zielen der Führenden und Geführten ist deshalb ein zentraler Einflussfaktor bei der effektiven Kommunikation einer Vision und der daraus resultierenden „Inspirational Motivation".

Einflussfaktoren auf das Konstrukt „Inspirational Motivation" sind demnach die Formulierung und Vermittlung einer glaubwürdigen Vision, die individuellen Werte- und Zielvorstellungen der Geführten, deren Wahrnehmung von Unsicherheiten und die Deckung der Zielvorstellungen zwischen Führungskraft und Geführten.

2.5.3. Intellectual Stimulation

„Intellectual Stimulation" findet statt, wenn die Führungsperson die Geführten darin bestärkt und ermutigt, alte Probleme mit neuen Mitteln und Denkweisen anzugehen, so dass diese auch ohne die Führungsperson eine Fähigkeit entwickeln, zu innovativen Problemlösungen zu gelangen (Avolio & Bass, 2004). So werden kritische Annahmen immer wieder in Frage gestellt, verschiedene Perspektiven in Problemlösungen integriert und neue Wege zur Zielerreichung ausprobiert (s. Items des MLQ).

„Intellectual Stimulation" zielt laut Bass (1985) auf die selbst-reflexive Veränderung von Werten und Überzeugungen bei den Geführten ab. Dabei wird das Konstrukt einerseits durch den wahrgenommenen Bedarf an Innovation durch die Führungskraft und die Geführten (Gebert, 2002) getrieben. Diverse Autoren nutzen in diesem Zusammenhang den Begriff „Innovationsdruck" der in verschiedenen Umgebungen in jeweils bestimmten Ausprägungen vorhanden ist. Ist der Innovationsdruck hoch, so findet die Ermutigung zu kreativen, neuen Problemlösungen häufiger statt und wird von Geführten ebenfalls stärker angenommen. Ist der Innovationsdruck gering, so finden die Anregungen weniger häufig statt und werden weniger häufig durch Geführte genutzt, weil der Bedarf an innovativen Inhalten und Prozessen als gering wahrgenommen wird.

Andererseits wird „Inspirational Motivation" durch ein innovationsförderliches Führungsverhalten (Dörr, 2006) befördert. Gemeint ist hier die Wahrscheinlichkeit der Anregungen der Führenden zu kreativer und innovativer Problemlösung. Fällt diese gering aus, so sollen in der Organisation innovative Inhalte und Prozesse häufig direkt oder indirekt unterbunden werden, um z. B. eingespielte Abläufe nicht zu stören oder etablierte Lösungen nicht zu gefährden. Organisationskonforme Geführte sind in solchen Fällen besser beraten, herkömmliche Wege für Problemlösungen heranzuziehen. Fällt die Wahrscheinlichkeit der Anregungen zu neuartiger Problemlösung hoch aus, so dürfen und sollen sich Geführte mit neuen Ideen einbringen und die Hinterfragung bestehender Strukturen ist explizit gewünscht. Längst wird einvernehmlich diskutiert, dass es sinnvoll ist, Geführte in Entscheidungen einzubeziehen. Denn je höher die Partizipation der Mitarbeiter am Entscheidungsprozess ist, desto höher ist die Entscheidungsqualität (u. a. Yukl, 1999).

Einige Autoren warnen vor der Behinderung einer gepflegten Innovationskultur durch „starke Organisationskulturen" (Ebers, 1985). Zentrale Einstellungen und Werte werden in solchen starken Kulturen homogenisiert (Gebert, 2002). Charismatisch-visionäre Führungspersonen tendieren zu einem verstärkten Attraction-Selection-Attrition-Zyklus[10] (Schneider, Goldsmith & Smith, 1995), d. h. einem beschleunigten Homogenisierungsprozess. Die höhere Homogenisierung schafft mit einer „Zensur nach innen" und „Abschottung nach außen" (Gebert, 2002) innovationshinderliche Barrieren. Es entsteht das „Group Think"-Phänomen[11] (Janis, 1989), das auch dazu führt, dass sich Geführte ihrer Führungskraft stärker anvertrauen. Es besteht ein geringerer Bedarf nach einem Aufzeigen neuer Herangehensweisen, da der charismatischen Führungsfigur ‚vertraut' bzw. sich auf sie verlassen wird. Darüber hinaus könnten neue Ideen als Angriff auf die Führungsperson betrachtet werden (Klein, 2010b).

---

[10] Der Attraction-Selection-Attrition-Zyklus thematisiert die Rückkopplung dreier Personalprozesse, die zu einer immer größeren Homogenität persönlicher Kompetenzen der Mitarbeiter und ähnlicher werdenden Denk- und Verhaltensmuster führen. ‚Attraction' meint die Bemühung der Unternehmen v. a. um Bewerber mit einer Passung zur Unternehmenskultur. ‚Selection' meint, dass nur die Bewerber akzeptiert werden, die diesen Vorstellungen besonders entsprechen. ‚Attrition' meint, dass akzeptierte Mitarbeiter nur auf Dauer im Unternehmen (erfolgreich) bleiben, wenn sie der Kultur entsprechen und Denk- und Verhaltensweisen dauerhaft konsistent zeigen. Über die Zeit werden sich auch die Bewerber entsprechend anpassen (Schneider, Goldsmith & Smith, 1995; Schneider, 1987).

[11] Das „Group Think"-Phänomen thematisiert einen Prozess, durch den eine Gruppe kompetenter Personen qualitativ schlechtere Entscheidungen trifft, als die einzelnen Gruppenmitglieder separat getroffen hätten, weil alle beteiligten Mitglieder ihre individuellen Ansichten an die erwartete Gruppenmeinung anpassen. Der bezeichnete Denkmodus tritt auf, wenn das Streben nach Einmütigkeit in der Gruppe so dominant wird, dass die realistische Abschätzung von Handlungsalternativen außer Kraft gesetzt wird. Förderlich hierfür sind u. a. eine hohe Gruppenkohäsion, strukturelle Mängel im Gruppenaufbau, die Abschottung nach Außen und eine dominante Meinungsführung (Janis, 1989).

Einflussfaktoren auf das Konstrukt „Intellectual Stimulation" sind demnach der wahrgenommene Bedarf an Innovation durch Führende und Geführte, d. h. der Innovationsdruck, sowie ein innovationsförderliches Führungsverhalten, d. h. die Wahrscheinlichkeit der Anregungen Führender zu kreativer, innovativer Problemlösung.

2.5.4. Individualized Consideration

„Individualized Consideration" bezieht sich auf der einen Seite auf die individuelle Berücksichtigung von Bedürfnissen und Wünschen der einzelnen Geführten. Auf der anderen Seite ist die Förderung, Entwicklung und Entfaltung der höheren Potentiale der Geführten gemeint, die durch neue Lernmöglichkeiten und ein unterstützendes Wachstumsklima erreicht werden können.

Immer selbstverständlicher wird, dass Unternehmen die entscheidenden Strukturen für eine bedarfsgerechte Förderung der Mitarbeiter professionell in den Unternehmensalltag integrieren. So werden regelmäßige individuelle Zielvereinbarungsgespräche zur persönlichen Entwicklung geführt, in denen die vergangene sowie zukünftige Entwicklung des Geführten anhand eines festgelegten Kataloges besprochen wird. Feedbackgespräche geben Aufschluss über die Qualität von Arbeitsergebnissen und die Erwartungen und Bedürfnisse beider Parteien. So soll gewährleistet werden, dass Gespräche zwischen Führenden und Geführten über alle Hierarchieebenen hinweg einerseits stattfinden und andererseits einen Kern an Inhalten objektiviert teilen. Weitere Maßnahmen sind die Integration von 360-Grad-Feedback und die Festlegung eines Weiterbildungsbudgets je Mitarbeiter. Die Existenz solcher Strukturen im eigenen Unternehmen unterstützt die „Individualized Consideration" und verfolgt das Ziel, dem Fachkräftemangel und der Mitarbeiterfluktuation entgegenzuwirken. Geführte sollen über Weiterentwicklungsmöglichkeiten vom Verlassen des Unternehmens Abstand nehmen und sich stattdessen langfristig ans Unternehmen binden, weil dieses in ihre persönliche Entwicklung investiert. Auch die Zeit, welche den Führungskräften für Lehr- und Coachingtätigkeiten zur Verfügung gestellt wird, bestimmt das Ausmaß des Konstruktes. Die Unternehmenskultur sollte überdies bestimmen, dass sich Mitarbeiter langfristig im Unternehmen wohlfühlen und sich als Individuen einbringen sollen und nicht als reine Humanressource verwendet werden.

Einflussfaktoren auf das Konstrukt „Individualized Consideration" sind demnach das Existieren professioneller Strukturen für eine bedarfsgerechte Förderung der Mitarbeiter, die bereitgestellte Zeit für Lehr- und Coachingtätigkeiten sowie die Unternehmenskultur.

Im nächsten Kapitel wird die theoretische und empirische Forschung zu Familienunternehmen genauer dargestellt, um folgend zur Hypothesenherleitung zu gelangen.

3. Familienunternehmen

Im vorliegenden Kapitel werden Familienunternehmen (FU) definiert (3.1.) und als Forschungsgegenstand genauer betrachtet (3.2.). Die Eigenschaften von FU werden vorgestellt (3.3.), wonach auf die aktuell diskutierten Theorien der FU-Forschung eingegangen wird (3.4.). Anschließend wird der „Socio-Emotional Wealth"-Ansatz als bestimmendes theoretisches Rahmenwerk genauer behandelt (3.5.). Letztlich werden bestehende Erkenntnisse zu Führung in FU dargestellt (3.6.), womit die Herleitung der Hypothesen vorbereitet wird. Im nächsten Kapitel werden die Hypothesen der Studie vorgestellt.

3.1. Definitionen zu „Familienunternehmen"

Für ‚Familienunternehmen' existiert eine Vielzahl unterschiedlicher Definitions- und Interpretationsvarianten (Astrachan & Shanker, 2003; Chua, Chrisman & Sharma, 1999; Handler, 1989; Heck & Trent, 1999; Klein, Astrachan & Smyrnios, 2005; Sharma & Nordqvist, 2008; Westhead & Cowling, 1998). Trotz zahlreicher Forschungsbemühungen ist der Begriff nicht allgemeingültig geklärt: Es gibt weder eine allgemein akzeptierte juristische Definition (Mandl, 2008), noch eine einheitliche Definition in der Forschungsliteratur (Hehn, 2011; Spary, 1981; Clasen, 1992; Quermann, 2004; Littunen & Hyrsky, 2000). Die Herausforderung besteht auch in den diversen möglichen Ausgestaltungs- und Rechtsformen (Ruter & Thümmel, 2009; Hehn, 2011) für FU.

Die große Menge der Definitionen in der Forschungsliteratur kann auch durch folgende zeitliche Entwicklung veranschaulicht werden: Erwähnt Gantzel 1962 noch 102 Definitionsversuche, so findet Zeitel 1979 bereits mehr als 200 Definitionen. Flören erstellt 2002 einen Überblick über 50 Definitionen, die sich bis zu diesem Zeitpunkt durchgesetzt haben. Auch die EU-Kommission bemühte sich aufgrund des offenen Definitionsbedarfs für „Familienunternehmen" 2009 im Projekt „Overview of family-business-relevant issues" um eine Vereinheitlichung der über 90 existierenden Definitionen im europäischen Raum. Dabei ergab sich die folgende Definition.

„A firm, of any size, is a family business, if:
-   The majority of decision-making rights is in the possession of the natural person(s) who established the firm, or in the possession of the natural person(s) who has/have acquired the share capital of the firm [..].
-   The majority of decision-making rights are indirect or direct.
-   At least one representative of the family or kin is formally involved in the gover-

nance of the firm.

- Listed companies meet the definition of family enterprise if the person who established or acquired the firm (share capital) or their families or descendants possess 25
per cent of the decision-making rights" (EU-Kommission, 2009, S. 4).

Diese Definition stellt den Versuch dar, einen konkreten Cut-Off-Wert zu etablieren, indem klare Grenzen gesetzt werden: Mindestens ein Familienrepräsentant befindet sich
in der Unternehmensführung und mindestens 25 % der Entscheidungsrechte liegen in
der Familie. Mag die Definition für die Praxis eine konkrete Richtschnur liefern, wirkt sie
für die Forschung eher beliebig. Zahlreiche interessante Unternehmen, welche sich
selbst als Familienunternehmen betrachten würden, fallen aus ihr heraus.

Quantitative Unterscheidungsmodelle weisen FU entsprechend einer Empfehlung der
Europäischen Kommission (6. Mai 2003: 2003/361/EG) den „mittelständischen Unternehmen" zu, denn knapp 95 % aller deutschen kleinen und mittelständischen Unternehmen sind auch FU (IfM Bonn, 2010; vgl. Haunschild & May-Strobl, 2010). Diese
zeichnen sich durch klar messbare Kriterien aus. Ein mittelständisches Unternehmen
beschäftigt weniger als 250 Mitarbeiter, erwirtschaftet Umsatzerlöse unter 50 Mio. EUR
und weist eine Bilanzsumme von unter 43 Mio. EUR pro Jahr aus (Litz, 1995; Littunen &
Hyrsky, 2000; Ampenberger, 2010).

Familienunternehmen sind als Teilmenge aller Unternehmen im Sinne einer Dichotomie
aus den Begriffen „Familie"[12] und „Unternehmen"[13] zu verstehen, da Familienunternehmen als Sozialsystem aus beiden Subsystemen bestehen. Über diese beiden Begriffe ist
es möglich, sich der Formvielfalt von Familienunternehmen zu nähern (Klein, 2010b).
Eine Abgrenzung kann ebenfalls über fünf untereinander interagierende Bestimmungsfaktoren erreicht werden: die Familie, das Eigentum, die Führung, das Unternehmen und
die Kontrolle (Klein, 2010b; Goehler, 1993; Shanker & Astrachan, 1996). Die einfachste
Definition ist über die Betrachtung von „Eigentum" und „Führung" (und damit ebenfalls
„Kontrolle") zu erreichen. Um ein Familienunternehmen handelt es sich, wenn beide
Faktoren in der gleichen Familie liegen (Chua, Chrisman & Sharma, 1999). Erweitert
werden kann diese Eingrenzung durch die Integration des geplanten Generationstransfers als ein zusätzliches Merkmal von FU (Astrachan, Klein & Smyrnios, 2002).

---

[12] Eine Definition für ‚Familie' liefert Klein (2010, S. 18): „Als Familie wird [..] eine Gruppe von Menschen verstanden,
die in einem direkten verwandtschaftlichen Verhältnis zueinander stehen und die von einer definierten Ursprungsehe
abstammen, sowie deren Ehepartner." Eine weitere bietet Schneewind (2010, S. 35): „Familien sind biologisch, sozial
oder juristisch verwandte Personeneinheiten, die - in welcher Kombination auch immer - mindestens zwei Generationen in die Verfolgung bestimmter Ziele einschließt." [Übers. d. Verf.].
[13] Ebenfalls Klein (2010, S. 18) definiert ‚Unternehmen' wie folgt: „Ein Unternehmen wird verstanden als eine Organisation, die als offenes System mit der Herstellung eines Gutes oder Zur-Verfügungstellen einer Dienstleistung eine
produktive Funktion wahrnimmt."

Klein (2010, S. 18) definiert FU wie folgt: „Ein FU ist ein Unternehmen, auf das die Familie einen *maßgeblichen Einfluss* ausübt. Von einem maßgeblichen Einfluss der Familie auf das Unternehmen soll dann gesprochen werden, wenn die Familie *einen der Einflussfaktoren Eigenkapital, Kontrolle* oder *Management* vollständig dominiert oder der *Mindereinfluss* durch entsprechenden Einfluss bei einem anderen Faktor *ausgeglichen* wird. Als notwendige Bedingung wird eine *Beteiligung der Familie am Eigenkapital* vorausgesetzt."

Neben der Klassifizierung von FU über konkrete Komponenten, d. h. Bestimmungsfaktoren (Miller et al., 2007; Sciascia & Mazzola, 2008), wie oben vorgenommen, existieren auch verhaltens-orientierte Ansätze (Birley, 2001; Klein, 2009). Diese untersuchen die „Essenz" von FU über Familienerwartungen und Unternehmenskultur (Holt, Rutherford & Kuratko, 2010; Klein, Astrachan & Smyrnios, 2005). Spezifiziert der „Component of Involvement"-Ansatz über die Art und das Ausmaß der Familieneinbindung als hinreichende Bedingung (Miller et al., 2007; Sciascia & Mazzola, 2008; Hack, 2009), so strukturiert der „Essence"-Ansatz über die Familienerwartungen, welche gemeinsam mit der Familieneinbindung die verhaltens- und leistungsbezogenen Konsequenzen erklärt (Holt, Rutherford & Kuratko, 2010; ; Klein, Astrachan & Smyrnios, 2005; Chua, Chrisman & Sharma, 1999). Die Einbindung der Familie ist danach zwar notwendige Bedingung, doch nur dann, wenn sie zu einer spezifischen Verhaltensänderung im Unternehmen führt und sich Leistungsunterschiede ableiten lassen, sind die Bedingungen erfüllt (Hack, 2009). Eine Klassifizierung kann also a) über Merkmale, d. h. die Bestimmungsfaktoren oder den „Component of Involvement"-Ansatz, b) über die Unternehmenskultur, d. h. den „Essence"-Ansatz, oder c) den eigentlichen Zweck der Definitionsbemühung geschehen (Klein, 2010b). Auf den letzten Aspekt weist auch Hack (2009) hin, da sich die gewählte Definition im Einzelfall an der konkreten Forschungsfrage orientieren muss.

Die Wittener Definition spricht von FU, „wenn sich ein Unternehmen ganz oder teilweise im Eigentum einer Familie oder mehrerer Familien bzw. von Familienverbänden befindet und wenn diese aus einer unternehmerischen Verantwortung heraus die Entwicklung des Unternehmens maßgeblich bestimmen. Diese Verantwortung der Unternehmerfamilie(n) wird entweder aus einer Führungs- oder Aufsichtsfunktion bzw. aus beiden Funktionen heraus wahrgenommen. Dabei spielen die Rechtsform und Größe des Unternehmens keine Rolle." (Wittener Institut für Familienunternehmen, 2014). Dieser Teil der Eingrenzung basiert auf einem Komponenten-Ansatz. Doch auch das transgenerationale Moment wird von der Wittener Schule als essentiell betont. Dies ist dem Essenz-Ansatz zuzuordnen, da von einem FU demnach erst dann gesprochen werden kann,

wenn die Absicht besteht, das Unternehmen an die nächste Generation der Familie wei-
terzureichen. Diese Planung bezieht sich auf die Familienerwartungen und schließt
Start-ups oder eigentümergeführte Unternehmen ohne Familienbezug aus der Gruppe
der FU aus.

3.2. Familienunternehmen als Forschungsgegenstand

Die Relevanz von FU kann durch die Allgegenwärtigkeit und Komplexität des Unternehmenstypus, welcher als weltvorherrschende Organisationsform gilt, als gegeben vorausgesetzt werden (La Porta et al., 1999; Colli, Fernandez-Perez & Rose, 2003). Signifikante Unterschiede zwischen FU und Nicht-Familienunternehmen (NFU) werden durch
zahlreiche Studien über viele Länder konsistent belegt, z. B. für Irland (Reid & Adams,
2001), Israel (Lauterbach & Vaninsky, 1999), USA (Chrisman, Chua & Litz, 2004),
Deutschland und die Schweiz (Zellweger et al., 2011) sowie Spanien (Gómez-Mejía,
Nuñez-Nickel & Gutierrez, 2001). Im Jahr 2010 lag der Anteil von FU an deutschen Unternehmen bei 95,3 % mit einem Anteil am Umsatz aller Unternehmen von 41,1 %
(Haunschild & Wolter, 2010). Zudem repräsentieren FU 57 % aller sozialversicherungspflichtigen Beschäftigten in Deutschland (Stiftung Familienunternehmen, 2007). In
Deutschland kommt FU im Vergleich zum Rest von Europa eine besonders große Rolle
zu (Faccio & Lang, 2002). So wird geschätzt, dass die größten Familienunternehmen, die
in Deutschland 0,1 % aller Unternehmen ausmachen, für 19 % des Umsatzes und 16 %
der Beschäftigen stehen (BDI, 2013).

Die FU-Forschung ist, trotz ihrer Relevanz, ein recht junges, noch wenig etabliertes For-
schungsfeld (Hack, 2009). Die Familie wird als Variable häufig vernachlässigt, weil For-
scher sich überwiegend in der Management-Forschung bewegen (Dyer & Dyer, 2009).
Die erste Dissertation von Calder (1953) betrachtete die Managementprobleme kleiner
FU. Allgemeines Interesse am Forschungsfeld entstand mit der Ausgabe des ‚Special
Issues‘ des ‚Journals Organizational Dynamics‘ 1983 (Sharma, Melin & Nordqvist, 2014).
Das noch recht junge und erste Journal exklusiv für FU-Themen ist das Family Business
Review (FBR, Gründung 1988), welches sich als Katalysator für die Etablierung der FU-
Forschung sieht (Landsberg & Gersick, 1993). Das Forschungsfeld wurde lange vernachlässigt (Dyer, 2009; Litz, 1997; Sharma et al., 2007) und erst in den späten 1980er bzw.
frühen 1990er Jahren zunehmend erschlossen (Wortman, 1994). Zu Beginn der Forschungsaktivitäten stand die Definition und die Untersuchung erfolgreicher Führungsnachfolge im Vordergrund (Handler, 1989; Litz, 1995). Es herrschten deskriptive und
fallstudienbasierte Untersuchungen vor, heute setzen sich mehr quantitative Studien
durch (Zahra & Sharma, 2004). Ausgangspunkt für den Forschungsbedarf war die in

Abschnitt 3.1 erwähnte Dichotomie von Familie und Unternehmen (für eine Übersicht s. Klein, 2010b), die später auch im Rahmen des „Paradoxiemanagements" (von Schlippe, 2007a; von Schlippe, 2007b) erörtert wird (für eine Übersicht s. Sharma, Chrisman & Gersick, 2012; von Schlippe, Groth & Rüsen, 2012). So driftete die *Familien*forschung und die Familien*unternehmens*forschung auseinander (James, Jennings & Breitkreuz, 2012). Im Forschungsfeld existieren enge Interaktionen zwischen Forschern und FU-Führungskräften, die häufig in von FU gesponserten FU-Zentren wie dem Wittener Institut für Familienunternehmen münden. Hier wird Forschung betrieben und mit den FU auf direktem Wege über Beratungsmandate, Konferenzen und Schriften geteilt. Die Pioniere des Forschungsfeldes betätigten sich anfangs divers, indem sie unterrichteten, forschten und berieten. Im Laufe der Zeit ist ein Trend zur Spezialisierung auf einem der Gebiete zu beobachten (Sharma, Melin & Nordqvist, 2014).

Trotz der langen Geschichte von familiengesteuerten Unternehmen konzentrierte sich die FU-Forschung von Beginn an darauf, was genau unter dem Begriff „Familienunternehmen" zu verstehen ist (Lansberg, Perrow & Rogolsky, 1988). Die Forschungsgemeinschaft war sich bewusst, dass die Enge bzw. Weite der Definition eine fundamentale Bedeutung für den Aufbau von anwendbarem Wissen haben würde (Handler, 1989; Wortman, 1994; Zahra & Sharma, 2004). In einem Artikel zu der Besonderheit, dem Design und der Richtung von FU-Forschung sammelten Craig und Salvato (2012) die entsprechenden Meinungen zentraler Vertreter (Craig & Salvato, 2012; Hoy, 2012). Diese Befragung der Experten – Howard Aldrich, Luis Gómez-Mejía, Michael Hitt, Duane Ireland, Manfred Kets de Vries und Michael Wright – verdeutlicht die wesentlichen Charakteristika des Forschungsgegenstandes. FU-Forschung veranschaulicht die soziale Dimension im Sinne von Emotionen und Leidenschaften, die für die Gründung und Führung eines Unternehmens wichtig ist (Aldrich & Cliff, 2003). Managementforscher betrachten das Ressourcen-Management von FU als zentrales Merkmal (Sirmon, Hitt & Ireland, 2007; Sirmon & Hitt, 2003). Wichtige Unterscheidungsmerkmale sind der Kontext und die Struktur von FU, die auch neue Einblicke für die allgemeine Organisationsforschung ermöglichen (Chirico, Ireland & Sirmon, 2011). FU-Forschung ermöglicht die Untersuchung von affektiven Werten, die von der Familie in das Unternehmen investiert werden und bestimmte Konsequenzen haben (Goméz-Mejía et al., 2011). Das Forschungsfeld ist an viele andere Forschungsfelder angeschlossen und bündelt diese, z. B. in den Überschneidungen von Ökonomie, Managementlehre, Psychologie und Coaching (Kets de Vries & Carlock, 2007). Trennbar ist das Feld durch den Einzelfokus auf Paradoxien der Einbindung der Familie ins Unternehmen (Sharma, Chrisman & Gersick, 2012). Auch andere Autoren zeigen auf, wie Erkenntnisse aus mehreren Forschungsbereichen sinnvoll in der FU-Forschung angewandt werden können (von Schlippe, Nischak & El Hachimi, 2008). Für das Design der FU-Forschung ist es zunächst wichtig, aktuelle Forschungsansätze anzuwenden (Craig & Salvato 2012; Aldrich & Cliff, 2003), um die Bandbreite an Einflüssen dieser global auftretenden Unternehmensform in der Forschung angemessen zu berücksichtigen. Immer wichtiger wird das Zusammenführen fragmentierter Forschungserkenntnisse, um zentrale Theorien und Paradigmen zu entwickeln (Craig & Salvato 2012; Goméz-Mejía et al., 2011). In diesem Sinne ist auch das Bemühen um eine Zusammenführung von Familien- und FU-Forschung zu verstehen (James, Jennings & Breitkreuz, 2012). Insgesamt zeigt die Entwicklung auf, dass FU-Forschung dichter und kompakter wird (Craig & Salvato, 2012). Es zeigt sich, dass sich die FU-Forschung von einer Unterkategorie zu einer eigenen Disziplin mit eigenen konzeptionellen Ansätzen entwickelt (Craig & Salvato, 2012).

Zu den einflussreichsten Werken der letzten Jahrzehnte zählen Ward (1987), Gersick u. a. (1997) und Miller und Le Breton-Miller (2005) (s. dazu Hoy, 2012). Ward (1987) verfasste eines der ersten Handbücher für FU, das auf entsprechender Forschung aufbaute und in Praxis und Forschung sehr einflussreich ist. Er erweiterte den allgemeinen Management-Ratgeber um die Erkenntnisse aus Datenanalysen von 20 FU und deutete bereits auf viele mögliche Widersprüche und Konflikte hin, die von der Familieneinbindung herrühren könnten. Gersick u. a. (1997) erläuterten, wie die Betrachtung der zwei Dimensionen in FU, „Unternehmen" und „Familie", (Tagiuri & Davis, 1982) um eine dritte Dimension „Eigentum" erweitert werden kann. Sie forderten dazu auf, jede der drei Dimensionen tiefer und detaillierter zu erforschen. Sie betonten die Wichtigkeit des Faktors Zeit und des jeweiligen FU-Stadiums mit seinen Generationsübergängen vom kontrollierenden Eigentümer über die Geschwisterpartnerschaft zum „Cousin-Konsortium". Sie stellten den Forschungsstand der späten 1990er Jahre dar und zeigen die Tendenz weg von der Arbeit mit anekdotischen Fallstudien und hin zur quantitativen Datenanalyse auf (Hoy, 2012). Miller und Le Breton-Miller (2005) verschieben den Blickwechsel in den 2000er Jahren von einer ‚Best Practice'-Fokussierung auf nuancierte Analysen der Wettbewerbsvorteile von FU. Sie identifizieren vier „C" als die Prioritäten und Erfolgsfaktoren von FU (im Vergleich zu NFU): „Continuity" (Kontinuität), „Community" (Gemeinschaft), „Connection" (Verbindung) und „Command" (Kommando). Auch zeigten sie auf, wie eine erfolgreiche Implementierung der Faktoren möglich ist. Schließlich initiierten sie maßgeblich, dass NFU Vorteile aus der Übernahme von FU-Prioritäten wie dem langfristigen Zeithorizont, dem Stakeholder-Management oder Vertrauen als Führungsform ziehen können.

Das Forschungsfeld erfährt ein starkes Wachstum (Debicki et al., 2009; Sharma et al., 2007). Von 1996 bis 2010 wurden 734 Artikel in 47 Journals veröffentlicht (De Massis et al., 2012). Von 1971 bis 1995, einer 10 Jahre längeren Periode, wurden etwa gleich viele Artikel in weniger Journals veröffentlicht (Sharma, Chrisman & Chua, 1996). Es treten zwei wesentliche Forschungsschwerpunkte auf: a) der Unterschied zwischen FU und NFU und b) die Varianz innerhalb der Gruppe der FU (Chrisman, Steier & Chua, 2008; Westhead & Howorth, 2007). Stets wird die Frage behandelt, wie und was die Familie zur Unternehmensleistung beiträgt (Zellweger, Eddleston & Kellermanns, 2010). Wichtige zukünftige Forschungsperspektiven sind das Verständnis der Determinanten der FU-Leistung und wie sich diese von NFU unterscheiden (Sharma, Chrisman & Gersick, 2012).

3.3. Charakteristika von Familienunternehmen

Die differenzierte Betrachtung von FU ist nur dann sinnvoll, wenn a) diesen eine bestimmte Relevanz innewohnt und b) sie sich deutlich von anderen Unternehmenstypen unterscheiden. Nur wenn sich FU durch konkrete Charakteristika auszeichnen, können diese separat erforscht werden. Zudem können nur dann Aussagen über den Unternehmenstyp FU getroffen werden, wenn eine klare Unterscheidung zu NFU existiert.

3.3.1. Erfassung von Familienunternehmen

Ein konkretes Instrument zur Unterscheidung von FU und NFU ist die allgemein anerkannte, statistisch valide und reliable „F-PEC-Skala" (Astrachan, Klein & Smyrnios, 2002; Brockhaus, 1994; Klein, Astrachan & Smyrnios, 2005), welche die Familieneinbindung als metrische Variable misst. Sie erfasst die drei Faktoren Macht, über z. B. Eigentumsverhältnisse und Top-Management-Besetzungen, Erfahrung, über z. B. die Generationsanzahl, und Kultur, über z. B. die Ausprägung des Wertesystems und den Einsatz der Familie für das Unternehmen. Sie kombiniert damit den „Component of Involvement"- und „Essence"-Ansatz (s. o., Chrisman, Chua & Sharma, 2005). Klein, Astrachan und Smyrnios (2005) überprüften die F-PEC-Skala über eine explorative und konfirmatorische Faktorenanalyse auf Basis einer Stichprobe von 1.000 Unternehmen. Dabei wurden eine hohe Validität und Reliabilität für das Konstrukt gefunden. Der Einfluss der Familienmitglieder, welche weder finanziell am Unternehmen beteiligt noch im Unternehmen beschäftigt sind, wird von der F-PEC-Skala vernachlässigt (Anderson, Jack & Dodd, 2005). Kritisiert wird die mangelnde Operationalisierung indirekter Einflussnahme durch die Familie auf das Management oder die Unternehmensaufsicht über die Macht-Subskala. Die geplante Unternehmensnachfolge wird in der Erfahrungs-Subskala zwar berücksichtigt, nicht jedoch die tatsächliche Umsetzung (Hack, 2009). Es wird lediglich der potenzielle Familieneinfluss gemessen, nicht jedoch die tatsächliche Nutzung dieses Einflusses, was die F-PEC-Skala der „Component of Involvement"-Logik näher bringt

(Rutherford, Kuratko & Holt, 2008; s. a. Hiebl, 2010)[14]. Die zwölf Items der Kultur-Subskala messen mehr den allgemeinen Familieneinfluss auf das Unternehmen als die tatsächliche Firmenkultur (Cliff & Jennings, 2005).

Über den „Family Business Commitment Questionnaire" (Carlock & Ward, 2001) werden die Höhe des Commitments der Familie gegenüber dem Unternehmen und der Grad erfasst, mit dem die Familie das Wertesystem und die Kultur des Unternehmens beeinflusst.

Alternativ kann über eine Selbsteinschätzung der Unternehmer erfasst werden, ob sich die Beantwortenden selbst als Mitglied eines Familienunternehmens einstufen (Kotey & Folker, 2007; Kotey, 2005), dem sog. „Self Assessment". Kraiczy (2012) liefert eine Übersicht über diverse Methoden der Erfassung von FU-Definitionen. Über Messinstrumente wird das Definitionsproblem umgangen und internationale Vergleichsstudien werden ermöglicht.

Im Weiteren soll genauer dargestellt werden, worin sich FU von NFU konkret unterscheiden (3.3.2.) und wie heterogen die Landschaft der FU in sich ist (3.3.3.).

3.3.2. Familienunternehmen im Vergleich zu Nicht-Familienunternehmen

In deutschen Unternehmen mit unter einer Mio. EUR Jahresumsatz waren 2006 laut den offiziellen Zahlen des Institutes für Mittelstandsforschung Bonn 98,2 % der Mitarbeiter in FU beschäftigt, in Unternehmen mit einer bis fünf Mio. EUR Umsatz sind es 80,3 %. Über alle deutschen Unternehmen waren 2006 insgesamt 61,2 % aller sozialversicherungspflichtigen Arbeitnehmer Mitarbeiter in FU. Mit zunehmendem Umsatz sinkt der Anteil der FU als Arbeitgeber. Unter den Unternehmen mit unter einer Mio. EUR Umsatz erwirtschaften FU einen Anteil von 97,5 % des Umsatzes, unter den Unternehmen mit einer bis fünf Mio. EUR Umsatz erwirtschaften sie noch einen Anteil von 81,9 %. Unter allen deutschen Unternehmen erwirtschafteten sie 2006 insgesamt 41,1 % des Gesamtjahresumsatzes (Stand: 2006; Haunschild & Wolter, 2010; offizielle Zahlen des IfM). Ähnliche Zahlen liefert die Stiftung Familienunternehmen: Familienkontrollierte Unternehmen stellen 91 % aller deutschen Unternehmen. Diese verursachen 55 % der Beschäftigung deutscher Arbeitnehmer und 47 % des Jahresumsatzes deutscher Unternehmen. Der FU-Anteil nimmt mit zunehmender Unternehmensgröße deutlich ab. In den großen Städten Hamburg, Berlin und Bremen sind weniger FU ansässig als in größeren Bundesländern wie Bayern, Rheinland-Pfalz oder Niedersachsen, weil der Anteil

---

[14] Chua, Chrisman und Sharma (1999) messen hingegen mit ihrem Definitionsansatz den tatsächlichen Familieneinfluss (vgl. Chrisman, Chua & Litz, 2003).

an Großunternehmen, welche mehrheitlich NFU sind, in den Stadtstaaten höher als in den Flächenstaaten ist. Die Branchen, in denen besonders viele FU anzutreffen sind, sind das Gastgewerbe mit 90 bis 98 %, das Baugewerbe mit 88 bis 97 % und der Handel mit 83 bis 95 % (Stand: 2006; Stiftung Familienunternehmen, 2010). Familienkontrollierte Unternehmen verursachen in der deutschen Wirtschaft 51 % am Gesamtumsatz ohne öffentliche Unternehmen wie Banken und Versicherungen, eigentümergeführte FU verursachen 47 % des Umsatzes (Stiftung Familienunternehmen, 2011).

In FU treffen verschiedene Logiken aufeinander (Simon, 1999; 2002). In der *Familie* geht es um die emotionale Existenz, um das Selbstwertgefühl und das Bewusstsein, geliebt, anerkannt und aufgehoben zu sein. Gerechtigkeit beruht auf Gleichheit. Im *Unternehmen* geht es um die Weiterexistenz der Lebensgrundlage, um geschaffene Werte und um die Existenzen der Mitarbeiter. Gerechtigkeit beruht auf Chancen, abhängig von der erbrachten Leistung (Rüsen, von Schlippe & Groth, 2009). Das „Drei-Kreis-Modell" (Gersick et al., 1997; zuvor Tagiuri & Davis, 1996; Lansberg, 1988) ist grundlegend für das Verständnis der Paradoxien und Dynamiken in FU. Es konzeptualisiert FU als ein Venn-Diagramm aus drei Subsystemen: Eigentum, Unternehmen im Sinne der Organisation und Familie. Jedes Subsystem hat eigene Mitglieder, verfolgt seine eigenen Ziele und ist von eigenen Entwicklungsprozessen gezeichnet. Die ‚Governance' muss allen drei Systemen in individueller Weise dienen und diese ausbalancieren. Für das *Eigentum* müssen Einlagen und Rendite der Eigentümer als Investoren sichergestellt bzw. maximiert werden. Gelingt dies nicht, so verlieren Eigentümer das Vertrauen in das Unternehmen als Investment und dem Unternehmen geht ggf. Kapital verloren. Für das *Unternehmen* muss die ‚Governance' dem operativen Geschäft durch klassische Führungsaufgaben dienen und kann damit vermeiden, dass Eigentümer ins Management eingreifen. Bei Nichtgelingen verliert das Unternehmen potentiell seine Wettbewerbsfähigkeit. Der Bereich *Familie* ist spezifisch für FU. Die ‚Governance' hat die Aufgabe, der Familie durch das Aufzeigen der Einbindungsmöglichkeiten ins und Informationsbereitstellung über das Unternehmen zu dienen, um Vertrauen zu maximieren und Manipulation zu minimieren. Am bedeutendsten ist die Erhöhung der Sinnstiftung des Unternehmens für die Familie. Bei Nichtgelingen dieser Anforderungen droht der Verlust des Commitments der Familie und daraus ein Verlust der Kontinuität des Unternehmens. Der Erfolg eines FU wird dadurch determiniert, wie gut es der ‚Governance' gelingt, alle drei Bereiche zu befriedigen und auszubalancieren (Gersick & Feliu, 2014). Laut den Autoren ist das Modell deshalb so umfangreich akzeptiert, weil es „theoretisch elegant und sofort anwendbar" ist (Gersick et al., 1997, S. 7). Die Prämissen des Modells sind jedoch nicht unkritisiert. Die Vorstellung dreier distinkter sozialer Systeme, welche sich austauschen, doch grundsätzlich unterschiedlichen Handlungslogiken folgen, ist stark vereinfacht. Die Darstellung mittels dreier Kreise lässt alle Bereiche gleichberechtigt nebeneinander stehen. Zudem ist das "Eigentum" stark vom "Unternehmen" abhängig, wobei "Familie" und "Unternehmen" unabhängig voneinander existieren (Lubinski, 2009). Auch die systemtheoretische Anwendung wird kritisiert, weil Systeme danach nicht überlappen können. Auch wird die Existenz der Kreise angezweifelt, weil sich lediglich verschiedene Logiken der Kommunikation, nämlich die Familien- und Unternehmenskommunikation, vermischen. Die Bereichsproblematik soll also eher als konflikthafte Kodierung der jeweiligen Kommunikation verstanden werden (von Schlippe, 2013).

Nach dem „Components of Involvement"-Ansatz besteht der Unterschied zwischen FU und NFU darin, dass in FU neben dem Unternehmen eine Unternehmerfamilie existiert und diese auf das Unternehmen einwirkt. Typischerweise sind Privat- und Unternehmensbereich eng miteinander verbunden. Die Familie agiert zentral und gestaltet das Unternehmen, weil der wirtschaftliche Erfolg des FU den Wohlstand der Familie maßgeblich bestimmt (Felden & Hack, in press). Da emotionale Familienthemen im Unternehmen großen Schaden anrichten können, erfordert der Umgang mit diesen Themen auch psychologisches und soziologisches Verständnis (von Schlippe, 2008).

Die Familienmitglieder der Unternehmerfamilie wirken häufig in direkter oder indirekter Form im Unternehmen mit. Diese haben durch ihre unterschiedliche Ausgangsbasis bestimmte Eigenschaften, die sie von familienexternen Mitarbeitern des Unternehmens unterscheiden. Gerade der soziale Zusammenhalt in der Familie verschafft den FU einen Vorteil gegenüber NFU (Carney, 2005). Familienziele, -visionen und -werte bestimmen die strategischen Entscheidungen von FU, wobei NFU nicht durch solche Inhalte beeinflusst werden (Carney, 2005; Chrisman, Chua & Zahra, 2003; Naldi et al., 2007). Familienmitglieder in Unternehmenspositionen können aufgrund ihrer doppelten Zugehörigkeit zu Familie und Unternehmen einen positiven Einfluss ausüben (Sirmon & Hitt, 2003), weil sie engagierter, loyaler, eng mit dem Unternehmen verbunden sind und über tiefgreifende Unternehmenskenntnisse verfügen (Miller & Le Breton-Miller, 2005; Lansberg, 1999). Hingegen ist die Gefahr einer negativen Auslese bei der Personalwahl von Familienangehörigen groß, da eine objektive Bewertung erschwert sein kann (Klein, 2000). Aus Nepotismus und Tradition heraus werden in FU Verwandten wichtige Positionen zugeteilt, auch wenn diese eindeutig unterqualifiziert sind (Bertrand & Schoar, 2006). Bei der Entwicklung der Nachfolger weisen FU einen sehr persönlichen Stil auf, in dem die Beziehung zwischen Vorgänger und Nachfolger im Mittelpunkt steht, während NFU einen sehr formalen Stil aufweisen, der die Fähigkeiten des Nachfolgers in den Mittelpunkt stellt (Fiegener et al., 1996). Nicht zuletzt sind FU aufgrund ihrer Familienmitglieder weniger abhängig von externen Ressourcen: Sie haben die Möglichkeit, sich für wichtige Ressourcen ihrer Familie zu bedienen, welche wiederum „geduldiger" ist und nachlässigere Rückzahlungsmodalitäten zulässt als externe Investoren (Anderson &

Reeb, 2003). Somit haben FU eine höhere Selbstversorgungsmöglichkeit und sind weniger von externen Investoren abhängig als NFU (Sirmon & Hitt, 2003).

Das Vorhandensein einer Unternehmerfamilie und das Mitwirken ihrer Mitglieder im Unternehmen ist aber nicht das einzige Merkmal, das die Spezifik von FU verglichen mit NFU herbeiführt. Vielmehr ist die Kontrolle der Unternehmerfamilie über das Unternehmen verantwortlich für eine Reihe an Spezifika in FU. FU sind sehr häufig „einpolige Unternehmen", in denen Eigentum und Führung bei der gleichen Person oder dem gleichen Personenkreis liegen. Deshalb spiegelt die Organisation in FU die Werte des Unternehmers selbst wider, dem einen Pol der Willensbildung (Gutenberg, 1951). FU sind zum größten Teil kleine und mittlere Unternehmen (s. o., Zahlen des IfM). Damit konzentrieren sich die Aufgaben auf wenige Personen mit geringerem Spezialisierungsgrad. Das familiäre Management hat einen weitaus höheren operativen Aufgabenanteil als in NFU mit einer höheren Spezialisierung. In kleinen FU ist der Familienunternehmer nicht selten Träger aller unternehmerischen Kernkompetenzen (Felden & Hack, in press). Auch die tieferen organisatorischen Prozesse der Unternehmensführung wie Anreizsysteme, Autoritätsabläufe und Legitimationsnormen sind Unterscheidungsmerkmale zu NFU (Carney, 2005; Carney & Gedajlovic, 2003). Kurze Entscheidungswege und eine offene Kommunikationsstruktur bei flacher Hierarchie sind besonders häufig zu finden (Craig & Dibrell, 2006). Die Kontrolle der Familie über das Firmeneigentum erzeugt dabei drei dominante FU-Eigenschaften: Sparsamkeit, Personalismus und Partikularismus (Carney, 2005). Die Kontinuität der Eigentümerstruktur bewirkt eine langfristige Ausrichtung der Unternehmensentscheidungen, in der der Erhalt der familiären Kontrolle häufig prioritär verfolgt wird (Felden & Hack, in press). Die nachhaltige Unternehmensentwicklung hat Priorität vor kurzfristigen wirtschaftlichen Chancen (Sirmon & Hitt, 2003; Chua, Chrisman & Sharma, 1999). Die ökonomischen Ziele unterscheiden sich daher zwischen FU und NFU im betrachteten Zeithorizont, wobei FU stärker auf Langfristigkeit ausgelegt sind (Le Breton-Miller & Miller, 2006). Die Stabilität des Unternehmens wird vor schnellem Wachstum priorisiert (Tagiuri & Davis, 1992), weswegen stärker auf Marktdurchdringung als auf Diversifikation gesetzt wird (Daily & Dollinger, 1992). Internationalisiert wird langsamer, doch die Märkte werden intensiver bearbeitet (Harris, Martinez & Ward, 1994; Zahra, 2003). Enge personelle und finanzielle Ressourcen und eine mangelnde Kapitalmarktfähigkeit führen dazu, dass Investitionen oftmals ausschließlich aus erwirtschafteten Gewinnen getätigt werden (Felden & Hack, in press).

Aus der Kontrolle der Unternehmerfamilie auf das Unternehmen entsteht eine Unternehmenskultur, welche sich von der klassischer NFU unterscheidet. FU nutzen und schaffen Ressourcen in einer anderen Art und Weise als NFU (s. a. Abschnitt 3.4.3.; Habbershon & Williams, 1999; Sirmon & Hitt, 2003). Ihr Humankapital, ihr Sozialkapital, ihr

„geduldiges Finanzkapital" und ihre Governance[15]-Strukturen tragen zu ihrem Unternehmenserfolg bei (Danes et al., 2009; Sirmon & Hitt, 2003). FU zeigen mehr altruistisches Verhalten, mehr Nepotismus und ein geringeres Risikoverhalten. Sie sind regional stärker verwurzelt. Die spezifische Unternehmenskultur von FU hat konkrete Auswirkungen auf die familienexternen Mitarbeiter. Zwischen Familie und Mitarbeitern von FU herrscht ein Vertrauensverhältnis (Davis, 1983). Personalabbau wird auch in kritischen Situationen vermieden (Lee, 2006). FU investieren verstärkt in Förderung und Weiterbildung ihrer Mitarbeiter (Reid & Harris, 2002). Es herrscht eine flexible Arbeitskultur, in der Verantwortung verstärkt übertragen wird (Arregle et al., 2007; Beehr, Drexler & Faulkner, 1997). Die Mitarbeiter in FU danken dem Unternehmen mit einer geringeren Fluktuation als in NFU (Miller, Le Breton-Miller & Scholnick, 2008). Auch zu Zulieferern, externen Kapitalgebern und Kunden werden langfristige, vertrauensvolle Beziehungen gepflegt, was aufgrund der langfristigen Erfolgsorientierung von FU leichter als in NFU fällt (Das & Teng, 1998; Carney, 2005; Morck & Yeung, 2003). Verhandlungen können aufgrund entsprechender Entscheidungsmacht der einzelnen Personen per Handschlag geschlossen werden, was persönlicher und damit bindender wirkt als detailliert geregelte schriftliche Verträge (Blyer & Coff, 2003). Einigkeit bezüglich der Quantität dieser Beziehungen herrscht nicht (für weniger Stakeholderbeziehungen in FU s. Graves & Thomas, 2004; für mehr Stakeholderbeziehungen s. Zellweger & Nason, 2008; für keine Unterschiede s. Jorrisen et al., 2005). Die Qualität der Beziehungen, operationalisiert über die Kontakthäufigkeit, scheint in FU höher zu sein (Hack, 2009). Andererseits kann die Konzentration der Exekutivkontrolle auf die Familie die Motivation und die Initiativenübernahme der familienexternen Mitarbeiter reduzieren (Burkart, Gromb & Panunzi, 1997). Damit die Familie ihre Kontrolle über das Unternehmen nicht verringern muss, könnte sie zurückhaltend in der Verteilung von Anteilen an Nicht-Familienmitglieder sein, das deren Anreiz verringert (McConaughty, 2000). Auch der Hang in FU zum Nepotismus und zur Favorisierung kann Humanressoucen verschrecken und zu Negativität und Illoyalität unter den familienexternen Mitarbeitern führen (Schulze, Lubatkin & Dino, 2003).

Nach der Darstellung der Spezifika von FU verglichen mit der verbleibenden Grundgesamtheit aller Unternehmen, d. h. NFU, soll noch ein kurzer Blick auf deren Leistungsunterschiede geworfen werden. Hierfür werden zwei Themen herausgegriffen: einerseits die Innovationskraft von FU, welche sich aus den oben erläuterten Eigenschaften ergibt, und andererseits die gesamte Unternehmensleistung, die FU im Vergleich zu NFU errei-

---

[15] Unter „Governance" wird hier die Corporate Governance in FU verstanden. Diese beschreibt die Organisation von Führung und Kontrolle im FU und zugleich die Sicherung des Zusammenhalts der Familie. Dafür müssen die unterschiedlichen Interessen der Familienmitglieder und weiterer Stakeholder in Einklang gebracht werden. Somit besteht FU-Governance aus den beiden Komponenten Business Governance und Family Governance (s. dazu Koeberle-Schmid, Fahrion & Witt, 2010).

chen.

Die Forschung zu Innovations[16]aktivitäten von FU kommt bislang zu unterschiedlichen Aussagen, die einerseits für und andererseits gegen eine verstärkte Innovationskraft von FU sprechen. Intuitiv handelt es sich bei der Entscheidung für Innovationsförderung um eine paradoxe Situation, denn Innovation sichert einerseits das langfristige Überleben - ein wesentliches Ziel von FU -, birgt aber andererseits Risiken, denn ihr Erfolg ist nur schwer abschätzbar (Spiegel, 2012). Je höher der Anteil an FU in einer Region ist, desto stärker sind deren Innovationssysteme ausgeprägt. Trotzdem investieren FU weniger in Forschung & Entwicklung (Miller, Le Breton-Miller & Scholnick, 2008), weisen ökonomisch und technisch niedrigere Innovationsleistungen auf und der Wert der Erfindungen von FU ist niedriger als der von NFU. Die Patente von FU weisen eine geringere Erfindungshöhe und einen geringeren Bezug zur Grundlagenforschung auf als die von NFU. Trotzdem sind FU eine beliebte Zielgruppe für regionale Wirtschaftsförderung. Inkrementelle Innovationen treten wahrscheinlicher bei FU auf als radikale Entwicklungsprojekte (Spiegel, 2012).

In Deutschland weist der Mittelstand eine besonders hohe Wertschöpfungstiefe aufgrund seiner starken Innovationskraft auf. KMU generieren zusammengenommen mehr Innovationen als größere Unternehmen. Damit schaffen sie die permanente Erneuerung der deutschen Wirtschaftskraft (Cohen & Klepper, 1996). FU werden in der Literatur als Treiber für Innovationen behandelt (Astrachan & Shanker, 2003; Zahra, 2005). Begründet wird dies mit den geringeren Kosten für FU aus der Prinzipal-Agenten-Perspektive: Da Eigentum und Kontrolle häufig auf wenige Personen fällt, ist weniger opportunistisches Verhalten anstatt Verhalten zum Wohl des FU zu erwarten, was Innovationen begünstigen sollte (Kim, Kim & Lee, 2008). Auch die Langfrist-Perspektive von FU hilft bei der Exploration innovativer Ideen und dem Eingehen von unternehmerischem Risiko (Astrachan, Klein & Smyrnios, 2002; Litz, 1995; Zahra, 2005), weil die langfristige Orientierung FU ermöglicht, verstärkt in Forschungs- und Entwicklungsprojekte zu investieren, denn Rückflüsse aus diesen Investitionen sind häufig erst nach längerer Zeit zu erwarten bzw. erkennbar (Scherer, 1998). Die flexiblere Organisationsstruktur in FU erlaubt es, sich neuen Situationen und dynamischen Marktdynamiken anzupassen. Die kurzen Entscheidungswege und offene Kommunikationsstrukturen unterstützen die Bereitstellung notwendiger Finanzbeträge für Erfindungen (Craig & Dibrell, 2006).

---

[16] Unter einer Innovation wird „any thought, behaviour or thing that is new because it is qualitatively different from existing forms" verstanden (Barnett, 1953, S. 7). Aus ökonomischer Perspektive muss eine Erfindung einerseits die Marktreife erlangen und andererseits im Wettbewerb bestehen, um als Innovation definiert zu werden (Perlitz & Löbler, 1989), sodass die „erstmalige [ökonomische] Nutzung einer Erfindung" (Witte, 1988, S. 145) eine Innovation charakterisiert. Inkrementelle Innovationen sind „im Ergebnis qualitativ neuartige Produkte oder Verfahren, die sich gegenüber dem vorangegangenen Zustand merklich [..] verbessert haben" (Hauschildt, 2004, S. 7).

Gegen eine höhere Innovationskraft in FU als in NFU spricht deren generelle Risikoaversion, geprägt durch konservatives Verhalten, eine strategische „Behäbigkeit" und eine Risikovermeidung (Hall, Melin & Nordqvist, 2001; Naldi et al., 2007; Short et al., 2009; Schulze, Lubatkin & Dino, 2002; Huybrechts, Voordeckers & Lybaert, 2013). Dies führt zur Vermeidung von Investitionen in nicht abschätzbare Forschungsprojekte (Munari, Oriani & Sobrero, 2010). Ebenso leiden FU unter Ressourcenknappheit, da weniger externes Kapital zur Verfügung steht (Gómez-Mejía, Makri & Kintana, 2010). Fremdkapital für Innovationsinvestitionen wird von ihnen oft nicht aktiv gesucht, wäre aber aufgrund der Unternehmensstruktur auch an Transparenzforderungen geknüpft. Statt in Forschungs- und Entwicklungsbemühungen fließen Investitionen eher in familienzugehörige Unternehmen oder Dividendenauszahlungen (Claessens et al., 2000; Schulze, Lubatkin & Dino, 2003). Externe Mitarbeiter werden nicht mit dem Fokus eingestellt, als Außenstehende neues Wissen und die benötigte Kreativität mitzubringen (Chang, Chiu & Chen, 2010), die den Anstoß zu konkreten Entwicklungsprojekten geben könnten (Spiegel, 2012). Zudem nimmt die Nachfolgerproblematik einen relevanten Fokus ein, sodass Forschungsprojekte hinten anstehen müssen (Muñoz-Bullon & Sanchez-Bueno, 2011).

Empirisch zeigt sich, dass das Innovationsverhalten stark von der Eigentümerstruktur der Unternehmen geprägt ist (Baysinger, Kosnik & Turk, 1991; Chen & Hsu, 2009). Diese entscheidet letztlich darüber, ob die Pro- oder Kontra-Argumente bzgl. Innovationstätigkeiten zur Geltung kommen. Ebenfalls ist das Zusammenfallen von Eigentum und Kontrolle für Familienmitglieder im Top-Management, die jeweilige Generationszahl und die Risikoneigung der Führungskraft bestimmend für die Innovationskraft in FU (Kraiczy, Hack & Kellermanns, 2014). Die organisationale Ebene in Form von Eigentumsverhältnissen und die individuelle Ebene in Form von Präferenzen und Dispositionen der Geschäftsführung wirkt sich auf neuartige Produktentwicklung und das Auftreten von Innovationen in FU aus (De Massis, Frattini & Lichtenthaler, 2013).

FU haben beobachtbar einen langfristigen ökonomischen Unternehmenserfolg, was für gewisse Wettbewerbsvorteile gegenüber NFU spricht. Vor allem in aufstrebenden Märkten (Whyte, 1996) bringen familienkontrollierte Unternehmen bessere Leistungen als nicht-familienkontrollierte (Anderson & Reeb, 2003). In Norwegen (Corstjens, Peyer & Van der Heyden, 2005), Frankreich (Sraer & Thesmar, 2007), den USA (Anderson & Reeb, 2003) und Chile (Martinez, Stöhr & Quiroga, 2007) weisen börsennotierte FU eine höhere Leistungsfähigkeit auf als NFU. FU schneiden auch als private Unternehmen besser ab als öffentliche bzw. börsennotierte Unternehmen (Durand & Vargas, 2003) und stellen den signifikanten Teil des Bruttoinlandsproduktes von Märkten mit hohem Wachstum (Claessens et al., 2002). Die Leistungsfähigkeit von FU erhöht sich mit steigender Eigentumsquote der Familie, nimmt aber ab 30 % wieder ab (Anderson & Reeb, 2003). Über 100 Jahre sind deutsche FU den NFU bzgl. der Gesamtkapitalrendite überlegen, in der Marktwertentwicklung zeigen sich jedoch keine Unterschiede (Ehrhardt, Nowak & Weber, 2005). In kleinen Umsatzgrößen zeigen sich FU effizienter als NFU, was mit einem engagierten Start, einem direkten Führungsstil und geringer Bürokratie begründet wird. Mit steigendem Wachstum erfahren sie jedoch immer häufiger Effizienzprobleme (Gimeno et al., 2010). Wenn es ihnen gelingt, mehr als 250 Mio. DM Umsatz zu generieren, so besteht kein wirtschaftlicher Unterschied mehr zwischen FU und NFU, weil FU mit dem Wachstum zur Professionalisierung gezwungen werden. Diversifizierte FU nähern sich NFU ebenfalls häufig mehr an als Ein-Produkt-Unternehmen (Klein, 2010b). Mit steigendem Umsatz nehmen auch die Möglichkeiten zu, Familienfremde für das FU zu gewinnen. Zudem nimmt die Größe des Managements zu. Doch auch in deutschen börsennotierten FU zeigt sich eine höhere Leistungsfähigkeit als in NFU, wenn ein Familienmitglied im Vorstand oder Aufsichtsrat des Unternehmens aktiv ist (Andres, 2006). Merkmale der FU werden also auch durch die Unternehmensgröße und das -alter sowie die Struktur bestimmt.

Die Befunde für die Leistungsunterschiede zwischen FU und NFU sind sowohl für die Innovationskraft als auch für die Unternehmensleistung sehr unterschiedlich, sodass keine klare Über- oder Unterlegenheit von FU gegenüber NFU festgehalten werden kann. Die Heterogenität der Ergebnisse liegt darin begründet, dass FU in ihrer Gesamtheit eine heterogene Gruppe darstellen. Deren Heterogenität soll im Weiteren kurz erläutert werden.

3.3.3. Heterogenität von Familienunternehmen

Auch wenn die Differenzierung zwischen FU und NFU lange die relevanteste Aufgabe im Forschungsfeld darstellte (s. o.), um eine Legitimierung für FU-spezifische Forschungsbestrebungen zu generieren, wird die Homogenität innerhalb der FU-Gruppe im Laufe der Zeit immer häufiger angezweifelt (Sharma, 2003; Chrisman, Chua & Sharma, 2005). Typologien werden basierend auf der Einbindung der Familienmitglieder in die Unternehmensführung und ihrer Eigentumsrechte (Daily & Thompson, 1994), basierend auf den finanziellen und emotionalen Aspekten der Einbindung (Sharma, 2003) oder durch die Bildung von vier Gruppen über Eigentumsrechte, Führungseinbindung und Zielsetzung (Westhead & Howorth, 2007) vorgeschlagen. Die Heterogenität innerhalb der Gruppe von FU ist groß, besonders bzgl. des Alters, der Größe, des Betätigungsfeldes und der Rechtsform, was Definitionen erschwert (s. o.; Melin & Nordqvist, 2007). Diese zu verstehen ist so wichtig wie die Betrachtung der Differenzierung zwischen FU und NFU (Sharma, Chrisman & Chua, 1996).

Die „F-PEC-Skala" (Astrachan, Klein & Smyrnios, 2002) misst den Grad der Familieneinbindung in FU auf einer metrischen Skala, womit postuliert wird, dass keine klare Unterteilung in FU oder NFU existiert, sondern statt dessen ein Kontinuum für eine heterogene Gruppe an FU. Die Skala erfasst die drei Faktoren Macht, Erfahrung und Kultur. Vernachlässigt wird die spezielle Herausforderung der Nachfolgeregelung in FU. In der FU-
Forschung werden im deutschsprachigen Raum Unternehmensthemen und die Nachfolgeproblematik betont, während im anglo-amerikanischen Raum psychologisch-
soziologische Themen mehr Gewicht erhalten (Klein, 2010b).

Die Macht einer Familie über ein FU ergibt sich aus den Eigentumsverhältnissen und der
Leitungskontrolle der Familie über das Unternehmen. Je nach der Ausgestaltung des
Eigentums, der Kontrolle und des Managements weisen FU verschiedene Entschei-
dungsstile auf (Carney, 2005). Eine Differenzierung in „Lone Founder Family Firms" und
„True Family Firms" trennt über die Anzahl der einbezogenen Familienmitglieder (als
Anteilseigner oder Geschäftsführer), wobei die erste Form ein einziges Familienmitglied
und die zweite Form mehrere beinhaltet. Empirisch zeigt sich, dass „Lone Founder Family Firms" eine höhere Leistungsfähigkeit als NFU zeigen, „True Family Firms" den NFU
aber, gemessen an deren Marktbewertung, unterlegen sind (Miller et al., 2007). Eine
Differenzierung über Eigentumsrechte, Leitungseinbindung und Zielsetzung ergibt vier
statistisch unterschiedliche Gruppen von FU (Westhead & Howorth, 2007): a) Offene FU,
mit Eigentumsanteilen außerhalb der Familie, fremddominierter Leitung und stärker
finanzieller Zielsetzung, b) Vetternkonsortien, mit Eigentumsanteilen in erweiterter
Familie, familiendominierter Leitung und balancierter familiärer und finanzieller Zielsetzung, c) professionelle FU, mit Eigentumsanteilen in enger Familie, fremddominierter
Leitung und familiärer Zielsetzung und d) durchschnittliche FU, mit Eigentumsanteilen
in enger Familie, familiendominierter Leitung und familiärer Zielsetzung.

Auch die erfahrungsrelevanten Faktoren Unternehmensalter und Zahl der führenden
Generation beeinflussen die Merkmale der potentiellen Wettbewerbsvorteile (Chrisman,
Chua & Sharma, 2005). Goehler (1993) unterscheidet drei Phasen in der Entwicklung
von FU: die Pionierphase, die Wachstumsphase und die Reifephase. In der Pionierphase
spielen FU-Überlegungen noch keine Rolle, statt dessen baut der Gründer, selbst das
größte Potential des Unternehmens, auf persönliche Kontakte, muss gut planen und
über den Markt informiert sein. Wem zum Markteintritt mehr Probleme bewusst sind,
der ist erfolgreicher in der folgenden Zeit. Mangelnde Ressourcen und Fehlprognosen
können Krisen auslösen. In der Wachstumsphase herrscht eine hohe Konkurrenzdichte.
Hier besteht das größte Potential des Unternehmens in der Durchsetzungsfähigkeit des
Gründers. FU-spezifische Themen werden relevant. Hier finden sich häufig negative

Auswirkungen von Fehleinschätzungen und Diversifikationskrisen. Haben FU in den ersten beiden Phasen noch Vorteile gegenüber NFU, so verschwinden diese in der Reifephase. Hier können Scheininnovationen Probleme bereiten, weil sie Produktionskapazität binden. Unternehmer müssen sich ein hohes Maß an Selbstkritik bewahren und sich stets hinterfragen (Porter, 1987). Das dynamische Generationsmodell (Ward, 1987) behandelt die klassische Entwicklung der Beteiligungsverhältnisse über die Generationen von FU und geht auf die Zersplitterung des Eigentums und damit einhergehende Herausforderungen ein. Unterschieden werden der „Alleinherrscher", die „Geschwistergesellschaft" und das „Vetternkonsortium". Weiterhin können Mehrfamilienstrukturen berücksichtigt werden. Bei zunehmender Zersplitterung der Familienanteile sinkt die Identifikation mit dem Gründer, der Familie, ihren Werten und damit mit dem Unternehmen. Bei mangelnder Identifikation steigt die Gefahr potentieller Konflikte unter den Gesellschaftern. Die mit der Familiengröße zunehmende Entfremdung kann eine deutliche Destabilisierung des Unternehmens verursachen (Felden & Hack, in press). Eine hohe Stabilität des Unternehmens ist bei ca. 30 Gesellschaftern erreicht (Redlefsen, 2002).

Die Kultur des jeweiligen FU wird durch die Ausprägung des Wertesystems und den Einsatz der Familie für das Unternehmen bestimmt. Familien zeichnen sich durch eine starke Bindungskommunikation aus (von Schlippe & Klein, 2010; Groth & von Schlippe, 2012). Unterschieden wird die Kernfamilie, die institutionelle Familie und die dynastische Familie (Klein, 2010b). Um das Unternehmerdasein in der Familie zu bewahren, müssen Elemente über die Kernfamilie hinaus berücksichtigt werden, Wert- und Zielvorstellungen müssen der nächsten Generation nachhaltig vermittelt werden. Dabei sollten Eltern einer Unternehmerfamilie sich selbst überprüfen, welches Bild ihr Verhalten bzgl. ihrer Werte an die Kinder vermittelt (Klein, 2010b). Auch die Geschwisterbeziehung hat eine Relevanz für die Unternehmerfamilie, im Besonderen die Reihenfolge der Geburt, die Dynamik der Differenzierung und die Dynamik der Identifikation (Gersick et al., 1996). „Families which are successful in business are not loyal to their specific business, but to business in general and before all to the family. They if necessary sell to survive. Success and most problems can be traced back to the functioning of the family." (Davis, 1998). Dieses Zitat ist deutlicher Ausdruck der unternehmerischen Ausrichtung und der „Family first"-Devise, welche das Unternehmen stets der Familie als dienendes Konstrukt unterordnet und Familien mit ihren Unternehmen erfolgreicher macht. Das organisationale Sozialkapital (OSC)[17] bestimmt die Einbindung von Familienwerten mit. Das Sozialkapital der Familie (FSC), integriert in das Unternehmen und attribuiert mit Stabilität, Nähe und häufigen Interaktionen, erschafft OSC über Macht und Zeit (Arregle et al., 2007). Über Governance-Strukturen bestimmt die Familie über die Ausrichtung

---

[17] Organisationales Sozialkapital wird definiert als „eine Ressource, die den Charakter sozialer Beziehungen innerhalb der Firma reflektiert" [Übers. d. Verf.] (Leana & Van Buren, 1999, S. 538)

des Unternehmens. Durch ihre Langfrist-Ausrichtung beeinflusst die Familie Aspekte des Unternehmensgeschehens. Das in dem einen Kontext entwickelte Sozialkapital kann von einer sozialen Gruppe in eine andere transferiert werden (Nahapiet & Ghoshal, 1998). Über eine starke "Familieninvolvierung und Familiengröße" und eine hohe Selbstversorgung (engl.: ‚self-sufficiency') wird der OSC bestärkt. Isomorphe Tendenzen, geteilte organisationale Identitäten, Personalpraktiken und überlappende Netzwerke erhalten ihn. Voraussetzungen sind a) Zeit bzw. Stabilität, b) eine Abgrenzung von der Umwelt (engl.: ‚closure'), c) Interdependenz und d) Interaktion zwischen Familie und Unternehmen (Arregle et al., 2007; Pearson, Carr & Shaw, 2008). Geteilte Interpretationen, Sinnhaftigkeiten und Visionen, die einzigartige Sprache und Geschichten werden geteilt und tief in die Unternehmenskultur eingebettet (Nahapiet & Ghoshal, 1998). Die geteilten Visionen sind Bindungselement für eine gemeinsame Kommunikation und Integration von Ideen (Tsai & Ghoshal, 1998). Die relationale Dimension beinhaltet Vertrauen, Normen, Verbindlichkeiten und Identität (Nahapiet & Ghoshal, 1998). Wer im FU primärer Erzeuger dieser Mechanismen ist, kann über ein multidimensionales Modell erfasst werden (Zellweger, Eddleston & Kellermanns, 2010). Die Autoren schlagen als Ausgangsbasis die F-PEC-Skala vor. Berücksichtigt werden muss jedoch, dass sich die Dimensionen potentiell überlappen und dass die FU-Identität als ein weiteres Schlüsselelement ergänzt wird.

Für die Nachfolge werden Besonderheiten und Komplikationen diskutiert. Ein Unternehmen wird in bestimmten Definitionen erst dann zum FU, wenn eine Familiennachfolge durchgeführt wurde (Sharma, Chrisman & Chua, 1997). So ist die Führungsnachfolge des Gründers der schwerste anzutretende Fall, der sich viel komplexer als die Nachfolge eines Managers in einem NFU darstellt. Einerseits wird vom Nachfolger eine außergewöhnliche Leistung erwartet, andererseits ist sie ein Angriff auf die bis dato unangefochtene Position des Vorgängers. Der Eintritt des Nachfolgers ins Unternehmen sollte stets auf oberster Ebene erfolgen (Hennerkes, 1998) und die Zeit der Zusammenarbeit von Vorgänger und Nachfolger sollte so kurz wie möglich gestaltet werden (Hirn, 1997). Häufig ist zu beobachten, dass unbegabte Nachfolger absichtlich keiner Prüfung unterzogen werden. „Die Expertise, im eigenen Unternehmen gearbeitet zu haben, erhöht in keinem Fall seinen [des Nachfolgers] Marktwert" (Klein, 2010b, S. 220). Die Voraussetzung für eine Übernahme des Unternehmens ohne Leistungsnachteile für dasselbe ist die Existenz der entscheidenden Fähigkeiten für die Unternehmensführung und der ausgeprägten Verantwortung gegenüber dem FU (Sharma & Irving, 2005). Jungen Frauen fällt es gemeinhin leichter, die Nachfolge mit einer von der Familie übernommenen Identität krisenfrei zu durchlaufen. Junge Männer hingegen zeigen mangelnde Autonomie und Selbstunsicherheit, wenn sie keine eigene Identität entwickeln (Klein, 2010b). Dass eine Nachfolge durch den Nachfolger selbst positiv bewertet wird, hängt davon ab, inwieweit seine Karrierebedürfnisse erfüllt werden, weiterhin von seinem psychosozialen Umfeld und dem Lebenszyklus (Handler, 1992). Zudem wird die Bewertung vom steigenden Einfluss im FU, der Beziehung zum Vorgänger, dem Verständnis und der Anerkennung durch den Vorgänger, die Unterstützung durch Geschwister, die in der Familie verankerte Verpflichtung gegenüber dem FU und potentiellen Scheidungserfahrungen aufgrund des Engagements im eigenen FU beeinflusst. Eltern können schon früh maßgeblichen Einfluss auf die Übergabe ausüben, indem sie den Wunsch im Wert- und Normenkonzept der Familie früh verankern und für eine tragfähige Aufteilung von privatem und beruflichem Engagement sorgen. Werte werden der Folgegeneration häufig über bedeutungsstarke Geschichten nahegebracht (Zwack & von Schlippe, 2011). Gegenüber externen Stakeholdern muss glaubhaft dargestellt werden, dass die Nachfolge keinen Bruch in der Unternehmenspolitik verursacht, damit diese sich nicht abwenden (Fox, Nilakant & Hamilton, 1996). Nachweislich sinkt die Leistungsfähigkeit des Unternehmens bei Problemen in der Nachfolge deutlich ab (File & Prince, 1996). Manche Studien postulieren sogar, dass die Unternehmensleistung unabhängig von der Qualität der Übergabe mit einer Nachfolge durch die Folgegeneration des Gründers abnimmt, auch wenn selbst dann noch ein Vorteil gegenüber NFU bzgl. der Unternehmensleistung vorliegt (Villalonga & Amit, 2006). Die genaue Planung des Übergangs in die Geschäftsführung (Dyck et al., 2002), Beziehungsaufbaubemühungen zwischen Vorgänger und Nachfolger (Morris et al., 1997) und eine frühe Einbindung des Nachfolgers in operative Maßnahmen (Wang et al., 2004) können Schwierigkeiten unterbinden. Durch eine Nachfolgeproblematik kommen alle latenten Konflikte im FU „ans Licht", sie sind aber nicht eigentlicher Bestandteil des „Nachfolgeproblems", sondern der Prozess der Nachfolge fungiert als Katalysator. „Succession is the ultimate test of a family business." (Gersick, 1997, S. 193). „Some of the fiercest succession battles are fought over titles and what they connote to different people." (Lansberg, 1999, S. 214).

3.4. Theorien der Familienunternehmensforschung

Vor allem vier wirtschaftswissenschaftliche Theorien werden in der FU-Forschung verstärkt angewendet und bieten damit Erklärungsmöglichkeiten für die Spezifik und Differenzierung der FU: die Prinzipal-Agenten-Theorie, die Stewardship-Theorie, der Ressourcenbasierte Strategieansatz und der „Socio-Emotional Wealth"-Ansatz (Hack, 2009; Chrisman et al., 2010)[18]. Alle vier Theorien und ihre Anwendung auf FU werden im Folgenden erläutert.

---

[18] Weiterhin schlagen Shukla, Carney und Gedajlovic (2014) die Transaktionskosten-Theorie und die Verfügungsrechte-Theorie als brauchbare Grundlagen für die FU-Forschung vor. Diese sind jedoch noch nicht in relevantem Umfang verfolgt worden.

3.4.1. Prinzipal-Agenten-Theorie

„Wenn man eine Aufgabe gewissenhaft erfüllt haben will, dann sollte man sie selbst erledigen." David Sappington (1991, S. 45)

Die ersten Gedanken zur Prinzipal-Agenten-Theorie (im Weiteren P-A-Theorie genannt) wurden 1937 von Ronald Coase in „The Nature of the Firm" erwähnt. Coase diskutiert, wann und warum Mitarbeiter für die Erledigung spezifischer Aufgaben eingestellt werden, anstatt bilaterale Verträge mit anderen Marktteilnehmern zu schließen. Die traditionelle Theorie vertrat die Ansicht, dass der Markt effizient sei und Unternehmen daher zum „Contracting out" angehalten seien (Gülker & Kaps, 2006). Coase postulierte, dass durch die Nutzung des Marktes zusätzliche Transaktionskosten über den offiziellen Preis hinaus anfallen. Firmen entstehen dann, wenn die Produktion intern möglich ist und jene Transaktionskosten gespart werden können. Die interne Aufgabenerledigung sei erst dann an ihrem Limit, wenn die Wirtschaftlichkeit abnähme. Die jeweilige Größe einer Firma ist demnach die optimale Balance zwischen dem ‚Insourcing' und ‚Outsourcing'. Coases Gedanken sind der Neuen Institutionenökonomik zuzuordnen, die das verengte Blickfeld und die Realitätsferne der Neoklassik überwindet (Göbel, 2002).

1976 bauten Michael Jensen und William Meckling in „Theory of the Firm" auf Coase auf, indem sie postulieren, dass zwischen dem Prinzipal (Eigentümer) und dem Agenten (Management) Interessenkonflikte bestehen und beide Parteien Nutzenmaximierer sind. Agenturkosten bestehen aus Monitoringkosten, Bindungskosten und Residualverlusten. „Jedoch ist es generell unmöglich für den Prinzipal oder den Agenten, zu null Kosten sicherzustellen, dass der Agent die optimalen Entscheidungen aus Sicht des Prinzipals treffen wird." [Übers. d. Verf.] (Jensen & Meckling, 1976, S. 310). Die Autoren beziehen ihre Ausführungen auf Aktionäre als Prinzipale und Manager als Agenten.

Der Spielraum für die Zuweisung der Rollen „Prinzipal" und „Agent" ergibt sich jedoch aus der Definition der beiden Parteien: „Wann immer ein Individuum von der Handlung eines anderen abhängt, entsteht eine Agenten-Beziehung. Das handelnde Individuum wird Agent genannt. Die betroffene Partei ist der Prinzipal." [Übers. d. Verf.] (Pratt & Zeckhauser, 1985, S. 2). Handlungen anderer Individuen haben also einen Einfluss und sind daher für den Prinzipal von Interesse. Die in der P-A-Theorie zentrale Agenten-Beziehung wird definiert „... als ein Vertrag, unter dem eine oder mehrere Personen (die Prinzipal(e)) eine andere Person (den Agenten) engagieren, um eine Leistung an ihrer statt auszuführen, die die Delegation von Entscheidungsautorität beinhaltet." [Übers. d. Verf.] (Jensen & Meckling, 1976, S. 308). Der Agent wird also beauftragt, stellvertretend für jemand anderen eine bestimmte Aufgabe zu erfüllen.

Für diese Agentenbeziehung stellt die P-A-Theorie bestimmte Prämissen auf. So kann der Agent auf das Wohlergehen des Prinzipals spürbar einwirken. Prinzipal und Agent verhalten sich jeweils als Homines Oeconomici, d. h. rationale Nutzenmaximierer. Prinzipal und Agent haben jeweils unterschiedliche Nutzenvorstellungen - es existiert ein Zielkonflikt. Zwischen beiden Parteien herrscht eine Informationsasymmetrie: a) Der Agent hat einen Informationsvorsprung vor dem Prinzipal bzgl. seiner Fähigkeiten, Anstrengungen, Kenntnisse, Absichten und Motive. b) Der Prinzipal kann Handlungen und Informationen des Agenten weder perfekt, noch kostenlos beobachten und beurteilen. c) Der Agent verfügt damit über Handlungs- und Entscheidungsspielräume. Der Agent wird sich im Zweifel für opportunistisches Verhalten entscheiden (Göbel, 2002).

Dabei können verschiedene Typen von Problemen entstehen, die durch mangelndes Wissen über a) Charakteristika des Agenten wie Kenntnisse und Erfahrung („hidden characteristics"), b) dessen Handlungen („hidden action"), c) dessen Informationen („hidden information") und d) dessen Intentionen („hidden intention") ausgelöst werden. Daraus können eine suboptimale Auswahl des Agenten, „Shirking"[19], „Consumption on the Job"[20], Eigennützigkeit wie „Fringe Benefits"[21] und „Hold Up"[22] resultieren. Möglichkeiten zur Lösung der Probleme sind die Senkung der Informationsasymmetrie, z. B. durch Screening und Monitoring, die Harmonisierung der Ziele beider Parteien, z. B. durch die Vertragsgestaltung, und die Bildung von Vertrauen über Reputationsaufbau (Göbel, 2002).

Die Theorie nimmt die Position des Prinzipals ein und stellt die Frage: Wie kann der Homo Oeconomicus „Agent" ausgewählt, diszipliniert und motiviert werden, um die Interessen des Prinzipals bestmöglich zu verfolgen? Der Prinzipal hat dabei theoretisch die alleinige Vertragsgewalt, der Agent kann nur reagieren. Zudem liegt die Effizienzsteigerung der Austauschbeziehung theoretisch ausschließlich im Interesse des Prinzipals (Spremann, 1987). Klassische Anwendungsgebiete sind die Finanzierungstheorie und das Personalmanagement.

Die P-A-Theorie entwickelte sich in den Anfängen der FU-Forschung zum wichtigsten Paradigma, vor allem in Bezug auf Familienkontrolle und -Governance (Fukuyama,

---

[19] „Shirking" (auch: Drückebergerei) meint das bewusste Nichtabrufen des eigenen Leistungspotentials eines Wirtschaftssubjektes unter Ausnutzung des Potentials anderer Subjekte (Göbel, 2002).
[20] „Consumption on the Job" meint den nicht-monetären privaten Nutzen, den der Agent als Teil des Gesamtnutzens zu maximieren sucht, wobei gleichzeitig eine Verringerung des Nutzens des Prinzipals bewirkt wird, z. B. durch luxuriöse Büroräume oder Bewirtungen (Göbel, 2002).
[21] „Fringe Benefits" meint freiwillige Zusatzleistungen, die ein Prinzipal vergeben kann (Göbel, 2002).
[22] „Hold up" ist eine Form opportunistischen Verhaltens, bei der eine Neuverhandlung verlangt wird, nachdem die Investments getätigt wurden oder neue Überlegungen aufkamen (Göbel, 2002).

1995). Durch Zusammenlegung von Eigentum und Kontrolle fallen keine Agenturkosten an (Jensen & Meckling, 1976). In FU mit einem oder mehreren gleichberechtigten Gesellschaftern, welche das Unternehmen gemeinsam führen, gibt es demnach sehr geringe bis keine Agenturkosten, da die Interessen der Eigentümer und Manager, häufig die selben Personen, in natürlichem Einklang sind (Fama & Jensen, 1983). Dadurch steigt die Effizienz und die finanzielle Entlastung (McConaughty, Matthews & Fialko, 2001). Das private Eigentum erzeugt eine persönliche Involvierung des Managements und es herrschen spezielle Beziehungen zu anderen Entscheidungsagenten (Schulze et al., 2001). Daher sind theoriekonform keine formalen Steuerungsmechanismen notwendig. Die geringeren Agenturkosten führen dazu, dass mehr Ressourcen zur Verfügung stehen und so kann verstärkt langfristig investiert werden (Miller et al., 2006). Andere Autoren stellen heraus, dass die Agenturkosten des Eigentums nicht eliminiert werden. Statt dessen wird die Effektivität externer Kontrollmechanismen durch die Zusammenlegung von Eigentum und Management reduziert. Persönliche Rivalitäten fallen stark ins Gewicht. Firmen müssen sich selbst kontrollieren und Shareholder müssen sowohl Manager- als auch Eigentümer-Opportunismus drosseln (Schulze et al., 2001). Diskutierte Agenturprobleme von FU sind weiterhin einerseits der asymmetrische Altruismus zwischen Eltern und Kind, der in einer Großzügigkeit gegenüber dem Kind und einer verzerrten Wahrnehmung mündet, die geringer Qualifizierten zugute kommt, weil diese „Free Riding"[23] und „Shirking" anwenden (s. o.). Andererseits wird „Entrenchment" (sinngemäß Verschanzung) diskutiert, womit die Belastung der Eigentümer durch das Management gemeint ist, wenn dieses das Unternehmen in eine Richtung lenkt, in der es unersetzlich wird und private Vorteile aus dem Unternehmen zieht. Damit wird ein ineffizienteres Risikoverhalten durch die Nachfolger eingeführt (Morck, Strangeland & Yeung, 1998; Morck, Wolfenzon & Yeung, 2005) und mittelfristig unterinvestiert (Fama & Jensen, 1983). Altruismus und „Entrenchment"-Tendenzen sind die fundamentalen Kräfte, die FU und NFU bzgl. Agenturkosten voneinander unterscheiden (Chrisman, Chua & Sharma, 2003). Die Nachteile sind für FU gravierender als für NFU, weil dieses Verhalten länger toleriert wird und weniger unangemessen erscheint, und treten vor allem in Nachfolgegenerationen auf. Konflikte entstehen auch, wenn von der einfachen Struktur eines einzigen Gesellschafters oder mehrerer gleichberechtigter abgewichen wird. 55 % aller FU einer deutschen Zufallsauswahl haben mehr als 10 Gesellschafter (Jaskiewicz, Schiereck & May, 2006). Familien sind in diesem Fall weniger homogen, weswegen moralische Risiken auftreten können, z. B. Konflikte über Ziele des Unternehmens oder die Rolle der Familie, mit negativen Auswirkungen auf die Leistung des FU (Eddleston & Kellermanns, 2007). Rivalitäten und Neid innerhalb der Verwandtschaft verkomplizieren die Erstellung und Durchsetzung relationaler Verträge (Gómez-Mejía, Núñez-Nickel &

---

[23] „Free Riding" (auch: Trittbrettfahren) meint das Nutzen positiver externer Effekte ohne die Lieferung einer entsprechenden Gegenleistung (Göbel, 2002).

Gutierrez, 2001). Familienexterne Minderheitsgesellschafter von FU haben durch die Befürchtung von familiärem Altruismus besonders hohe Agenturkosten, z. B. durch das Festhalten an ineffizienten, familieninternen Managern (Hillier & McColgan, 2005), Durchsetzungsschwierigkeiten für relationale Verträge (Schulze, Lubatkin & Dino, 2003) und politische und ökonomische Vorteilsnahme (Morck & Yeung, 2003; Faccio, Lang & Young, 2001). Ob nun FU höhere oder geringere Agenturkosten aufweisen als NFU ist aufgrund der bisher existierenden Empirie nicht eindeutig (Hack, 2009).

Die P-A-Theorie befasst sich als bestimmende Variable mit der effizienten Gestaltung von Verträgen. Fokussiert werden das Verhalten und die Interessen der Beteiligten. Der Realitätsbezug ist relativ groß, da von unvollständig informierten Akteuren, individueller Nutzenmaximierung, asymmetrischer Informationsverteilung, Zielkonflikten und opportunistischem Verhalten sowie von Agenturkosten ausgegangen wird. Das Grundmodell der Theorie ist einfach und präzise, kann sinnvoll in der Empirie eingesetzt werden und ist privatwirtschaftlich orientiert. Gesetzgebung wird jedoch nicht berücksichtigt und der schriftliche Vertrag wird über Sitten, Konventionen und Normen gestellt. Das Bewusstsein über alle Risiken und das Wissen um alle Parameter ist unrealistisch und fokussiert werden lediglich die Einkommensziele des Unternehmers. Häufig kritisiert wird die Menschensicht der P-A-Theorie: Nur der Agent zeigt hier opportunistisches Verhalten, hat einen negativen Wissensvorsprung. Verluste statt Nutzen stehen im Vordergrund, wobei Vertrauen und die Durchsetzung von Verträgen keine Berücksichtigung finden. Die Opportunismusannahme konnte nicht empirisch bestätigt werden (Göbel, 2002).

Für die Betrachtung der Führung in FU ist die P-A-Theorie dahingehend relevant, dass einerseits die Stärke der Agenturprobleme in FU evtl. anders ausfällt als in NFU und andererseits bestimmte Lösungen für Agenturprobleme in FU evtl. einfacher oder schwieriger heranzuziehen sind als in NFU. Durch o. g. geringere Agenturkosten für Führungskräfte und Mitarbeiter und die geringere Notwendigkeit von Kontrolle der Geführten haben Führungskräfte in FU evtl. mehr Kapazität für einen transformationalen Führungsstil, der wiederum von Vertrauensbildung geprägt ist, als Führungskräfte in NFU. Die negativen Aspekte wie „Entrenchment" und destruktiver Altruismus beziehen sich auf die Beziehung zwischen Management und Eigentümern sowie Familienmitglieder in der Nachfolge und sollten sich nicht auf die Beziehung zwischen Führenden und Geführten auswirken. Auch die Harmonisierung von Zielen der Führenden und Geführten scheint evtl. für FU und NFU wahrscheinlicher. „Psychological Ownership" ist ein Weg, die Ziele der Parteien anzugleichen, da es für die Agenten durch die Wahrnehmung des Unternehmens als ‚gefühltes Eigentum' ein erstrebenswertes Ziel wird, das Unternehmen zu unterstützen, anstatt rein individuelle Ziele zu verfolgen. So fühlen sich externe

Führungskräfte in FU näher an der Familie, auch wenn sie kein Teil davon sind (De Vries & Manfred, 1993). Auf diese Weise werden Agenten im Sinne der P-A-Theorie zu „psychological Principals" (Sieger, Zellweger & Aquino, 2013).

3.4.2. Stewardship-Theorie

„Managers are not opportunistic agents, but good stewards!" Lex Donaldson
(1990, S. 377)

Die Stewardship-Theorie kann als eine Gegenbewegung zur P-A-Theorie angesehen werden, die die psychologischen und soziologischen Limitationen (Hirsch, Michaels & Friedman, 1987; Perrow, 1986) auszugleichen versucht. Donaldson und Davis (1991) postulierten fünf Basisannahmen: 1) Es besteht kein Interessenkonflikt zwischen Managern und Eigentümern. 2) Es gibt keinen Bedarf an Kontrolle der Manager. 3) In der Zielkonvergenz liegt ein größerer Wert als in den individuellen Interessen. 4) Der ökonomische Nutzen des Prinzipals wird durch Stewardshipverhalten aufgrund geringerer Monitoring-Kosten erhöht. 5) Das Ziel einer Governance-Struktur ist die Findung einer möglichst effektiven Organisationsstruktur zur Koordinierung beider Parteien (Davis, Schoorman & Donaldson, 1997). Manager werden als Teamplayer betrachtet und handeln im besten Interesse der Eigentümer. Die optimale Struktur ist diejenige, die sie zum Handeln autorisiert (Donaldson, 1990). Die Hauptfrage der Theorie lautet: „What causes interests to be aligned?"

Im Fokus der Theorie steht das Menschenbild eines sich selbstaktualisierenden, dem Kollektiv dienenden Individuums, welches das Menschenbild der P-A-Theorie eines ökonomischen, selbstdienlichen Individuums kontrastiert (Donaldson, 1990). Wo die P-A-Theorie davon ausgeht, dass sich Menschen als Homines Oeconomici verhalten, Entscheidungen rational treffen und eigennützig und opportunistisch handeln, um ihre Nützlichkeit mit dem geringsten Einsatz erhöhen zu wollen, sorgen extrinsische Belohnungen und die Ansprache niedrigerer Bedürfnisse wie Sicherheit für Motivation. Die Stewardship-Theorie geht hingegen davon aus, dass Menschen komplex und humanistisch ausgerichtet sind und trotzdem rationale Entscheidungen treffen, aber die höchste Nützlichkeit in pro-organisationalem, kooperativem Verhalten sehen statt in individualistischem, selbstdienlichem. Durch ein solches Verhalten werden die persönlichen Bedürfnisse des „Stewards" am besten befriedigt. Diese Menschenform wird durch intrinsische Belohnung und Bedürfnisse höherer Ordnung wie der Wunsch nach Wachstum, Zielerreichung und Selbstaktualisierung motiviert (Davis, Schoorman & Donaldson, 1997).

Die Theorien stehen situationsspezifisch zueinander in Beziehung und sind nicht gegensätzlich. Ob „Agenten-" oder „Steward-"Verhalten gewählt wird, ergibt sich aus verschiedenen psychologischen und situativen Einflussfaktoren (s. Tab. 2). So haben „Stewards" eine Motivation höherer Ordnung, nämlich eine intrinsische anstatt einer extrinsischen. Sie vergleichen sich mit den Prinzipalen anstatt anderen Managern aus ihrem Umfeld. Sie fühlen sich stark persönlich mit dem Unternehmen verbunden und nehmen organisationale Ziele als ihre eigenen an. Sie nutzen verstärkt persönliche anstatt institutioneller Macht, um andere zu beeinflussen. Stewards entwickeln wahrscheinlicher ein beteiligungsorientiertes Managementsystem als ein kontrollorientiertes. Sie vertrauen mehr und kontrollieren weniger und richten ihre Handlungen langfristig aus. Sie fokussieren auf eine Leistungssteigerung anstatt einer Kostenkontrolle. Sie zeigen sich wahrscheinlicher in einer kollektivistischen Kultur als einer individualistischen und in einer Kultur mit einer geringen Machtdistanz als einer hohen Machtdistanz[24] (Davis, Schoorman & Donaldson, 1997).

Proposition List	Agency Theory	Stewardship Theory
Model of Man	Economic man	Self-actualizing man
Behavior	Self-serving	Collective serving
Psychological Mechanisms		
Motivation	Lower order / economic needs (physiol., security, economic)	Higher order needs (growth, achievement, self-actualization)
	Extrinsic [control]	Intrinsic [personal opportunities]
Social Comparison	Other managers	Principal
Identification	Low value commitment	High value commitment
Power	Institutional (legitimate, coercive, reward)	Personal (expert, referent)
Situational Mechanisms		
Management Philosophy	Control oriented	Involvement oriented
Risk orientation	Control mechanisms	Trust
Time frame	Short term	Long term
Objective	Cost control	Performance Enhancement
Cultural Differences	Individualism	Collectivism

---

[24] Hofstede (1991) definiert Machtdistanz als das Ausmaß, in dem machtlose Mitglieder von Organisationen erwarten und akzeptieren, dass Macht ungleich verteilt ist.

High power distance   Low power distance

Tabelle 2: *Gegenüberstellung von P-A-Theorie und Stewardship-Theorie nach Davis, Schoorman & Donaldson, 1997*

Die Beziehung wird von beiden Parteien determiniert, indem jede Partei für sich ein Agenten- oder Steward-Verhalten wählt. Es wird entsprechend individueller Risikoakzeptanz und Vertrauenswilligkeit ausgewählt. Zudem spielt es eine Rolle, welche Verhaltenswahl vom Gegenüber erwartet wird. Auch psychologische Charakteristika und kulturelle Hintergründe prädispositionieren zu einer bestimmten Wahl. Abbildung 4 verdeutlicht die Kombinationsmöglichkeiten und ihre Auswirkungen. Handelt es sich um eine beidseitige Stewardship-Beziehung, wird potentielle Leistung maximiert, bei einer beidseitigen Agenten-Beziehung werden potentielle Transaktionskosten minimiert (Davis, Schoorman & Donaldson, 1997). Bei einer Wahl mit gemischten Motiven im Sinne der Spieltheorie, wird die Partei, welche Stewardship-Verhalten zeigt, ausgenutzt und die andere Partei zeigt sich opportunistisch.

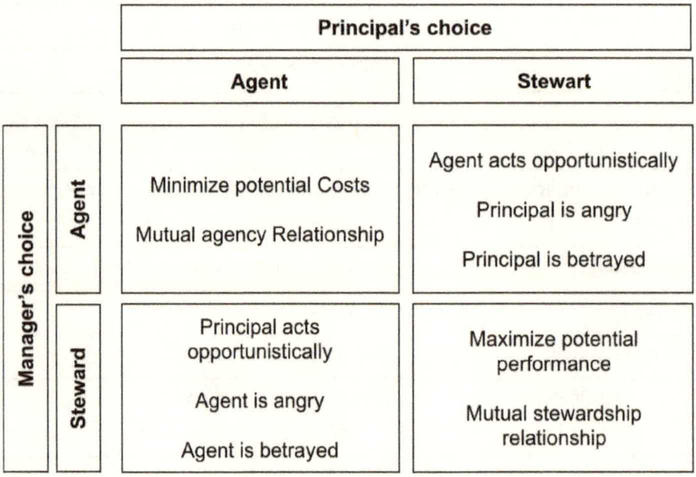

		Principal's choice	
		Agent	**Stewart**
Manager's choice	**Agent**	Minimize potential Costs Mutual agency Relationship	Agent acts opportunistically Principal is angry Principal is betrayed
	Steward	Principal acts opportunistically Agent is angry Agent is betrayed	Maximize potential performance Mutual stewardship relationship

Abbildung 4: *Wahl-Modell für Prinzipale und Manager nach Davis, Schoorman & Donaldson, 1997*

Kontrolle statt Vertrauen durch den Prinzipal kann pro-organisationales Verhalten des Stewards unterminieren und die Motivation verringern. Ist der Prinzipal bereit, ein hohes Risiko einzugehen, so wird er Stewardship-Verhalten anwenden. Bei einer geringen Risikoakzeptanz wird er Agentur-Verhalten zeigen. Für den Steward wird die Organisation eine Erweiterung seiner psychologischen Struktur, er identifiziert sich damit und attribuiert ihren Erfolg auf sich. So ist er motiviert, zu diesem selbst mit beizutragen und auch spontanes, unbelohntes „Citizenship Behavior" zu zeigen (Adams, 1965; Cosier & Dalton, 1983).

Die Theorie kann sinnvoll auf Familienunternehmen angewendet werden, weil sie eine in FU beobachtbare, sozio-emotionale Bindung erfasst. Die langfristige Ausrichtung und deren Priorisierung in FU unterstützt die Theorie. Manifestiert wird Stewardship durch die Kontinuität in FU, die Gemeinschaftskultur durch loyale Belegschaft und die starken Verbindungen zu externen Stakeholdern. Zudem werden nicht-finanzielle Ziele und „Psychological Ownership" in der Theorie als Motivationsvariablen nachvollziehbarer berücksichtigt (Boivie et al., 2011; Davis, Schoorman & Donaldson, 1997; Greenwood, 2003). Familieneigentümer zeigen oft ein tiefes emotionales Investment (Bubolz, 2011; Sharma, 2003), sind identifiziert und committet (Chirico & Salvato, 2008), weil das Unternehmen und seine Entwicklung, z. B. durch Reputation, stark in die Familie eingreift (Lotto, 2013). Auf diese Weise werden nicht-finanzielle Ziele häufiger fokussiert. Stewardship verstärkt sich für Familienmitglieder oder eng mit der Familie verbundene Personen (Miller, Le Breton-Miller & Scholnick, 2008). FU-Stewards sind also stark motiviert, organisationalen Interessen zu entsprechen, und ziehen intrinsische Zufriedenheit aus dem Erfolg des Unternehmens (Bubolz, 2001; Pearson & Marler, 2010; Ward, 2004). Die Stewardship-Theorie identifiziert einen spezifischen Familieneffekt (Ward, 2004; Westhead & Howorth, 2006; Pearson & Marler, 2010). Miller, LeBreton-Miller und Scholnick (2008) sprechen auch von zwei Stewardship-Prioritäten, die sich aus der Langlebigkeitsperspektive von familiengeführten FU ergeben: Erstens die Pflege von Mitarbeitern für die Schaffung einer Gemeinschaftskultur von motivierten, loyalen und gut ausgebildeten Mitarbeitern, zweitens die Schaffung von starken Verbindungen zu außenstehenden Stakeholdern. Dabei wird die Pflege der Mitarbeiter im Faktor „Individualized Consideration" des transformationalen Führungsstils aufgenommen, indem erfasst wird, inwiefern die individuellen Bedürfnisse der Mitarbeiter berücksichtigt und diese entwickelt werden.

Auch Implikationen der Theorie sind für FU relevant. So profitieren alle Mitarbeiter von einer kollektivistischen Ausrichtung der Stewards. Stewardship kann ein bedeutender Wettbewerbsvorteil für FU sein und sich stark auf die Leistung auswirken. Agenturkosten, wie z. B. „Free Riding"-Kosten, werden überflüssig und freigewordene Finanzen können in anderer Form verwendet werden. Familienmitglieder werden auf das Wohlergehen und den Erfolg des Unternehmens ausgerichtet. Ohne Stewardship ist das Unternehmen beim Management von Konflikten einem höheren Risiko ausgesetzt (Miller, Le Breton-Miller & Scholnick, 2008; Miller & Le Breton-Miller, 2006; Bubolz, 2001; Ward, 2004; Westhead & Howorth, 2006; Pearson & Marler, 2010). Empirisch wurden Hinweise auf die Gültigkeit der Theorie für FU gefunden. Angestellte Familienmitglieder nehmen eine signifikant höhere Stewardship-Führung an, sind stärker werteverpflichtet und vertrauen ihren Führungskräften mehr (Davis, Allen & Hayes, 2010). Die Werteverpflichtung sollte eine Auswirkung auf den Faktor „Idealized Influence" des transformationalen Führungsstils haben, da dieser die Verkörperung von Werten und die Vorbildwirkung auf die Untergebenen thematisiert.

Kritiker stellen positiv heraus, dass die Stewardship-Theorie der Agentur-Perspektive die emotionalen Faktoren menschlichen Verhaltens hinzufügt und somit keine sich gegenseitig ausschließenden Theorien darstellen (Block, 2009). Sie kann sinnvoller als die Agentur-Perspektive auf den FU-Kontext angewandt werden (Miller & Le Breton-Miller, 2005; Arregle et al., 2007; Gómez-Mejía et al., 2007), da sie die organisationale Leistung von FU stringent abbildet (Corbetta & Salvato, 2004; Eddleston et al., 2010; Miller & Le Breton-Miller, 2006). Beziehungen, Interaktionen und psychologische Hintergründe finden mehr Berücksichtigung (Block, 2009). Durch die Berücksichtigung individueller Nützlichkeitsannahmen und durch das Verständnis der Theorie als Erweiterung der Agentur-Perspektive kann auch mit dieser Theorie weiterhin von einer rationalen Entscheidungsfindung ausgegangen werden (Mayer et al., 1995). Die Leader-Member-Exchange-Theorie (s. 2.3.4.) kann als Weiterentwicklung verstanden werden (Pearson & Marler, 2010). Kritisiert wird jedoch, dass bisher nicht erklärt wird, unter welchen konkreten Umständen welches Verhalten angewendet wird oder ob es sich um einen relativ stabilen Faktor handelt. Daher bleibt die Dynamik der Anwendung unklar (Davis, Allen & Hayes, 2010). Der Wettbewerbsvorteil kann durch Stewardshipverhalten nicht ausgeschöpft werden, wenn sich nur die Führungskraft als Steward verhält (Pearson & Marler, 2010). Auch bei einer Nichtpassung der psychologischen und situativen Faktoren ist das Resultat unklar. Zudem sollte es ein Limit des Stewardshipverhaltens geben, da nicht von einer genauen Zielpassung ausgegangen werden kann (Arthurs & Busenitz, 2003; Boivie, Graffin & Pollock, 2012). Stewardship wird als Ansatz hinterfragt und ist noch nicht allgemein anerkannt: Es gibt Meinungen, dass familiengeführte Unternehmen eine antiquierte und eher dysfunktionale Organisationsform darstellen (für eine Betrachtung der Stagnations-Kritik s. a. Miller, LeBreton-Miller & Scholnick, 2008). Mit Blick auf die von Stewardship betroffenen Unternehmensmechanismen behaupten die Kritiker, dass Familienvertraulichkeit und Stabilitätsmaßnahmen zu einer Risikoaversion führen, die Kollusion dem Wettbewerb vorzieht (Morck & Yeung, 2003). Auch können durch Stewardshipverhalten Konservativismus gepflegt, Wachstumsambitionen und –möglichkeiten eingeschränkt (Allio, 2004; Poza, Alfred & Maheshwari, 1997) und finanzielle Ressourcen gekappt (Grassby, 2000) werden. Die Schwachstellen der Theorie liegen also vor allem in noch ungeklärten Problemen, wie den genauen Regeln, wann Agentur- und wann Stewardship-Verhalten angewandt wird. Auch Bedingungen, wie die Position der jeweiligen Mitarbeiter oder Möglichkeiten zur Beförderung von Stewardship-Verhalten, sind bisher nicht erschlossen. Die Theorie lässt bzgl. Unternehmensleistung nur über ‚gesparte Agenturkosten' argumentieren, weshalb der Ressourcenbasierte

Strategieansatz (s. 3.4.3.) als strategische Theorie von mehreren Autoren bevorzugt wird.

Für die Betrachtung der Führung in FU ist die Hinzuziehung der Stewardship-Theorie naheliegend, da das Konzept des „Stewardship", v. a. im Kontrast zur P-A-Perspektive, eng verwandt mit dem TFF, kontrastiert durch den TAF, ist. Die Werteverpflichtung, das Vertrauen, pro-organisationales, kooperatives Verhalten, persönliche Verbundenheit, intrinsische Motivation und der Wunsch nach Wachstum, Zielerreichung, Selbstaktualisierung und Langfristigkeit, entgegen einer einfachen Austauschbeziehung niederer Ordnung mit einem hohen Kontrollanteil, lassen sich einfach mit dem Konzept der TFF vereinbaren. TAF lässt sich ebenso einfach mit der Agentenperspektive vereinbaren. Unklar ist, ob sich die bisher gefundenen Unterschiede für FU lediglich auf Familienmitglieder beziehen oder auf externe Führungskräfte und ihre Geführten in FU übertragen werden können.

3.4.3. Ressourcenbasierter Strategieansatz

„Successful firms are successful because they have unique resources. They should nurture these resources in order to be successful." Michael Porter (1991, S. 108)

Der Ressourcenbasierte Strategieansatz ('resource based view', RBV) widmet sich der leitenden Frage, warum bestimmte Firmen andere in ihrer Leistung dauerhaft übertreffen. Er betrachtet zur Beantwortung dieser Frage die internen Quellen eines anhaltenden Wettbewerbsvorteils. Die Annahme ist, dass dieser Wettbewerbsvorteil nur dann gewährleistet werden kann, wenn das Unternehmen in der Lage ist, wertvolle, seltene, nicht imitierbare und nicht substituierbare Ressourcen und Fähigkeiten zu erschließen und zu kontrollieren. Eine Ressource ist wertvoll, wenn sie Opportunitäten ausschöpft oder Gefahren neutralisiert. Sie ist selten, wenn die Nachfrage höher als das Angebot ist. Sie ist nicht imitierbar, wenn sie nicht perfekt durch Wettbewerber duplizierbar ist. Sie ist nicht substituierbar, wenn auch keine andere Ressource dem Unternehmen zu einer ähnlichen Strategie in der gleichen effektiven und effizienten Weise verhelfen kann (Barney, 1991).

Ressourcen werden als materielle und immaterielle Aktiva bezeichnet, welche von Firmen verwendet werden, um ihre „Strategie" (Barney, 1991) bzw. „Kernmission" (Levie & Lerner, 2009) zu erfassen und zu implementieren. Sie können physisch, finanziell, juristisch, human, organisational und beziehungsbezogen sein. Der Ressourcenbasierte Strategieansatz nimmt eine Ressourcen-Heterogenität und -Immobilität an. Ressourcen-Heterogenität meint, dass konkurrierende Unternehmen jeweils verschiedene Ressourcen(-pakete) besitzen können. Ressourcen-Immobilität meint, dass diese Unterschiede in den zur Verfügung stehenden Ressourcen dauerhaft bzw. beständig sein können (Wernerfelt, 1984; Barney, 1991). Nicht alle Ressourcen eines Unternehmens bergen das Potential eines anhaltenden Wettbewerbsvorteils. Dieser ist erst dann gegeben, wenn eine wertschöpfende Strategie implementiert ist und der Vorteil dieser Strategie durch andere Unternehmen nicht dupliziert werden kann. So führt auch die bessere Nutzung der Ressourcen zu einem Wettbewerbsvorteil. Daher sollten Unternehmen großzügig in Kernfähigkeiten und -ressourcen investieren. Diese sollten kumulativ aufgebaut werden, um Pfadabhängigkeiten auszunutzen. Langfristige Investitionen sind für Wettbewerber besonders schwierig zu kontern (Levie & Lerner, 2009).

Auch kooperative Beziehungen zwischen Unternehmen lassen sich mit dem RBV vereinbaren: So kann der Zugang zu und die Integration externer Ressourcen Wettbewerbsvorteile generieren. Kosten- und Zeitaspekte einer internen Beschaffung werden effektiviert. Komplementäre Ressourcen können kurzfristig genutzt werden. Netzwerke können dabei helfen (Levie & Lerner, 2009).

Eine Weiterentwicklung des RBV ist die „Dynamic Capabilities Theory" (Teece, Pisano & Shuen, 1997; Sirmon & Hitt, 2003). Sie fokussiert sich stärker auf die dynamischen Fähigkeiten als auf statische Ressourcen. Dynamische Fähigkeiten erlauben die Erneuerung des Bestands wertvoller Ressourcen und darüber die Erhaltung eines Wettbewerbsvorteils in einem sich turbulent verändernden Umfeld. Unternehmen existieren, um dynamische Fähigkeiten zu entwickeln und zu nutzen (Teece, Pisano & Shuen, 1997). Besondere Bedeutung wird der Entwicklung und Erhaltung eines kollektiven Lernverhaltens bzw. einer Lernkompetenz beigemessen. Auch diese Theorie wird sowohl auf die Entrepreneurship-Forschung (Alvarez & Barney, 2004) als auch auf die FU-Forschung angewandt (Sirmon & Hitt, 2003).

Der RBV kann allgemein sehr gut auf FU-Forschung angewandt werden (Chrisman, Chua & Kellermanns, 2009; Eddleston, Kellermanns & Sarathy, 2008; Habbershon & Williams, 1999). Er stellt die Hauptalternative zur P-A-Theorie dar, wenn es um die Erklärung verhaltens- und leistungsbezogener Unterschiede geht (Chrisman, Chua & Sharma, 2005). Der RBV kann den strategischen Wert der Familieninteraktion mit dem Unternehmen erklären, indem die Beziehung zwischen Familie und Unternehmen als eine Ressource im Sinne der RBV-Perspektive betrachtet wird, deren Existenz FU und NFU voneinander unterscheidet und die als Ausgangspunkt für den individuellen, anhaltenden Wettbewerbsvorteil dient. Die Ressourcen sind einzigartig für ein Unternehmen, weil sie auf dessen individuellen historischen Bedingungen und der sozialen Komplexität basieren. Insofern baut auch das Konzept der „Familiness" (s. u.) und die „Social Capital Theory" auf dem RBV auf (Habbershon & Williams, 1999; Pearson, Carr & Shaw, 2008). Auch Wissen kann als Ressource betrachtet werden, wenn diese charakteristischen, impliziten Güter in FU über Generationen transferiert werden, sodass Überleben und Wachstum des Unternehmens erleichtert wird (Cabrera-Suárez, Saá-Pérez & García-Almeida, 2001). Systemische Synergien zwischen der Familie und dem Unternehmen werden in FU möglich und sind die Quelle transgenerationaler Wertschöpfung (Habbershon, Williams & MacMillan, 2003). Daher kommt dem Ressourcenmanagement, vor allem bzgl. des „Überlebensfähigkeitskapitals", eine besondere Bedeutung in FU zu, das Chancen und Risiken bzgl. der Langlebigkeit birgt, welche sich zu einem Wettbewerbsvor- oder -nachteil auswirken können (Sirmon & Hitt, 2003). Verwandtschaftsbeziehungen haben einen positiven Effekt auf die Wahrnehmung unternehmerischer Chancen und langfristiger Investitionen (Zahra, Hayton & Salvato, 2004). Investitionen dieser Kategorie in FU sind die Entwicklung einer stichhaltigen Mission, die Förderung von Talenten und der Aufbau von Beziehungen (Miller & Le Breton-Miller, 2006).

Der RBV erklärt die Besonderheit von FU mit der Ressource der „Familiness". „Familiness" (Habbershon & Williams, 1999) wird als Hauptunterscheidungsmerkmal von FU angesehen (Eddleston, Kellermanns & Zellweger, 2010). Der Begriff steht für das bestimmte Set an Ressourcen, die durch die Interaktion von Familie und Unternehmen geschaffen werden und potentielle Wettbewerbsvorteile generieren (Habbershon, Williams & MacMillan, 2003)[25]. So thematisiert er die Familienkultur bzw. die sozialen Interaktionen und Beziehungen zwischen der Familie und dem Unternehmen im ökonomischen, organisatorischen und soziologischen Sinne (für einen Überblick s. Zellweger, Eddleston & Kellermanns, 2010; Habbershon, Williams & MacMillan, 2003; Chrisman, Chua & Litz, 2003). „Familiness" wird erklärt als „idiosynkratisches Bündel von Ressourcen und Fähigkeiten, die aus der Interaktion zwischen dem Familien- und Unternehmenssystem resultieren" (Henssen et al., 2011, S. 14; Habberson, Williams & MacMillan, 2003, S. 451). „Familieninvolvierung führt zu Familiness, welche als einzigartige, untrennbare und synergetische Ressourcen und Fähigkeiten gesehen werden können, die aus Familieninvolvierung und -interaktion entstehen" (Habberson et al., 1999)[26]. Die Beschreibung wurde stetig erweitert und ergänzt (Chrisman, Chua & Sharma, 2005; Habbershon & Williams, 1999; Habbershon, Williams & MacMillan, 2003; Naldi et al., 2007; Pearson, Carr & Shaw, 2008; Rutherford, Kuratko & Holt, 2008). „Die Identifikation und Isolierung des Konstruktes, welches einzigartig für FU ist, ist sowohl bahnbrechend als auch wichtig für die FU-Forschung" [Übers. d. Verf.] (Pearson, Carr & Shaw, 2008, S. 949). Die Aufgabe besteht also darin, einen gewissen Einmaligkeitsaspekt für FU

---

[25] Da es nur wenige Definitionsbemühungen gibt, bleibt das Konstrukt eher „weich" und nur schwer greifbar (Mandl, 2008) bzw. undeutlich (Pearson, Carr & Shaw, 2008; Rutherford, Kuratko & Holt, 2008).
[26] Teils wird aber auch die bloße Existenz einer Familie im Unternehmen als ausreichend für die Entwicklung von „Familiness" angesehen (Steier, 2003).

zu identifizieren, indem der Fokus darauf gerichtet wird, wie genau die Familienbeteiligung die Wurzel der Besonderheit darstellt (Chrisman, Chua & Sharma 2005). Erfolgreiche FU sind diejenigen, die den „Familiness"-Faktor positiv für sich zu nutzen wissen (Pearson, Carr & Shaw, 2008). Im Konstrukt enthalten sind unter anderem die Reputation der Firma, Zuversicht der Familienmitglieder, der unternehmerische Geist, die Sozialisation neuer Mitarbeiter, die Förderung von Partizipation und Kreativität, Vereinheitlichung von Überzeugungen, Flexibilität, Commitmentstärke und weitere Faktoren (Habbershon & Williams, 1997). Die Involvierung der Familie kann positive und negative Effekte für das Unternehmen mit sich bringen (Kellermanns et al., 2010). Die „distinktive (unverwechselbare) Familiness" enthält die positiven Effekte aus Familien-Commitment und -Involvierung. Die „konstriktive (beschränkte) Familiness" enthält die negativen Effekte aus dem Fehlen eines ordentlichen Managements mit entsprechenden Kompetenzen (Pearson, Carr & Shaw, 2008).

Kritisiert wird, dass der Kern der RBV-Theorie immer noch nicht gut ausgearbeitet ist und auf keine hinreichende theoretische Grundlage zurückgreifen kann, was auf die schnelle Entwicklung der Theorie zurückzuführen ist (Barney, 1991; Priem & Butler, 2001; Kraaijenbrink, Spender & Groen, 2010). Die Terminologie ist nicht eindeutig und einheitliche Definitionen fehlen. Die Hauptargumente der Theorie sind zirkulär und bestätigen sich selbst, weil postuliert wird, dass ein Wettbewerbsvorteil aus einer Wertschöpfungsstrategie, basierend auf wertvollen Ressourcen, entsteht (Kraaijenbrink, Spender & Groen, 2010). Die definierten Kriterien einer Ressource im RBV-Sinne existieren in der Realität so nicht (Priem & Butler, 2001). Einige Verhaltensweisen wie unternehmensübergreifende Kooperationen und unternehmensinterne Austauschprozesse sind vom RBV rational nicht vollständig abgedeckt (Levie & Lerner, 2009). Der „Familiness"-Ansatz schließt durch seine Beschränkung auf Kontrolle, Eigentum oder Management bestimmte Unternehmen fälschlicherweise ein und aus (Chua, Chrisman & Sharma, 1999) und erlaubt es nicht, altruistische Verhaltensweisen zu erfassen (s. 3.4.2), die ebenfalls bedeutsam für Leistungsunterschiede unterschiedlicher FU sein dürften (Corbetta & Salvato, 2004; Eddleston & Kellermanns, 2007; Schulze, Lubatkin & Dino, 2003). Trotz vereinzelter Kritik ist die RBV-Perspektive dennoch eine weit verbreitete theoretische Basis heutiger Management-Forschung (Newbert, 2007).

Für die Betrachtung der Führung in FU ist die RBV-Perspektive dahingehend interessant, dass das FU-spezifische Bündel an Ressourcen auch solche enthalten könnte, die sich auf den Führungsstil in FU auswirken und diesen daher von NFU abgrenzen. Da es hierzu bisher keine expliziten Aussagen gibt, kann nur darüber spekuliert werden, dass z. B. die Sozialisation neuer Mitarbeiter und die Förderung von Partizipation und Kreativität, die Vereinheitlichung von Überzeugungen und die Stärke des Commitments Auswirkungen auf konkrete Komponenten der TFF, z. B. „Individualized Consideration", „Intellectual Stimulation" und „Inspirational Motivation" haben könnten. Aufgrund der bisher eher geringen Anwendung der Theorie auf diese Aspekte ist die RBV-Theorie diejenige FU-spezifische Theorie mit den geringsten Anknüpfungspunkten zu Führung in FU, auch wenn sie vermutlich mithilfe entsprechender empirischer Studien gut auf das Feld anwendbar wäre.

3.4.4. „Socio-Emotional Wealth"-Ansatz

"Family owners frame problems in terms of assessing how actions will affect socioemotional endowment" (Berrone, Cruz & Gómez-Mejía, 2012a, S. 2)

Der „Socio-Emotional Wealth"-(SEW)-Ansatz wurde entwickelt, um in FU beobachtbare, einzigartige Verhaltensmuster zu erklären (Gómez-Mejía et al., 2007). Es sollte ein Rahmenwerk bzw. Paradigma postuliert werden, welches viele fragmentierte, anekdotische Erkenntnisse aus dem Feld der FU-Forschung miteinander verknüpft. Denn jeder Versuch, FU-Verhalten über finanzielle oder ökonomische Instrumentalität zu beleuchten, verfehlt die Essenz von FU (Gómez-Mejía et al., 2007).

Der SEW-Ansatz baut auf der „Behavioral Agency Theory" auf (Wiseman & Gómez-Mejía, 1998) und greift damit auf eine starke konzeptuelle Basis zurück (s. 3.5.1.). Die wichtigste Übernahme für den SEW-Ansatz ist die Annahme, dass Manager Entscheidungen abhängig vom Referenzpunkt des für das Unternehmen dominanten Prinzipals treffen (vgl. Berrone, Cruz & Gómez-Mejía, 2012b). Der SEW-Ansatz postuliert, dass der Referenzpunkt von FU-Prinzipalen ein signifikant anderer als der von NFU-Prinzipalen ist.

Im Gegensatz zu NFU-Prinzipalen, die Entscheidungen allgemein mit dem Ziel treffen, das akkumulierte ökonomische Vermögen des Unternehmens zu erhalten, arbeiten FU-Prinzipale auch daran, ihr akkumuliertes sozio-emotionales Vermögen zu erhalten. Dies tun sie selbst dann, wenn sie dafür ökonomische Einbußen oder ein erhöhtes ökonomisches Risiko auf sich nehmen müssen (Gómez-Mejía et al., 2007). Dadurch wird das sozio-emotionale Vermögen im Gegensatz zu ökonomischen Betrachtungen zu einem Hauptreferenzpunkt von FU-Prinzipalen. So hat die Risikoabwehr bzgl. des sozioemotionalen Vermögens eine höhere Priorität als diese bzgl. finanzieller Einbußen (Berrone, Cruz & Gómez-Mejía, 2012a). Die Familie ist im Falle einer Gefährdung des SEW bereit, strategische Entscheidungen und Risiken einzugehen, die aus ökonomischer oder finanzieller Perspektive nicht sinnvoll erscheinen, um den SEW zu schützen. So könnte ein Unternehmen z. B. entscheiden, nicht in einen neuen Markt zu diversifizieren, um die Distanzierung der Familie vom Unternehmen nicht zu riskieren. Obwohl auch NFU-

Prinzipale und Manager dieses Phänomen erleben dürften, ist der Wert des SEW für die Familie intrinischer und seine Bewahrung wird ein Selbstzweck, denn die Identität ist untrennbar mit der Organisation verbunden.

Folgende fünf Unterbereiche, die fünf FIBER-Dimensionen des SEW-Ansatzes, werden nach Berrone, Cruz und Gómez-Mejía (2012) unterschieden: „Family Control and Influence", „Family Members' Identification with the Firm", „Binding Social Ties", „Emotional Attachment" und „Renewal of Family Bonds to the Firm through Dynastic Succession" (für eine detailliertere Erläuterung s. 3.5.1.).

Das SEW-Konzept bietet eine Reihe von Vorteilen, die von früheren Theorien (s. o.) nicht geboten wurden. Es ist ein relativ breites Konzept und kann umfangreich auf FU-Forschung angewandt werden. Die „Behavioral Agency Theory" bietet eine starke theoretische Grundlage. Familiäre Besonderheiten sind so eingebettet, dass sie gleichzeitig bzgl. positivem und negativem Familieneinfluss analysiert werden können. Kontingenzfaktoren und ihr Effekt auf den SEW-Referenzpunkt werden explizit einbezogen. Zudem betonen Autoren, dass eine Vereinheitlichung der FU-Forschung dringend notwendig war. Sie birgt die Möglichkeit, endlich ein standardisiertes Messinstrument für die gemeinsame theoretische Basis zu entwickeln, wodurch die Erfassung vergleichbarer Ergebnisse ermöglicht wird. So kann die verifizierte Wissensbasis in diesem Forschungsfeld weiter anwachsen und es wird an Bedeutung zunehmen. Aufgrund dieses Potentials kommt dem Konzept in der Forschungsgemeinschaft eine hohe Bedeutung zu. Im Weiteren wird es daher ausführlich dargestellt.

3.5. Der „Socio-Emotional Wealth"-Ansatz im Detail

Der SEW-Ansatz postuliert, dass FU dazu motiviert und committet sind, ihren SEW zu erhalten. Dafür werden Probleme bzgl. ihrer Auswirkung auf den SEW betrachtet. Gewinne und Verluste des SEW bieten den entscheidenden Referenzpunkt familienkontrollierter Unternehmen für strategisch bedeutsame Entscheidungen. Risikoaversion bzgl. des SEW wird vor Risikoaversion bzgl. finanzieller Verluste priorisiert.

3.5.1. Bestandteile

SEW erfasst den Bestand der affektbezogenen, d. h. nicht-finanziellen Werte, die eine Familie aus ihrer Kontrollposition in einem Unternehmen bezieht. Im Weiteren sollen die fünf Dimensionen des SEW genauer erläutert werden. Diese sind nicht vollständig trennscharf.

F) „Family Control and Influence" (Familienkontrolle und -einfluss):

Familienmitglieder üben direkten oder indirekten kontrollierenden Einfluss auf strategische Entscheidungen im Unternehmen aus (Chua, Chrisman & Sharma, 1999; Schulze, Lubatkin & Dino, 2003). Diese Kontrolle kann direkt, d. h. formell, z. B. als Vorstand bzw. Vorstandsvorsitzender, oder indirekt, z. B. über die Besetzung zentraler Positionen des Top-Management-Teams, erfolgen. Nicht selten nehmen FU-Eigentümer mehrere Rollen im Unternehmen ein, um formelle und indirekte Kontrolle auszuüben (Mustakallio, Autio & Zahra, 2002). Einfluss kann a) über eine starke Eigentümerposition, b) einen zugeschriebenen Status und c) persönliches Charisma ausgeübt werden. Die unbeschränkte Ausübung persönlicher Autorität, die aus diesen Einflussfaktoren erwächst, wird durch die Familienmitglieder als höchst befriedigend empfunden. Das Ziel ist, Kontrolle und Einfluss zu erhalten und vertrauenswürdigen Familienmitgliedern wichtige Posten übertragen zu können.

I) „Family Members' Identification with the Firm" (Identifikation der Familienmitglieder mit dem Unternehmen):

Die Zusammenlegung von Familie und Unternehmen fördert eine starke Identifizierung der Familienmitglieder mit dem Unternehmen (Berrone et al., 2010; Dyer & Whetten, 2006). Die Identität der Eigentümer ist unweigerlich mit dem Unternehmen verbunden. Oft wird das auch daran deutlich, dass das Unternehmen den Familiennamen trägt. So wird das Unternehmen von der Familie selbst, aber auch von externen Beteiligten als Verlängerung der Familie angesehen. Intern führt dies dazu, dass die Einstellung der Familienmitglieder zu den Mitarbeitern, der notwendigen Qualität der Produkte bzw. Dienstleistungen und der Struktur von Prozessen eine andere ist als beispielsweise in NFU (Carrigan & Buckley, 2008; Teal, Upton & Seaman, 2003). Extern führt es dazu, dass Familienmitglieder sensibler für das nach außen abgegebene Image der Firma gegenüber Stakeholdern sind (Micelotta & Raynard, 2011) und öffentliche Kritik am Unternehmen Familienmitglieder emotional besonders schwer betrifft (Westhead, Cowling & Howorth, 2001). Aus diesem Grund bauen FU ihr Engagement im Hinblick auf ‚Corporate Social Rensponsibility' und ‚Community Citizenship" aus (Craig & Dibrell, 2006; Post, 1993). Die Pflege eines positiven Familienbildes nach außen ist besonders relevant (Sharma & Manikuti, 2005; Westhead, Cowling & Howorth, 2001).

B) „Binding Social Ties" (Soziale Verwurzelung):

Für die Erhaltung des SEW sind enge soziale Beziehungsgeflechte bedeutsam. Diese schaffen kollektive Vorteile wie Sozialkapital und relationales Vertrauen (Coleman, 1990) sowie das Gefühl von Nähe und zwischenmenschlicher Solidarität (Uzzi, 1997). Die tieferen gegenseitigen Bindungen innerhalb eines engen Netzwerkes weiten sich von den Familienmitgliedern potentiell auf die familien-externen Kreise aus (Miller et al., 2009). So bestehen häufig viele auf Dauer angelegte Zulieferer- und Dienstleistungs-verträge, die zu einem gewissen Grad als Teil der Familie angesehen werden (Uhlaner, 2006). Das enge soziale Konstrukt schafft ein (Familien-)Zugehörigkeitsgefühl bei den familienexternen Mitarbeitern; es entsteht ein stabiles Verpflichtungsgefühl gegenüber dem Unternehmen (Miller & LeBreton-Miller, 2005). Dies ist auch die Basis für eine tiefe soziale Einbettung in die lokale Gemeinschaft: FU engagieren sich stärker in lokalen Ak-tivitäten wie Sozialprojekten (Berrone et al., 2010). Dies tun sie aus altruistischen Moti-ven, um der Anerkennung willen oder aus beiden Gründen (Schulze, Lubatkin & Dino, 2003).

E) „Emotional Attachment" (Emotionale Verbindung):

Die affektive Komponente wird insbesondere in emotionalen Bindungen der Familien-mitglieder deutlich. Das Hineinfließen familiärer Emotionen in das Unternehmen ist ein charakteristisches Merkmal von FU (Eddleston & Kellermanns, 2007; Tagiuri & Davis, 1996). In einer Familie existieren zahlreiche positive und negative Emotionen: Liebe, Freude, Trost, Wut, Angst, Trauer usw. (Epstein et al., 1993). Diese sind in ihrem jeweili-gen Ausmaß unterschiedlich und sind von einzelnen Situationen abhängig (Einflusssitu-ationen s. Dunn, 1999; Gersick et al., 1997; Shepherd, Wiklund & Haynie, 2009). In FU ist die Grenze zwischen Familie und Unternehmen unklar und vor allem „durchlässig". So durchdringen Emotionen das Unternehmen und die Entscheidungsprozesse im FU (Ba-ron, 2008). Die Selbst-Kontinuität der Familienmitglieder wird durch das FU gefördert, da in FU die Vergangenheit, die Gegenwart und die Zukunft dieser Familienmitglieder miteinander verwoben werden (Kleine, Kleine & Allen, 1995). Das Scheitern des FU ist für die meisten Eigentümer ein hochemotionales Erlebnis, da mit dem FU auch ein Fami-lien-Vermächtnis verbunden ist (Sharma & Manikuti, 2005; Shepherd et al., 2009). Die emotionale Komponente der SEW-Erhaltung spielt in vielen FU-Forschungsbereichen eine Rolle, z. B. für Familienkonflikte, -beziehungen und -kultur. Auch wird versucht, anhand eigener Modelle die emotionale Zusammensetzung von FU zu erklären, z. B. über „Emotional Returns and Costs" (Astrachan & Jaskiewicz, 2008), „emotionales Kapital" (Sharma, 2004) und „emotionalen Wert" (Zellweger & Astrachan, 2008). Verwandte Konstrukte wie Vertrauen (Steier, 2001), Altruismus (Eddleston & Kellermanns, 2007; Zahra, 2003) und Wohlwollen (Cruz, Gómez-Mejía & Becerra, 2010) sind ebenfalls mit dieser Dimension des SEW abgebildet. Altruistisches Verhalten (Schulze, Lubatkin & Dino, 2003) und das Vertrauensverhältnis gegenüber Familienmitgliedern (Cruz, Gómez-Mejía & Becerra, 2010) können hiermit erklärt werden, doch auch dysfunktiona-le Beziehungen unter der Verwandtschaft und im Unternehmen haben meist emotionale Hintergründe, die häufig, aufgrund der langfristigen Mitarbeiterbindung, im FU verblei-ben - oft in der Hoffnung, dass die Spannung sich letztlich legt (Berrone, Cruz & Gómez-

Mejía, 2012b). Jede Art von emotionalen Verbindungen, die in Unternehmen beobachtet werden, ist für FU tendenziell komplexer und stärker institutionalisiert (s. a. Fletcher, 2000).

R) „Renewal of Family Bonds to the Firm through Dynastic Succession (Aufrechterhaltung des Familienbundes zum Unternehmen durch dynastische Nachfolge):
Die Erhaltung des SEW drückt sich auch in der Absicht aus, das Unternehmen an zukünftige Generationen weiterzugeben. Die Sensibilisierung für die dynastische Fortführung spielt eine bedeutende Rolle für Zeithorizonte in Entscheidungsprozessen. Diese Dimension wird von zahlreichen Autoren als der Kernaspekt des SEW („transgenerational sustainability", Zellweger & Astrachan, 2008; Zellweger et al., 2011) und das Kernziel eines jeden FU gesehen (Kets de Vries, 1993; Zellweger et al., 2011). Für die FU-Eigentümer bedeutet es, dass das Unternehmen nicht nur einen Vermögensbestand im finanziellen Sinn darstellt, sondern auch ein familiäres Erbe bzw. Vermächtnis darstellt und für Familientradition steht (Casson, 1999; Tagiuri & Davis, 1992). Auch für die Familienmitglieder stellt das FU ein langfristiges Familieninvestment dar, das in der Familie gehalten und für die Zukunft bewahrt werden soll (Berrone et al., 2010). FU weisen längere Zeithorizonte auf (Miller & Le Breton-Miller, 2006; Miller, Le Breton-Miller & Scholnick, 2008; Sirmon & Hitt, 2003). Dies dient der Erhaltung von Familienwerten, der Ermöglichung einer „generationalen Investmentstrategie" mit „geduldigem Kapital" (Sirmon & Hitt, 2003), dem Aufbau von Fähigkeiten im Unternehmen und einer Kultur des Lernens. Gefahren hierbei sind das „Festsetzen des Managements" und Nachfolgekonflikte.

Der SEW-Ansatz spricht auch davon, dass sich die Werte von Familienunternehmern von denen anderer Unternehmer unterscheiden. Diese richten sich laut den FIBER-Dimensionen beispielsweise stärker auf Langfristigkeit, Traditionserhalt, Relevanz äußerer Wahrnehmung und Solidaritätsgefühlen als bei Nicht-Familienunternehmern (Berrone, Cruz & Gómez-Mejía, 2012). Die unterschiedliche Werteausrichtung (des Ideal-Ichs) der Familienunternehmer gegenüber Führungskräften aus NFU wird in den fünf FIBER-Dimensionen von Berrone, Cruz und Gómez-Mejía (2012) diskutiert (s. o.). So besitzt die Sicherstellung familiärer Kontrolle über das Unternehmen einen hohen Wert für Familienunternehmer (Gómez-Mejía et al., 2011; Astrachan, Klein & Smyrnios, 2002; Casson 1999; Zellweger et al., 2011), das abgegebene ‚Unternehmensbild nach außen' - gegenüber externen Stakeholdern sowie der Gesellschaft im Allgemeinen - besitzt eine erhöhte Wichtigkeit (Berrone, Cruz & Gómez-Mejía, 2012a; Micelotta & Raynard, 2011). Dies geht einher mit einer erhöhten ‚Relevanz des Unternehmensinneren': das Wohlergehen der Mitarbeiter sowie die Qualität der Produkte und Dienstleistungen (Carrigan & Buckley, 2008; Teal, Upton & Seaman, 2003). Die „Binding Social Ties"-Dimension beinhaltet den Wert des sozialen Kapitals (Coleman, 1990), eines auch gegenüber anderen vermittelten „sense of belonging" (Berrone, Cruz & Gómez-Mejía, 2012a, S. 6) sowie eines Gefühls von Nähe und zwischenmenschlicher Solidarität (Uzzi, 1997). So ist der Ausbau von sozialen Bindungen in FU sowohl über altruistische als auch egoistische Motive des Familienunternehmers möglich (Gómez-Mejía et al., 2011; Schulze, Lubatkin & Dino, 2003; Jorrisen et al., 2005). Die „Emotional Attachment"-Dimension sieht die Rolle von emotionalen Verbindungen, die bei der oft nicht trennbaren Interaktion von Familie bzw. Familienbeteiligung und Unternehmensführung einhergehen, als charakteristisches Merkmal von Familienunternehmen (Berrone, Cruz & Gómez-Mejía, 2012a). Emotionale Werte der Familie, ob positiv – wie Wärme, Liebe, Zusammengehörigkeit – oder negativ – wie Wut, Angst und Unzufriedenheit – sind im Verhalten des Familienunternehmers als Führungskraft verankert (Epstein et al., 1993) und halten Einzug ins Unternehmen über die durchlässige Grenze zwischen Familie und Unternehmen (Baron, 2008). Innerhalb der „Renewal of Family Bonds"-Dimension wird verdeutlicht, dass die dynastische Fortführung des Unternehmens sowohl für familieninterne als auch für familienexterne Führungskräfte in FU eine wichtige Rolle bei der Beurteilung von Zeithorizonten spielt (Berrone, Cruz & Gómez-Mejía, 2012a). Die Firma hat vor allem für Familienmitglieder den Wert eines Erbes und einer Tradition (Goldberg & Wooldridge, 1993; Casson, 1999; Tagiuri & Davis, 1992). Die Debatte über die Unterschiedlichkeit der Werte spricht dafür, dass sich Führungskräfte in FU bezüglich des Faktors „Idealized Influence" des transformationalen Führungsstils von Führungskräften in NFU unterscheiden, da dieser Faktor die Verkörperung von Werten und die Vorbildwirkung auf die Untergebenen thematisiert. Wenn sich die Werte unterscheiden, könnte sich dies möglicherweise auch auf die Ausprägung auswirken. Auf diese Idee wird im Hypothesenteil genauer eingegangen.

3.5.2. Theoretische Basis

Wie oben gezeigt wurde, belegen zahlreiche Studien die signifikanten Unterschiede zwischen FU und NFU. Der SEW-Ansatz wurde entwickelt, um die diversen Forschungsergebnisse zur Besonderheit von FU in einem einzigen theoretischen Rahmen zusammenzuführen (Gómez-Mejía et al., 2007). Die theoretische Basis des SEW-Ansatzes ist das „Behavioral Agency Model" (BAM; Cyert & March, 1963; Gómez-Mejía et al., 2007; Wiseman & Gómez-Mejía, 1998; Gómez-Mejía, Welbourne & Wiseman, 2000), welche sich wiederum aus Elementen der Neuen Erwartungstheorie (engl.: ‚Prospect Theory', für Entscheidungen unter Risiko s. Kahneman & Tversky, 1979), der Verhaltenstheorie (engl.: ‚Behavioral Theory') und der P-A-Theorie (s. 3.4.1, engl.: ‚Agency Theory') zusammensetzt.

Die *Neue Erwartungstheorie* führt ein, dass Risikopräferenzen dynamisch entschieden werden und frühere Risikoentscheidungen zukünftige vorhersagen können (Wiseman & Gómez-Mejía, 1998). Grundgedanke des BAM ist, dass Unternehmen Entscheidungen auf Grundlage des wesentlichen Unternehmens-Prinzipals treffen und dieser damit entscheidender Referenzpunkt ist. Er ist bestrebt, das Vermögen des Unternehmens zu bewahren. FU-Prinzipale bzw. -Eigentümer sind bestrebt, den SEW als affektiven Vermögenswert - die nicht-ökonomische Zufriedenheit, die sie aus dem Firmeneigentum erfahren (Berrone, Cruz & Gómez-Mejía, 2012a) - zu erhalten. Probleme werden in Abhängigkeit von der Bewertung, wie die Handlung den sozio-emotionalen Vermögenswert betreffen wird, behandelt. Wenn dieser Wert gefährdet wird, so ist die Familie bzw. der Prinzipal bereit, Entscheidungen auf Grundlage nicht-ökonomischer Überlegungen auch entgegen ökonomisch sinnvoller Überlegungen zu treffen.

Das BAM besagt, dass die Aspekte „Verlustaversion" und „Problem Framing" bei der Entscheidungsfindung berücksichtigt werden (Wiseman & Gómez-Mejía, 1998). „Verlustaversion" steht für die primäre Bestrebung, Verluste zu vermeiden, noch vor der Bestrebung, Gewinne zu erzielen (Chrisman & Patel, 2012). „Problem Framing" steht für die Abwägung der potentiellen Gewinne und Verluste durch eine Entscheidung mit dem Nutzenniveau des Status Quo (Kahneman & Tversky, 1979; Gómez-Mejía et al., 2010). Beide Aspekte bestimmen die Entscheidungsfindung gleichermaßen mit. Jede Bedrohung des SEW versetzt die Familie in einen „Verlustmodus" und führt dazu, dass strategische Entscheidungen getroffen werden, die den potentiellen SEW-Verlust vermeiden, selbst wenn darunter andere Prinzipale wie Investoren leiden würden. FU fokussieren sich nach dieser Theorie eher auf die Minimierung des nicht-ökonomischen Verlustes als auf die Maximierung des wirtschaftlichen Gewinns. Das BAM postuliert auch, dass eine ansteigende Verbundenheit mit dem Unternehmen zu einem höheren SEW führt (Wiseman & Gómez-Mejía, 1998; Gómez-Mejía et al., 2007; zur Zunahme der Bedeutung des Familienbildes nach außen über die Generationen s. Berrone, Cruz & Gómez-Mejía, 2012a; für den Familiennamen als lebendiges Symbol multigenerationalen Erfolges s. Gómez-Mejía et al., 2003). Damit steigt der SEW in FU über die Anzahl der Generationen an und die Bereitschaft zur Vermeidung eines Verlustes wird erhöht. Mit steigender Generationszahl riskiert der einzelne Hauptverantwortliche mehr, da das Unternehmen bereits über einen längeren Zeitraum und mehrere Vorgänger erfolgreich geführt wurde. Risikoreiches Verhalten wird damit unwahrscheinlicher (s. 3.3.2.). Mit steigenden Eigentumsanteilen der Familie erhöht sich der SEW (Berrone, Cruz & Gómez-Mejía, 2012). Bisherige Forschung zeigt auch, dass die aktive Einbindung von Familienmitgliedern im Top-Management als Anzeichen für eine SEW-Relevanz gesehen werden kann (Berrone, Cruz & Gómez-Mejía, 2012). Der Verlustmodus hat auch positive Auswirkungen: So führt ein gefürchteter Reputationsverlust, z. B. durch Gerichtsverfahren, auch zu einem guten Umgang mit den eigenen Mitarbeitern (Zellweger & Nason, 2008).

Der Begriff des SEW ist sehr allgemein formuliert, um die zahlreichen Facetten der affektbezogenen Ausstattung integrieren zu können, die mit einer Kontrollfunktion der Familie im Unternehmen einhergehen (Gómez-Mejía, 2007). Dazu gehören z. B. die unbegrenzte Ausübung persönlicher Autorität durch die Familienmitglieder, der Genuss am Familieneinfluss auf das Unternehmen, die enge Identifikation mit und Bindung an das Unternehmen. Auch NFU sind nicht frei von diesen Facetten, doch für FU besteht in ihnen ein prägenderer Wert, der für die Familie intrinsisch ist und dessen Erhaltung als Ziel an sich angesehen wird (Berrone et al., 2010). Die Beziehung von NFU-Managern und familienexternen Mitarbeitern in FU ist dem Unternehmen gegenüber distanzierter, vorübergehender, individualistischer und utilitaristischer (Block, 2011; Chua, Chrisman & Sharma, 2003).

Die vor dem SEW-Ansatz verwendeten Theorien in der FU-Forschung befassten sich eher mit finanzieller Ökonomie und strategischem Management: die P-A-Theorie (s. 3.4.1.; Morck & Yeung, 2003; Schulze et al., 2001), die Stewardship-Theorie (s. 3.4.2.; Miller & Le Breton-Miller, 2006) und der Ressourcenbasierte Strategieansatz (s. 3.4.3.; Habbershon & Williams, 1999; Habbershon, Williams & MacMillan, 2003). Im Folgenden werden diese Theorien dem SEW-Ansatz gegenübergestellt.

Die P-A-Theorie postuliert, dass Familienprinzipale vor allem Entscheidungen vermeiden wollen, die finanzielle Verluste bewirken, da das Familienerbe mit dieser einen Firma verbunden ist. Die Idee der SEW-Erhaltung besagt jedoch, dass diese der primäre Referenzpunkt für strategische Entscheidungen des Prinzipals ist und auch zuungunsten des finanziellen Risikos angestrebt wird. Der Unterschied besteht also im primären Referenzpunkt und der Gewichtung bei einer ultimativen Abwägung zwischen SEW-Erhalt und Finanzlogik. SEW wird als der wichtigste Faktor der FU-Essenz (s. „Essenz"-Ansatz, 3.2.) und entscheidendes Differenzierungsmerkmal angenommen. Der SEW-Ansatz lehnt das Hauptargument der P-A-Theorie, dass sich Familienmitglieder opportunistisch verhalten können, nicht ab. Es können jedoch mit ihm auch andere Ergebnisse erklärt werden, die in der P-A-Theorie keine Berücksichtigung finden. So werden unterschiedliche Risikopräferenzen unter den Familienmitgliedern, kollaboratives Verhalten (Sundaramurthy & Lewis, 2003) und emotionale Aspekte in FU (Baron, 2008) berücksichtigt.

Die grundlegenden Annahmen der Stewardship-Theorie zu kollaborativem Verhalten (Sundaramurthy & Lewis, 2003) und emotionalen Aspekten in FU (Baron, 2008) werden vom SEW-Ansatz geteilt, doch lehnt dieser die naive Annahme ab, dass Familienmitglieder keine egoistischen Ziele verfolgen würden.

Der RBV versucht, den einen FU auszeichnenden Faktor mit der Ressource der „Familiness" zu erklären, wie es auch der SEW-Ansatz versucht. SEW erklärt dabei das gewählte Verhalten in Entscheidungsfindungs-Prozessen. „Familiness" thematisiert die gemischten Argumente über den sowohl positiven als auch negativen Einfluss auf Unternehmensergebnisse (Habbershon & Williams, 1999).

3.5.3. Empirische Basis

Eine Vielzahl an empirischen Belegen stellt dar, dass FU-Eigentümer risikoreiche ökonomische Handlungen bevorzugen, wenn ein SEW-Verlust droht. Eine Studie mit familiengeleiteten Olivenöl-Herstellern zeigte, dass FU Unabhängigkeit höher priorisieren, als Kooperationen beizutreten, die durch ein reduziertes Unternehmensrisiko ökonomisch rentabler sind (Gómez-Mejía et al., 2007). Weiterhin priorisieren sie die Berufung von Vorstandsmitgliedern mit Beziehungen zum Unternehmen höher als unabhängige Beratung, selbst wenn dadurch die unabhängige Überwachung und Beratung geschmälert wird (Jones, Makri & Gómez-Mejía, 2008). Eine weitere Studie zur Wahrnehmung von Wohlwollen und der Ausgestaltung von Agenturverträgen erbrachte, dass Top-Management-Teams, bestehend aus Familienmitgliedern, das Familienwohlergehen schützen, auch wenn die dafür notwendigen Handlungen negativen Einfluss auf die Unternehmensleistung haben (Cruz, Gómez-Mejía & Becerra, 2010).

Auch dass SEW strategische Entscheidungen voraussagt, wurde empirisch belegt. FU neigen dazu, weniger zu diversifizieren, auch wenn dies ein höheres Unternehmensrisiko beinhaltet. Begründet wird dies damit, dass eine Diversifizierung den SEW der Familie durch die Anstellung weiterer nichtfamiliärer Mitarbeiter in den verschiedenen Unternehmenseinheiten reduziert, womit die familiäre Kontrolle über diese Einheiten und die Zentralisierung der Entscheidungen verringert würde (Gómez-Mejía et al., 2010). Eine Studie zur Innovation und Erhaltung des SEW in High-Technology-FU zeigt, dass FU zu einer geringeren Diversifikation tendieren, auch wenn dies ein größeres unternehmerisches Risiko bedeutet. Erklärt wird dies damit, dass technologische Diversifizierung die Familie für gewöhnlich dazu zwingt, Teile des Unternehmens an externe Parteien wie Risikokapitalgeber abzugeben. Dies schmälert den SEW der Familie, vor allem den Familieneinfluss und die Zentralisierung der Entscheidungsfindung (Gómez-Mejía et al., 2011). Eine weitere Studie mit umweltbelastenden Industrien und der Reaktion auf institutionellen Druck zeigte, dass FU weniger umweltschädlich agieren, um das Familienimage nach außen im Sinne der SEW-Erhaltung zu schützen, insbesondere dann, wenn ihr Unternehmen geographisch in eine bestimmte Gemeinde integriert ist. Dies tun sie auch, wenn es keinen offensichtlichen ökonomischen Nutzen für ein solches Verhalten gibt (Berrone et al., 2010). FU akzeptieren im Zuge von Börsengängen ein deutlicheres ,Underpricing', da ihre Verlustaversion einen bedeutenden Einfluss auf strategische Entscheidungen hat (Wiseman & Gómez-Mejía, 1998; Gómez-Mejía et al., 2007). Wenn FU Akquisitionen vornehmen, so erscheinen diese dem eigentlichen Geschäftsfeld häufig fremd und aus ökonomischer Perspektive risikoreicher zu sein, wodurch FU aber ihre Netzwerke und ihre Reputation nutzen und damit ihren SEW diversifizieren können, ohne Kontrolle zu riskieren (Miller, Le Breton-Miller & Lester, 2010).

Auch der SEW-Ansatz als Rahmenwerk wurde empirisch überprüft. In einer Studie mit deutschen und Schweizer FU zu Familienkontrolle und FU-Bewertung durch Familiengeschäftsführer zeigte sich, dass Familien mit stärkerer Absicht, generationsübergreifende Kontrolle zu bewahren, einen höheren Preis für ihr Unternehmen verlangen, wenn sie es für nichtfamiliäre Akteure zum Verkauf stellen (Zellweger et al., 2011). Begründet wird dies mit den zukünftigen Vorteilen der Kontrolle, welche Bestandteil der SEW-Erhaltung wären und deren Verlust nun finanziell kompensiert werden muss. Generationsübergreifende Kontrolle ist die wichtigste Funktion, die FU von NFU trennt (Chua, Chrisman & Sharma, 1999; Churchill & Hatten, 1987). Eine andere Studie zeigte, dass ein häufigerer Auftritt der Familie als Eigentümer und im Management zu einer wahrscheinlicheren Strategiekonformität führt. Familieneinfluss ist ein Signal an externe Stakeholder für die Priorisierung von SEW-Erhaltung und bewegt FU deshalb dazu, einen stärkeren Fokus auf die Erzeugung von Legitimität zu legen, z. B. durch die strategische Konformität mit Industrienormen (Miller, Le-Breton-Miller & Lester, 2013). FU sind aber sehr wohl in der Lage, einen ökonomischen Bezugsrahmen für Entscheidungen zu verwenden, wenn dies notwendig ist. So treffen sie harte Entscheidungen über die Anstellungsdauer von Geschäftsführern entsprechend deren Leistung und Risiken, selbst für Familienmitglieder (Gómez-Mejía, Núñez-Nickel & Gutierrez, 2001). Familien-Geschäftsführer nehmen häufig eine reduzierte Bezahlung in Kauf, werden dafür aber durch einen besseren Schutz gegen systemische und unkontrollierbare Risiken im Unternehmensumfeld entschädigt (Gómez-Mejía, Larraza-Kintana & Makri, 2003).

Auch die in den SEW-Dimensionen festgehaltenen Werte werden im Verhalten innerhalb von FU empirisch gefunden. Eindrückliche Beispiele für SEW-konformes Verhalten sind unter anderem die stärkere Beachtung von Sozial- und Umweltverträglichkeit (Berrone et al., 2010), die Tendenz zur Philanthropie (Deniz & Suarez, 2005), die Vermeidung von Personalkürzungen (Stavrou, Kassinis & Filotheou, 2007), die Beachtung dessen, dass externe Manager sorgsam mit ihren Mitarbeitern umgehen (Cruz, Gómez-Mejía & Becerra, 2010), und der Verzicht auf die Erweiterung des Produktportfolios zugunsten der Besetzung von Schlüsselpositionen mit vertrauten Familienmitgliedern (Jones, Makri & Gómez-Mejía, 2008; Gómez-Mejía, Makri & Kintana, 2010). Dies tun sie selbst dann, wenn sie dafür ökonomische Einbußen oder ein erhöhtes ökonomisches Risiko auf sich nehmen müssen (Gómez-Mejía et al., 2007). Für die vorliegende Studie scheinen vor allem die personalführungsrelevanten Themen wie die der Personalkürzung und des sorgsamen Umgangs mit Mitarbeitern bedeutsam zu sein.

3.5.4. Kritik

Neben den oben dargestellten Vorteilen des SEW-Konzeptes, wie die relative Breite, umfangreiche Anwendbarkeit, Mehrpoligkeit und Vereinheitlichung der FU-Forschung, bietet der Ansatz eine deutlichere Verfeinerung der theoretischen Basis, als bisher im Forschungsfeld zur Verfügung stand. Es adressiert die FU-spezifischen Kernthemen und entstand aus der FU-Forschung selbst (Berrone, Cruz & Gómez-Mejía, 2012a).

Die Operationalisierung der vom Ansatz geforderten standardisierten Messung stellt jedoch eine Herausforderung dar. Es handelt sich um ein latentes Konstrukt, weswegen die Erfassung hoch subjektiv und situativ ist. Die Messung von Referenzpunkten ist äußerst komplex. SEW muss als gesamtes Konstrukt genutzt werden. Einige Autoren mahnen an, es sei nicht valide, lediglich einzelne Dimensionen zu verwenden, weil deren Gewichtung unklar ist (Berrone, Cruz & Gómez-Mejía, 2012a). Andere schätzen den Wert des Konzeptes gerade wegen der möglichen Betrachtung auch einzelner Dimensionen. Die unterschiedlichen Motive zur Erhaltung des SEW sind auch abhängig von dem jeweiligen Status des Lebenszykluses des FU (Le Breton-Miller & Miller, 2013; Lubatkin et al., 2005). Die Beziehung zwischen finanzieller Leistung und SEW ist noch unklar: Kontrollverhalten kann eine finanzielle Risikoaversion bis hin zu dysfunktional-konservativem Finanzmanagement beinhalten (Schulze, Lubatkin & Dino, 2003; Schulze et al., 2001; siehe auch Miller & LeBreton-Miller, 2014). Nepotismus kann zu inkompetentem Management führen (Mehrotra et al., 2011; Volpin, 2002).

Die Überlappung mit bestehenden Konzepten wie der „Familiness" (s. o.), dem ‚Sozialen Kapital' und der F-PEC-Skala ist groß, sodass der Vorwurf laut wird, dass es sich beim SEW-Konzept lediglich um eine neue Kombination existierender Theorien handelt (Miller & LeBreton-Miller, 2014). SEW will zwar als einziges und wichtigstes Unterscheidungsmerkmal zwischen FU und NFU gelten, dürfte aber auch in NFU vorhanden sein, vor allem in den Dimensionen, welche sich mit Identifikation, sozialen Verbindungen und Emotionen befassen. Auch ist unklar, ob das BAM als einziger Prädiktor für Entscheidungsfindung ausreicht (Berrone, Cruz & Gómez-Mejía, 2012b).

Zukünftig sollte den folgenden offenen Fragen weiter nachgegangen werden: Wie bildet sich der Referenzpunkt und wodurch wird er beeinflusst? Welche Rolle spielen positive und negative Emotionen? Wie wirken sich Konflikte auf SEW aus? Wie wird SEW über Zeit und Generationen entwickelt? Welche Dimensionen haben welches Gewicht? Was verursacht eine Veränderung der Eigentümerstruktur? Jede beliebige FU-Forschungsfrage kann mit dem SEW-Konzept als Proxy für den Familieneinfluss sinnvoll untersucht werden. Das Konzept harmonisiert die FU-Forschung dahingehend (Berrone, Cruz & Gómez-Mejía, 2012a).

3.6. Führung in Familienunternehmen

Die Besonderheit der (Personal-)Führung in FU besteht darin, Familie und Unternehmen zusammenzubringen und eine entsprechende Gewichtung beider Sphären in der Führung festzulegen. Manche Führungsformen sind geeigneter als andere, um positive Ergebnisse für Familie und Unternehmen zu erzeugen (vgl. dazu Sorenson, 2000). Das oben erwähnte Paradoxiemanagement spielt also auch für die Führung eine entscheidende Rolle (von Schlippe, 2007a; von Schlippe, 2007b).

Zu Führung in FU wurden bisher in der Literatur vornehmlich theoretische Überlegungen angestellt. Diese beziehen sich auf die Unternehmensentwicklung und die davon abhängigen Governance-Strukturen (3.6.1.), die Nachfolgeregelungen und ihre Auswirkungen auf legitime Macht (3.6.2.), weitere Personalmanagement-Elemente (3.6.3.), Führungskonstellationen und Führungstypen (3.6.4.), den in FU typischerweise aufzufindenden Führungsstil (3.6.5.) und die sich daraus ergebenden Potentiale von Führung in FU (3.6.6.). Jeder Punkt wird im Folgenden kurz erläutert, um im Nachgang auf die Hypothesen der Studie eingehen zu können.

3.6.1. Unternehmensentwicklung und Governance-Strukturen

Zur Darstellung der Evolution von FU werden Stadienmodelle, welche sich am Unternehmenswachstum ausrichten, und Lebenszyklusmodelle für Eigentümer oder Produkte verwendet. Stadienmodelle behandeln die Art und Gestaltung der Führung in Abhängigkeit von der Größe und dem Stadium der Unternehmensentwicklung. Die dahinterstehende Logik ist, dass mit stiegendem Umsatz eines Unternehmens die Wahrscheinlichkeit sinkt, dass die Familie in Führungsgremien integriert ist. Vier Stadien der FU-Führung entlang des Wachstumspfades eines Unternehmens werden unterschieden (Klein, 2010b):

Erstens wird die „Führung durch Vor- und Mitmachen", häufig bei geringer Mitarbeiterzahl auftretend, postuliert. Der Führende ist Kollege, seine Führungslegitimation ist notwendige Arbeit: Er ist Experte für die Unternehmensexistenz und in seiner Leistung gut einschätzbar, da Mitarbeiter eng mit ihm zusammenarbeiten. Partnerschaftliche Strukturen, eine hohe Flexibilität, eine Häufung von Aufgaben und die Erwartung des Einspringens aller Mitarbeiter auch außerhalb ihres Verantwortungsbereiches prägen den Unternehmensalltag. Es gibt kurze Informationswege, eine direkte Führung, sehr beschränkte Formalisierung und evtl. eine zeitweilige Überlastung aller Beteiligten.

Zweitens entwickelt sich mit steigender Mitarbeiterzahl die „Führung durch Vorbild". Der Führende ist Organisator und Letztverantwortlicher, jeder kennt ihn, er nimmt sich schwieriger Fragen persönlich an. Eine erste Strukturierung lässt Spezialisierung und Koordinationsaufwand entstehen. In diesem Stadium gibt es die ausgeprägtesten Unterschiede in der Führung zwischen FU und NFU. Wenn ein Führender ein Unternehmen mindestens 10 Jahre allein geführt hat, so zeigt sich dessen Werthaltungsstruktur in aufbau- und ablauforganisatorischen Regelungen des Unternehmens (Klein, 1991). Familienmitglieder prägen durch ihre Persönlichkeit deutlich stärker als angestellte Manager es tun können (Klein, 2010a). Daher liegt die Annahme nahe, dass diese eine starke Vorbildwirkung (Konstrukt „Behavioral Idealized Influence" der TFF) ausstrahlen. Die Perspektive der Führung ist langfristig, der Führende ist stark mit dem Unternehmen verbunden und persönlich davon überzeugt. Es formt sich eine einzigartige Unternehmenskultur und prägende Personen heben sich ab. In vergleichbaren NFU müssen externe Faktoren stärker berücksichtigt werden als in diesen FU.

Drittens entsteht eine „Führung durch Prägung" in FU bei einer Größe von 100 bis 500 Mitarbeitern. Überzeugungen definieren wichtige Eckpfeiler, doch der Führende hat keinen direkten Einfluss mehr auf die tägliche Führung. Bzgl. der Unternehmenszahlen nähern sich FU den NFU immer stärker an, doch bzgl. des menschlichen Miteinanders sind sie noch unterscheidbar. NFU ringen in diesem Stadium um eine formalisierte Unternehmenskultur. FU vermitteln den Fremdmanagern, dass diese nicht ohne negative Auswirkungen vom fixierten Verhaltenskodex abweichen sollten. Die Führung ist autoritär und zentralisiert, die Führungsperson stellt ein Machtzentrum dar und prägt darüber.

Eine vierte Art ist die „Führung durch Systeme", wobei in diesem Stadium der Unterschied in der Führung zwischen FU und NFU noch weiter reduziert wird. Die Abhängigkeit von einzelnen Persönlichkeiten sinkt. Das Unternehmen wird durch den Einfluss von Systemen berechenbarer. Mit steigender Mitarbeiterzahl werden also die persönlichen Interaktionen mit den Führenden durch die Delegation von Aufgaben und die Entwicklung von Strukturen ersetzt (vgl. Klein, 2010b). Ein bewusstes Fortführen alter Strategien über eine längere Zeit wirkt sich positiv auf die finanzielle Leistung börsennotierter FU und NFU aus, insbesondere für kleinere Unternehmen und positiver für FU (Moss et al., 2014).

Neben der Stadien-Beschreibung von Klein (2010b) werden bevorzugt Lebenszyklus-Modelle verwendet, um die Evolution von FU für die drei verschiedenen Bereiche des Eigentums, der Familie und des Unternehmens, angelehnt an das Drei-Kreis-Modell, (s. a. Sharma, Salvato & Reay, 2014) zu beschreiben (Gersick et al., 1997; De Massis et al., 2014). Der Lebenszyklus des Eigentümers selbst ist von seinen individuellen Persönlichkeitsdimensionen geprägt, die wiederum seine Managementfähigkeiten, seinen Führungsstil und seine Motive bestimmen (Ward, 1987).

Auch Übergangsstadien bei Nachfolgeregelungen haben einen Einfluss auf die jeweilige Governance-Struktur von FU und wirken somit auf den Führungsstil ein (Dunn, 1999). Die strategischen Intentionen des FU beeinflussen die Governance- und Führungseigenschaften von FU und umgekehrt. Familien müssen sich bewusst machen, wie ihre Führungs- und Governance-Strukturen funktionieren, wenn mehrere Familienmitglieder ins Unternehmen integriert werden, sich ökonomische Bedingungen deutlich verändern oder die eigenen Produkte auslaufen (Lansberg, 1999). Teils wird in FU durch externe Berater eine bewusste „Übergangsführung" (original: „Transitional Leadership") und deren Implemetierung eingekauft, um den Nachfolgeprozess zu optimieren (Salvato & Corbetta, 2013). Es zeigt sich, dass sich ein neuer Strang der FU-Forschung mit den zeitlichen Dimensionen von FU und Führungsstilen in FU beschäftigt (Sharma, Salvato & Reay, 2014).

3.6.2. Nachfolge und legitime Macht

Die Nachfolge von Führungskräften ist für FU ein kritisches Thema, durch das zwangsläufig eine gewisse Führungskrise ausgelöst wird (Greiner, 1972) und das den Beginn der FU-Forschung kennzeichnet (s. 3.2.). Durch eine Nachfolge muss Führung prinzipiell neu gestaltet werden. Gerade beim Übergang vom Gründer der ersten Generation auf den Nachfolger in der zweiten Generation vollzieht sich ein erheblicher Wandel in den Dynamiken und Grundlagen der Führung. Dabei können Gründer auf eine Bandbreite von Machtgrundlagen zurückgreifen: Belohnungsmacht, Bestrafungsmacht, legitime Macht, Macht durch Bindung, Expertenmacht und die Macht einer Idee (French & Raven, 1959). Nachfolger hingegen stehen vor der Herausforderung, die alte Führungsrolle mit ihren meist nur positionsgebundenen Machtmitteln neu zu füllen, ohne dabei die allgemeinen Erwartungen zwischen Familie und Unternehmen zu enttäuschen. Ihnen fehlt zu Beginn die Macht durch Bindung eines Gründers (Klein, 2010b). Daher ist der Prozess der Ernennung und Übergabe an die Nachfolger von großer Bedeutung und gilt als größte Herausforderung für FU. In NFU hingegen ist die Nachfolge weniger emotional aufgeladen und kompliziert (siehe Kap. 3.3.3).

Häufig wird an Familienmitglieder ein anderer Maßstab als an externe Manager gesetzt. Bei der Entwicklung der Nachfolger weisen FU einen sehr persönlichen Stil auf, in dem die Beziehung zwischen Vorgänger und Nachfolger im Mittelpunkt steht, während NFU einen sehr formalen Stil aufweisen, der die Fähigkeiten des Nachfolgers in den Mittelpunkt stellt (Fiegener et al., 1996). Für die Ernennung muss keine Rechtfertigung erfolgen. „Ererbte Macht ist dann als [wirtschaftlich] sinnvoll zu akzeptieren, wenn in ihr die Priorität des Firmeninteresses und die Bereitschaft zum Dienst am Unternehmen enthalten sind." (Mittelsten-Scheid, 1985; Klein 2010, S. 219). Die Erwartungen an familieninterne Führungskräfte in FU zielen vordergründig auf deren Verantwortungsgefühl und Leistungsbereitschaft ab und nicht primär auf fachliche Kompetenz (s. a. Sharma & Irving, 2005). Andernfalls ist es sinnvoller, dass die familiären Eigentümer die Leitungsbefugnis an unternehmerisch kompetentere Personen übergeben, die aufgrund des Mangels an Finanzen ihr Potential nicht anderweitig nutzen können (König, 1986). Dies birgt den Vorteil der Spezialisierung und den Nachteil der Kontrollnotwendigkeit entsprechend der P-A-Theorie (s. a. 3.4.1.; König, 1986).

Führungsspielräume der Nachfolger ergeben sich erst mit der Zeit. Um als Nachfolger in seinem Führungsverhalten eigenständig auf Akzeptanz bei den Mitarbeitern zu stoßen, muss dieser zuerst die Rolle einnehmen, die ihm zur Verfügung gestellt wird, kann sie daraufhin ausdifferenzieren und durch die von Geführten und Führenden akzeptierten Verhaltensweisen stabilisieren. Wenn die Nachfolger nach den traditionellen Regeln akzeptiert werden, sind sie in der Lage, diese Regeln selbst zu gestalten und zu verändern. Je personenorientierter die Führung ist, desto schwieriger ist der Nachfolgeprozess (Klein, 2010b). Eine zentrale Mission des Nachfolgers besteht darin, den externen Stakeholdern zu verdeutlichen, dass aufgrund des Nachfolgeprozesses keine rapiden Änderungen an der Unternehmenspolitik vorgenommen werden (Fox, Nilakant & Hamilton, 1996). Dies verdeutlicht, dass die Reputation für FU überlebenswichtig ist und einen bedeutenden Fokus der FU-Führung darstellt. Ebenfalls charakteristisch ist die zur Verfügung stehende Zeitspanne für die aktive Tätigkeit der Führenden, wodurch die Bedeutung der erfolgreichen Nachfolge ebenfalls steigt (File & Prince, 1996). Je besser die Arbeitsbeziehung zwischen Vorgänger und Nachfolger ist, desto wahrscheinlicher ist eine erfolgreiche Aufrechterhaltung der Familienführung (Dunn, 1999). Diverse Studien tragen zum Verständnis der Eigentums- und Führungsübertragung über Generationen in FU (Naldi et al., 2013; Wiklund et al., 2013), der relativen Rollenanpassung zwischen ausscheidendem Vorgänger und Nachfolger (Handler, 1994) und dem Einfluss aktiver Führungsrollen im professionellen Management von FU (Hall & Nordqvist, 2008) bei (vgl. Sharma, Salvato & Reay, 2014).

3.6.3. Weitere Personalmanagement-Elemente

Neben dem Schlüsselerlebnis der Nachfolge in FU sind weitere Bereiche des Personalmanagements von der Praxis in NFU zu unterscheiden. Im Kern geht es in der Personalarbeit um Interessen- und Erwartungsmanagement beider Seiten. Auch in FU stellt Personalmanagement einen wichtigen Faktor für den Unternehmenserfolg dar, dieser wird jedoch nicht immer bewusst erkannt und bearbeitet (Astrachan & Kolenko, 1994). FU konzentrieren sich in ihrer Mitarbeitergewinnung vornehmlich auf junge Arbeitskräfte, um diese intern auszubilden und an das Unternehmen zu binden (Wiechers, 2006). Dem FU kommt dabei zugute, dass sie aufgrund ihrer Stabilität und Kontinuität eine gewisse Arbeitsplatzsicherheit auf potentielle Bewerber ausstrahlen. Auch die persönliche Wertschätzung in FU wird von diesen positiv bewertet (Covin, 1994). Sie büßen jedoch an Attraktivität ein, weil sie von Bewerbern als wenig dynamisch oder karrieredienlich eingestuft werden (Wiechers, 2006). Bei der Mitarbeiterauswahl zählen Leistungsbereitschaft, Loyalität, Vertrauenswürdigkeit und persönliche Eigenschaften mehr als fachliche Kompetenz und akademischer Lebenslauf, auch weil Gründer häufig Autodidakten sind und meinen, dass notwendiges Wissen im Job erlernt werden kann (Andreae, 2003).

In der Mitarbeiterbindung steigt die Bedeutung der Einbindung familienexterner Führungskräfte in strategisch-operative Planungen (Poza & Alfred, 1996). Familiäre Strukturen führen bei den Angestellten zu hoher Arbeitsmotivation, verankerter Loyalität und höherem Verantwortungsgefühl (Wiechers, 2006). Ein markanter Wettbewerbsvorteil von FU ist das „Überlebenskapital" (original: „survivability capital"), womit die Bereitschaft der Familie gemeint ist, kostenlose Arbeit oder Notfalldarlehen zu liefern, um das Unternehmen zu halten (Sirmon & Hitt, 2003).

Für Mitarbeiter bedeuten die schlanken Organisationsstrukturen in FU Vor- und Nachteil zugleich. Den Vorteilen der schnellen Entscheidungswege und -partizipation steht der Nachteil gegenüber, dass kaum echte Aufstiegsmöglichkeiten im Unternehmen existieren. Dennoch ist die Mitarbeiterbindung, die mit dieser Strukturform erreicht wird, in FU oft besonders hoch. Diese Unternehmen sind auf die Person des Unternehmers fokussiert, der die Wissens- und Entscheidungsmacht für das gesamte Unternehmen trägt. Er verteilt Aufgaben und beurteilt die Mitarbeitereignung. Klare Funktionen und Verantwortlichkeiten sind oft nicht auszumachen. Mit zunehmendem - auch personellem - Wachstum des Unternehmens wird diese Struktur den Anforderungen nicht mehr gerecht. Sobald die Komplexität der Aufgaben eine zweite Managementebene erfordert, werden feinere Organisationsstrukturen erforderlich. Mitarbeiter sehen sich mit weniger stark formalisierten Karrierewegen konfrontiert, zum Teil werden neue Stellen zur Nachwuchsentwicklung geschaffen (Wiechers, 2006) und eigene Formen der Kompetenzentwicklung genutzt (Fiegener et al., 1996). Wo NFU eher externe Entwicklungsangebote liefern, erfolgt Personalentwicklung in FU „on the job". Wenn Mitarbeiter wahrnehmen, dass die Herkunft für die Karriereentwicklung wichtiger als die Kompetenz ist, so kann dies stark demotivieren (Wiechers, 2006). Führungskräfte werden in FU meist besser bezahlt als in NFU (Gómez-Mejía & Tosi, 1995). Dies entspricht in gewisser Hinsicht einer Entschädigung, weil sich familienexterne Führende einer höheren Komplexität ausgesetzt sehen und geringe Aussichten haben, die absolute Spitzenposition im FU zu erreichen (Chua, Chrisman & Sharma, 2003). Familienexterne CEOs bleiben im Schnitt 6,5 Jahre im FU, familieninterne CEOs dagegen 17,6 Jahre (McConaughy, 2000; Cruz, Gómez-Mejía & Becerra, 2010; für die USA s. Ward, 1987; für UK s. Stoy & Hayward, 1989; für Schottland s. Dunn, 1995). So können sich vertrauensvolle und langlebige Stakeholder-Beziehungen festigen, welche die Leistungsfähigkeit des Familienunternehmens positiv beeinflussen. In dynamischen Märkten besteht dadurch aber auch die Gefahr, dass neue Ideen, passendere Führungsstile oder aktuellere Fähigkeiten und Kenntnisse durch die lange Besetzung der CEO-Position nicht erschlossen werden können (Felden & Hack, in press).

Die operativen Unterschiede im Personalmanagement lassen sich evtl. auf den Einfluss der besonderen sozio-emotionalen Vermögensorientierung von Familienunternehmern zurückführen. Informelle Rekrutierungspraktiken beispielsweise ermöglichen die Konzentration auf einen kleinen Kandidatenpool, der die Werte und Ziele der Unternehmerfamilie teilt. Die Nutzung sozialer Netzwerke reduziert Informationsasymmetrien und ermöglicht eine bessere Passung der Transaktionsparteien. Durch die Motivierung langfristiger Bindung an das Unternehmen über Senioritätsprinzipien in der Anreizsetzung und Karrieregestaltung wird Loyalität gegenüber der Familie in den Vordergrund gestellt. Auch die an nicht-monetären Leistungskriterien angelehnte Entlohnung strebt danach, weniger die (kurzfristige) finanzielle Leistung des Unternehmens zu maximieren, sondern das Mitarbeiterverhalten den spezifischen Werte- und Zielsystemen anzugleichen (Wiechers, 2006).

3.6.4. Führungskonstellationen und Führungstypen

Die Konstellation der Führungspersonen hat für die Führung von FU eine grundlegende

Bedeutung, da diese darüber mitentscheidet, wie stark die Logiken von „Familie" und „Unternehmen" von den Führenden jeweils eingebracht werden. In FU ist das Unternehmen, im Gegensatz zu NFU, häufig auf eine Person zugeschnitten. Daher spiegelt das Unternehmen die Werte des Unternehmers wieder. Bei einem stark konturierten Werthaltungsprofil, d. h. einem differenzierten und klaren Profil des Unternehmers mit Werten auf hohem Abstraktionsgrad, spiegeln sich die Werte der zentralen Person in der Organisation wieder (Klein, 1991).

Diese eine prägende Person wird in der Literatur häufig als „Alleinherrscher" bezeichnet (Gimeno et al., 2010). Durch ihn werden abstimmungsbedingte Reibungsverluste reduziert, die Kommunikation wird schneller und klarer. In der durch ihn etablierten autoritären Grundstruktur werden nur wenige starke Persönlichkeiten unter den Mitarbeitern akzeptiert, jedoch viele weniger starke. Die Tätigkeitsfelder des Unternehmens entsprechen den Tätigkeitsfeldern, die die persönlichen (Kompetenz-)Grenzen des Alleinherrschers verursachen. Bei komplexen, unstrukturierbaren Aufgaben bietet sich dieser Führungstyp an, für den mehrere Personen interdisziplinär zusammenarbeiten und flexibel auf den Markt reagiert wird. Die Zufriedenheit der Mitarbeiter ist trotz einer gewissen persönlichen Willkür hoch, Entscheidungen werden konsequenter durchgesetzt.

Wenn aus dem Alleinherrscher mehrere Personen werden, wird von einem „Partnermanagement" gesprochen (Gimeno et al., 2010). Hier tritt das Miteinander der Partner in der Unternehmensführung in den Vordergrund. Das Risiko und die Verantwortung werden über Gruppenentscheidungen verteilt. In einem „Familienmanagement" haben die Führenden eine gemeinsame Vergangenheit und Zukunft. Hier stehen die familiären Beziehungen wie die zwischen Geschwistern, Mutter und Kind usw. im Vordergrund.

Häufig werden externe Manager in die Führung von FU instrumentell eingesetzt und erfüllen somit eine Alibifunktion. Sie werden also aus dem Grund im FU integriert, um unliebsame Entscheidungen durchsetzen, zu denen der Familienunternehmer aufgrund seiner persönlichen Bindung zu den Mitarbeitern nicht bereit ist (Letmathe et al., 2007). Bei der Einstellung externer Manager bestimmt die menschliche Qualifikation und die „Chemie" zwischen den Akteuren stärker als die fachliche Qualifikation. Letmathe u. a. (2007) unterteilen die Motive, ein Fremdmanagement einzubestellen, in Familiengründe, Unternehmensgründe und sonstige Gründe ein. Die Familiengründe einer fehlenden Aussicht auf eine familienangehörige Nachfolge und die aktive Vermeidung von Konflikten durch eine Nachfolge führen häufig zu einem dauerhaften Fremdmanagement. Die Vermeidung eines Familienstammes in der Unternehmensleitung oder eine zeitliche Lücke in der Familiennachfolge führen dagegen zu einem temporären Fremdmanagement. Unternehmensgründe für die Einberufung eines Fremdmanagements sind die

Komplexität oder Quantität der Unternehmensaufgaben und der Wunsch nach Professionalisierung. Diese Gründe führen häufig zu einem Fremdmanagement als Ergänzungslösung, also einem gemischtes Management aus Familienmitgliedern und Fremdmanagern. Sonstige Gründe beinhalten die rein instrumentelle Funktion des Fremdmanagers bei unangenehmen Aufgaben wie dem Personalabbau in Sanierungsphasen. Externe Manager können also in unterschiedlichen Rollen auftreten: a) als reiner Erfüllungsgehilfe, b) als Vertrauter, der im Unternehmen aufgestiegen und nahe am Familienunternehmer ist, c) als leistungsstarke Unternehmensspitze mit durch Leistung erarbeiteter Macht oder d) als familienbekannter Experte mit informellen Kontakten im Unternehmen (Klein, 2010b). Die Führungskonstellationen hängen mit der oben besprochenen Unternehmensentwicklung zusammen (Gersick et al., 1997; De Massis et al., 2014).

Die Professionalisierung von FU wird von einigen Autoren an den Grad der Einbeziehung externen Kapitals und die Lockerung familiärer Kontrolle geknüpft. Gering professionalisierte FU vermeiden den Kontrollverlust durch externe Shareholder aktiv, pseudoprofessionelle FU öffnen sich für familienfremdes Kapital unter Beibehaltung einer rein familiären Kontrolle und hoch professionelle FU weisen eine hohe operative Güte unter begrenzter Beibehaltung familiärer Kontrolle auf (Stewart & Hitt, 2012).

Ob Führungspositionen familienintern oder -extern bekleidet werden, hat ebenfalls Auswirkungen auf die Unternehmensleistung. Mehrere Studien zeigen einen grundsätzlich positiven Einfluss des geschäftsführenden Gründers oder eines Familienmitglieds in der Geschäftsführung (vgl. Anderson & Reeb, 2003; Bertrand et al., 2008; Lee, 2006; Maury, 2006). Miller u. a. (2007) sowie Miller und Le Breton-Miller (2011) zeigen auf, dass FU unter aktiver Mitwirkung der Gründer die beste Unternehmensleistung erreichen – insbesondere dann, wenn es sich beim Gründer um eine Einzelperson handelt. Entgegengesetzt legt Yermack (1996), aber auch Hillier und McColgan (2005) dar, dass die Leistungsfähigkeit von Unternehmen mit familienexterner Geschäftsführung höher ist. Sciascia und Mazzola (2008) zeigen, dass eine Zunahme an beteiligten Familienmitgliedern mit einem exponentiellen Rückgang der Unternehmensleistung einhergeht. Bennedsen u. a. (2007) zeigen anhand einer Langzeituntersuchung dänischer FU, dass extern geführte FU eine höhere Leistungsfähigkeit zeigen. Dieses Ergebnis wird damit erklärt, dass familienexterne Geschäftsführer über mehr Geschäftsführungserfahrung verfügen und häufiger auf eine höhere formale Ausbildung zurückgreifen können. Die höhere Leistungsfähigkeit von NFU gegenüber FU gilt nicht für FU, die von ihren Gründern geführt werden (vgl. Felden & Hack, in press). Andersen und Reeb (2003) zeigen auf, dass positive Effekte von Eigentum durch die Übernahme einer gleichzeitigen Leitungsaufgabe verstärkt werden.

3.6.5. Typische Führungsstile in Familienunternehmen und Transformationale Führung

Entsprechend der oben angeführten Führungsdefinition (s. 2.1.) handelt es sich beim Führungsstil um ein langfristiges, situationsinvariantes Verhaltensmuster (Staehle, 1999). In der Forschungsliteratur wurden einige spezifische Führungsstile für FU identifiziert, die abhängig von Faktoren wie Unternehmensstadium, Unternehmensgröße und Persönlichkeitsmerkmalen der Führungskraft sind. Dyer (1986) liefert eine erste Übersicht an zentralen Führungsstilen bzw. „Führungskulturen" in FU. Sorenson (2000) baut auf diesen Führungskulturen auf und leitet Führungsstile ab, die in diesen Kulturen wirken.

Die häufigste Form in FU ist die paternalistische Führungskultur. Sie ist durch hierarchische Beziehungssstrukturen, eine enge Überwachung der Mitarbeiter und den Besitz aller Schlüsselinformationen und Entscheidungsmacht durch familieninterne Führungskräfte gekennzeichnet (Dyer, 1986). Die paternalistische Führungskultur wird auch als autokratischer Führungsstil bezeichnet (Sorenson, 2000; s. a. Bass, 1990). Häufig ist er in mittelständischen Familienbetrieben anzutreffen. Typisch ist dabei eine Konzentration von Macht und Wissenskompetenzen auf den Unternehmensführer, der Verantwortung für die Angestellten übernimmt und damit sein Handeln nicht nur auf das Wohl des Betriebes, sondern auch auf das der Mitarbeiter ausrichtet. Dieses Verständnis von Führung ist in vielen inhabergeführten Unternehmen anzutreffen und wird von den oftmals langjährigen Mitarbeitern durch hohe Loyalität und Zuverlässigkeit honoriert. Durch den familiennahen, paternalistischen Führungsstil vertrauen sich Mitarbeiter in FU ihrer Führungskraft stärker an als in NFU, wo diese Tendenzen weniger stark ausgeprägt sind (Klein, 2010b). Im Kampf gegen den Fachkräftemangel sind hoch qualifizierte Mitarbeiter jedoch immer weniger bereit, sich in eine straffe Hierarchie einbinden zu lassen, was ein radikales Umdenken auch für FU erfordert (Dyer, 1986).

Eine weitere, aber relativ seltene Variante ist die partizipative Führungskultur. Sie ist durch vertrauensbasierte Arbeitsbeziehungen, geringe Relevanz von Macht und Status, hohe Relevanz der Personalentwicklung, gleiche Leistungsbewertung für Familieninterne und -externe und die Betrachtung der Mitarbeiter als Informations- und Problemlösungsressourcen gekennzeichnet. Diese partizipative Kultur findet sich in der älteren Führungsliteratur (Tannenbaum & Schmidt, 1958; Vroom & Yetton, 1973), aber auch in der neueren Literatur (Bass, 1990; Yukl, 1998).

Eine dritte Variante ist die „Laissez-faire"-Führungskultur. Sie ist durch die Festlegung der Management-Mission und den konkreten Leistungserwartungen an Mitarbeiter, diese Mission proaktiv umzusetzen sowie ein hohes Vertrauen, Autorität nach unten abzugeben, gekennzeichnet. In der überwiegenden Literatur werden „Laissez-faire"-Führungsstile aber weniger proaktiv und vertrauensvoll, sondern vielmehr vernachlässigend und gleichgültig dargestellt (z. B. Bass, 1990).

Eine vierte von Dyer (1986) eingebrachte Führungskultur in FU ist die professionelle Kultur, gekennzeichnet durch die Bedeutung individueller Motivation und ein kompetitives Umfeld für Spitzenpositionen. Auch einzelne Mitarbeiter und Teams erhalten Entscheidungsmacht, die Hierarchie ist nicht dominierend und die Anerkennung von Leistung wird priorisiert. Führung geht von denjenigen Personen aus, die Expertise bzw. erwünschte Persönlichkeitsmerkmale aufweisen. Synonym werden die Begriffe Experten- bzw. Referenten-Führung genutzt (s. a. Yukl, 1998; Kipnis, 1976; Kotter, 1985).

Sorenson (2000) analysiert die Resultate dieser Führungskategorien für das Unternehmen, die Familie sowie für Mitarbeiter-Zufriedenheit und -Commitment (Sorenson, 1999; Sorenson, 2000; Organ & Ryan, 1995). Seine Analyse von 59 kleinen FU findet für die autokratische Führung keine positiven Effekte. Die partizipative Führung wirkt signifikant positiv auf das Unternehmen, die Familie sowie Mitarbeiter-Zufriedenheit und -Commitment. Die Laissez-faire-Führung wirkt lediglich signifikant positiv auf Mitarbeiter-Zufriedenheit und -Commitment. Die professionelle Führung wirkt signifikant positiv auf die Familie und die Mitarbeiterzufriedenheit. Eine weitere empirische Arbeit verwendet das „Full Range Leadership"-Modell zur Einteilung möglicher Führungsstile und analysiert die positiven Effekte von TFF auf FU im Vergleich zu NFU. So wird bestätigt, dass FU, unabhängig von der Generation, mehr TFF anwenden als NFU und sich TFF als Unterscheidungskriterium zwischen beiden Unternehmensformen eignet. TFF in FU steht in Verbindung mit dem Gruppenzusammenhalt (original: „Group cohesion") und teilweise mit Langlebigkeit (original: „Longevity"), nicht jedoch mit Profitabilität (original: „Profitability") (Vallejo, 2009). Dies ist die einzige Studie, welche TFF verwendet, um FU und NFU empirisch voneinander zu unterscheiden.

3.6.6. Potentiale von Führung in Familienunternehmen

Im Ergebnis liegt das Vitalitätspotential der Führung von FU in der Nähe zu den Mitarbeitern und die für diese persönlich empfundene Verantwortung. Ebenso zeichnen sich FU durch eine wertebasierte Führung aus (Klein, 2010b). Das Personalmanagement in FU ist durch einen stärkeren familiennahen, personen- und vertrauensorientierten Führungsstil charakterisiert. Dadurch vertrauen sich die Mitarbeiter in FU ihrer Führungskraft stärker an als die Mitarbeiter in NFU, wo diese Tendenzen weniger stark ausgeprägt sind (Klein, 2010b). Weiterhin sind flachere Hierarchien und informellere Kommunikationswege, z. B. aufgrund von Loyalität und Engagement statt formaler Positionen, als in NFU zu beobachten (Hilse & Wimmer, 2009). Schlankere Strukturen gehen mit einem Professionalitätsrückstand und einem patriarchalisch fürsorglichen Führungsstil einher, was die Übernahme von Führungsverantwortung unterhalb der Führungsspitze erschwert (Wimmer et al., 2005). Auch größere FU tendieren zur Übertragung aller Führungskompetenz auf einige wenige (Albach & Freund, 1989). Die Führungsverantwortung wird in FU weniger als funktionales Erfordernis als vielmehr das Ergebnis der Eigentümerrolle betrachtet (Wimmer et al., 2005). Das Leitbild ist die Autorität des Familienvaters. Die Autorität des Unternehmers ergibt sich aus seinem Eigentum, die hierarchische Autorität aus der Entscheidungsfindung und der Treue und Fürsorgepflicht gegenüber den eigenen Mitarbeitern (König, 1986). Der Unternehmenserfolg in FU wird auf die Führungspersönlichkeit an der Unternehmensspitze attribuiert, weswegen sich diese in ihren Grundwerten autoritär und im Detail partizipativ verhält. Die Führung weist eine hohe Kontinuität auf. Junge und weibliche Mitarbeiter haben bessere Karrieremöglichkeiten als in NFU (Heß, 2008). FU führen „intuitiv" und über Vertrauen, Loyalität und Engagement erfolgen informell, Positionen und Bezeichnungen haben weniger Relevanz (Lansberg, 1996). Die Macht eines Patriarchen - einer Einzelperson in der Führung - birgt bestimmte Gefahren. Besonders die Förderung der Mitarbeiter und die klassischen Personalmaßnahmen treten bei dieser Konstellation weniger wahrscheinlich auf (Lansberg, 1996). Die Führung über Persönlichkeiten könnte daher den größten Unterschied zwischen FU und NFU bewirken.

Das Vitalitätspotential nährt sich daher aus den Eigenheiten des Personalmanagements, der Autoritätsstrukturen sowie der empfundenen Verantwortungshaltung durch die Führungskräfte. Bei der Analyse von 126 Unternehmen, davon 90 FU, konnten strukturelle Unterschiede im Vergleich zu NFU festgestellt werden. So identifizieren sich Mitglieder in FU stärker mit ihrem Unternehmen, wirken stärker im Unternehmen mit, sind loyaler, vertrauen sich gegenseitig stärker, pflegen eine freundlichere Arbeitsatmosphäre und halten untereinander stärker zusammen. Mitarbeiter werden zur aktiven Partizipation in Unternehmensentscheidungen ermutigt. TFF findet häufiger statt. Dies verweist auf eine unterschiedliche Unternehmenskultur (Vallejo, 2008).

Bisher existieren noch wenige empirische Arbeiten zu Führung in FU, obwohl sich einige Autoren mit theoretischen Überlegungen beschäftigt haben, in denen sie Führung als einen der gravierendsten Unterschiede zwischen FU und NFU darstellen (Mittelsten-Scheid, 1985; Wimmer, 1996; Siefer, 1994). Im Folgenden sollen Hypothesen für eine konkrete Unterscheidung der FU von NFU bzgl. des Führungsstils nach dem „Full Range Leadership"-Modell erarbeitet werden.

4. Entwicklung der Hypothesen

In Kapitel 2 wurden die fünf verschiedenen Konstrukte des „transformationalen Führungsstils" nach Bass und Avolio (2004) genauer erläutert. Außerdem wurden die in der Literatur diskutierten Einflussfaktoren auf diese Konstrukte behandelt. Daraufhin wurden FU als besondere Unternehmensform behandelt. Im Folgenden soll nun argumentiert werden, welche der Einflussfaktoren der TFF sich über die verschiedenen Mitglieder der beiden Unternehmensformen FU und NFU unterschiedlich auf deren Führungsverhalten auswirken müssten.

Betrachtet werden die drei verschiedenen Gruppen von Unternehmensmitgliedern: Familienangehörige Führungskräfte in FU (famFU), familienexterne Führungskräfte in FU (extFU) und Führungskräfte in NFU (nonFU). Der in Kapitel 3.5 ausführlich dargestellte „Socio-emotional Wealth"-Ansatz bezieht sich auf Familienunternehmer, welche vorzugsweise aus der Unternehmerfamilie stammen. Für diese gelten die Vorhersagen des Frameworks. Im Gegensatz dazu werden Führungskräfte aus NFU als von der SEW-Erhaltung nicht betroffen angesehen. Daher sagt der SEW-Ansatz die größten Unterschiede im Verhalten für die Gruppen „familienangehörige Führungskräfte in FU" und „Führungskräfte in NFU" voraus. Weniger trennscharf sind die Aussagen des SEW-Ansatzes bzgl. familienangehöriger und familienexterner Führungskräfte innerhalb von FU für deren Verhalten. Im Folgenden soll zuerst der Vergleich zwischen familienangehörigen Führungskräften in FU und Führungskräften in NFU gezogen werden, der aus o. g. Gründen die größten Verhaltensunterschiede produzieren sollte. Daran anschließend wird jeweils auf die feinere Unterteilung in familienangehörige und familienexterne Führungskräfte in FU eingegangen (s. Tab. 3).

Nummerierung	TFF-Konstrukt	Vergleichsgruppe 1	Vergleichsgruppe 2
Hypothese 1	Behavioral Idealized Influence	famFU	nonFU
Hypothese 2	Behavioral Idealized Influence	famFU	extFU
Hypothese 3	Attributed Idealized Influence	famFU	nonFU
Hypothese 4	Attributed Idealized Influence	famFU	extFU
Hypothese 5	Inspirational Motivation	famFU	nonFU
Hypothese 6	Inspirational Motivation	famFU	extFU
Hypothese 7	Intellectual Stimulation	famFU	nonFU
Hypothese 8	Intellectual Stimulation	famFU	extFU
Hypothese 9	Individualized Consideration	famFU	nonFU
Hypothese 10	Individualized Consideration	famFU	extFU

Tabelle 3: *Darstellung der Hypothesenreihenfolge*

Aus den Ausführungen werden sich für jedes Konstrukt der TFF zwei Hypothesen bezüglich des Zusammenhangs zwischen der Unternehmensform sowie der Familienzugehörigkeit und der Ausprägung des Konstruktes ergeben.

4.1. Idealized Influence

„Idealized Influence" beschreibt den Teilaspekt der TFF, bei dem die Führungskraft durch ihr eigenes *Verhalten* und dessen *Wahrnehmung* durch die Geführten eine Identifikationsfigur darstellt (Bass, 1998). Die Komponente „Idealized Influence" teilt sich in einen Faktor „Behavior", der das gezeigte Verhalten der Führungskraft thematisiert, und einen Faktor „Attributed", der die Annahme des Verhaltens durch die Geführten thematisiert. Im Weiteren werden beide Faktoren separat behandelt.

In Kapitel 2.5 wurde Steyrers tiefenpsychologisches Modell der charismatischen Führung vorgestellt (1999). Steyrer verweist auf das Attributionsphänomen für das Konstrukt „Charisma", welches eng mit der Komponente „Idealized Influence" (s. a. 2.4.) verwandt ist. Es bestehe eine „emotional-affektive Beziehung zwischen Führer und Geführtem innerhalb der transformational-charismatischen Führung" (Steyrer, 1999, S. 183), in der die Führungskraft das Bedürfnis nach narzisstischer Spiegelung habe, was zu einem Idealisierungs- und Verschmelzungsbedürfnis der Geführten führe. Daraus ergebe sich die schwärmerische Verehrung und Bewunderung durch die Geführten (s. Abb. 3 unter 2.5.1.). „Prozesse der Selbstinszenierung und ‚Orchestrierung' der Interaktion" seien Maßnahmen, welche bestehende Elternbilder bei den Geführten auslösten (Gardner & Avolio, 1998, S. 215). Steyrers Modell wird im weiteren Verlauf auf die beiden Faktoren der Komponente „Idealized Influence" angewandt.

4.1.1. Konstrukt 1: Behavioral Idealized Influence

Wie in Abschnitt 2.4 erläutert wurde, beschreibt „Behavioral Idealized Influence" ein *Verhalten* der Führungskraft, das von einer hohen Entschlossenheit, einer hohen Wertausrichtung und Integrität sowie einem Blick für das Wohlergehen aller Unternehmensteile geprägt ist (Bass, 1998). Die Definition dieses Konstrukts bezieht sich demnach auf die Person der Führungskraft, speziell deren Enthusiasmus, Charisma und Werteverhalten (Bass, 1985).

Für das Konstrukt „Behavioral Idealized Influence" ist aus Steyrers Modell vor allem die Perspektive der Führungskraft relevant. Bei Gebert (2002) heißt es dazu: „Der Führende sucht soziale Beachtung, die sein Ideal-Ich bestätigt. In der Interaktion mit dem Geführten spiegelt sich der Führende deswegen in narzisstischer Weise und fördert die angestrebte Selbstkonzept-Bestätigung" (S. 215; s. a. House & Shamir, 1993) (für weitere Ausführungen s. 2.5). Im Sinne einer Selbstkonzept-Bestätigung aus der Motivationstheorie (Shamir & House, 1993) sollte sich das Verhalten der Führungskraft abhängig vom individuell angestrebten Selbstkonzept, dem sogenannten „Ideal-Ich", unterscheiden. Das Selbstkonzept jedes Individuums enthält bestimmte Werte und Normen, die das präferierte Verhalten und die eigene Wahrnehmung maßgeblich beeinflussen (James, 2007; Filipp, 2005).

Zahlreiche Publikationen behandeln die spezifischen Werte von Familienunternehmern (u. a. Dawson & Mussolino, 2014; Fletcher, Melin & Gimeno, 2012). Der SEW-Ansatz greift diese Diskussion auf und betrachtet diese spezifischen Werte detailliert und strukturiert über die FIBER-Komponenten (Berrone, Cruz & Gómez-Mejía, 2012a). So setzt sich das Ideal-Ich der familieninternen Familienunternehmer aus anderen Normen zusammen als das der Führungskräfte in NFU[27] (Milton, 2008; Zellweger, Eddleston & Kellermanns, 2010). Das Ideal-Ich einer Person bestätigt sich in der sozialen Beachtung, die sie durch die Umsetzung dieser Werte erfährt (House & Shamir, 1993). Dies spricht für ein unterschiedliches Führungsverhalten von familieninternen Familienunternehmern und Führungskräften aus NFU. In welcher Form unterscheidet sich nun das Führungsverhalten in Bezug auf das Konstrukt „Behavioral Idealized Influence"? Dafür werden die konkreten Werte von familieninternen Familienunternehmern laut des SEW-Ansatzes herangezogen.

Die unterschiedliche Werteausrichtung (des Ideal-Ichs) der familieninternen Familienunternehmer gegenüber Führungskräften aus NFU wird in den fünf FIBER-Dimensionen von Berrone, Cruz und Gómez-Mejía (2012) diskutiert. So besitzt die Sicherstellung familiärer Kontrolle über das Unternehmen einen hohen Wert für Familienunternehmer (Gómez-Mejía et al., 2011; Astrachan, Klein & Smyrnios, 2002; Casson, 1999; Zellweger et al., 2011), das abgegebene ‚Unternehmensbild nach außen' eine erhöhte Wichtigkeit (Berrone et al., 2012; Micelotta & Raynard, 2011; Deephouse & Jaskiewicz, 2013), einhergehend mit einer erhöhten ‚Relevanz des Unternehmensinneren' wie dem Wohlergehen der Mitarbeiter sowie der Qualität der Produkte und Dienstleistungen (Carrigan & Buckley, 2008; Teal, Upton & Seaman, 2003). Darüber hinaus sind das soziale Kapital (Coleman, 1990), der „sense of belonging" (Berrone, Cruz & Gómez-Mejía, 2012a, S. 6) und Gefühle der Nähe und zwischenmenschlicher Solidarität (Uzzi, 1997) herausgestellte Werte, ebenso emotionale familiäre Werte wie Wärme, Liebe, Zusammengehörigkeit, Wut, Angst und Unzufriedenheit. Diese Werte sind im Verhalten des „Familienunternehmers als Führungskraft", d. h. den Familienmitgliedern, verankert (Epstein et al.,

---

[27] Zellweger u. a. (2011) sprechen von der „Organisational Identity", welche die Identität beschreibt, mit der die Familie das Unternehmen - jenseits der Eigentumsstruktur und des „Family Member"-Verhaltens - definiert und betrachtet.

1993) und erhalten über die durchlässige Grenze zwischen Familie und Unternehmen Einzug ins Unternehmen (Baron, 2008). Nicht zuletzt hat das Unternehmen vor allem für Familienmitglieder den Wert eines Erbes und einer Tradition (Goldberg & Wooldridge, 1993; Casson, 1999; Tagiuri & Davis, 1992).

Laut den FIBER-Dimensionen richten sich die Werte von Familienunternehmern u. a. stärker auf Langfristigkeit, Traditionserhalt, Relevanz äußerer Wahrnehmung und Solidaritätsgefühlen als bei Nicht-Familienunternehmern. Wenn sich das Konstrukt „Behavioral Idealized Influence" nun als entschlossenes Verhalten mit hoher Wertausrichtung und Integrität sowie einem Blick für das Wohlergehen aller Unternehmensteile definiert (s. o.), so lässt sich vermuten, dass o. g. Befunde für (familienangehörige) Führungskräfte in FU im Rahmen des SEW-Frameworks ebenfalls dafür sprechen, dass familienangehörige Führungskräfte in FU wahrscheinlicher einen charismatisch-transformationalen Führungsstil, operationalisiert im Faktor „Behavioral Idealized Influence", anwenden als Führungskräfte in NFU.

Weitere Hinweise für die Gültigkeit dieser Vermutung ergeben sich aus den FIBER-Dimensionen. Eine starke Identifizierung mit dem Unternehmen sollte dazu führen, dass Werte gegenüber den Geführten wahrscheinlicher, häufiger und stringenter verkörpert werden (s. Berrone et al., 2010) als in Fällen, in denen die Identität nicht an das Unternehmen gebunden ist. Dies erhöht ihre Glaubwürdigkeit gegenüber den Geführten (s. a. „Attributed Idealized Influence"; Gebert, 2002). Auch eine langfristige Perspektive und Traditionserhalt können Ziel, Zweck und Bedeutung des Handelns der Führungskraft gegenüber den Mitarbeitern glaubhaft vermitteln. Es liegt im persönlichen Interesse der familienangehörigen Führungskräfte in FU, dass das Unternehmen sich gut entwickelt, was in einem von Nähe geprägten Umfeld (Uzzi, 1997) von den Mitarbeitern wahrscheinlich registriert wird (s. auch u.). Bei diesen Punkten ist unwesentlich, ob die Einnahme der beschriebenen, charismatisch-transformationalen Führungsrolle aus normativen Gründen (als altruistische bzw. als angemessen angesehene Führungsart) oder instrumentellen Gründen (zur Legitimierung der Führungsposition) heraus geschieht (Cennamo, Berrone & Gómez-Mejía, 2009).

Auch in der Prä-SEW-Literatur zu Familienunternehmen lassen sich Hinweise auf die Gültigkeit oben getroffener Vermutung finden: In FU ist Macht deutlich stärker durch Bindung auf der Beziehungsebene assoziiert, Expertentum wird dagegen tendenziell unterschätzt (Mittelsten-Scheid, 1985). Häufig setzt die Folgegeneration in FU die wirtschaftlich ererbte Macht stärker als NFU-Manager im Interesse der Firma ein und ist bereit, dem Unternehmen zu dienen (Mittelsten-Scheid, 1985). NFU sind selten auf eine Person hin zugeschnitten, in FU dagegen spiegeln sich die Werte des einzelnen Unternehmers in der Organisation wider (Klein, 1991). Das Fortführen des Unternehmens durch die Familie bekommt für die Mitglieder der Unternehmerfamilie durch die verankerte Verpflichtung einen Wertcharakter (Handler, 1992; Siefer, 1996). Diese Befunde und Expertenannahmen könnten darauf hinweisen, dass Familienunternehmer Werte wahrscheinlicher verkörpern als Führungskräfte in NFU und daher eine höhere Ausprägung des Konstruktes „Behavioral Idealized Influence" aufweisen.

Es lässt sich demnach folgende, zu untersuchende Aussage formulieren.

Hypothese 1:
Die Ausprägung des Konstruktes „Behavioral Idealized Influence" ist bei familienangehörigen Führungskräften in FU höher als bei Führungskräften in NFU.

Da sich der SEW-Ansatz lediglich auf Familienmitglieder in FU bezieht und keine Trennung zwischen familieninternem und -externem Management vornimmt, spielt die Zugehörigkeit zu einer Unternehmerfamilie für die Heranziehung des SEW-Ansatzes eine tragende Rolle (Berrone, Cruz & Gómez-Mejía, 2012a). Wie verhält sich nun die Ausprägung des Konstruktes „Behavioral Idealized Influence" von familienangehörigen Führungskräften in FU verglichen mit familienexternen Führungskräften in FU? Strahlen die Werte von familieninternen Führungskräften durch die räumliche und thematische Nähe auf externe Führungskräfte ab?

Bei der Rekrutierung und Selektion der „non-family executives" wird großer Wert auf die Persönlichkeit und den Charakter der Kandidaten gelegt (Astrachan, Klein & Smyrnios, 2002; Hennerkes, 1998; Habig & Berninghaus, 2004; Poza, Alfred & Maheshwari, 1997; Klein & Bell, 2007). Jedoch ist für externe Manager auch ihre aufgabenbezogene Kompetenz ein zentrales Auswahlkriterium (Poza, 2004). Familienmitglieder lernen nicht nur die spezifischen Fähigkeiten und Charakteristika ihrer FU, sondern sie internalisieren ebenfalls die Beachtung der Familienwerte und den Respekt der Familie allgemein (Dyer, 1989; Klein & Bell, 2007). Im Gegensatz dazu sind Nichtfamilien-Manager typischerweise „in Klassenräumen sozialisiert" und anhand „genereller" Fähigkeiten geschult (Dyer, 1989). Beide Gruppen unterschieden sich tendenziell in der Ausbildung zur Führungskraft und in den Erfahrungen mit FU (Klein & Bell, 2007). Obwohl die Schlüsselpositionen in FU häufig durch Familienangehörige besetzt werden, beschäftigen die meisten FU mehr familienexterne Mitarbeiter als Familienangehörige (Barnett & Kellermanns, 2006).

Externe Führungskräfte in FU sollten die Bedeutung der Familienkontrolle für die Eigentümerfamilie/n erkennen, jedoch nicht synonym für sich übernehmen können. Wo familieninterne Führungskräfte direkt betroffen und damit intrinsisch motiviert sind, den Einfluss für sich und eigene Nachkommen zu sichern, sollten externe Führungskräfte den Auftrag über ihr Angestelltenverhältnis klar erkennen, jedoch durch dieses eher extrinsisch motiviert werden. Für externe Führungskräfte ist es zudem vermutlich schwieriger, sich mit dem Unternehmen in der gleichen Stärke zu identifizieren, wie es für familieninterne Führungskräfte möglich ist. Ihr Name ist nicht mit dem Unternehmen verbunden und sie würden weniger Rufschädigung erleiden, wenn das Unternehmen Schaden nähme oder verursachen würde. Allerdings sollten sie von den Familienmitgliedern insofern beeinflusst werden, als dass deren klare Präsentation der Identifizierung mit dem Unternehmen auch bei den externen Mitarbeitern zu einer Identifizierung führe - die Stärke sollte jedoch wahrscheinlich geringer sein. Wichtig für diese Identifizierung externer Führungskräfte mit dem FU ist auch die jeweilige Stärke der gelebten „Familienkultur" im Unternehmen. Je stärker diese ausfällt, desto stärker ist auch die Identifizierung der externen Führungskräfte, da die Familie als Referenzpunkt dient, d. h. dieser sich nicht außerhalb des FU befindet (Duh, Belak & Milfelner, 2010). Durch die Ressource der „Familiness", die FU aufweisen, wird in ihnen mehr Vertrauen, Commitment, „Corporate Citizenship" und „Stewardship" als in NFU hergestellt (Habbershon, Williams & MacMillan, 2003; Dyer & Whetten, 2006; Eddleston et al., 2010). Über Commitment und Sozialisation externer Führungskräfte entsteht eine Übertragung der Werte und Kulturelemente, da so das Verhalten der Externen in Interaktion mit den Familienmitgliedern bestimmt wird (Arregle et al., 2007). Die Entwicklung von Commitment bei den externen Mitarbeitern in FU findet durch „In-group Identification" mit der Familienkultur (Meyer & Allen, 1991), durch „Involvement" (Eddleston, Kellermanns & Sarathy, 2008) und Loyalität statt (Rusbult et al., 1988; Habbershon & Astrachan, 1997; Karra, Tracey & Phillips, 2006). Die (erfolgreiche) Sozialisation neuer Mitarbeiter gibt diesen ein klares Verständnis davon, welche Erwartungen die Eigentümerfamilie/n hat/haben (Ferguson, 2011; Somers, 2011). Die Erfüllung dieser Erwartungen und die Identifizierung mit dem Unternehmen hat für den externen Manager eine grundlegende Bedeutung, da eine Nichtpassung letztlich zu dessen Entlassung durch die Eigentümerfamilie führt.

Andere FIBER-Dimensionen betreffen allgemeine Werte des sozialen Zusammenlebens und sind nicht auf eine natürliche soziale Gruppe wie die Familie beschränkt: Einmal im Unternehmen verankert sollten die Dimensionen „Binding Social Ties" und „Emotional Attachment" auf die Unternehmenskultur übergegriffen haben (Palmer & Barber, 2001; Gómez-Mejía et al., 2001; Paddison & Calderwood, 2007; Berrone et al., 2010; Kets de Vries, 1996; Tagiuri & Davis, 1996), da es sich um allgemeine Werte des Miteinanders handelt, die nicht auf eine natürliche soziale Gruppe wie die Familie beschränkt sind. Über die Unternehmenskultur sollten die Werte auch von externen Führungskräften angenommen (und entsprechendes Verhalten ausgeübt) werden.

Innerhalb der „Renewal of Family Bonds"-Dimension wird verdeutlicht, dass die Bedeutung der dynastischen Fortführung des Unternehmens sowohl für familieninterne als
auch für familienexterne Führungskräfte in FU eine wichtige Rolle bei der Beurteilung
von Zeit-Horizonten spielt (Berrone, Cruz & Gómez-Mejía, 2012a). Die Firma habe jedoch vor allem für Familienmitglieder den Wert eines Erbes und einer Tradition (Goldberg & Wooldridge, 1993; Casson, 1999; Tagiuri & Davis, 1992). Daraus ergibt sich wie
für die Dimensionen „Family Control and Influence" und „Family Members' Identification" (s. o.) die Vermutung, dass externe Führungskräfte die Werte zwar ebenfalls annehmen und im Sinne des Unternehmens anwenden, diese jedoch wahrscheinlicher
extrinsisch als intrinsisch motiviert sein sollten (s. o.)[28]. Danach würden familieninterne
Führungskräfte für die FIBER-Dimensionen jeweils eine höhere (F-, I- und R-Dimension)
oder gleich große Ausprägung (B- und E-Dimension) der SEW-bezogenen Werte verglichen mit externen Führungskräften aufweisen. Daher sollten die beiden Gruppen aufgrund des unterschiedlichen Selbstkonzeptes auch ein jeweils unterschiedliches Führungsverhalten zeigen (s. o.).

Da NFU keinen SEW-Erhaltungsgedanken aufweisen und externe Führungskräfte - wie
oben argumentiert - zwar Werte des SEW-Erhaltungsgedankens übernehmen, diesen
selbst aber wahrscheinlich nicht wie Mitglieder der Unternehmerfamilie verinnerlichen,
sollten externe Führungskräfte den Nichtfamilienunternehmern ähnlicher sein als interne Führungskräfte. Gemeinsam mit den Ausführungen zu Hypothese 1 heißt das, dass
familieninterne Führungskräfte in FU wahrscheinlicher einen charismatisch-
transformationalen Führungsstil, operationalisiert im Faktor „Behavioral Idealized Influence", anwenden als externe Führungskräfte in FU.

Die oben genannten Hinweise in der Prä-SEW-Literatur zu Hypothese 1 (Mittelsten-
Scheid, 1985; Klein, 1991; Handler, 1992; Siefer, 1996) beziehen sich auf die Unter-
scheidung der Unternehmensarten „FU" und „NFU" und nicht auf die Zugehörigkeit zur
Unternehmerfamilie. Dies unterstützt die Vermutung, dass auch familienexterne Füh-
rungskräfte in FU einen charismatisch-transformationaleren Führungsstil anwenden als
Führungskräfte in NFU.

---

[28] „Psychological Ownership" kann helfen, dass sich externe Führungskräfte näher an der Familie fühlen, auch wenn
sie kein Teil davon sind (De Vries & Manfred, 1993). So werden Agenten im Sinne der Prinzipal-Agenten-Theorie zu
„psychological Principals" (Sieger, Zellweger & Aquino, 2013).

> **Hypothese 2:**
> Die Ausprägung des Konstruktes „Behavioral Idealized Influence" ist bei familienange-
> hörigen Führungskräften in FU höher als bei familienexternen Führungskräften in FU.

Im Folgenden wird das verwandte Konstrukt „Attributed Idealized Influence" in Bezug
auf die gleichen Fragestellungen diskutiert.

4.1.2. Konstrukt 2: Attributed Idealized Influence

Das Konstrukt „Attributed Idealized Influence" beschreibt die *Identifikation* der Geführten mit der Führungskraft, indem sie dieser vertrauen und ihr hohe Wertmaßstäbe sowie Kompetenz zuschreiben (Bass, 1998).

Das oben aufgeführte Modell von Steyrer (1999) hilft auch dabei, sich diesem Konstrukt
zu nähern. Hierbei ist vor allem die Perspektive der Geführten von Interesse. In Abbildung 3 wird dargestellt, dass die soziale Dramatisierung der Führungskraft das idealisierte Elternimago der Geführten bedient und diese dadurch von der Führungskraft fasziniert, beeindruckt und emotional stimuliert sind. Der charismatisch Führende gewinnt
für die Mitarbeiter eine als natürlich erscheinende Anziehungskraft (House, 1977). Die
Führungskraft wird als generalisiertes Modell in Bezug auf Verhalten, Werte, Ziele und
Moralvorstellungen verstanden (House, Spangler & Woycke, 1991). Daraufhin sind die
Geführten eher bereit, Opfer zu bringen und sich für die Gruppe einzusetzen (House,
Spangler & Woycke, 1991; Conger, 1989). Sobald die Geführten der Führungskraft „iden-
tifikationsbasiert" vertrauen[29], sind sie bereit, ein höheres Risiko einzugehen (Starnes,
Truhon & McCarthy, 2010). Im hier thematisierten Kontext handelt es sich um das Risiko, sich mit den (fremden) Zielen des Unternehmens zu identifizieren und sich über das
erforderliche Maß hinaus dafür zu engagieren. Diese Ergebnisse sprechen für ein erhöhtes Vertrauen in die Führungskraft bei bestimmtem organisatorischem Verhalten.

Die Wahrnehmung von Opferbereitschaft der Führungskraft, welche keinen direkten
eigenen Profit bewirkt, verursacht bei den Geführten die wahrgenommene Glaubwürdigkeit der Führungskraft (Gebert, 2002). Durch das Eingehen von Risiken, persönlicher
Aufopferung und das Ausüben von ungewöhnlichem ideologischem Verhalten (Conger &
Kanungo, 1987; Sashkin, 1988) demonstrieren charismatische Führungskräfte ihren
Mut und ihre Überzeugung für die Mission. Sie ernten somit Glaubwürdigkeit und dienen als Identifikationsfigur für die Werte und Ziele des Unternehmens (Shamir & House,

---

[29] Starnes, Truhon und McCarthy (2010) unterscheiden drei Stufen in der dynamischen Vertrauensentwicklung, be-
ginnend mit abschreckungsbasiertem Vertrauen („deterrence") über wissensbasiertes Vertrauen hin zu identifikati-
onsbasiertem Vertrauen.

1993). Die wahrgenommene Glaubwürdigkeit der Führungskraft ist ein wesentlicher Einflussfaktor auf das Konstrukt „Attributed Idealized Influence" (s. Abb. 5), denn sie führt direkt zur Zuschreibung von Idealen und transformational-charismatischer Führungseigenschaft (Gebert, 2002).

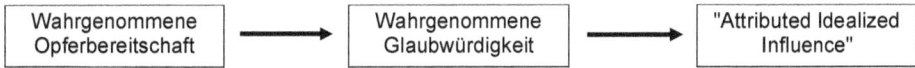

Abbildung 5: *Eigene Darstellung über den Zusammenhang von wahrgenommener Opferbereitschaft, wahrgenommener Glaubwürdigkeit und dem Konstrukt „Attributed Idealized Influence", angelehnt an Gebert, 2002*

Es ergibt sich die Frage, ob Familienunternehmern von ihren Geführten eine größere Opferbereitschaft attribuiert wird, als Führungskräften in NFU von deren Geführten. Auch für die Einschätzung dieser Beziehung sind die oben dargestellten Werte von FU, die im SEW-Ansatz diskutiert werden, relevant.

Die Betrachtung der Dimension „Renewal of Family Bonds" scheint hier besonders bedeutsam zu sein: Die langfristige Orientierung der Familienunternehmer verursacht ein bestimmtes Verhalten. So belassen Familienunternehmer Kapital länger im Unternehmen als Führungskräfte in NFU und greifen kurzfristige ökonomische Chancen zu Gunsten von Stabilität nicht auf (Berrone et al., 2010; Gómez-Mejía et al., 2011; Gómez-Mejía et al., 2007; Aronoff, 2004). Sie kürzen unwahrscheinlicher an der Beschäftigung der Mitarbeiter, um den Unternehmensgewinn zu maximieren (Bassanini et al., 2010; Gundmundson et al., 1999; Danco, 1975; Ward, 1988; Block, 2010). Bei Vorliegen eines Angebotes zum Verkauf des Unternehmens ist es unwahrscheinlicher, dass der Familienunternehmer seine Kontrolle über das Unternehmen aufgeben wird (z. B. Zellweger, Nason & Nordqvist, 2012) und es dadurch für die nächste Generation verliert. Diese Verhaltensweisen dienen jeweils dem Wohle des Unternehmens und damit auch den Mitarbeitern, zu Ungunsten des kurzfristigen, privaten Profits der Eigentümer. Sie werden daher durch die Geführten evtl. als persönliche Entbehrung der Eigentümer wahrgenommen. Die Geführten könnten darin ein integreres, selbstloseres Handeln sehen als in dem gegensätzlichen Verhalten, welches häufiger in NFU zu beobachten ist. Anders als beim Manager eines NFU, der sich laut SEW-Ansatz von kurzfristigen ökonomischen Präferenzen leiten lässt und somit sichtbar profitiert, geht es dem Familienunternehmer darum, das sozio-emotionale Kapital des FU zu erhalten (s. o.). Dies würde bedeuten, dass Geführte in FU ihrer familienangehörigen Führungskraft mehr Opferbereitschaft und damit mehr Glaubwürdigkeit zuschreiben (bzgl. Glaubwürdigkeit s. a. „Behavioral Idealized Influence", Gebert, 2002; Podsakoff et al., 1990).

Auch aus anderen FIBER-Dimensionen lassen sich Vermutungen über die Wahrnehmung von Opferbereitschaft der Familienunternehmer durch die Geführten ableiten. „Family Control and Influence" stellt dar, dass die Sicherstellung familiärer Kontrolle über das Unternehmen einen hohen Wert für Familienunternehmer aufweist (Berrone, Cruz & Gómez-Mejía, 2012a; Zellweger et al., 2011). Dabei ist das Verhalten wie die Belassung von Kapital im Unternehmen und der Schutz der Stabilität des Unternehmens (s. o.) rational, um diesen Wert zu erhalten. Familieneinfluss auf ein Unternehmen bewirkt darüber hinaus eine verstärkte Wahrnehmung von Wohlwollen, welches das Unternehmen gegenüber den Stakeholdern ausübt, und damit ein erhöhtes Maß an Vertrauen durch die Stakeholder (Hauswald & Hack, 2013). „Family Members' Identification" beinhaltet, dass die Identität der Familienmitglieder unmittelbar mit dem FU verbunden ist (Berrone, Cruz & Gómez-Mejía, 2012b). Um so leichter sollte es fallen, Entscheidungen im Sinne des Unternehmens und der Mitarbeiter zu treffen, anstatt sich vorwiegend privat zu bereichern (s. a. „Behavioral Idealized Influence"). Carrigan und Buckley (2008) sprechen davon, dass in FU eine erhöhte „Relevanz des Unternehmensinneren", nämlich gegenüber den Mitarbeitern, bestehe. Das daraus resultierende Verhalten dürfte ebenfalls zu einer erhöhten Wahrnehmung der Opferbereitschaft der eigenen Führungskraft führen (Cennamo, Berrone & Gómez-Mejía, 2009). Die Stewardship-Theorie argumentiert damit, dass Familienunternehmer mehr Stewardship-Verhalten zeigen als andere Unternehmer (Miller, Le Breton-Miller & Scholnick, 2008). Sie seien altruistischer, kollektivistischer und pro-organisationaler als Nicht-Familienunternehmer, welche mehr Agentur-Verhalten, also opportunistisches Verhalten, zeigen (u. a. Davis, Allen & Hayes, 2010; Chrisman et al., 2007; Le Breton-Miller, 2011). Damit bietet der Stewardship-Gedanke eine theoretische Grundlage für obige Befunde. Eingeordnet wird er in der FU-Forschung häufig als Resultat der „Familiness", die ein charakteristisches Merkmal von FU ist und sich ursächlich für Stewardship-Verhalten zeigt[30] (Habbershon, Williams & MacMillan, 2003).

Ebenfalls relevant ist die Beleuchtung der Geführtenperspektive. Hier greift das Konzept des „Psychological Ownership": ein Geisteszustand, in dem sich Individuen fühlen, als wäre das Unternehmen auch in ihrem Besitz und als seien sie psychologisch an das Unternehmen gebunden (Pierce, Sarason & Sarason, 1991). Dies kann sich bei Organisationsmitgliedern entwickeln (Pierce, Kostova & Dirks, 2001; Pierce, Kostova & Dirks, 2003), da wegen der für FU typischen Nähe zwischen Management und den einzelnen Mitarbeitern die psychologische Verbindung besonders stark ist (Dirks, Cummings & Pierce, 1996; Ikävalko, Pihkala & Jussila, 2006). In FU fühlen sich Mitarbeiter verstärkt

---

[30] Weiterhin ist „Familiness" die Ursache für ein erhöhtes Vertrauen, Commitment und „Corporate Citizenship" (Habbershon, Williams & MacMillan, 2003; Dyer & Whetten, 2006; Eddleston et al., 2010).

als Teil der Familie (De Vries & Manfred, 1993). „Psychological Ownership" korreliert stark mit „Ownership"-Verhalten, auch wenn kein reales Eigentum am Unternehmen besteht (Henssen et al., 2009), und erklärt „Citizenship Behavior" durch einen transformationaleren Führungsstil (Park et al., 2013). Das Konzept ist ein Mediator für Führungsverhalten und Organisationsverhalten der Mitarbeiter (Bernhard & O'Driscoll, 2011). Durch das „gefühlte Eigentum" am Unternehmen wird Commitment der externen Mitarbeiter erzeugt (Avey et al., 2009; Pierce & Jussila, 2010; Pierce, Jussila & Cummings, 2009; Pierce, O'Driscoll & Coghlan, 2004; Van Dyne & Pierce, 2004). Auch externe Führungskräfte in FU können auf diese Weise zu „psychologischen Prinzipalen" werden (Sieger, Zellweger & Aquino, 2013).

Es lässt sich entsprechend der Ausführungen vermuten, dass die Geführten in FU mehr Opferbereitschaft bei den (familienangehörigen) Führungskräften wahrnehmen und bei diesen deshalb auch wahrscheinlicher Glaubwürdigkeit wahrnehmen als Geführte in NFU. Wenn die wahrgenommene Glaubwürdigkeit in FU höher ist, dann sollte es Geführten aus FU leichter fallen, sich mit ihrer Führungskraft zu identifizieren, als Geführten aus NFU (z. B. Meyer & Allen, 1991)

Hinweise auf die Gültigkeit dieser Vermutung lassen sich ebenfalls in der Prä-SEW-Literatur zu Familienunternehmen finden, welche aufschlussreiche Praktikereinsichten bieten: Das sozio-emotionale Kapital des FU resultiere u. a. aus dem früh vermittelten Wert der „Verpflichtung [..] gegenüber der Allgemeinheit" (Klein, 2010b, S. 73). In FU wird Macht deutlich stärker durch Bindung auf der Beziehungsebene legitimiert, Expertentum wird tendenziell unterschätzt (Mittelsten-Scheid, 1985). Dies könnte Auswirkungen auf die Wahrnehmung der Geführten haben, die den Führenden, der durch Bindungsmacht führt, idealer einschätzen, weil er sie emotional an sich bindet. Zudem setzt die Folgegeneration in FU die wirtschaftlich ererbte Macht stärker als NFU-Manager im Interesse der Firma ein und ist bereit, dem Unternehmen zu dienen (Mittelsten-Scheid, 1985). Das Fortführen des Unternehmens durch die Familie bekommt für die Mitglieder der Unternehmerfamilie durch die verankerte Verpflichtung einen Wertcharakter (Handler, 1992; Siefer, 1996). Diese Befunde und Expertenannahmen könnten darauf hinweisen, dass Familienunternehmern eine höhere Opferbereitschaft zugeschrieben wird als Führungskräften in NFU und Geführte in FU eher „Psychological Ownership" entwickeln als Geführte in NFU (s. a. Dirks, Cummings & Pierce, 1996; Ikävalko, Pihkala & Jussila, 2006).

Aufgrund der wahrscheinlich als höher wahrgenommenen Opferbereitschaft in FU sind die „spezifischen Zeichen" für die Schaffung einer „bestätigten Vertrauensgrundlage" gegeben (Gebert, 2002, S. 219; basierend auf Podsakoff et al., 1990). „Idealized Influence" wird wahrscheinlicher attribuiert (s. Abb. 5).

Die dritte zu testende Aussage der Untersuchung lautet deshalb folgendermaßen.

Hypothese 3:
Die Ausprägung des Konstruktes „Attributed Idealized Influence" ist bei familienange-
hörigen Führungskräften in FU höher als bei Führungskräften in NFU.

Es stellt sich die Frage, ob familieninternen Führungskräften in FU von ihren Geführten
eine andere Opferbereitschaft attribuiert wird, als externen Führungskräften in FU.
Auch für die Einschätzung dieser Beziehung sind die oben dargestellten Werte von FU
relevant.

Da das typische Langfrist-Verhalten, entgegen den kurzfristigen Profitgedanken, aus der
Verschmelzung von Unternehmen und *Familie* entspringt und in ihr (der Familie) ihren
Glaubwürdigkeitskern hat, ist anzunehmen, dass diese Glaubwürdigkeit und Opferbereitschaft der familienexternen Führungskraft geringer zugeschrieben wird als einem
Mitglied der Familie (bzgl. Glaubwürdigkeit s. a. „Behavioral Idealized Influence", Gebert,
2002; Podsakoff et al., 1990). Externe Führungskräfte werden sich zwar ebenfalls derart
verhalten, dass die Stabilität des Unternehmens gewahrt wird. Dies entspricht aber eher
einem externen Arbeitsauftrag. Darüber hinaus haben die familienexternen Führungskräfte überwiegend gar nicht die Möglichkeit, sich privat am Unternehmen zu bereichern. Ohne diese Möglichkeit können sie aber auch nicht für das gegenteilige Verhalten
idealisiert werden.

Auch hier ist also zu vermuten, dass externe Führungskräfte den Nichtfamilienunternehmern bzgl. oben diskutierter Aspekte ähnlicher sind als interne Führungskräfte, obwohl sie zu internen Führungskräften eine größere Nähe aufweisen als Nichtfamilienunternehmer. Gemeinsam mit den Ausführungen zu Hypothese 3 heißt das, dass familieninterne Führungskräfte in FU wahrscheinlicher einen charismatisch-transformationalen
Führungsstil, operationalisiert im Faktor „Attributed Idealized Influence", anwenden als
externe Führungskräfte in FU.

Die oben genannten Hinweise in der Prä-SEW-Literatur zu Hypothese 3 (Klein, 2010b;
Mittelsten-Scheid, 1985; Handler, 1992; Siefer, 1996) beziehen sich auf die Unterscheidung der Unternehmensarten „FU" und „NFU" und nicht auf die Zugehörigkeit zur Unternehmerfamilie. Carrigan und Buckley (2008) sprechen davon, dass in FU allgemein
eine erhöhte „Relevanz des Unternehmensinneren", nämlich gegenüber den Mitarbei-

tern bestehe. Das daraus resultierende Verhalten dürfte ebenfalls zu einer erhöhten Wahrnehmung der Opferbereitschaft der eigenen Führungskraft führen. Dies unterstützt die Vermutung, dass auch familienexterne Führungskräfte in FU tendentiell einen charismatisch-transformationaleren Führungsstil anwenden als Führungskräfte in NFU. In Bezug auf familienangehörige Führungskräfte wird jedoch der folgende Zusammenhang vermutet.

Hypothese 4:
Die Ausprägung des Konstruktes „Attributed Idealized Influence" ist bei familienangehörigen Führungskräften in FU höher als bei familienexternen Führungskräften in FU.

Im Weiteren wird das Konstrukt „Inspirational Motivation" in Bezug auf die Fragestellung diskutiert.

4.2. Inspirational Motivation

„Inspirational Motivation" beschreibt den Teilaspekt der TFF, bei dem die Führungskraft durch ihr Verhalten die Geführten zu einem Engagement für gemeinsame Ziele und einer Vision motiviert und inspiriert, indem die Arbeit im Team als bedeutungsvoll und herausfordernd betrachtet wird (Bass, 1998). „Inspirational Motivation" behandelt Führungskräfte, die leidenschaftlich eine idealisierte Zukunft der Organisation kommunizieren, die von Geführten angenommen werden kann (Hater & Bass, 1988).

Ob eine formulierte Vision von den Geführten angenommen wird, hängt einerseits davon ab, ob es der Führungskraft gelingt, eine glaubwürdige Vision zu kommunizieren[31]. Andererseits beeinflussen die Wert- und Zielvorstellungen der Geführten (Gardner & Avolio, 1998) sowie deren wahrgenommene Unsicherheiten (Waldman et al., 2001) die Annahme der Vision (s. Ausführungen unter 2.4.). Daraus ergibt sich ein ‚visionäres Moment', an dem eine Deckung der Zielvorstellungen zwischen Führungskraft und Geführten stattfindet (Pawar & Eastman, 1997; Shamir & Howell, 1999). Bei einer erfolgreichen Zieldeckung absorbiert visionsorientierte Führung[32] die Unsicherheit (Pawar & Eastman, 1997; Shamir & Howell, 1999) und den Stress der Geführten (Waldman et al., 2001). Die Zieldeckung zwischen Zielen der Führenden und Geführten ist deshalb ein zentraler Einflussfaktor bei der effektiven Kommunikation einer Vision und der daraus resultierenden „Inspirational Motivation".

---

[31] Auch die Häufigkeit (Fairhurst, Jordan & Neuwirth, 1997) und Art (Baum, Locke & Kirkpatrick, 1998) der Visionsvermittlung werden in der Literatur als zusätzliche Komponenten der Visionskommunikation diskutiert.
[32] "Inspirational Motivation" behandelt keine visionäre, d. h. vorausschauende und weitblickende, Führungskraft, sondern die Fähigkeit zum glaubwürdigen Aufzeigen einer Unternehmensvision gegenüber den Mitarbeitern.

Die Prinzipal-Agenten-Theorie, welche sich mit der Beziehung zwischen Prinzipal und Agenten befasst, sieht die Angleichung der Ziele beider Parteien als effektive Maßnahme, opportunistisches Verhalten der Agenten (in diesem Fall der Geführten) zu unterbinden (Eisenhardt, 1989; Jensen & Meckling, 1976). „Psychological Ownership" ist ein Weg, die Ziele der Parteien anzugleichen (s. o.), da es für die Agenten durch die Wahrnehmung des Unternehmens als ‚gefühltes Eigentum' ein erstrebenswertes Ziel wird, das Unternehmen zu unterstützen, anstatt rein individuelle Ziele zu verfolgen (Sieger, Zellweger & Aquino, 2013).

Es stellt sich die Frage, ob die Deckung der Ziele zwischen Führenden und Geführten in FU stärker ausgeprägt ist als in NFU. Dafür müssen die Ziele der Geführten sowie die Ziele der Führungskräfte in FU und NFU betrachtet und hinsichtlich ihrer Deckung evaluiert werden.

Zahlreiche Studien der letzten Jahre belegen, dass Stress und Zukunftsangst unter Arbeitnehmern häufig vertreten sind und dass Arbeitsplatzsicherheit zunehmend das vorrangige Ziel bei der Wahl des Arbeitsplatzes darstellt (weltweit: Towers & Watson, 2012; USA: Valletta, 2000; UK: Nickell & Quintini, 2002; Frankreich und EU-Länder: Clark & Postel-Vinay, 2009). Arbeitsplatzsicherheit spielt dabei auch eine zentrale Rolle für die Jobzufriedenheit und die Beziehungsverhältnisse im Unternehmen (Sverke, Hellgren & Näswall, 2002; Warr, 2009). Dieser Bedarf nach Sicherheit wird durch die gegenwärtig beobachtete Gesellschaftsentwicklung hin zu einem verstärkten Verlust an gesellschaftlicher Orientierung und Sinn zusätzlich erhöht (u. a. Gebert & Boerner, 1995; Den Hartog, Van Muijen & Koopman, 1997).

Familienunternehmer haben laut der SEW-Dimension „Renewal of Family Bonds" das Ziel der Langfristigkeit, auch gegenüber einzelnen Mitarbeitern. Dies kommunizieren sie indirekt in ihrer (häufig ungeschriebenen) Unternehmensvision (Klein, 2010b; weitere Ausführungen zum Wert der Langfristigkeit in FU s. o.). Zudem werden FU als krisenfester wahrgenommen (Stiftung Familienunternehmen, 2009). Klein (2010, S. 238) spricht explizit von der Verpflichtung der Nachfolger, langjährige Mitarbeiter „durchzuziehen". Die Dimension „Family Members' Identification" beinhaltet, dass in FU besondere Rücksicht darauf genommen wird, dass ein positives Bild des Unternehmens vermittelt wird (Sharma & Manikuti, 2005; Westhead, Cowling & Howorth, 2001). Dies geschehe, da das FU als Fortsetzung der Familie an sich angesehen wird (Berrone, Cruz & Gómez-Mejía, 2012a)[33]. Die Dimension „Emotional Attachment" behandelt ebenfalls einen relevanten

---

[33] Am anschaulichsten gestaltet sich diese Fortsetzung bzw. „Erweiterung" der Familie an der Tatsache, dass das FU meist den Namen der Familie trägt (Dyer & Whetten, 2006).

Aspekt: Da die emotionale Verbindung in FU hoch ist, werden konfliktgeladene Beziehungen, zum Teil unfreiwillig, aufrechterhalten – in der Hoffnung, dass sich diese mit der Zeit harmonisch ins Unternehmen einfügen („in the hope that they will eventually return to a harmonious condition"; Berrone, Cruz & Gómez-Mejía, 2012a, S. 7). Die Dimension „Family Control" besagt darüber hinaus, dass die Stabilität des Unternehmens ein primäres Ziel der Familienunternehmer sein sollte, um den Einfluss der Familie sichern zu können.

Da ein zentrales Motiv der Geführten Arbeitsplatzsicherheit ist, wird über die Präferenz der Familienunternehmer zur Langfristigkeit, zum Traditionserhalt und zur Stabilität des Unternehmens eine hohe Zieldeckung erreicht. Auf diese Weise nehmen die Geführten die Vision der Familienunternehmer eher an und lassen sich dadurch stärker motivieren als die Geführten in NFU (Pawar & Eastman, 1997; Shamir & Howell, 1999; Waldman et al., 2001). Da bei der Vermittlung dieser Vision v. a. die auf Werten basierende Glaubwürdigkeit eine Rolle spielt, könnte die Strahlkraft der Vision bei FU tendenziell stärker als bei NFU sein (Gebert, 2002). Das Arbeitnehmer-Ziel der Sicherheit wird von FU insofern sinnvoll beantwortet. Ebenfalls liefern FU über den Sicherheitsaspekt ein glaubwürdigeres Arbeitsangebot und eine überzeugendere Vision als NFU (Bassanini et al., 2010).

Auch weitere Ziele der Arbeitnehmer könnten hier zu einer verstärkten Zieldeckung führen. So werden Mitarbeiter in FU tendentiell besser bezahlt als in NFU[34] (Gómez-Mejía et al., 2011; Gómez-Mejía et al., 2003; McConaughy, 2000). Um Mitarbeiter wird sich individueller gekümmert und FU zeigen mehr soziale Verantwortung und „Community Citizenship" (Berrone et al., 2010; Dyer & Whetten, 2006; Post, 1993). Die Mitarbeiter in FU können von mehr „social benefits" profitieren als die Mitarbeiter in NFU (Gómez-Mejía, 2011; Carney, 2005; Miller & Le Breton-Miller, 2005). Die Kultur in FU hat auch über die hohe Arbeitssicherheit hinaus einen hohen Anreiz für ihre Mitarbeiter (Kelly, Athanassiou & Crittenden, 2000; Vallejo, 2008). Mitarbeiter finden hier ein positives Arbeitsumfeld und organisationale Harmonie (Vallejo, 2008). Mitarbeiter fühlen sich als Teil der Familie (De Vries & Manfred, 1993). Auch über diese Faktoren erfolgt eine stärkere Zieldeckung in FU als in NFU.

Allerdings steigt bei erhöhter Unternehmens- und Marktunsicherheit auch die Nachfrage nach visionärer Führung (Gebert, 2002; Den Hartog, Van Muijen & Koopman, 1997). FU bieten ihren Arbeitnehmern mehr Arbeitsplatzsicherheit und Langfristigkeit, werden als krisenfester wahrgenommen, weswegen visionäre Führung evtl. weniger nachge-

---

[34] Dies gilt nicht für CEOs, da diese einen Trade-off zwischen geringerer Kompensation und Jobsicherheit eingehen (Quellen s. o.).

fragt werden könnte (s. o.). Da aber nach Towers und Watson (2012) das Bedürfnis nach Arbeitsplatzsicherheit größer als das Bedürfnis nach Orientierung bzw. Sinnhaftigkeit der Arbeit ist, wird oben diskutierte Zieldeckung relevanter für den Zusammenhang zwischen der Unternehmensform und TFF sein.

Die fünfte Annahme lautet wie folgt.

> *Hypothese 5:*
> *Die Ausprägung des Konstruktes „Inspirational Motivation" ist bei familienangehörigen Führungskräften in FU höher als bei Führungskräften in NFU.*

Es stellt sich die Frage, ob familieninterne Führungskräfte in FU mit ihren Geführten eine andere Zieldeckung erreichen als externe Führungskräfte in FU. Zur Einschätzung dieser Frage werden die oben genannten Argumente noch einmal betrachtet.

Sowohl die Langfrist-Ausrichtung des Unternehmens (Klein, 2010b) als auch die Krisen-festigkeit (Stiftung Familienunternehmen, 2009) sollten sich über die ausführende Füh-rungskraft, ob familienangehörig oder extern, nicht unterscheiden, da es sich um strate-gische Festlegungen für das Unternehmen selbst handelt. Individuelle Eigenschaften der Führungskräfte sollten nur einen marginalen Einfluss im Bereich des Unkontrollierba-ren (s. P-A-Theorie, 3.4.1.) haben. Zwar sollten externe Führungskräfte weniger die Ver-pflichtung verspüren, langjährige Mitarbeiter „durchzuziehen" (Klein, 2010b, S. 238), doch sollten sie auch nicht zu weit von diesem im Unternehmen üblichen Verhalten ab-weichen, um nicht negativ aufzufallen und sich ggf. für das Unternehmen und seine Kul-tur entbehrlich zu machen. Ebenso müsste es sich mit der emotionalen Verbindung in FU zwischen den Mitarbeitern und Führungskräften verhalten (Berrone, Cruz & Gómez-Mejía, 2012b). Allerdings kann das Unternehmen von einer externen Führungskraft nicht als Fortsetzung der eigenen Familie betrachtet werden (Berrone, Cruz & Gómez-Mejía, 2012a), sodass das positive Bild des Unternehmens in der Öffentlichkeit (Sharma & Manikuti, 2005; Westhead, Cowling & Howorth, 2001) für diese nicht bedeutend wich-tiger sein sollte als für eine Führungskraft in einem NFU.

Auch hier ist also zu vermuten, dass externe Führungskräfte den Führungskräften in NFU bzgl. oben diskutierter Aspekte ähnlicher sind als familienangehörige Führungs-kräfte in FU, obwohl sie zu internen Führungskräften eine größere Nähe aufweisen als Nichtfamilienunternehmer. Gemeinsam mit den Ausführungen zu Hypothese 5 heißt das, dass familienangehörige Führungskräfte in FU wahrscheinlicher einen charisma-tisch-transformationalen Führungsstil, operationalisiert im Faktor „Inspirational Moti-vation", anwenden als externe Führungskräfte in FU.

> *Hypothese 6:*
> *Die Ausprägung des Konstruktes „Inspirational Motivation" ist bei familienangehörigen*
> *Führungskräften in FU höher als bei familienexternen Führungskräften in FU.*

Im Weiteren wird das Konstrukt „Intellectual Stimulation" in Bezug auf die vorliegende Fragestellung diskutiert.

4.3. Intellectual Stimulation

„Intellectual Stimulation" beschreibt den Teilaspekt der TFF, bei dem die Führungskraft durch ihr Verhalten die Kreativität der Geführten fördert und eine Atmosphäre schafft, in der neue Herangehensweisen an Probleme ermöglicht werden (Bass, 1998).

„Intellectual Stimulation" zielt laut Bass (1985) auf die selbst-reflexive Veränderung von Werten und Überzeugungen bei den Geführten ab. Dabei wird das Konstrukt einerseits durch den wahrgenommenen Bedarf an Innovation durch die Führungskraft und die Geführten (Gebert, 2002) und andererseits durch ein innovationsförderliches Führungsverhalten (Dörr, 2006) befördert. Im Folgenden soll zuerst der wahrgenommene Innovationsdruck durch Führende und Mitarbeiter in FU und in NFU behandelt werden. Danach wird die Wahrscheinlichkeit der Anregungen der Führenden zu kreativer und innovativer Problemlösung in FU und NFU betrachtet, um potentielle Unterschiede zu identifizieren.

Der hyperkompetitive Wettbewerb in dynamischen Märkten verlangt von Organisationen eine immer höhere Anpassungsfähigkeit (Volberda, 1996) und verstärkt den allgemeinen Innovationsdruck in modernen Unternehmen (Schreyögg, 1999). Von Geführten wird deshalb zunehmend erwartet, dass diese Innovationen erzeugen, und deren Arbeitsplatzsicherheit wird immer mehr von ihrer kreativen Problemlösefähigkeit abhängig gemacht (Enquete-Kommission, 2013).

Wie oben bereits diskutiert, verursacht die SEW-Dimension „Renewal of Family Bonds" für die Mitarbeiter von FU eine höhere Arbeitsplatzsicherheit, da Familienunternehmer Langfristigkeit und Beständigkeit als fundamentalen Wert betrachten. Durch diese höhere Arbeitsplatzsicherheit haben Geführte in FU evtl. einen geringeren Innovationsdruck als Geführte in NFU mit einer geringeren Arbeitsplatzsicherheit. Mitarbeiter in NFU wissen aufgrund des klaren, rationalen Arbeitsvertrages, dass das Unternehmen ohne Innovativität ggf. nicht mehr bestehen kann. Insofern wird von ihnen Innovativität verlangt. Mitarbeiter in FU bauen evtl. stärker auf ihre Arbeitsplatzsicherheit, die anvisierte langjährige Existenz des Unternehmens und die relativ stabile Marktposition. Auf diese Weise könnte der Innovationsdruck bei Mitarbeitern in FU geringer ausfallen als der Innovationsdruck bei Mitarbeitern in NFU.

Doch wie wahrscheinlich ist es jeweils, dass Führungskräfte in FU oder NFU Anregungen zu kreativer und innovativer Problemlösung bieten? Längst wird diskutiert, dass es sinnvoll ist, Geführte in Entscheidungen einzubeziehen. Denn je höher die Partizipation der Mitarbeiter am Entscheidungsprozess ist, desto höher ist die Entscheidungsqualität (u. a. Yukl, 1999a, s. a. 2.5.).

Die Gefahr von „starken Organisationskulturen" (Ebers, 1985) für die im Unternehmen gepflegte Innovationskultur liegt in der Homogenisierung zentraler Einstellungen und Werte (Gebert, 2002). Eine charismatisch-visionäre Führungsart, so wie sie aufgrund der oben formulierten Hypothesen in FU erwartbar ist, führt laut Schneider, Goldsmith und Smith (1995) über einen verstärkten Attraction-Selection-Attraction-Zyklus zu einem beschleunigten Homogenisierungsprozess innerhalb der Organisation. Mit den innovationshinderlichen Barrieren „Zensur nach innen" und „Abschottung nach außen" (Gebert, 2002, S. 223) entsteht die höhere Homogenisierung (weitere Ausführungen s. 2.5.).

Weiterhin spricht Klein (2010, S. 223) davon, dass beim in FU häufig anzutreffenden paternalistischen Führungsstil „jede außergewöhnliche Leistung [als] ein Angriff auf [..] die Führungsperson" verstanden wird. In einer derartigen Unternehmenskultur sind neue Ideen evtl. nur ungern gesehen und werden so im Keim erstickt. FU mit einer autoritären Führungskultur bieten externen Mitarbeitern keine Möglichkeiten zur Entwicklung innerhalb der Firma und erschaffen damit ein unfaires Umfeld (Barnett & Kellermanns, 2006).

Bei der Suche nach einer entsprechenden SEW-Dimension zur Erklärung dieses Phänomens gelangt man zu „Family Control and Influence": Wenn die Sicherstellung familiärer Kontrolle über das Unternehmen einen hohen Wert für Familienunternehmer aufweist (u. a. Gómez-Mejía et al., 2011), dann könnte in einer außergewöhnlichen Idee oder Leistung von anderen eine Bedrohung dieser Kontrolle liegen. Innovative Ideen der Geführten würden für den Familienunternehmer evtl. eine solche Gefahr ausstrahlen. Auch „Family Members' Identification" könnte eine Rolle spielen, wenn die Identifikation mit dem Unternehmen dazu führt, dass den weniger identifizierten Personen wie den (familienexternen) Geführten durch die stärker identifizierten (familieninternen) Führungskräfte das Recht auf innovative Ideen und innovatives Verhalten, und damit die Transformation des Status Quo, abgesprochen wird. Mit Blick auf die Dimension „Renewal of Family Bonds" ließe sich jedoch vermuten, dass innovationsfördernde Maßnahmen als überlebenswichtig angesehen werden, zumal diese je nach Branche erheblich risikominimierend wirken können (Palmer & Wiseman, 1999). Dennoch zeigen Chen und Hsu (2009) auf, dass es einen negativen Zusammenhang zwischen Forschungs- und Entwicklungsinvestitionen und Familienkontrolle gibt (s. a. Muñoz-Bullon & Sanchez-Bueno, 2011). Dies hebt die Bedeutung von sozio-emotionalen Werten in FU hervor, auch im Umgang mit überlebensnotwendigen Innovationsstrategien (Gómez-Mejía et al., 2011; De Massis, Frattini & Lichtenthaler, 2013; Kraiczy, 2013). Einige Autoren argumentieren, dass die Langfrist-Perspektive der FU auch die Exploration innovativer Ideen und das Eingehen von unternehmerischem Risiko befördert (Astrachan, Klein & Smyrnios, 2002; Litz, 1995; Zahra, 2005). Andere diskutieren, dass die starke Überlappung von Familie und Unternehmen zu konservativem Verhalten, strategischer Behäbigkeit und Risikovermeidung führt (Hall, Melin & Nordqvist, 2001; Naldi et al., 2007; Short et al., 2009; Schulze, Lubatkin & Dino, 2002; Huybrechts, Voordeckers & Lybaert, 2013).

Durch eine familiennahe Art der Führung bzw. einen paternalistischen Führungsstil (Klein, 2010b; Barnett & Kellermanns, 2006) und die daraus entstehende Gefahr der Homogenisierung, dem sog. „Group Think" (s. Ausführungen in 2.5.; s. a. Janis, 1989), vertrauen sich die Mitarbeiter in FU ihrer familienangehörigen Führungskraft stärker an als die Mitarbeiter in NFU, wo diese Tendenzen weniger stark ausgeprägt sind. Es besteht demnach unter den Geführten in FU eine geringere Nachfrage nach einem Aufzeigen neuer Herangehensweisen, da der charismatischen Führungsfigur ‚vertraut' bzw. sich auf sie verlassen wird (Conger & Kanungo, 1987).

Sowohl der wahrgenommene Innovationsdruck durch Führende und Mitarbeiter als auch die Anregung der Führungskraft zu kreativer und innovativer Problemlösung und die Nachfrage bei den Geführten ist im FU daher weniger wahrscheinlich als in NFU anzufinden.

Gegen eine höhere Innovationskraft in FU als in NFU spricht darüber hinaus die generelle Risikoaversion der FU, geprägt durch konservatives Verhalten, eine strategische „Behäbigkeit" und eine konkrete Risikovermeidung (Hall, Melin & Nordqvist, 2001; Naldi et al., 2007; Short et al., 2009; Schulze, Lubatkin & Dino, 2002; Huybrechts, Voordeckers & Lybaert, 2013). Dies führt zur Vermeidung von Investitionen in nicht abschätzbare Forschungsprojekte (Munari, Oriani & Sobrero, 2010). Ein weiterer Grund besteht darin, dass FU unter Ressourcenknappheit leiden, da weniger externes Kapital zur Verfügung steht (Gómez-Mejía, Makri & Kintana, 2010).

Es lässt sich demnach folgende, zu testende Aussage formulieren.

Hypothese 7:
Die Ausprägung des Konstruktes „Intellectual Stimulation" ist bei familienangehörigen
Führungskräften in FU geringer als bei Führungskräften in NFU.

Damit ist Hypothese 7 die erste Aussage, die familienangehörigen Führungskräften einem Konstrukt der TFF eine geringere Ausprägung zuspricht, als Führungskräften aus NFU.

Wenden wir uns erneut der Unterscheidung von familienangehörigen und externen Führungskräften in FU zu. Oben wurde argumentiert, dass in NFU ein höherer Innovationsdruck herrsche als in FU. Dies müsste sich auf alle Arten von Führungskräften in den Unternehmenstypen beziehen. Differieren können die Führungskräfte in FU in dem Ausmaß, in dem sie Anregungen zu kreativer und innovativer Problemlösung bieten.

Externe Führungskräfte in FU sollten weniger wahrscheinlich einen paternalistischen Führungsstil aufweisen (Lim, Lubatkin & Wiseman, 2010) und damit außergewöhnliche Leistungen eben nicht als Angriff verstehen (Klein, 2010b). Neue Ideen gegenüber der externen Führungskraft sollten daher weniger Schwierigkeiten bereiten. Unklar ist, wie eine neue Idee weiter verbreitet wird und wann sie im Unternehmen ggf. auf Innovationsfeindlichkeit stößt. Sollte nämlich die externe Führungskraft diese Innovationsfeindlichkeit zu spüren bekommen haben, so wird sie ggf. selbst vorsichtig sein, neue Ideen zuzulassen oder weiterzutragen. Externe Mitarbeiter werden nicht mit dem Fokus eingestellt, als Außenstehende neues Wissen und die benötigte Kreativität mitzubringen (Chang, Chiu & Chen, 2010), die den Anstoß zu konkreten Entwicklungsprojekten geben könnten (Spiegel, 2012). Vor allem, wenn Eigentum und Kontrolle auf die selben Personen fallen, ist entsprechend der Prinzipal-Agenten-Perspektive Verhalten zum Wohl des FU zu erwarten, was Innovationen begünstigen sollte (Kim, Kim & Lee, 2008). Dies spräche für ein innovativeres Verhalten der familienangehörigen Führungskräfte. Auch sollten diese die Langfrist-Perspektive des Unternehmens durch ihre Identifikation mit dem und der langfristigen Bindung an das Untenehmen stärker verkörpern, wodurch die Exploration innovativer Ideen und das Eingehen von unternehmerischem Risiko begünstigt wird (Astrachan, Klein & Smyrnios, 2002; Litz, 1995; Zahra, 2005), weil die langfristige Orientierung dem Unternehmen die Investition in Forschungs- und Entwicklungsprojekte wahrscheinlicher auftreten lässt, da Rückflüsse aus diesen Investitionen häufig erst nach längerer Zeit zu erwarten bzw. erkennbar sind (Scherer, 1998). Die kurzen

Entscheidungswege und offene Kommunikationsstrukturen unterstützen die Bereitstellung notwendiger Finanzbeträge für Erfindungen (Craig & Dibrell, 2006), welche wiederum wahrscheinlicher von familienangehörigen Führungskräften verantwortet werden.

Der wahrgenommene Innovationsdruck ist also für beide betrachteten Gruppen gleich gering, da er durch die Unternehmensform verursacht wird. Doch die Anregung der Geführten zu innovativer Problemlösung sollte bei familienangehörigen Führungskräften stärker sein als bei -externen.

Hypothese 8:
Die Ausprägung des Konstruktes „Intellectual Stimulation" ist bei familienangehörigen Führungskräften in FU höher als bei familienexternen Führungskräften in FU.

So folgt Hypothese 8 der vorangegangenen Hypothese 7 in ihrer vorhergesagten Richtung nicht.

Im Folgenden wird das Konstrukt „Individualized Consideration" in Bezug auf die gleichen Fragestellungen diskutiert.

4.4. Individualized Consideration

„Individualized Consideration" beschreibt den Teilaspekt der TFF, bei dem die Führungskraft durch ihr Verhalten als Mentor und Betreuer gegenüber den Geführten auftritt, wobei der Einzelne respektiert, individuelle Unterschiede akzeptiert und Potentiale gefördert werden (Bass, 1998).

Die Literatur zu "Individualized Consideration" beschränkt sich auf die Unterscheidung von Managern und Leadern und vernachlässigt den Bezug zu FU. Das Konstrukt kann in die zwei verschiedene Bereiche getrennt werden (s. o.): einerseits das Eingehen auf die individuellen Bedürfnisse der Mitarbeiter und andererseits die Förderung der Potentiale der Geführten. Beide Bereiche werden im Weiteren behandelt.

Zunächst stellt sich die Frage, ob Familienunternehmer in anderer Form als Führungskräfte in NFU auf die individuellen Bedürfnisse ihrer Mitarbeiter eingehen, d. h. Geführte als Individuen behandelt und ihre Bedürfnisse individuell betrachtet werden. Die Mitarbeiterführung in FU sollte laut der SEW-Dimension „Renewal of Family Bonds" unter rationalen Gesichtspunkten auf die langfristige Bindung der Mitarbeiter an das Unternehmen ausgerichtet sein. Der persönliche und väterliche Führungsstil und die hohe

Abhängigkeit durch Nähe in FU (Pfohl & Kellerwessel, 1982) unterstützen die Bedeutung der Mitarbeiterbindung. Aus dem persönlichen Stil und der tendenziell längeren gemeinsamen Geschichte sollten stabilere persönliche Beziehungen erwachsen. Das oft charakterisierte „Anvertrauen" der Mitarbeiter an den Patriarchen in FU unterstützt diese These (Conger & Kanungo, 1987). So liegt die Vermutung nahe, dass Familienunternehmer stärker als Führungskräfte in NFU auf die Bedürfnisse ihrer Mitarbeiter eingehen.

Auch die Dimension „Binding Social Ties" kann über das Ausmaß der individuellen Mitarbeiterbetrachtung Aufschluss geben: Die sozialen Verflechtungen, die FU aufbauen, betreffen nicht nur gesellschaftliche Aspekte wie den Sinn von FU für eine ‚community citizenship' (Craig & Dibrell, 2006; Dyer & Whetten, 2006) oder die starke Vernetzung mit Institutionen (Firmen, Zulieferern, politischen Vertretern), sondern auch die Einbeziehung familienexterner Mitarbeiter in das FU (Miller & Le Breton-Miller, 2005; Cruz, Gómez-Mejía & Becerra, 2010). Diese fühlen sich in FU wegen des positiven Arbeitsumfeldes und der organisationalen Harmonie geborgen (Vallejo, 2008) und empfinden sich selbst als Teil der Familie (De Vries & Manfred, 1993; s. a. „Psychological Ownership"). Über die Einbeziehung der familienexternen Mitarbeiter wird der Erhalt des SEW angestrebt, da über diese eine zusätzliche Verflechtung mit der umliegenden Gesellschaft realisiert wird. Auf dieser Grundlage ließe sich vermuten, dass FU alle - bzw. auch familienexterne - Mitarbeiter tendenziell stärker berücksichtigen und (im Sinne des familiären Zusammenwirkens) einbinden als dies bei NFU überhaupt der Fall wäre.

Aufgrund der emotionalen Verbindung im Sinne der „Emotional Attachment"-Dimension, die die Familienmitglieder zusammenhält, sind vor allem der Schutz dieser Familienmitglieder und die affektiven Überlegungen (SEW als „affective endowment") diesen gegenüber in FU von Relevanz. Familieninterne Mitarbeiter haben als Teil der Familie einen Zugang zu dieser „emotionalen Verbindung". Externe Mitarbeiter werden in FU diskriminiert und erhalten weniger Möglichkeiten zur Entwicklung als Familienangehörige (Barnett & Kellermanns, 2006). Dies legt die Vermutung nahe, dass die Bedürfnisse der familieninternen Angestellten stärker berücksichtigt werden als die familienexterner Mitarbeiter.

Weiterhin stellt sich die Frage, ob Familienunternehmer die Entwicklung der Kompetenzen ihrer Mitarbeiter in anderer Form als Führungskräfte in NFU fördern. Durch die Items des MLQ wird erfragt, ob die jeweilige Führungskraft Zeit für Lehr- und Coachingtätigkeit investiert und anderen bei der Entwicklung ihrer Stärken hilft. In der Literatur häufig zitierte fehlende Strukturen und eine direktere Kommunikation in FU (Klein, 2010b) erhalten die Flexibilität des Unternehmens und verkürzen die Reaktionszeit für

Entscheidungen. Doch diese Eigenschaften erschweren auch eine bedarfsgerechte Förderung der Mitarbeiter, wie sie häufig in NFU zu finden ist. Wo in NFU Zielvereinba-
rungs- und Feedbackgespräche das Ziel haben, die Potentiale der Mitarbeiter zu bergen,
fehlen diese Hilfsstrukturen in FU häufig (Klein, 2010b). Aus diesen Gründen ist anzunehmen, dass die Entwicklung der Kompetenzen der eigenen Mitarbeiter in FU schwächer ausfällt als in NFU.

Berrone, Cruz und Gómez-Mejía (2012b) heben für die „Family Control"-Dimension hervor, dass dabei nicht nur die direkte Kontrolle der wichtigsten Unternehmenspositionen,
sondern auch subtilere Arten der Kontrolle durch die Familie zu beachten sind. Der
Kompetenzaufbau der Mitarbeiter betrifft diese Dimension insofern, als dass FU für den
Erhalt der Kontrolle durch die Unternehmensfamilie auf die Weitergabe familieninterner Kompetenzen angewiesen sind. Die Auswahl und Betreuung ausgewählter Familienmitglieder gehört zu den wichtigsten Entscheidungen eines Familienoberhaupts und
Familienunternehmers (Le Breton-Miller, Miller & Steier, 2004).

Wie die „Family Members' Identification"-Dimension thematisiert, spielt bei der Identifikation die Zugehörigkeit zur Familie eine zentrale Rolle. Castania und Helfat (1991;
1992) stellen fest, dass Mentoring und Coaching in FU oft als Weg angesehen werden,
einen besseren Transfer von spezifischem Wissen über die Generationen zu gewährleis-
ten. Dadurch wird auch die Identifikation des potentiellen Nachfolgers mit der Firma
verstärkt (Sharma, 2004).

Zentral ist hier ebenfalls die „Renewal of Family Bonds"-Dimension, die Kompetenz-
übertragung und Kompetenzaufbau der v. a. familieninternen Mitarbeiter als einen zentralen Aspekt des SEW in FU (Zellweger & Astrachan, 2008; Zellweger et al., 2011) betrachtet. Wie bereits betont, wird das FU als Erbe angesehen, das es gilt, an die Nachkommen weiterzugeben (Casson, 1999; Tagiuri & Davis, 1992). Dies spricht für ein
zweigleisiges Coaching und „Leading" in FU im Gegensatz zu NFU. Die Vermutung liegt
nahe, dass FU und NFU ein unterschiedliches Maß an Coaching und Mentoring aufweisen. Evtl. wird der Kompetenzaufbau in FU bei familienexternen Mitarbeitern zugunsten
der familieninternen Mitarbeiter vernachlässigt.

Werden nun beide Bestandteile des Konstruktes „Individualized Consideration" zusam-
mengefasst, ergibt sich ein widersprüchliches Bild: Familienunternehmer sollten zwar
stärker als Führungskräfte in NFU auf die Bedürfnisse ihrer Mitarbeiter eingehen, deren
Kompetenzen jedoch tendenziell schwächer als Führungskräfte in NFU entwickeln. Aufgrund der mangelnden unterstützenden Literatur sind die hier dargelegten Argumente
jedoch als schwach zu beurteilen. Mithilfe einer Faktorenanalyse müssen die erhobenen

Daten dahingehend untersucht werden, ob es sich beim Konstrukt „Individualized Consideration" nicht um mehrere Faktoren handelt. Die obige Argumentation spricht zwar für einen Unterschied zwischen FU und NFU aufgrund von jeweils unterschiedlichen Strukturen in den Unternehmensformen. Die Richtung des Zusammenhangs zwischen der Unternehmensform und dem Konstrukt „Individualized Consideration" kann jedoch nur schwer vorausgesagt werden und wird daher im Weiteren explorativ untersucht.

Daraus ergibt sich die folgende Formulierung.

Hypothese 9:
Die Ausprägung des Konstruktes „Individualized Consideration" für familienangehörige Führungskräfte in FU unterscheidet sich von der für Führungskräfte in NFU.

Unterscheiden sich auch familienangehörige und externe Führungskräfte innerhalb von FU bzgl. des Konstruktes voneinander? Inwiefern gehen sie unterschiedlich auf die individuellen Bedürfnisse ihrer Mitarbeiter ein? Inwiefern werden Kompetenzen in unterschiedlichem Maß entwickelt und Potentiale unterschiedlich gefördert?

Die Mitarbeiterführung in FU ist für beide Führungskräfte unter rationalen Gesichtspunkten auf die langfristige Bindung der Mitarbeiter an das Unternehmen ausgerichtet. Aus der hohen Abhängigkeit durch Nähe (Pfohl & Kellerwessel, 1982) und der tendenziell längeren gemeinsamen Geschichte sollten stabilere persönliche Beziehungen erwachsen. Das typische „Anvertrauen" der Mitarbeiter an den Patriarchen in FU sollte gegenüber externen Führungskräften nicht stattfinden (Conger & Kanungo, 1987). Die obigen Argumente zur Bedeutung der Einbeziehung externer Mitarbeiter in das FU (Miller & Le Breton-Miller, 2005; Cruz, Gómez-Mejía & Becerra, 2010) sollten auch für externe Führungskräfte gelten. So liegt die Vermutung nahe, dass beide Führungskräfte ähnlich auf die Bedürfnisse ihrer Mitarbeiter eingehen.

Fehlende Strukturen und eine direktere Kommunikation in FU (Klein, 2010b) sind Bestandteil des Unternehmensaufbaus und der -kultur und betreffen damit sowohl familienangehörige als auch externe Führungskräfte. Diese Eigenschaften erschweren die bedarfsgerechte Förderung der Mitarbeiter. Hilfsstrukturen wie Zielvereinbarungs- und Feedbackgespräche mit dem Ziel, die Potentiale der Mitarbeiter zu bergen, fehlen in FU häufig (Klein, 2010b). Mentoring und Coaching in FU dienen einen besseren Transfer von spezifischem Wissen über die Generationen (Sharma, 2004) und richten sich damit primär an familienangehörige Mitarbeiter. Es ist anzunehmen, dass die Entwicklung der Kompetenzen in FU über die Unternehmensform schwächer ausfällt als in NFU und für familienangehörige Führungskräfte anders als für externe Führungskräfte wirkt.

Die obige Argumentation spricht für einen Unterschied zwischen familienangehörigen und externen Führungskräften bzgl. der Ausprägung des Konstruktes „Individualized Consideration". Zur Überprüfung der Argumentation wird folgende Hypothese aufgestellt:

Hypothese 10:
Die Ausprägung des Konstruktes „Individualized Consideration" für familienangehörige Führungskräfte in FU unterscheidet sich von der für familienexterne Führungskräfte in FU.

Nachdem sich dieses Kapitel ausführlich mit den Hypothesen zur Unterschiedlichkeit der Unternehmensformen und der Zugehörigkeit zur Unternehmerfamilie in Bezug auf deren Ausprägung der einzelnen Konstrukte der TFF beschäftigt hat, wird im nächsten Kapitel die Methode zur Überprüfung der zehn Hypothesen und die Untersuchung selbst genauer vorgestellt.

5. Untersuchung und Methode

Nach der Herleitung der Hypothesen im letzten Kapitel wird nun das Design der Untersuchung genauer erläutert. Dafür wird in der Detailtiefe auf die Operationalisierung eingegangen, dass eine Replizierung der Studie ermöglicht wird. Hierzu gehören die wichtigsten Eckpunkte des Studiendesigns (5.1.), die Beschreibung der untersuchten Zielgruppe (5.2.), die Rekrutierungsmaßnahmen (5.3.), die genaue Vorstellung der Rahmenbedingungen für die Beantwortenden (5.4.) und die Inhalte eines entwickelten Fragebogens (5.5.) sowie die Nennung der durchgeführten Analysen für die Auswertung (5.6.).

5.1. Studiendesign

Um die Hypothesen zu überprüfen, werden die Versuchsgruppen „familienangehörige Führungskräfte in FU" (famFU) und „familienexterne Führungskräfte in FU" (extFU) untersucht. Die Referenzgruppe bilden „Führungskräfte in NFU" (nonFU). Außerdem werden die Urteile der Geführten über die drei Formen von Führungskräften erfasst (s. Abb. 6).

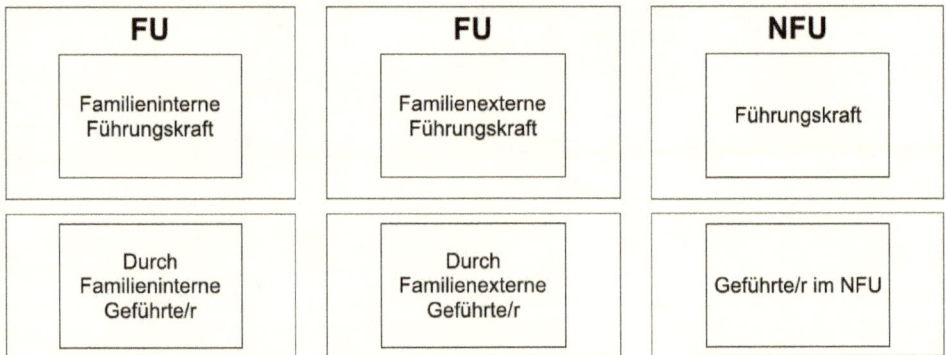

Abbildung 6: *Schema der Versuchsgruppen und der Referenzgruppe*

Es wurde darauf verzichtet, die Geführten und Führenden aus demselben Team oder demselben Unternehmen zu befragen, da Zweifel an der Anonymität der Mitarbeiter und Angst vor der mangelnden Geheimhaltung der Fragebogendaten aufgrund z. B. des Effektes der ‚Sozialen Erwünschtheit'[35] zu Antwortverzerrungen führen könnten. Zudem wurde während der Datensammlung offenbar, dass der Zugang zu Geführten durch die

---

[35] ‚Soziale Erwünschtheit' umschreibt die Bestrebung von Versuchspersonen, sich vorteilhaft darzustellen und negative Aspekte zu verschweigen. In dem vorliegenden Kontext bezieht sie sich auf eine „Zensur" eigener Wertungen, um negative Konsequenzen zu vermeiden (Manstead & Semin, 2003).

Führenden blockiert wurde, da sich diese nicht von ihren Untergebenen bewerten lassen wollten.

Die Hypothesen wurden mit einem quantitativen Fragebogen-Design überprüft, um die Versuchsgruppen einem konkreten Vergleich zu unterziehen. Die Datengewinnung erfolgt über eine schriftliche Befragung mit vorgegebenen Antwortkategorien. Es handelt sich um eine nicht-experimentelle Forschung im Feld ohne künstlichen Eingriff in die relevanten Variablen. Daher sind statistisch keine kausalen Aussagen möglich (Huber, 1997). Stattdessen werden die systematischen Zusammenhänge zwischen den Variablen und damit das gemeinsame Auftreten konkreter Kombinationen untersucht. Die Kausalität der Aussagen lässt sich auf Basis der theoretischen Vorüberlegungen herstellen bzw. diskutieren.

Die unabhängigen Variablen der Studie sind, entsprechend den Hypothesen (s. Kapitel 4), die Zugehörigkeit zu einem FU und - falls Mitglied eines FU - die Zugehörigkeit des Führenden zur Unternehmerfamilie des FU (s. 3.1.). Die abhängigen Variablen sind die Ausprägungen der jeweiligen Führungsstil-Faktoren der TFF (s. Abb. 7).

Hypothesen

Unabhängige Variable

Abhängige Variablen

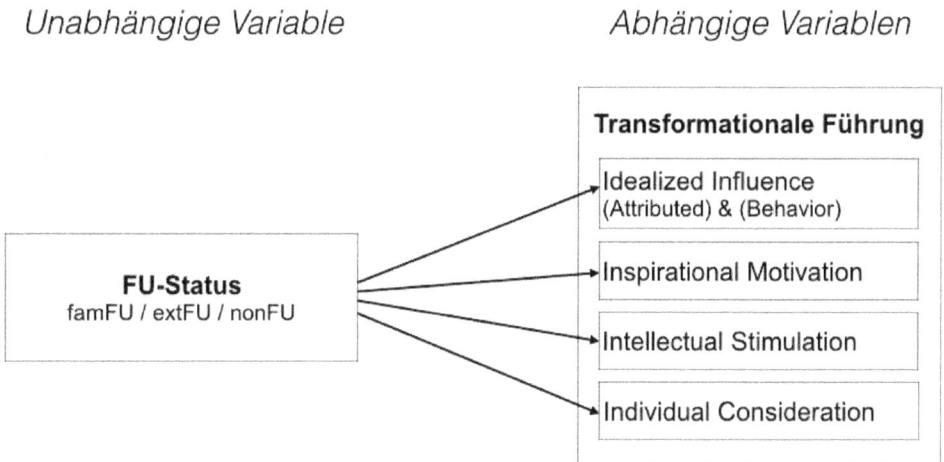

Abbildung 7: *Unabhängige und abhängige Variablen entsprechend der Hypothesen*

Darüber hinaus ergeben sich durch das Messinstrument MLQ die weiteren abhängigen Variablen der aus dem Führungsstil resultierenden Organisationsergebnisse und die Überprüfung der Robustheit der als Selbstbeurteilung erfassten Führungsstilergebnisse durch eine unabhängige Gruppe Geführter aus denselben Unternehmensformen (s. Abb.

8 sowie Details zum MLQ, 5.5.1.). Auch untersucht der MLQ neben den Komponenten des transformationalen Führungsstils auch Komponenten anderer Führungsstile, welche ebenfalls explorativ untersucht werden können (s. Abb. 9).

Exploration (exemplarisch für „Idealized Influence")

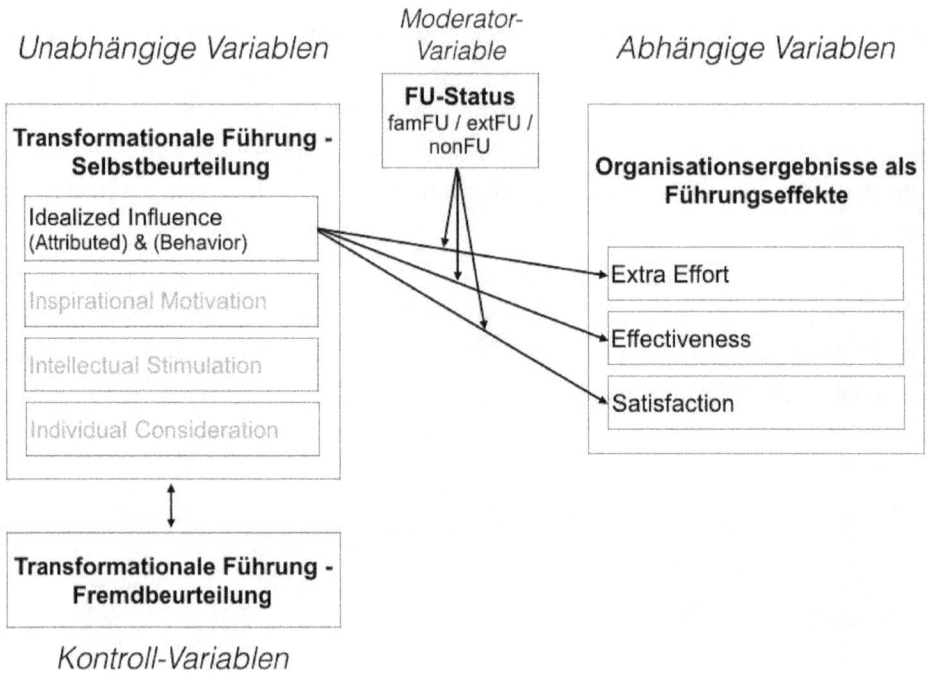

Unabhängige Variablen
Moderator-Variable
Abhängige Variablen

FU-Status
famFU / extFU / nonFU

Transformationale Führung - Selbstbeurteilung

Idealized Influence
(Attributed) & (Behavior)

Inspirational Motivation

Intellectual Stimulation

Individual Consideration

Organisationsergebnisse als Führungseffekte

Extra Effort

Effectiveness

Satisfaction

Transformationale Führung - Fremdbeurteilung

Kontroll-Variablen

Abbildung 8: Unabhängige, Moderator-, Kontroll- und abhängige Variablen aus dem MLQ und Fragebogen-Setup zur explorativen Untersuchung

Exploration für Transaktionale Führung und Passiv-vermeidende Führung

Unabhängige Variable   Abhängige Variablen

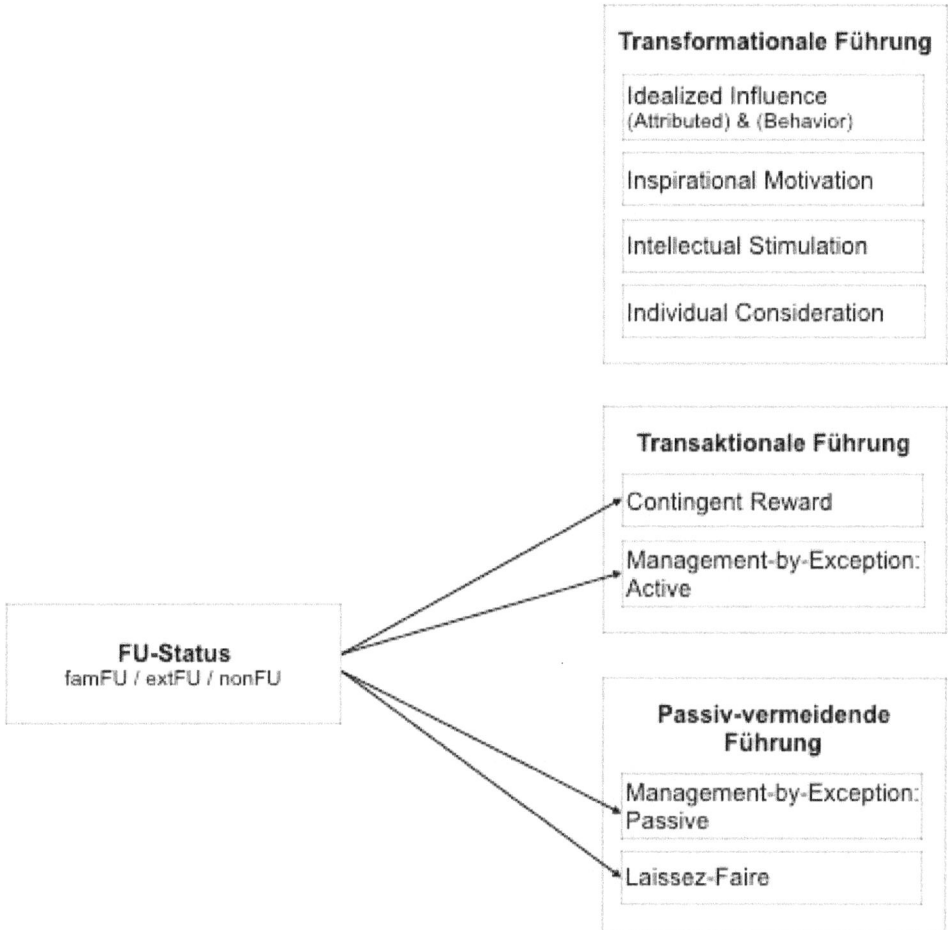

Transformationale Führung

Idealized Influence
(Attributed) & (Behavior)

Inspirational Motivation

Intellectual Stimulation

Individual Consideration

Transaktionale Führung

Contingent Reward

Management-by-Exception:
Active

FU-Status
famFU / extFU / nonFU

**Passiv-vermeidende
Führung**

Management-by-Exception:
Passive

Laissez-Faire

Abbildung 9: *Unabhängige und abhängige Variablen entsprechend der weiteren vom MLQ erfassten Führungsstile zur explorativen Untersuchung*

Der Untersuchungskontext zeichnet sich durch eine Vielzahl an potentiellen Störvariablen aus, die die untersuchten Zusammenhänge beeinflussen könnten. Diese können in der Praxis nicht konstant gehalten werden, weswegen sie in ihrem natürlichen Vorkommen mit erfasst werden, um ihre systematische Wirkung auf die relevanten Zusammenhänge ebenfalls überprüfen zu können. Es handelt sich um diverse organisationale und personale Einflussfaktoren (s. Abb. 10; s. dazu Details zu den Fragebogen-Komponenten, 5.5.2. bis 5.5.6.).

Liste der Störvariablen

Unabhängige Variablen oder Kovariate

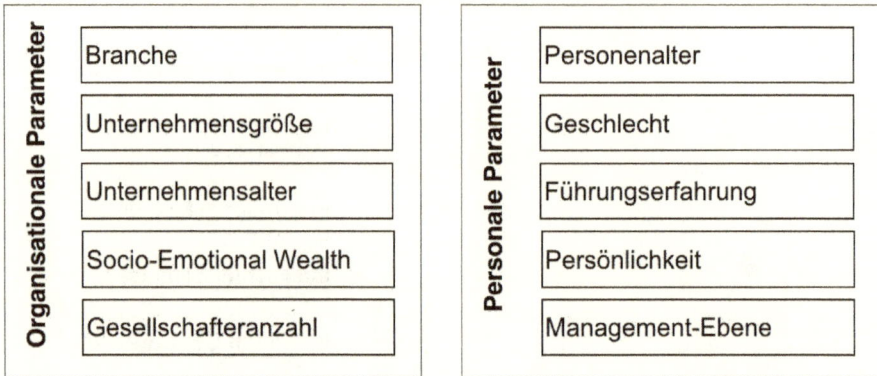

Organisationale Parameter	Personale Parameter
Branche	Personenalter
Unternehmensgröße	Geschlecht
Unternehmensalter	Führungserfahrung
Socio-Emotional Wealth	Persönlichkeit
Gesellschafteranzahl	Management-Ebene

Abbildung 10: Mit erfasste organisationale und personale Störvariablen, welche in die Analyse als unabhängige Variablen oder Kovariate eingehen können

Von diesen potentiellen Einflussfaktoren wurden wenige bereits empirisch als solche belegt. Klein (2010b) erwähnt, dass die Unternehmensgröße, gemessen an der Mitarbeiterzahl, die drei spezifischen Führungsausprägungen in FU bestimmt (s. 3.6.), wobei sie keine entsprechende Empirie dazu erwähnt. Mit steigendem Umsatz nimmt die Direktheit des Führungsstils in FU ab (Gimeno et al., 2010; Ehrhardt, Nowak & Weber, 2005). Das Geschlecht der Führungskraft ist ein Kontextfaktor für den Zusammenhang zwischen Führungsstil und Organisationsergebnissen (Antonakis, Avolio & Sivasubramaniam, 2003). Familienexterne Führungskräfte weisen häufig mehr Führungserfahrung und dadurch eine höhere Leistungsfähigkeit auf (Bennedsen et al., 2007). Die Anwendung von TFF im Erwachsenenalter wird auch durch die erste Vollzeit-Arbeitsstelle der Führungskraft vorhergesagt (Avolio, 1994). Das 5-Faktoren-Modell der Persönlichkeit korreliert mit dem Führungsstil mit $r = .48$ (Judge et al., 2002a), wobei dies nahe an der Grenze zu einem großen Effekt von $r = .50$ liegt (Field, 2009). Individuelle Persönlichkeitsmerkmale der Führenden leisten einen Beitrag zur Anwendung eines transformationalen Führungsstils (Steyrer, 1999). Als gesicherte Einflussfaktoren können also das Geschlecht und die Persönlichkeit der beantwortenden Person angenommen werden. Die übrigen Störvariablen werden als Einflussfaktoren in der Literatur lediglich diskutiert, jedoch nicht empirisch bestätigt. Trotzdem wurden sie in die Untersuchung aufgenommen, um im Falle von relevanten explorativen Befunden auf diese Diskussionen eingehen zu können.

5.2. Zielgruppe

Zur Teilnahme aufgefordert wurden Führungskräfte mit Personalführungsaufgabe bzw. Weisungsbefugnis über mindestens drei untergegebene Mitarbeiter (Empfehlung von Bass & Avolio, 2004; Holst & Busch, 2010; für eine Diskussion s. Körner & Günther, 2011). Sie sollten möglichst eine Führungserfahrung von mindestens fünf Jahren aufweisen (Coverdale, 2010), damit von einem eher gefestigten statt einem noch suchenden, experimentellen Führungsstil ausgegangen werden kann (Bowen & Ostroff, 2004; Brooks, 2009; Nadler, 2007). Die Unternehmenszugehörigkeit der Führungskräfte wurde nicht eingeschränkt, da sich die Zugehörigkeit zu der jeweiligen Versuchsgruppe aus den Antworten im Fragebogen ergibt und über die erschöpfende Kategorisierung Führungskräfte aller Unternehmenstypen in die Untersuchung einfließen können. In den Rekrutierungsmaßnahmen wurde versucht, mehrere Führungskräfte einer Versuchsgruppe aus einem Unternehmen zu vermeiden, um die Wirkung von Unternehmenskulturen als Störvariable auszuschließen.

5.3. Rekrutierung

Die Rekrutierung der Versuchspersonen begann am 24.09.2013 und verlief über drei Wege: Persönliche Ansprache im privaten und beruflichen Umfeld, Nutzung interessenrelevanter Online-Netzwerke als breite Plattformen und Ansprache fachlich relevanter Multiplikatoren zur Streuung in deren eigenem Netzwerk. Jeweils wurde in Aussicht gestellt, dass die Teilnehmer auf Wunsch eine individuelle Auswertung der Ergebnisse erhalten, die ihre eigenen Angaben der Gesamtstichprobe gegenüberstellt. Dieses Angebot wurde von 41,83 % der Teilnehmer angenommen. Die Erfahrungen mit den einzelnen Rekrutierungswegen liefern praktische Hinweise für zukünftige Studien und sind daher im Anhang aufgeführt, auch wenn sich die konkrete Erfolgsquote aufgrund der Anonymität des Fragebogens häufig nur schätzen lässt.

In der persönlichen Ansprache wurden Personen rund um die Universität Witten/Herdecke gGmbH (N = 58), privat oder beruflich bekannte Geschäftsführer (N = 26 schriftlich und mündlich), Mitarbeiter in FU (N = 36 schriftlich), familienexterne Führungskräfte in FU aus dem Wittener Trägerkreis (s. u., N = 52 schriftlich, N = 29 mündlich) und Doktoranden, Berater oder andere Multiplikatoren aus dem FU-Umfeld (N = 9 mündlich) per E-Mail und Telefon um ihre Teilnahme, Weiterleitung bzw. konkrete Kontaktempfehlungen gebeten. Einige Personen meldeten ihre Teilnahme und die Weiterleitung an eigene Kontakte explizit zurück. Für die Weiterleitung an Zweitkontakte wurde ein standardisierter Erläuterungstext bereitgestellt. Eine Empfehlung ergab z. B. 40 Direktkontakte zu famFU-Geschäftsführern, von denen ca. 15 teilgenommen haben müssten.

Über die Online-Plattform für berufliche Kontakte „Xing" (www.xing.com) wurden diverse Gruppen mithilfe eines Forenbeitrags aktiviert. So wurden am 22.10.2013 die Mitglieder der vier Gruppen für Unternehmerinnern und Unternehmer mit den jeweiligen Mitgliedszahlen kontaktiert: „1x1 für Führungskräfte" (7.229 Mitglieder), „Unternehmernetzwerk Bayern / Baden-Württemberg" (2.183), „Mittelstand Hessen" (2.077) und „Mittelstand und Politik in Deutschland" (3.928). Am 28.10.2013 wurden vier weitere Gruppen mit dieser Zielgruppe angeschrieben: „Personalmanagement & Führung" (17.171), „XING Community München" (89.989), „Business Network Group" (23.913) und „ALSTER Business Club" (4.190). Am 20.11.2013 wurden die folgenden drei Gruppen für Mitarbeiterinnen und Mitarbeiter kontaktiert: „Netzwerk Arbeit" (2.576), „Xing Community München" (90.096) und „Bonn-Rhein-Sieg Kreis" (21.824). Die Auswahl der Gruppen erfolgte aufgrund der Kombination aus inhaltlicher Relevanz und besonders hohen Mitgliederzahlen.

Für das private Netzwerk der Autorin wurde ein „Event" im Online-Netzwerk Facebook eingerichtet. Dieser zeichnet sich durch Festlegung eines konkreten Termins aus, es können Bilder und Erklärungstexte veröffentlicht und Einladungen durch teilnehmende Gäste verschickt werden. Der Event „Doktorarbeit: Führungsstil & Unternehmenskultur" informierte kurz über das Forschungsprojekt, ohne die Absicht der Studie zu verraten, und forderte zur Teilnahme am Fragebogen auf. Das Ziel war, dass interessierte Kontakte die Einladung für den Event eigenständig an das eigene Netzwerk weiterleiten konnten. Über das Netzwerk wurden final 1.365 Personen eingeladen. 63 sagten explizit zu, 22 bezeichneten ihre Teilnahme als unsicher. Es ist aufgrund der Rücklaufquote anzunehmen, dass die Zusagen einer erfolgten Fragebogenteilnahme entsprechen.

Zudem wurden Verbände, Stiftungen und Forschungseinrichtungen angeschrieben und angerufen, damit diese ihre Mitglieder bzw. ihr Netzwerk über die Studien informierten. Am 10.10.2013 stellte Prof. Dr. Arist von Schlippe das Dissertationsprojekt auf der Trägersitzung des WIFU vor. Dazu wurden informierende Handzettel ausgelegt. Am 18.10.2013 wurde das Hamburger Institut für Familienunternehmen (HIF), am 01.11.2013 die Stiftung Familienunternehmen und am 11.11.2013 die Jungen Unternehmer (BJU) und die Familienunternehmer (ASU), bzgl. ihrer Jahressitzung, kontaktiert. Eine persönliche Empfehlung verwies auf die Landesgeschäftsführung NRW des Bundesverbandes mittelständische Wirtschaft (BVMW), welche vom 28.10.2013 bis zum 16.12.2013 kontaktiert wurde.

Anfangs zeigte sich eine eher verhaltene Teilnehmerzahl für die Direktansprache, woraufhin ein Incentive eingeführt wurde: Für ein vollständig ausgefülltes Fragebogenset eines Unternehmens durch die Führungskräfte und Geführten sollten 50 EUR an den gemeinnützigen Wittener Verein activado e.V. gespendet werden. Dieser unterstützt junges Unternehmertum durch verschiedene Aktionen. Die Teilnehmerzahlen verbesserten sich dadurch geringfügig, doch es wurde kein vollständiges Datenset mit dieser Incentivierung erreicht.

Die zentrale Erhebungsphase fand im Oktober, November und Dezember 2013 statt. In diesem Zeitraum wurden 129 vollständig ausgefüllte Fragebögen gesammelt, wobei sowohl Angaben von Führungskräften der drei Gruppen als auch Mitarbeitern enthalten waren. Von Januar bis April 2014 kamen weitere 26 dazu. Um die Größe der Versuchsgruppen in den letzten Wochen der Datenerfassung im Mai 2014 auf mindestens $N = 50$ vollständig ausgefüllte Datensätze pro Gruppe zu steigern, wurde ein direkteres Incentive eingeführt. Teilnehmer bekamen einen Warengutschein-Code für das Medienversandhaus "Hugendubel" im Wert von 15 EUR zugesandt. Die Rücklaufquote stieg mit diesem Incentive enorm und es konnten in zwei Wochen weitere 61 vollständig ausgefüllte Fragebögen erfasst werden. Da Orne (1962) rät, Versuchspersonen nur dann zu bezahlen, wenn keine anderen Rekrutierungsmaßnahmen zum Erfolg führen, wurde diese Lösung erst zum Schluss der Erhebung gewählt. Er begründet dies damit, dass die Versuchspersonen sich aufgrund der Bezahlung im Gegenzug als gute Versuchspersonen darstellen wollen, wodurch die Ergebnisse verfälscht werden.

Es handelt sich aufgrund oben genannter Schritte um eine Selbstselektion der Befragten und damit um eine anfallende Stichprobe (Huber, 1997). So wurden besonders viele Personen und Multiplikatoren über die Befragung informiert, um möglichst viele potentielle Teilnehmer zu erreichen. Tatsächlich nahm nur ein relativ kleiner Anteil der erreichten Personen an der Befragung teil.

5.4. Durchführung

Der Fragebogen konnte online über einen sicheren Link (https://www.soscisurvey.de/Fuehrungsstile2013/) abgerufen werden. Als Fragebogen-Software wurde das Tool „Sosci Survey" mit der Programm-Version 2.4.00-i verwendet, welches für Forschungszwecke kostenlos zur Verfügung steht und sich durch zahlreiche Möglichkeiten individueller Anpassung per PHP-Programmierung auszeichnet. Verschiedene Filterungen führten die Befragten über den Link auf die verschiedenen Versionen für a) Führende in FU, b) Führende in NFU, c) Geführte in FU und d) Geführte in NFU. So war es möglich, die

Informationen zum Fragebogen auch ohne Rücksicht auf die potentiell erreichte Unter-Zielgruppe weit zu streuen und vom Rekrutierungsweg unabhängig zu halten. Zudem wurde die Weitergabe des Links an alle avisierten Zielgruppen vereinfacht. Über den einen Link war die Teilnahme aller Gruppen zentral möglich. Aufgrund der zahlreichen Filterungen kam eine Papier-Bleistift-Version des Fragebogens nicht in Frage, da diese aus einem Stapel Papier bestanden hätte, von dem nur wenige Fragen für die Ausfüllenden relevant gewesen wären.

Die Datenerfassung nutzte demnach den sog. CAWI-Modus, das ‚Computer Assisted Web Interview', in dem kein direkter Kontakt zur Versuchsperson besteht. Gegenüber einer Papier-Bleistift-Erhebung diskutieren Krüger und Funke (1998) für internet-basierte Befragungen eine kürzere Rücklaufzeit, da sie nicht postalisch verschickt werden. Sie erreichen zudem auch Personen in entfernteren Distanzen, reduzieren die Kosten einer Studie bei gleichzeitiger Ermöglichung eines höheren Stichprobenumfangs und erlauben die automatische Datenverarbeitung, die über zeitnahe Eingabekontrolle Datenfehler verringert. Teilnehmer sind weder zeitlich noch örtlich gebunden und die komplette Freiwilligkeit der Teilnahme ist gewährleistet. Zudem befinden sich die Befragten während der Beantwortung wahrscheinlich in ihrem bekannten und für die Befragung relevanten Arbeitsumfeld (Krüger & Funke, 1998). Eine unbewusste Beeinflussung der Teilnehmer durch den Versuchsleiter-Erwartungseffekt ist ausgeschlossen (Huber, 1997). Nachteilig ist laut den Autoren die Stichprobenselektivität, die nicht gänzlich auszuschließenden Mehrfach-Antworten in den Daten, eine geringere Motivation der Teilnehmer, unkontrollierbare Befragungsbedingungen, wie z. B. eine unruhige Umgebung, die technische Varianz, z. B. die Internetverbindung, und die fehlende Rückfragemöglichkeit bei Unklarheiten in der Fragestellung (Krüger & Funke, 1998).

Die dargebotene Itemanzahl variierte von 65 Items der kürzesten Version für Geführte aus NFU mit einer Dauer von ca. 7 Minuten bis zu 87 Items der längsten Version für Führende aus FU mit einer Dauer von ca. 15 Minuten. Diese Zeitangaben wurden in einem Pretest mit 10 Personen erfasst. Die 10 getesteten Personen hatten beratende, forschende oder operative Funktionen in und um FU. Der Fragebogen wurde in diesem Test überdies auf Verständlichkeit, Eindeutigkeit, logische Stringenz und technische Funktionalität überprüft. Resultierend wurden einige Formulierungen der ursprünglichen Version angepasst. Die im Pretest gewonnenen Daten wurden nicht in die Auswertung einbezogen.

5.5. Komponenten des Fragebogens

Abbildung 11 zeigt die grobe Filterung der verschiedenen Versuchsgruppen über den Fragebogen hinweg und welche Items welcher Gruppe dargeboten wurden. Die genauere Operationalisierung der Konstrukte in Form der einzelnen Komponenten des Fragebogens soll im Folgenden erläutert werden. Für die exakte Formulierung der einzelnen Items ist im Anhang eine komplette Version des Fragebogens einzusehen. Die Items des MLQ sind aus lizenzrechtlichen Gründen nicht mit abgebildet (s. ‚Letter to grant permission' der Mind Garden Inc. im Anhang).

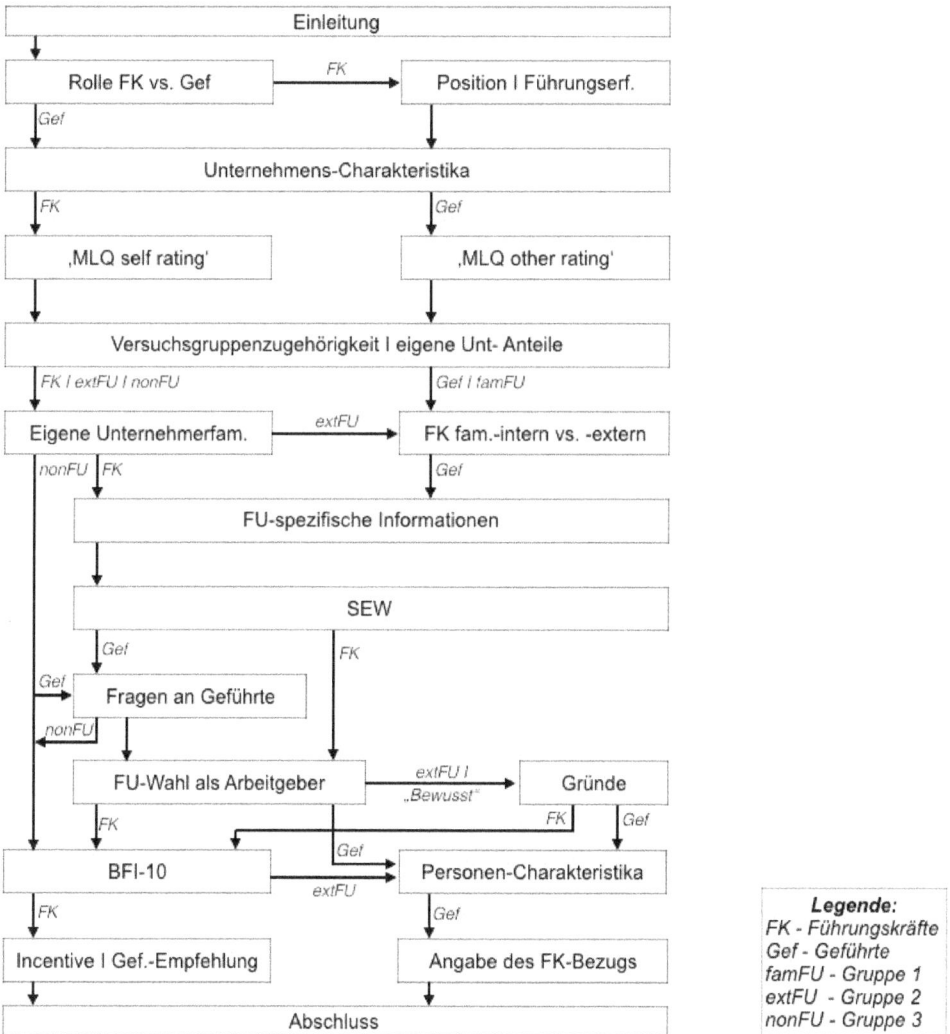

Abbildung 11: *Fließschema der Fragebogen-Filterung für die sechs verschiedenen Gruppen ‚Führungskräfte', ‚Geführte', Familienangehörige in FU, Familienexterne in FU und Personen in NFU*

5.5.1. Erfassung des Führungsstils

Das auf dem „Full Range Leadership"-Modell basierende Messinstrument „Multifactor Leadership Questionnaire" (MLQ) soll die weitere Bandbreite an Führungsverhalten erfassen und zusätzlich effektive von ineffektiven Führungskräften unterscheiden. Dabei zeichnen sich entsprechend des Modells ineffektive Führungskräfte eher durch die Vermeidung von Verantwortung und Handlung aus, effektive durch die Generierung erhöhter Entwicklungs- und Leistungseffekte in den Geführten (Bass & Avolio, 2004). Durch die hohe Bandbreite ist der MLQ für alle Bereiche und Ebenen einer Organisation und über verschiedene Branchen einsetzbar (Bass, 1998). Der MLQ hat zum Ziel, die Leistung der Führungskraft auf der Bandbreite von Führungsstilen sowie deren Richtung herauszustellen, um dieser zu erhöhter Effektivität zu verhelfen. Er kann für die Forschung, zur Messung der Ausprägungen und Zusammenhänge, sowie zum Training von Führungskräften verwendet werden, sodass in relativ kurzen Interventionen des Coachings zur konkreten Verhaltensentwicklung signifikante Verbesserungen in der Führungsleistung erreicht werden (Bass & Avolio, 2004).

In der aktuellsten Version, dem „MLQ 5X short" (Bass & Avolio, 1995), werden die neun Facetten des Führungsverhaltens in insgesamt 45 Items erfasst (s. Tab. 4), welche in den übergeordneten Faktoren „Transformationale Führung", „Transaktionale Führung" und „Passiv-vermeidende Führung" münden. Zusätzlich werden Wirkungsvariablen des Führungsstils erfasst („Extraaufwand", „Effektivität", „Zufriedenheit").

Führungsstil	Konstrukt	Item-Anzahl
Transformationale Führung	Idealized Influence Attributed (IIA)	4 Items
	Idealized Influence Behavior (IIB)	4 Items
	Inspirational Motivation (IM)	4 Items
	Intellectual Stimulation (IS)	4 Items
	Individual Consideration (IC)	4 Items
Transaktionale Führung	Contingent Reward (CR)	4 Items
	Management-by-Exception active (MbEa)	4 Items
Passiv-vermeidende Führung	Management-by-Exception passive (MbEp)	4 Items
	Laissez-Faire (LF)	4 Items
Wirkungsvariablen	Extra Effort (EE)	3 Items
	Effectiveness (EFF)	4 Items
	Satisfaction (SAT)	2 Items

Tabelle 4: *Faktoren und Facetten des MLQ 5X*

Der MLQ bedient sich für den Einsatz zu Beratungs- und Trainingszwecken einer Selbstbeurteilung und einer zusätzlichen Fremdbeurteilung (Avolio & Bass, 2004). Je beurteilter Person müssen also mehrere ausgefüllte Fragebögen einander zugeordnet werden. Die Autoren raten von einer Benennung der Fremdbeurteilenden durch den Selbsturteilenden ab, um sozial erwünschte Antworten zu reduzieren. Werte einer solchen Selektierung sind um einen ganzen Skalenpunkt herabzusetzen. Ebenfalls sollte Anonymität für den Fremdbeurteilenden gewährleistet werden, indem mindestens drei Fremdbeurteilungen je Führungskraft eingeholt werden. Dies stellt die Durchführung häufig vor eine logistische Herausforderung. Der MLQ 5X short wird von Mind Garden Inc. als webbasierter Fragebogen gegen eine Nutzungslizenz bereitgestellt. Die Erlaubnis zur Darstellung der Items ist auf fünf Items beschränkt.

Der MLQ ist einer der am häufigsten verwendeten (Hunt, 1999; Lowe, Kroeck & Sivasubramaniam, 1996; Yukl, 1999) und am besten etablierten Fragebögen zum Führungsverhalten. Er existiert in deutscher Sprache (Felfe & Goihl, 2002) und vielen anderen Sprachen, seine Validität und Reliabilität sind ausführlich untersucht worden. Die Objektivität ist aufgrund des klaren Auswertungsschemas gegeben. Kritisiert wird häufig, dass die Items nicht trennscharf seien und vor allem die transformationalen Skalen interkorrelieren. Die Lösung ist laut Bass und Avolio (2004) die Kurzversion des MLQ, welche sich für die Forschung eignet.

Das Konstrukt der TFF zeigt hohe Korrelationen mit zahlreichen Erfolgskriterien wie Zufriedenheit mit den Führenden oder finanzielle Ergebnisse (Lowe, Kroeck & Sivasubramaniam, 1996). Diese Effektivität des Messinstrumentes wurde sowohl für Lehrer (Sahin, 2004) als auch Marineoffiziere (Yammarino & Bass, 1990) gefunden. Auch der Augmentationseffekt der TFF über TAF wurde universell bestätigt (Heinitz, 2006).

Jedes Konstrukt der TFF besteht aus mehreren Komponenten, welche sich inhaltlich zwischen den Konstrukten überlappen. So besteht „Individualized Consideration" z. B. aus dem Entwickeln und Unterstützen der Mitarbeiter. Dabei ist das Entwickeln als klassisches transformationales Verhalten zu kategorisieren, das Unterstützen jedoch weniger, da es nur einen geringen Einfluss auf die Motivation und Leistung der Mitarbeiter hat (Heinitz, 2006). Auch fehlen diversen Autoren bestimmte Aspekte, die zu einer „Full Range" gehören würden: So vermisst Yukl (1999a) die direkte Integration von befähigendem Verhalten („Empowerment"), nontraditionellem Verhalten, Impressions-Management und ausdrucksstarker Kommunikation in TFF. Als weitere relevante Konstrukte, unabhängig von TFF und TAF, vermisst er aufgabenorientiertes, beziehungsorientiertes und veränderungsorientiertes Verhalten. Antonakis und House (2002) regen ebenfalls zu einer Ergänzung fehlender Konstrukte an, nämlich der instrumentellen Führung, bestehend aus strategischer Führung und Geführten-Arbeitserleichterung.

Faktorenanalysen der neun verschiedenen Konstrukte des MLQ 5X short bestätigen wiederkehrende Muster: Die transformationalen Skalen korrelieren hoch miteinander, Korrelationen von $r = .41$ bis $r = .90$ werden gefunden (Avolio, Bass & Jung, 1999; Bycio, Hackett & Allen, 1995; Den Hartog, Van Muijen & Koopman, 1997; Howell & Avolio, 1993; Lievens, Van Geit & Coetsier, 1997; Vandenberghe, Stordeur & D'hoore, 2002; Tejeda, Scandura & Pillai, 2001). Die „vier I" von TFF (Bass & Avolio, 1994) können demnach nicht als unabhängige Skalen behandelt werden (Awamleh & Gardner, 1999; Carless, 1998; Tracey & Hinkin, 1998). Besonders „Idealized Influence" und „Inspirational Motivation" fließen in eine gemeinsame Dimension (Vandenberghe, Stordeur & D'hoore, 2002). „Contingent Reward" korreliert ebenfalls hoch mit den vier I (von $r = .51$ bis $r = .75$) und nur geringer mit „Management-by-Exception: Active", weswegen die Diskriminanzvalidität als gering einzuschätzen ist (Tejeda, Scandura & Pillai, 2001; Vandenberghe, Stordeur & D'hoore,, 2002). „Management-by-Exception: Passive" jedoch korreliert hoch positiv mit „Laissez Faire" (Bass & Avolio, 1995), beide korrelieren negativ (zwischen $r = -.38$ und $r = -.77$) mit den transformationalen Skalen (Tejeda, Scandura & Pillai, 2001). Kontextfaktoren für die Zusammenhänge sind das Umweltrisiko, die Hierarchieebene der Führungsperson und die Geschlechterverhältnisse zwischen Führenden und Geführten (Antonakis, Avolio & Sivasubramaniam, 2003).

Die Reliabilität der MLQ-Skalen wird regelmäßig als hoch bestätigt, doch die Faktorenstruktur kann nur schwer repliziert werden (Heinitz, 2006). Ein wiederkehrendes Muster ist, dass die Fit-Indizes der Faktorenmodelle mit erhöhter Faktorenanzahl ansteigen und nur Neun-Faktorenmodelle die Kriterien für eine gute Passung erfüllen (Bass & Avolio, 1995; Avolio, Bass & Jung, 1999).

Die Meta-Analysen bzgl. Einflussfaktoren auf das MLQ-Resultat widersprechen sich hinsichtlich der Art der Organisation und der Situation. Ein Moderator wurde in allen Meta-Analysen bestätigt: Die Art des Kriteriums, ob subjektiv oder objektiv, beeinflusst die Beziehung zwischen Führungsstil und Ergebniskriterien. Subjektive Kriterien korrelieren dabei höher als objektive (Lowe, Kroeck & Sivasubramaniam, 1996; Dumdum, Sivasubramaniam & Avolio, 2002; Judge & Piccolo, 2004). Das Alter einer Person und ihre Ethnizität korrelieren nicht mit ihren MLQ-Ergebnissen (Bass & Avolio, 2004). Weibliche Führungskräfte tendieren zu einer höheren Ausprägung an TFF und einer geringeren Ausprägung an TAF als männliche Führungskräfte (Eagly, Johannesen-Schmidt & Van Engen, 2003; Bass, Avolio & Atwater, 1996; Antonakis, Avolio & Sivasubramaniam, 2003). Dies führt zu einer höheren Zufriedenheit und Effektivität für sowohl weibliche als auch männliche Geführte (Bass, Avolio & Atwater, 1996). Weibliche Führungskräfte wenden mehr „Contingent Reward" an, männliche Führungskräfte häufiger „Management-by-Exception: Active" und „Management-by-Exception: Passive" (Eagly, Johannesen-Schmidt & Van Engen, 2003). Ob dieses Verhalten aus einem stereotypenverursachten Vor- oder Nachteil entsteht, wird widersprüchlich diskutiert. Durch Training kann vor allem die Anwendung von intellektueller Stimulation positiv beeinflusst werden (Barling, Weber & Kelloway, 1996).

Die Ergebnisse aus deutschsprachigen Ländern unterstützen diejenigen der amerikanischen Studien. Auch hier kann die Faktorstruktur nicht final bestätigt werden, die Effektivität von TFF bzgl. subjektiver und objektiver Kriterien wird unterstützt (Felfe, 2005; Felfe, Tartler & Liepmann, 2004; Geyer & Steyrer, 1998). Insgesamt ist die Validität der TFF als gut zu beurteilen (Heinitz, 2006).

Bass und Avolio (2004) passten den MLQ mehrfach entsprechend der empirischen Ergebnisse an. Bestimmte Vorschläge lassen sich jedoch nicht berücksichtigen: So wird die Zusammenlegung von „Idealized Influence" und „Inspirational Motivation" abgelehnt, da über „Inspirational Motivation" eine gute Vorhersage der Organisationsergebnisse wie zusätzliche Anstrengung der Mitarbeiter und Projekterfolg ermöglicht wird (Densten, 2002). Auch „Contingent Reward" klärt andere Faktoren als die transformationalen Faktoren auf: Der Faktor ist weniger stark mit Erfolgsergebnissen, jedoch stärker mit normativem Commitment korreliert (Bycio, Hackett & Allen, 1995). Zudem korreliert er mit „Management-by-Exception: Active", wobei die transformationalen Faktoren negativ mit diesem Faktor korrelieren (Goodwin, Wofford & Boyd, 2000; Wofford, Goodwin & Whittington, 1998). Die Autoren schlagen eine Trennung des Faktors „Contingent Reward" in explizite Belohnungsverhandlung und implizite Belohnungserwartungen vor.

Der Fragebogen MLQ besitzt eine zufriedenstellende Skalenreliabilität (Antonakis, Avolio & Sivasubramaniam, 2003). Andere Autoren äußern sich kritischer: „Die Forschungsergebnisse deuten vielleicht darauf hin, dass Bass und Kollegen eine gute Theorie transformationaler Führung entwickelt haben, aber sie haben kein Messinstrument entworfen, das diese gut erfasst." [Übers. d. Verf.] (Hinkin & Tracey, 1999, S. 112). Fünf transformationale Facetten können empirisch nicht voneinander getrennt werden, Teile der transaktionalen Skala korrelieren hoch mit der transformationalen Skala und die Faktorstruktur wurde nicht universell bestätigt (s. o.). Die mangelnde Trennschärfe bzw. Diskriminanzvalidität ist der häufigste Kritikpunkt am MLQ (Yukl, 1999b). Die Persönlichkeitsfaktoren der Führungskraft werden durch den MLQ außer Acht gelassen. Das gleichzeitige Auftreten aller transformationalen Konstrukte ist ungewöhnlich und instabil (Yukl, 1999). Bass und Avolio (1993) verweisen als Antwort auf die Kritik auf die

Usability des MLQ als diagnostisches und Trainings-Werkzeug.

Insgesamt ist der MLQ jedoch ein valides und verlässliches Instrument, das die neun Komponenten des „Full Range Leadership"-Modells adäquat misst (Antonakis, Avolio & Sivasubramaniam, 2003). Kein anderes Messinstrument kann derzeit alle Dimensionen von Führung erfassen, weswegen der MLQ 5X ein Fundament darstellt, von dem aus weiter geforscht und entwickelt werden kann.

Die vorgegebene 5-Punkt-Likertskala wurde entgegen der Version von Avolio und Bass (1995) nur an den Extrempunkten verbalisiert. Die anderen Skalenpunkte wurden lediglich mit Zahlengrößen bezeichnet, da diese von den Befragten einheitlicher interpretiert und verwendet werden als Verbalisierungen (z. B. Huber, 1997; Porst, 2008). Auch für den übrigen Fragebogen wurde diese Technik angewendet.

5.5.2. Familienunternehmens-spezifische Informationen

Als FU-spezifische Informationen wurden
- die subjektive Zuordnung zu einem FU und die Unternehmerfamilien-Zugehörigkeit,
- der eigene Unternehmerfamilien-Hintergrund der befragten Führungskraft,
- die Anzahl der Unternehmensanteile im Familienbesitz,
- die Anzahl der aktuell leitenden Generation,
- die Anzahl der aktiv im Unternehmen mitwirkenden Familienmitglieder,
- die Anzahl der am Unternehmen beteiligten Familienmitglieder,
- die Anzahl der Familienmitglieder in einer Führungsposition und
- der Status der Geschäftsführung (familienangehörig oder extern) erfasst.

Die subjektive Zuordnung zu einem FU oder einem NFU und die Unternehmerfamilien-Zugehörigkeit innerhalb des beschäftigenden Unternehmens diente der Filterung der zwei Versuchsgruppen und der Referenzgruppe (s. 5.1.). Definiert wurden FU daher mit der „Self Assessment"-Methode (s. a. Kraiczy, 2012; für Beispiele s. Kotey, 2005; Kotey & Folker, 2007; s. 3.3.1.), was a) den Fragebogen so kurz wie möglich hielt, b) Definitionsschwierigkeiten (s. 3.1.) vernachlässigte und weil c) sich vor allem die subjektive Wahrnehmung als FU auf die Unternehmenskultur und damit auch auf den im Unternehmen gelebten Führungsstil auswirken sollte. Dieses „Self Assessment" wird durch die Abfrage grundlegender Kriterien ergänzt, konkret die hinreichenden Bedingungen wie die Eigentumsstruktur der Familie und die Familienmitglieder-Involvierung sowie die notwendigen Bedingungen wie der Langfrist-Fokus über den SEW (s. 5.5.5.) und die Generationszahl (Chua, Chrisman & Chang, 2004; Chrisman, Chua & Litz, 2003; für die genaue Ausgestaltung s. u.).

Der eigene Unternehmerfamilien-Hintergrund der familienexternen befragten Führungskraft wird kontrolliert, um Aussagen der familienangehörigen Führungskräfte tatsächlich auf deren spezifische Sozialisation zurückführen zu können. Führungskräfte mit einem eigenen Unternehmerfamilien-Hintergrund, der unabhängig vom beschäftigenden Unternehmen ist, sollten der gleichen spezifischen Sozialisation ausgesetzt gewesen sein wie familienangehörige Führungskräfte, weswegen in diesen Sonderfällen zwischen den beiden Versuchsgruppen nicht hinsichtlich ihrer Sozialisationserfahrungen unterschieden werden kann.

Die Fragen nach den familiären Unternehmensanteilen, den Gesellschaftern und den aktiven Familienmitgliedern entspricht den Items der F-PEC-Skala „Macht" (Item 1.a für Unternehmensanteile im Familienbesitz) und der Skala „Erfahrung" (Item 2. für die aktuell leitende Generation; Item 4. für die aktiv im Unternehmen mitwirkenden Familienmitglieder). Andere Fragen der F-PEC-Skala wurden vernachlässigt, weil sie spezifischer als für diese Studie nötig auf die Involvierung der Familie eingehen und die Itemzahl so gering wie möglich gehalten werden sollte.

Die Anzahl der aktuell leitenden Generation ist ein weiterer Proxy für das Unternehmensalter und sollte sich zudem auf die Ausprägung der SEW-Erhaltungsbestrebungen auswirken, weil mit jeder weiteren Übergabe an die Nachfolgegeneration der SEW steigt[36] (Wiseman & Gómez-Mejía, 1998; Gómez-Mejía et al., 2007; zur Zunahme der Bedeutung des Familienbildes nach außen über die Generationen s. Berrone, Cruz & Gómez-Mejía, 2012a; für den Familiennamen als lebendiges Symbol multigenerationalen Erfolges s. Gómez-Mejía et al., 2003) und daraus eine höhere Verlustaversion resultieren sollte (Berrone, Cruz & Gómez-Mejía, 2012b). Der SEW wird im Fragebogen ebenfalls als eigenes Konstrukt erfasst (s. 5.5.5.).

Zudem wurde die Anzahl beteiligter Familienmitglieder erfasst, um die Streuung der Anteile auf diverse Personen in der Familie bzw. die Bündelung von Macht auf einzelne Personen beurteilen zu können. Auch dies sollte einen Einfluss auf den Führungsstil haben (Klein, Astrachan & Smyrnios, 2005 für „Experience-Subskala"; Chung & Chan, 2012; Handler 1990). Weiterhin wurde die Anzahl der Familienmitglieder in einer Führungsposition erfasst, um die aktiv im Unternehmen mitwirkenden Familienmitglieder (s. o.) in ihrer Hierarchie einordnen zu können. Da die tatsächliche Geschäftsführungsposition der befragten Führungskraft nicht eindeutig war und nur über die Hierarchieebene erfasst wurde, wurde die dichotome Frage nach einer familienangehörigen oder -externen

---

[36] Demgegenüber existiert auch die gegenteilige Annahme, dass der SEW über die Generationen sinkt (Chua, Chrisman & Sharma, 1999; Mishra & McConaughy, 1999; Schulze, Lubatkin & Dino, 2003).

Geschäftsführung gestellt. Hier wurden Effekte auf die Unternehmenskultur als Ganzes in Erwägung gezogen, die mit dieser Frage kontrolliert werden könnten.

Angaben zur Anzahl der Unternehmensanteile im Familienbesitz, der am Unternehmen beteiligten Familienmitglieder, den eigenen Unternehmensanteilen und den aktiv im Unternehmen mitwirkenden Familienmitglieder konnten ausgelassen werden, da sich im Pretest auch hier die Angst vor der mangelnden Anonymisierung im Umfeld von FU und die hohe Brisanz dieser Daten für die Befragten abzeichnete und die Angaben nicht von elementarer Bedeutung für die Untersuchung waren.

5.5.3. Unternehmens-Charakteristika

Als Unternehmens-Charakteristika wurden
- die Unternehmensbranche,
- das Unternehmensalter,
- die Anzahl der Mitarbeiter und
- der Jahresumsatz erfasst.

Mithilfe der Anzahl der Mitarbeiter und des Jahresumsatzes sollte auf die Größe des Unternehmens geschlossen werden können. Branche, Alter und Größe des Unternehmens werden als Einflussfaktoren auf den Führungsstil diskutiert (Klein, 2010b; Gordon, 1985; s. 5.1.) und wurden deshalb als Kontrollvariablen mit erhoben.

Das Unternehmensalter wurde in Jahren angegeben. Die Antwortmöglichkeiten bzw. Kategorisierungen der Branche erfolgten nach Klein (2010b). Die Kategorisierung der Mitarbeiterzahl und des Jahresumsatzes erfolgten nach der Einteilung in kleine, mittlere und große Unternehmen laut IfM Bonn (Günterberg & Wolter, 2003) und wurden infolge einer Expertendiskussion im Forschungskolloquium am 03.09.2013 marginal auf die Spezifika von FU angepasst.

Angaben zum Unternehmensalter, der Anzahl der Mitarbeiter und des Jahresumsatz konnten ausgelassen werden, da sich im Pretest die Angst der Teilnehmer vor der mangelnden Anonymisierung im Umfeld von FU abzeichnete und sie nicht von elementarer Bedeutung für die Untersuchung waren.

5.5.4. Erfassung des "Socio-emotional Wealth"

Der SEW-Ansatz wird als neuer theoretischer Rahmen im FU-Forschungsfeld dankbar aufgenommen (s. 3.4.4.). Er ist jedoch so neu, dass für seine Operationalisierung noch keine Lösung angeboten wird (s. 3.5.4.). Die Operationalisierung seiner Ideen wie die

Erfassung des Referenzpunktes wird als besonders herausfordernd eingeschätzt (s. 3.5.4.). Zum Zeitpunkt der Fragebogenerstellung existierten zwei verschiedene Versuche, den SEW zu operationalisieren. In einer Dissertation schlägt Debicki (2012) einen Item-Pool für die „SEW Importance Scale" vor. Dabei wird die befragte Person aufgefordert, die Wichtigkeit der genannten Aspekte für das eigene FU auf einer 5-Punkt-Likertskala von „nicht wichtig" bis „sehr wichtig" anzugeben. Die Skala besteht aus 24 Items in englischer Sprache und wurde vornehmlich aus Expertenhinweisen kreiert. Die „SEW Importance Scale" gewichtet den Einfluss des FU auf die lokale Gemeinschaft und ihre Stakeholder besonders stark. Überdies bedienen sich mehrere Aspekte der gleichen Formulierung mit der Abweichung von nur einem Wort, was eine gewisse Redundanz bei der Beantwortung auslöst. Einen weiteren Vorschlag für Fragebogenitems zur „Messung der verschiedenen SEW-Dimensionen" bieten Berrone u. a. (2012). Die 27 englischen Items sind klar nach den FIBER-Dimensionen gegliedert und ergeben sich aus vergangenen Studien, auf die die Autoren je Dimension separat verweisen. Die Formulierungen wirken ausgeglichen, sodass sie die diversen Aspekte des SEW-Konstruktes angemessen erfassen sollten, ohne redundant zu wirken. Beide Skalen für die nicht-ökonomische Messung der Ziele von FU sind weder erprobt, noch validiert (Cennamo, Berrone & Gómez-Mejía, 2009; Colli, 2012).

Um für die vorliegende Studie die passende SEW-Skala zu finden, wurden beide englischsprachigen Skalen von drei verschiedenen Personen unabhängig voneinander im Blindtest in die deutsche Sprache übersetzt, wobei zwei Personen Englisch und eine Deutsch als Muttersprache innehatten. Nicht eindeutige Übersetzungsvorschläge wurden diskutiert, bis eine einvernehmliche Lösung gefunden wurde. Die „SEW Importance Scale" beinhaltet keine Fragen, weswegen sie methodisch nicht in den bestehenden Fragebogen passte, sondern die Befragten mit einer neuen Antwortform konfrontiert hätten. Die Formulierungen scheinen widersprüchlich bzw. nicht tief genug oder in ihrer Differenzierung unklar zu sein und die Hypothesenherleitung lässt sich über die Inhalte der Items nicht direkt stützen. Die „Messung der SEW Dimensionen" enthält Items, welche klar verständlich, überschneidungsfrei und deutlich auf die Hypothesenherleitung beziehbar sind. Zudem kann aus dem relativ großen Item-Pool begründet ausgewählt werden, um einzelne FIBER-Dimensionen immer noch in ihrer Breite zu erfassen. Aus dieser Skala wurden die Items der Dimensionen „Identification of Family Members With the Firm" (6 Items) und „Renewal of Family Bonds Through Dynastic Succession" (4 Items) komplett und in der Originalformulierung verwendet. Weiterhin wurden alle fünf Items der „Binding Social Ties" ausgewählt, wobei drei sprachlich in der Form angepasst wurden, dass sie sich nicht nach außen, d. h. an die lokale Gemeinschaft, andere Institutionen und Zulieferer, sondern nach innen, d. h. Aktivitäten im Unternehmen und an Mitarbeiter, richten. Nur die ausgewählten Items erfassen Konstrukte, die im Zuge der

Hypothesenherleitung diskutiert wurden. Zudem wurde die Bezugs-Formulierung verallgemeinert, d. h. statt „mein FU" wurde „das FU" verwendet, damit sich familienexterne Führungskräfte nicht ausgeschlossen fühlten. NFU-Führungskräfte bekamen die Items zum SEW nicht zu sehen, da Fragen zu Familienmitgliedern, Erbe und Generationstransfer im Kontext von NFU irrelevant sind.

5.5.5. Personen-Charakteristika

Als Personen-Charakteristika wurden
- das Geschlecht,
- das Alter der Person,
- die hierarchische Position im Unternehmen,
- die individuelle Führungserfahrung,
- die Anzahl der eigenen Unternehmensanteile,
- die bewusste Wahl eines FU und
- die potentiellen Gründe für diese Wahl erfasst.

Das Geschlecht und das Alter der Person wurden als soziodemografische Daten erfasst, wobei das Geschlecht einen Einfluss auf die Ausprägung des MLQ hat (Eagly, Johannesen-Schmidt & Van Engen, 2003; Bass, Avolio & Atwater, 1996; Antonakis, Avolio & Sivasubramaniam, 2003). Das Alter könnte z. B. über das in einer bestimmten Generation gültige Führungsverständnis einen Einfluss auf den Führungsstil haben, was bisher aber noch nicht bestätigt wurde (Bass & Avolio, 2004). Andere typische soziodemografische Parameter wie das Gehalt oder das Bildungsniveau der antwortenden Person sind für die Untersuchung nur wenig relevant bei gleichzeitiger hoher Sensibilität für den Beantwortenden. Daher wurde auf diese Angaben verzichtet.

Die hierarchische Position im Unternehmen sollte mitbestimmen, wie viele Personen die Führungskraft verantwortet und ob der Kontakt zu diesen Personen direkter oder indirekter ausfällt. Dies sollte sich wiederum auf den angewandten Führungsstil auswirken (Antonakis, Avolio & Sivasubramaniam, 2003). Die Position konnte in den drei groben Kategorien „unteres", „mittleres" und „Top-Management" angegeben werden, welche laut den Pretest-Ergebnissen am eindeutigsten, allgemein verständlichsten und am wenigsten widersprüchlich assoziiert wurden.

Die individuelle Führungserfahrung bestimmt mit, wie gefestigt der Führungsstil einer Führungskraft ist und wie stabil die erfassten Ergebnisse demnach sind (Nadler, 2007). Sie wurde in Jahren angegeben. Mit steigender Führungserfahrung kann von einem gefestigteren Führungsstil ausgegangen werden, wobei häufig ein 5-Jahres-Wert als Sicherstellung eines allgemein stabilen Führungsstils angewendet wird (Coverdale, 2010).

Die Anzahl der eigenen Anteile der befragten Führungskraft am Unternehmen sollte u. a. für die untersuchten Führungskräfte in NFU einen bedeutenden Einfluss auf den ausgeübten Führungsstil haben (Voß, Wilke & Maack, 2003). Auch am Unternehmen beteiligte familienexterne Führungskräfte in FU fühlen sich möglicherweise stärker mit dem Unternehmen verbunden und führen daher evtl. einen transformationaleren Führungsstil aus als unbeteiligte Führungskräfte. Die Argumentation für diesen Zusammenhang folgt analog zur Hypothesenherleitung anhand der Unternehmerfamilie.

Während der Hypothesenentwicklung für das Konstrukt „Inspirational Motivation" wurde auch über die größere Attraktivität der FU als Arbeitgeber gegenüber den NFU nachgedacht. Diese böten z. B. Arbeitsplatzsicherheit, langfristige Orientierung, eine inspirierende Vision, Werteorientierung und individuelle Förderung, weshalb eine höhere Zieldeckung als in NFU zwischen den Zielen der Geführten und den Zielen der Organisation wahrscheinlich sei (s. 4.2.). Ob diese größere Attraktivität den Mitarbeitern bewusst ist, blieb jedoch unklar, weswegen der verbleibende Platz im Fragebogen für diese explorativen Fragen nach a) der bewussten Wahl eines FU als Arbeitgeber und b) deren potentiellen Gründen dieser Wahl verwendet wurde.

Überraschenderweise störten sich im Pretest mehrere Personen an der Angabe des Alters als brisante persönliche Information, sodass hier die Möglichkeit eingebaut wurde, auf die Angabe zu verzichten, da die Information nicht von elementarer Bedeutung für die Untersuchung war. Auch auf die Angabe der Unternehmensanteile konnte verzichtet werden.

5.5.6. Erfassung der Persönlichkeit

Für die Erfassung der Persönlichkeit, welche durch den MLQ nicht erfolgt, für den individuellen Führungsstil einer Führungskraft jedoch relevant sein dürfte[37], wurde das Big-Five-Inventory-10 (BFI-10) verwendet, das die Persönlichkeitsdimensionen des Fünf-Faktoren-Modells in nur 10 Items erfragt (John, Naumann & Soto, 2010; deutsche Version: Rammstedt, 1997). Je ein positiv und ein negativ gepoltes Item erfassen eine Dimension. Die Befragten werden um eine Beurteilung gebeten, in welchem Umfang einer 5-Punkt-Likertskala die Aussagen auf sie zutreffen.

Das faktoranalytisch begründete Fünf-Faktoren-Modell der Persönlichkeit, auch „Big-

---

[37] Ökonomie-Nobelpreisträger Heckman fordert, dass Studien der Sozialwissenschaften valide Persönlichkeitsskalen und Intelligenztests integrieren (Borghans et al., 2008).

Five"-Modell genannt, bietet die Basis des ausführlicheren BFI und des BFI-10 und ist das „weitest verbreitete Modell zur Beschreibung der Gesamtpersönlichkeit" (Rammstedt et al., 2012). Die fünf unabhängigen Persönlichkeitsdimensionen sind Extraversion, Verträglichkeit, Gewissenhaftigkeit, Neurotizismus und Offenheit (Amelang & Bartussek, 2001). Sie wurden aus Wörterbüchern diverser Sprachen extrahiert und sind in allen westlichen Sprachräumen repliziert worden.

Die Big Five sind valide Prädiktoren für Gesundheit und lange Lebensdauer (Christensen et al., 2002; Friedman et al., 1995; Wilson et al., 2004), die Unfallwahrscheinlichkeit (Arthur & Graziano, 1996), die Berufswahl (Barrick, Mount & Gupta, 2003), den beruflichen Erfolg (Schmidt & Hunter, 1998), die Arbeitszufriedenheit (Judge, Heller & Mount, 2002) und das Wahlverhalten (Vecchione et al., 2011).

Zur Erfassung der Big Five gibt es mehrere etablierte Verfahren, von denen das „NEO Personality Inventory" (NEO-PI-R) von Costa und McCrae (1992; deutsche Version: Ostendorf & Angleitner, 2004) mit 240 Items das bekannteste ist. Die Kurzfassung, das „NEO-Fünf-Faktoren-Inventar" (NEO-FFI, Costa & McCrae, 1989; deutsche Version: Borkenau & Ostendorf, 1993) umfasst 60 Items. Das „Big Five Inventory" (BFI) (John, Donahue & Kentle, 1991; John, Naumann & Soto, 2010; deutsche Version: Rammstedt, 1997) ist mit 44 Items schlanker und damit im Einsatz ökonomischer. Mit dessen Kurzfassung, dem BFI-10, soll den zeitlichen und finanziellen Einschränkungen der Forschung Rechnung getragen werden, indem die Erfassung auf 10 Items reduziert wird (Rammstedt & John, 2007; Rammstedt, 2007).

Die faktorielle Validität ist dadurch gegeben, dass die Items modellkonform auf dem Faktor am höchsten laden, dem sie theoretisch zugeordnet sind. Die Validitätskoeffizienten entsprechen den aus der Fachliteratur bekannten Zusammenhängen. Die inhaltliche Validität wird sichergestellt, indem sich die Formulierung der Items eng an die Konstruktdefinitionen hält (Rammstedt et al., 2012). Für die Beurteilung der Konstruktvalidität wurden die Zusammenhänge zwischen BFI-10 und dem etabliertesten Instrument NEO-PI-R untersucht. Korrespondierende Skalen korrelieren hoch miteinander (durchschnittlich r = .69), nicht miteinander korrespondierende Skalen korrelieren sehr gering (durchschnittlich r = -.01; Rammstedt & John, 2007). Die Auswertungs- und Interpretationsobjektivität wird durch die Verrechnungsvorschriften für die erhobenen Werte ohne Interpretationsspielraum gewährleistet. Die Retest-Reliabilität ist nicht eindeutig belegt (für eine ausreichende Retest-Reliabilität s. Rammstedt & John, 2007; für eine unzureichende Retest-Reliabilität s. Rammstedt et al., 2012).

Bereits etablierte Zusammenhänge mit dem Alter und dem Geschlecht sind mit dem BFI-

10 replizierbar. Extraversion korreliert negativ, Gewissenhaftigkeit positiv mit dem Alter (Caspi, Roberts & Shiner, 2005; Lucas & Donnellan, 2011; McCrae et al., 1999). Frauen zeigen höhere Neurotizismus-Werte als Männer (Costa, Terracciano & McCrae, 2001; Feingold, 1994; Körner, Geyer & Brähler, 2002; Srivastava et al., 2002; Viken et al., 1994). Gebildete Personen zeigen mehr Offenheit (Caspi, Roberts & Shiner, 2005; Goldberg, 1992; Körner, Geyer & Brähler, 2002; Vassend & Skrondal, 1995). Neurotische Personen zeigen geringere Zufriedenheitsmaße z. B. im Ehe- (Kelly & Conley, 1987) und Arbeitsleben (Judge, Heller & Mount, 2002), und fühlen sich physisch wie psychisch stärker beeinträchtigt als weniger neurotische (Friedman, 2000). Die Größe des sozialen Netzwerks korreliert positiv mit Extraversion und Offenheit (Amelang & Bartussek, 2001).

Der BFI-10 ist als sehr ökonomisch zu bewerten, da er die Persönlichkeit mit nur 10 Items und in ca. ein bis zwei Minuten erfasst. Gütekriterien sind erfüllt (s. o.), obwohl die Reliabilität nur eingeschränkt gegeben ist. Zukünftige Studien zur Güte des BFI-10 werden die Messpräzision systematischer betrachten müssen (Rammstedt et al., 2012).

5.5.7. Fragen an Geführte

Als spezifische Fragen an Geführte wurden
- die Deckung individueller Ziele mit Unternehmenszielen,
- die Einschätzung der eigenen Arbeitsplatzsicherheit,
- die Bedeutung einer visionsvermittelnden Führungskraft,
- der empfundene Innovationsdruck und
- die Beurteilung der Führungskraft auf weiteren Dimensionen erfasst.

Geführte generierten durch ihre Einteilung in eine Unternehmensform und Führungssituation sowie die Abgabe einer Fremdbeurteilung ihrer Führungskraft Daten zur Überprüfung der Robustheit der Selbstbeurteilungen der Führungskräfte. Sie entstammen einer von den befragten Führungskräften unabhängigen Gruppe. Während der Hypothesenherleitung ergaben sich jedoch einige fundamentale Grundannahmen für Mitarbeiter in FU, deren Überprüfung in den an die Geführten gerichteten Fragebogen einbezogen wurde, da sich in diesem noch Spielraum für weitere Items befand.

So wird z. B. in der Hypothesenherleitung für das Konstrukt „Inspirational Motivation" die Höhe der Zieldeckung zwischen den Zielen der Führenden bzw. denen der Organisation und den Zielen der Geführten in FU und NFU, welche Geführte empfinden, diskutiert. Ebenfalls wird die durch Geführte wahrgenommene Arbeitsplatzsicherheit in FU und NFU und die Bedeutung einer visionsvermittelnden Führungskraft diskutiert. Für das Konstrukt „Intellectual Stimulation" wird der von Geführten wahrgenommene Innovationsdruck in FU und NFU diskutiert. Weitere Eigenschaften der Führungskraft, die der MLQ nicht abbildet, die jedoch für die Argumentation in der Hypothesenherleitung eine Rolle spielten und deshalb ebenfalls explorativ erfragt wurden, waren die Opferbereitschaft, die Verpflichtung gegenüber der Allgemeinheit, die Vorbildfunktion und die Verhaltensglaubwürdigkeit der Führungskraft, weiterhin die Vertretung von moralischen Werten, von Traditionen und von Familienwerten durch die Führungskraft.

5.5.8. Abschluss

Zum Abschluss hatten die Führungskräfte die Möglichkeit, Vergleichsergebnisse an ihre E-Mail-Adresse senden zu lassen. Weiterhin wurden sie darum gebeten, zwei bzw. drei E-Mail-Adressen oder Telefonnummern von Mitarbeitern ihres Teams anzugeben, welche wiederum streng vertraulich behandelt und nicht an Dritte weitergegeben werden würden. Zur unverzerrten Auswahl der Mitarbeiter wurden drei verschiedene Auswahloptionen angeboten: Nennung a) der Mitarbeiter mit dem längsten und dem kürzesten Nachnamen, b) derjenigen mit einem Arbeitsplatz in kurzer und weiterer Entfernung zum eigenen Büro und c) der seit kürzester und seit längster Dauer Angestellten. Abschließend wurden die Führungskräfte aus FU nach den Kontaktdaten der jeweils anderen Versuchsgruppe, d. h. entweder der familienangehörigen oder -externen Führungskraft gefragt.

5.6. Statistische Analysen

Im folgenden Kapitel werden die erfassten Daten analysiert und die Ergebnisse vorgestellt. Die Eigenschaften der Stichprobe werden beschrieben, um sie mit den Eigenschaften der Grundgesamtheit vergleichen zu können. Diagramme stellen die Trennung der Daten anhand der unabhängigen Variablen (UV) „Versuchsgruppenzugehörigkeit" dar. Zudem werden Unterschiedlichkeiten zwischen den drei Versuchsgruppen je nach Skalenniveau und Anzahl der Variablen über Chi-Quadrat-Tests, Kruskal-Wallis-Tests, einfaktorielle und multivariate Varianzanalysen bestimmt, wobei Testwerte, Freiheitsgrade und Signifikanzniveaus angegeben werden. Weiterhin werden Mittelwerte, Standardabweichungen, Minima und Maxima angegeben, um sich ein Bild von den Daten machen zu können. Intervallskaliert erfasste Daten wie das Alter werden zur übersichtlicheren Darstellung kategorisiert.

Zur Überprüfung der internen Konsistenz der TFF-Faktoren werden über eine Hauptkomponenten-Faktorenanalyse mit obliquer Rotation die Faktorladungen der TFF-Items, die Cronbachs Alphas der gewünschten TFF-Faktoren und die Item-to-Total-

Korrelationen jedes Items berechnet. Ebenfalls werden die bisher nicht validierten SEW-Skalen auf diese Art überprüft. Zur Darstellung der Zusammenhänge zwischen den Daten werden die Interkorrelationen zwischen den zentralen Konstrukten und den Störvariablen berechnet. Das Auftreten eines „non-response bias" oder eines „common-method bias" werden diskutiert.

Zur Überprüfung der in Kapitel 4 aufgestellten Hypothesen werden t-Tests für unabhängige Stichproben berechnet, welche die Mittelwerte zweier Gruppen auf ihre Unterschiedlichkeit analysieren (Bühner & Ziegler, 2009; Backhaus, 2011). Dabei wird dem Leser der Mittelwert und der Standardfehler jeder Gruppe sowie der t-Wert, die Freiheitsgrade, das Signifikanzniveau und die Effektgröße angegeben. Zudem werden die Fehlerbalken für das 95%-Konfidenzintervall für beide Gruppen dargestellt. Bei Bestätigung einer Hypothese werden darüber hinaus Störvariablen hinzugezogen, welche den Effekt weiter vergrößern, um den Zusammenhang spezifizieren zu können.

Aufgrund der zahlreichen miterfassten Daten durch das Messinstrument MLQ werden weitere Analysen angeschlossen: So wird erstens die Wirkung der UV „Versuchsgruppenzugehörigkeit" auf die beiden weiteren, bisher nicht betrachteten Führungsstile TAF und PVF als abhängige Variablen (AVn) mithilfe einer einfaktoriellen Varianzanalyse explorativ überprüft. Die Testparameter werden vorgestellt. Weiterhin wird zweitens über mehrere Varianzanalysen berechnet, inwiefern die UV „Versuchsgruppenzugehörigkeit" im Zusammenspiel mit einzelnen Faktoren der TFF einen Einfluss auf die „Organisationsergebnisse als Führungseffekte" hat. Signifikante Haupteffekte und Interaktionen werden dargestellt und erläutert. Drittens werden die Selbstbeurteilungen der Führungskräfte einem Robustheitstest unterzogen, indem die Beurteilung des Führungsstils und der Organisationsergebnisse durch die Geführten für eine von den befragten Führungskräften unabhängige Gruppe ebenfalls per t-Test auf signifikante Zusammenhänge überprüft wird.

Im ausführlichsten Analyseschritt werden zuletzt diejenigen Störvariablen in die Wirkungsuntersuchung der UV „Versuchsgruppenzugehörigkeit" auf die AVn „TFF-Faktoren" einbezogen, welche sich im vorangegangenen Analyseteil als relevante Einflussgrößen herausgestellt haben. Untersucht wird damit, ob sich die Mittelwerte zwischen den Versuchsgruppen für konkrete abhängige Variablen unterscheiden, wenn weitere Faktoren in die Betrachtung einbezogen werden, wodurch Wechselbeziehungen sichtbar werden. Eine schrittweise multiple Regression mit der „Rückwärts-Technik" schließt irrelevante Variablen in der Reihenfolge absteigender Bedeutungslosigkeit aus. Dafür muss die UV dummy-kodiert werden. Zudem müssen die Bedingungen für die Durchführung einer multiplen Regression gegeben sein. Dem Leser werden die Betawerte, die Signifikanzniveaus und die Modellpassungsparameter zur Verfügung gestellt. Weiterhin werden Kovarianzanalysen berechnet, welche ebenfalls den Einbezug diverser Störvariablen erlauben (Cattell, 1966). Es wird dabei untersucht, ob sich die Mittelwerte zwischen den Versuchsgruppen für konkrete abhängige Variablen, angepasst an den Effekt einer oder mehrerer weiterer Kovariaten, unterscheiden. Kovariate haben einen Einfluss auf die abhängigen Variablen, sind jedoch nicht Bestandteil der primären Untersuchung. Hier sollten die bereits empirisch als Einflussgrößen auf die AVn bestätigten Faktoren wie das Geschlecht und die Persönlichkeit vorrangig integriert werden. Neuere, bisher nicht validierte Faktoren bzw. Konstrukte wie der ‚Socio-emotional Wealth' sollten um so kritischer in die Modelle integriert werden, ihre Wirkung wird erstmalig erkundet. Mithilfe der multifaktoriellen (Ko-)Varianzanalysen können neben den vorher untersuchten Haupteffekten auch Interaktionen mit den Störvariablen untersucht und letztere kontrolliert werden. Die drei passendsten Modelle werden anhand ihrer Passungsparameter des korrigierten Modells beschrieben, die Varianzaufklärung der jeweiligen Modelle wird berichtet. Die Hinzunahme der Störvariablen geht mit einer Erhöhung der Datenvariabilität einher. Alle Ergebnisse, die sich nicht auf die oben dargestellten Hypothesen beziehen lassen, sind als hypothesenbildend zu betrachten, da sie „ad hoc" diskutiert werden.

Die Analysen werden mit der Software „SPSSStatistics" in der Version 22.0.0.0 durchgeführt. Im folgenden Kapitel werden die erfassten Daten und die Ergebnisse der diversen Analysen detailliert beschrieben, um im darauffolgenden Diskussionsteil in ihrer Bedeutung bewertet zu werden.

6. Empirische Ergebnisse

Nach der Beschreibung der Methode und der Untersuchungsspezifika im letzten Kapitel werden nun die einzelnen Analyseschritte und die resultierenden Ergebnisse dargestellt. Zu Beginn wird zur Erleichterung der Studienreplikation die Datenaufbereitung erläutert (6.1.). Danach wird die erfasste Stichprobe ausführlich vorgestellt (6.2.), woraufhin die Gütekriterien wie Reliabilität und Validität überprüft werden (6.3.), um deren Repräsentativität und Differenzen zwischen den Gruppen beurteilen zu können. Die Hypothesen werden unabhängig von weiteren Einflussfaktoren überprüft (6.4.) und die Zusammenhänge mit weiteren MLQ-Variablen exploriert (6.5.). Anschließend werden die Störvariablen in der Art einbezogen, dass sich möglichst gute Modellpassungen ergeben (6.6.).[38]

6.1. Beschreibung der Datenaufbereitung

Zunächst wurden die Daten mit Beschriftungen und relevanten Kodierungen aus der Fragebogen-Software „SoSci" exportiert und in die Statistikanalyse-Software „SPSS" importiert. Daraufhin wurden die Ergebnisse der Pretests und administrativer Testläufe aus dem Datensatz gelöscht. Die Skalenindizes des MLQ wurden entsprechend der Vorschrift, die Mittelwerte für die jeweiligen Fragen (3 bis 5 Items je Faktor, s. Bass & Avolio, 2004) zu berechnen, erstellt. Die Faktoren „Idealized Influence (Behavior)", „Idealized Influence (Attributed)", „Inspirational Motivation", „Individualized Consideration", „Contingent Reward", „Management-by-Exception: Active", „Management-by-Exception: Passive", „Laissez-Faire", „Extra Effort", „Effectiveness" und „Satisfaction" entstanden separat für die Führenden und die Geführten. Die Skalenindizes für den BFI wurden auch entsprechend der Berechnungsvorschrift - Mittelwerte aus den jeweiligen Fragen (2 Items je Faktor, s. Rammstedt et al., 2012) - kalkuliert. Das Resultat sind Kennwerte für „Extraversion", „Verträglichkeit", „Gewissenhaftigkeit", „Neurotizismus" und „Offenheit". Für die Skalenindizes des SEW gab es noch keine konkrete Berechnungsvorschrift, da die Items lediglich einen ersten Vorschlag darstellten, der aus existierenden Messungen zusammengestellt wurde (s. 5.5.5.). Analog zu den anderen Berechnungen der Indizes wurde die gleiche Methode zur Berechnung der Skalenindizes des SEW angewandt: Es wurden Mittelwerte aus den jeweiligen Items (4 bis 6 Items je Faktor) gebildet, sodass sich Kennwerte für die Dimensionen „Identification of Family Members With the Firm", „Renewal of Family Bonds Through Dynastic Succession" und „Binding Social Ties" erga-

---

[38] Die Darstellung der Ergebnisse basiert überwiegend auf dem Standard-Statistikwerk von Field (2009). Entsprechend der Interdisziplinarität des Forschungsbereichs entspreche sie den Konventionen der Psychologie und bzw. oder der Betriebswirtschaftslehre.

ben. Zuletzt wurden die verhältnisskalierten[39] Daten „Unternehmensalter" und „Personenalter" zur übersichtlicheren grafischen Darstellung kategorisiert (s. 6.2.).

6.2. Beschreibung der Stichprobe

Insgesamt füllten 219 Personen den Fragebogen vollständig aus. Davon antworteten 153 Personen als Führende, wobei sich 50 Personen der Versuchsgruppe famFU, 53 der Gruppe extFU und 50 der Referenzgruppe nonFU zuordnen lassen. Im Folgenden soll die Verteilung der organisationalen und personalen Parameter für die drei untersuchten Gruppen genauer dargestellt werden.

Auf der organisationalen Dimension wurden die Teilnehmer nach der Branche ihres Unternehmens, dessen Alter, der Mitarbeiteranzahl und dem Jahresumsatz befragt. Abbildung 12 zeigt die Branchenzugehörigkeit der Führenden abhängig von ihrer Versuchsgruppe. Ersichtlich ist, dass sich die Branchenzugehörigkeit der nonFU in der Stichprobe von der der FU-Mitglieder deutlich unterscheidet. So finden sich FU vor allem in verarbeitendem Gewerbe, Handel und Dienstleistungen, wobei sich die beiden FU-Gruppen in drei der Kategorien stark ähnlich sind. Der Chi-Quadrat-Test für nominalskalierte Daten ist für die Unterschiedlichkeit der Verteilung über die drei Gruppen höchst signifikant $(\chi^2(10) = 42.957, p < .001)$[40], d. h. die Verteilung der Branchen weicht systematisch von einer Gleichverteilung ab. Das könnte dazu führen, dass der Effekt, welchen wir evtl. für die Hypothesen finden, durch die unterschiedlichen Branchen statt durch die Zugehörigkeit zu einer Versuchsgruppe (mit-)beeinflusst wurde. Ebenfalls denkbar ist, dass Versuchsgruppenzugehörigkeit und Branche tatsächlich gemeinsam systematisch variieren, auch oder gerade wenn die erfassten Daten repräsentativ sind. In diesem Fall wäre diese Verteilung auch bei einer größeren Stichprobe stets ähnlich aufzufinden, da sich die Branchen über die verschiedenen Unternehmenstypen unterschiedlich verteilen, weil z. B. Dienstleistungsunternehmen eher seltener zu einem FU werden oder sich für Unternehmen der Baubranche die Form des FU besser eignet bzw. wahrscheinlicher über die Zeit entsteht.

---

[39] Die Skalen werden in der für die Sozialwissenschaften gängigen Definition von Stevens (1951) verstanden.
[40] Die Signifikanzlevel sind mithilfe der Irrtumswahrscheinlichkeit p angegeben. Ein Signifikanzniveau von $p = .05$, d. h. eine Irrtumswahrscheinlichkeit von 5 % bei Annahme der Alternativhypothese, wird überdies in den Diagrammen mit einem Sternchen * gekennzeichnet, eine hohe Signifikanz von $p = .01$ mit zwei Sternchen, eine höchste Signifikanz von $p = .001$ oder kleiner mit drei Sternchen.

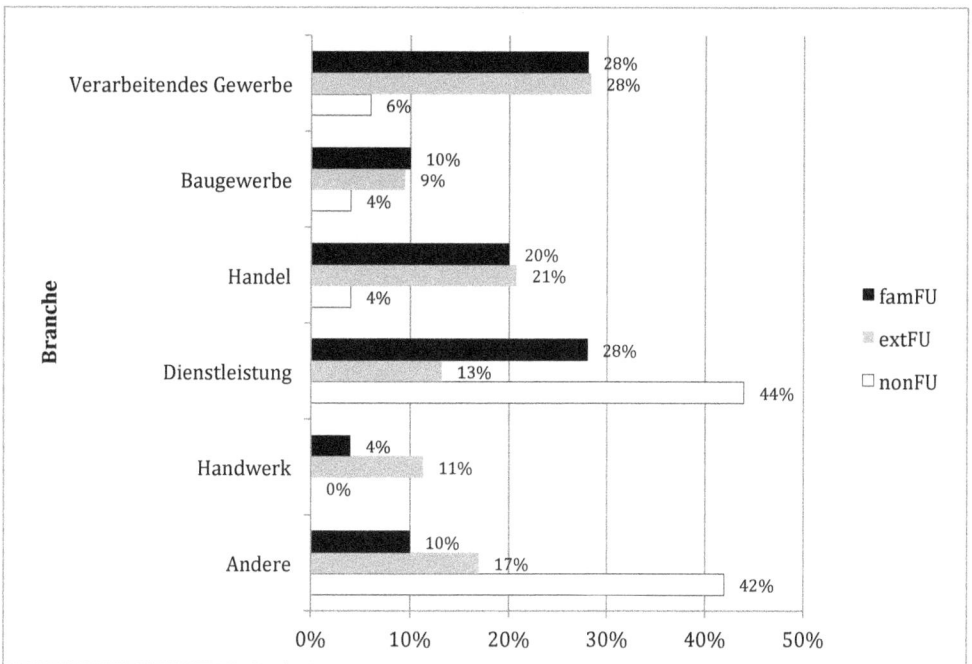

Verarbeitendes Gewerbe — 28% / 28% / 6%
Baugewerbe — 10% / 9% / 4%
Handel — 20% / 21% / 4%
Dienstleistung — 28% / 13% / 44%
Handwerk — 4% / 11% / 0%
Andere — 10% / 17% / 42%

Branche

famFU / extFU / nonFU

0% 10% 20% 30% 40% 50%

Abbildung 12: *Verteilung der Branchen, denen sich die Unternehmen zuordnen, über die drei verschiedenen Versuchsgruppen*

Abbildung 13 stellt das jeweilige Unternehmensalter, unterteilt in acht gleich breite Kategorien und eine Randkategorie (Bortz, 2005), abhängig von der Versuchsgruppe der Führenden, dar. Auch hier gibt es in der Stichprobe deutlich ersichtliche Extremwerte. So sind NFU mit bedeutender Mehrheit zwischen null und 15 Jahren alt, wobei extFU besonders häufig in sehr alten FU tätig sind. FamFU verteilen sich im Verhältnis gleichmäßiger. Die einfaktorielle Varianzanalyse über die verhältnisskalierten Daten ist höchst signifikant ($F(2) = 18.225$, $p < .001$), d. h. auch die Verteilung des Unternehmensalters weicht systematisch klar von einer Gleichverteilung ab, was jedoch aufgrund der verschiedenen Unternehmenstypen und ihren Charakteristika nicht überrascht, sondern eher für die Repräsentativität der Stichprobe spricht: So schauen NFU eben nicht auf eine lange Tradition zurück, wohingegen externe Führungskräfte entsprechend den allgemeinen Erwartungen auch erst in größeren und damit überwiegend älteren FU häufiger auftreten (s. 3.5.3., 3.6.2. bzw. auch Poza & Alfred, 1996). Soweit nicht anders erwähnt, gelten diese Anmerkungen für die folgenden Parameter, welche sich signifikant über die Gruppen unterscheiden.

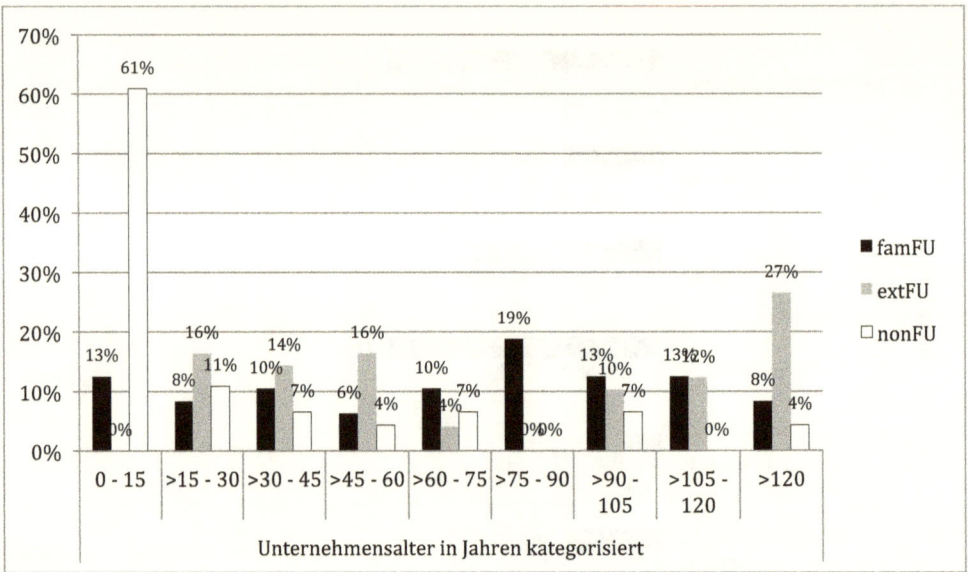

Abbildung 13: *Verteilung des Unternehmensalters über die drei verschiedenen Versuchsgruppen*

Abbildung 14 illustriert die Anzahl der Mitarbeiter für die jeweiligen Versuchsgruppen. Auch hier zeigt sich, dass extFU in der Stichprobe verstärkt in größeren FU auftreten. Die beiden anderen Gruppen zeigen keinen so deutlichen Extremwert (Chi-Quadrat-Test: $\chi^2(8) = 34.885, p < .001$).

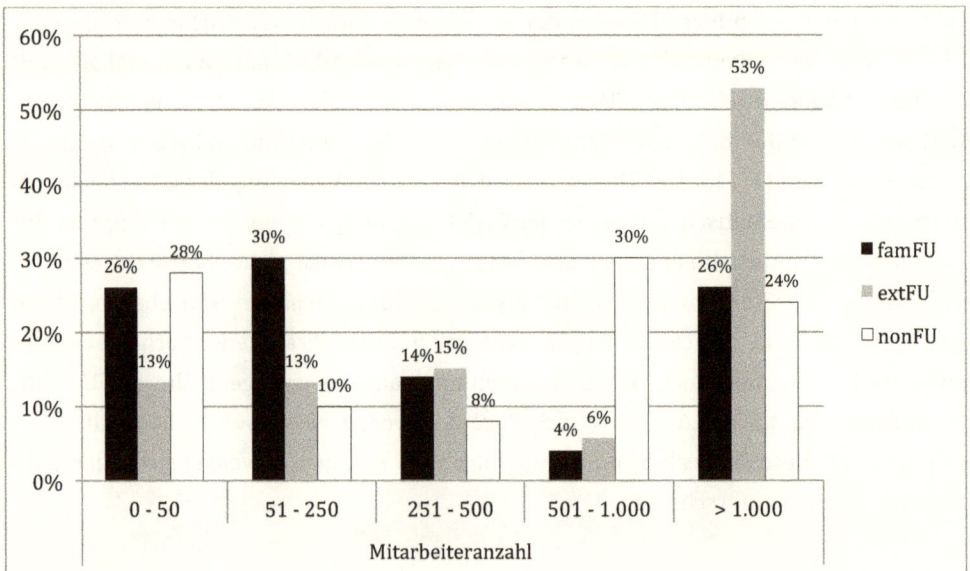

Abbildung 14: *Verteilung der Mitarbeiterzahl des Unternehmens über die drei verschiedenen Versuchsgruppen*

Der Umsatz verteilt sich ebenfalls ungleichmäßig, hier weichen die Gruppen jedoch nicht

154

so stark voneinander ab. So weist die signifikante Mehrheit jeder Gruppe einen Umsatz über 100 Mio. EUR auf (Chi-Quadrat-Test: $\chi^2(8) = 18.216$, $p < .05$, s. Abb. 15).

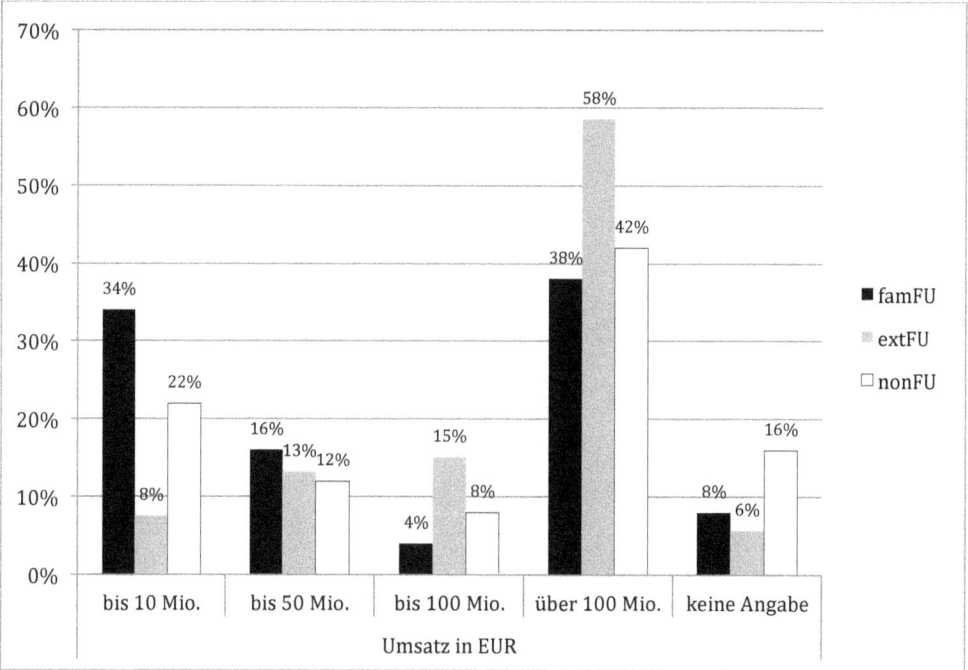

Abbildung 15: *Verteilung des Unternehmensumsatzes über die drei verschiedenen Versuchsgruppen*

Auf der personalen Dimension wurden die Teilnehmer nach ihrem Geschlecht, ihrem Alter, der Management-Ebene, in der sie arbeiten, ihrer Führungserfahrung und ihrer Persönlichkeit befragt. Abbildung 16 zeigt das Geschlecht der Führenden abhängig von ihrer Versuchsgruppe. In jeder Gruppe sind die Frauen in der Minderheit, die Verhältnisse sind jedoch relativ ähnlich. Auch der Chi-Quadrat-Test zeigt, dass sich das Geschlecht über die Gruppen nicht signifikant unterscheidet ($\chi^2(2) = .704$, $p = .703$), sodass für diese Variable von einer Gleichverteilung bzw. demnach keinem systematischen Unterschied zwischen den Gruppen ausgegangen werden kann.

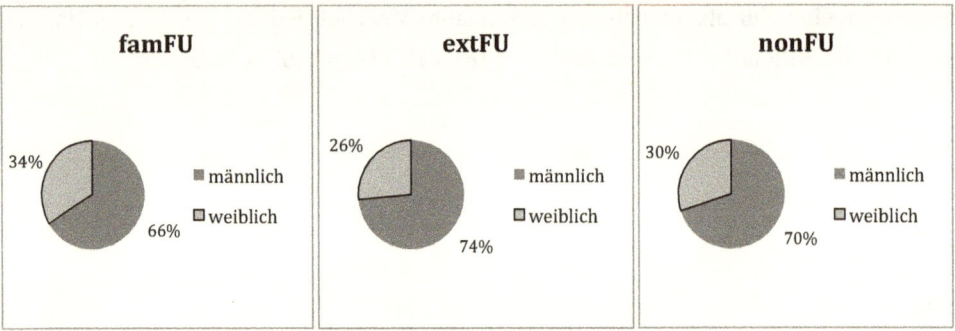

famFU

34%
66%

■ männlich
□ weiblich

extFU

26%
74%

■ männlich
□ weiblich

nonFU

30%
70%

■ männlich
□ weiblich

Abbildung 16: *Verteilung des Geschlechts über die drei verschiedenen Versuchsgruppen*

Abbildung 17 stellt das Personenalter, unterteilt in vier gleich breite Kategorien und eine Randkategorie, abhängig von der Versuchsgruppe der Führenden, dar. Hier zeigt sich, dass nonFU in der Stichprobe deutlich jünger, mit einem Höhepunkt von 30 bis 40 Jahren, sind als Führungskräfte in FU. Dabei ergibt sich für extFU eine relativ gleichmäßige Verteilungskurve mit einem Anstieg bis zu 40 bis 50 Jahren. Älter als 60 Jahre ist kein Mitglied dieser Gruppe. FamFU hingegen verteilen sich über alle Kategorien, sie ist die einzige Gruppe, in der Führungskräfte teilweise älter als 60 Jahre sind. Auch hier wird das Auftreten der Gruppe für das klassische Berufsalter höchst signifikant wahrscheinlicher (Einweg-ANOVA[41]: $F(2) = 12.168, p < .001$).

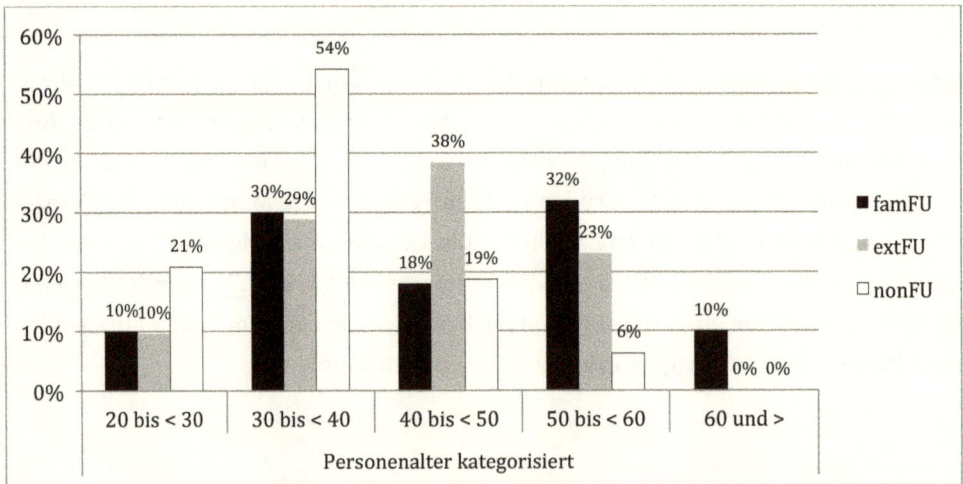

Abbildung 17: *Verteilung des Personenalters über die drei verschiedenen Versuchsgruppen*

Abbildung 18 zeigt, dass famFU in der Stichprobe deutlich häufiger im Top-Management ihres Unternehmens beschäftigt sind, wobei die extFU der Stichprobe am häufigsten im mittleren Management ansässig sind. NonFU sind hingegen sehr ähnlich verteilt

---

[41] Die Abkürzung ANOVA steht für die 'analysis of variance', d. h. die Varianzanalyse als statistische Methode.

(Kruskal-Wallis-Test[42] über alle drei Gruppen: $H(2) = 39.053, p < .001$).

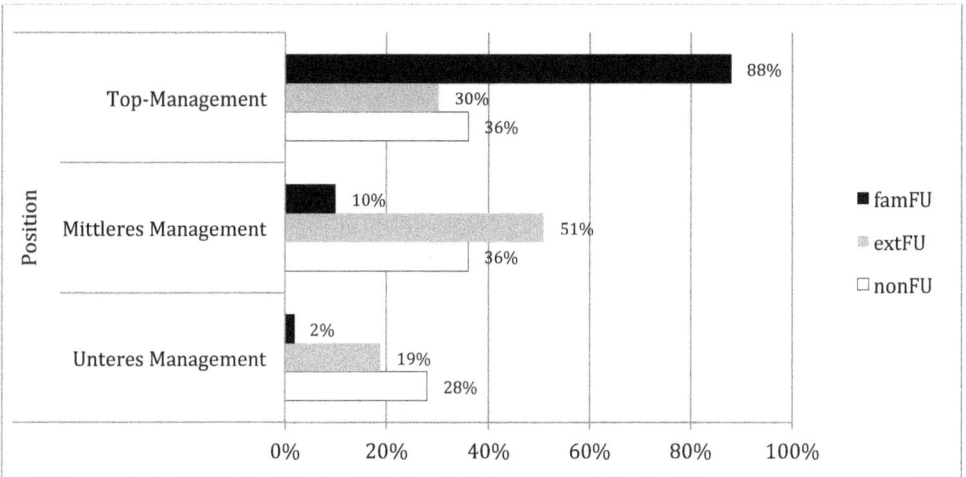

Abbildung 18: *Verteilung der Management-Ebene der Führenden über die drei verschiedenen Versuchsgruppen*

Die Führungserfahrung der Führenden in der Stichprobe unterscheidet sich ebenfalls systematisch (s. Abb. 19). Entsprechend dem Personenalter der Teilnehmer ist die Führungserfahrung in NFU deutlich geringer als in FU. FamFU weisen die längste Führungserfahrung auf (Einweg-ANOVA: $F(2) = 15.148, p < .001$).

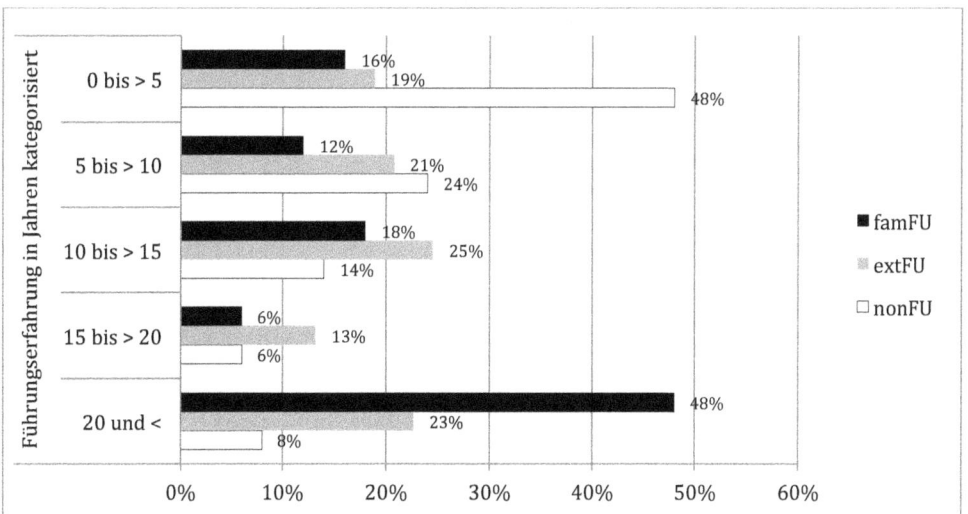

Abbildung 19: *Verteilung der Führungserfahrung der Führenden in Jahren über die drei verschiedenen Versuchsgruppen*

---

[42] Hier wird der Kruskal-Wallis-Test gewählt, da aufgrund der unzureichenden Bedingungen kein parametrischer Test verwendet werden darf.

Die Persönlichkeitsdimensionen zeigen in Abbildung 20 eine relative Gleichverteilung über die drei Gruppen. So unterscheiden sich die Teilnehmer stärker über die Persönlichkeitsdimensionen (intragruppal) als über die Gruppen (intergruppal) und sind zwischen den Gruppen relativ homogen. Eine signifikante Unterschiedlichkeit kann jedoch für „Verträglichkeit" und „Offenheit" gefunden werden (MANOVA[43] für Extraversion: $F(2) = .548$, $p = .579$; für Verträglichkeit: $F(2) = 3.284$, $p = .040$; für Gewissenhaftigkeit: $F(2) = 1.705$, $p = .185$; für Neurotizismus: $F(2) = .364$, $p = .695$; für Offenheit: $F(2) = 3.418$, $p = .035$), wobei sich für "Verträglichkeit" die Gruppen extFU und nonFU signifikant unterscheiden, für "Offenheit" die Gruppen famFU und nonFU (Verträglichkeit: $t(97.985) = 2.562$, $p = .011$; Offenheit: $t(97.985) = -2.471$, $p = .015$).

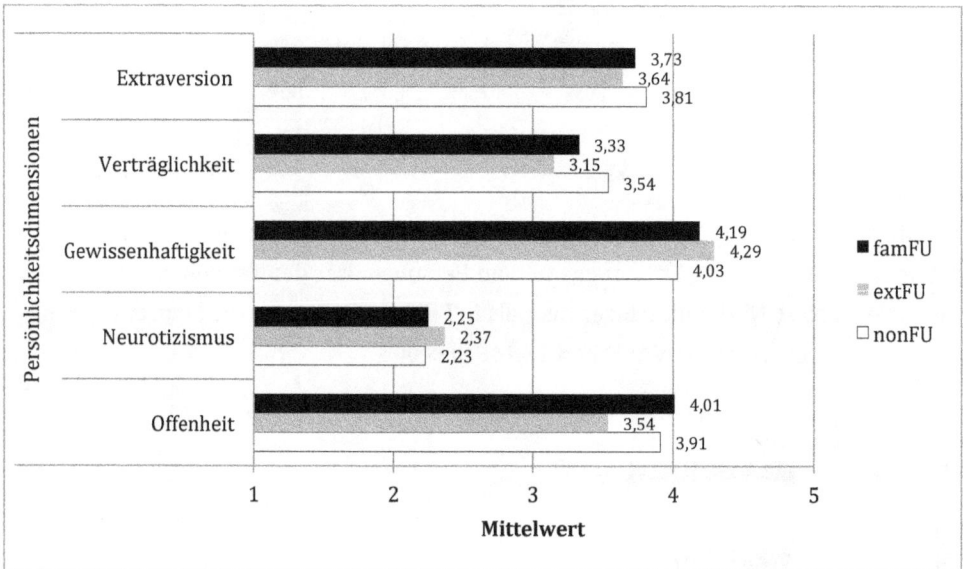

Abbildung 20: *Verteilung der Persönlichkeitsdimensionen der Führenden für die Skala des BFI-10 über die drei verschiedenen Versuchsgruppen*

Ob eine Person in der Stichprobe Anteile am beschäftigenden Unternehmen hält, ist zwischen den drei Gruppen ebenfalls sehr unterschiedlich. So besitzen famFU zwar im geringsten Fall 0 %, im höchsten Fall 100 % und im Mittel 53,24 % (SD[44] 39,53) der gesamten Unternehmensanteile. NonFU besitzen ebenfalls mindestens 0 % und maximal 100 %, aber im Mittel deutlich weniger, nämlich 18,77 % (SD 35,10). ExtFU hingegen weichen stark ab, da sie auch minimal 0 %, maximal aber nur 10 % der Unterneh-

---

[43] Die Abkürzung MANOVA steht für die 'multivariate analysis of variance', d. h. die Varianzanalyse mit mehreren abhängigen Variablen als statistische Methode.

[44] SD ist die Abkürzung für 'standard deviation'. Die Standardabweichung sagt aus, wie stark die Datenpunkte um den Mittelwert streuen, d. h. wie ähnlich bzw. verschieden die Datenpunkte untereinander sind. Damit ist es ein Maß dafür, wie gut der Mittelwert Auskunft über die Verteilung gibt. Eine kleine Standardabweichung, verglichen mit dem Mittelwert selbst, indiziert, dass die Datenpunkte nahe am Mittel liegen (Field, 2009).

mensanteile besitzen und im Mittel gerade einmal 0,30 % (*SD* 1,56). Auch diese Unterschiede sind höchst signifikant (Einweg-ANOVA: $F(2) = 32.851, p < .001$).

Fragen zum FU wurden nur den beiden Versuchsgruppen famFU und extFU gestellt, da beide Auskunft über ihr eigenes FU geben können. Dazu gehörten die Fragen nach den Unternehmensanteilen im Familienbesitz, der Generationszahl, der Anzahl aktiver Familienmitglieder im Unternehmen, der Anzahl der Gesellschafter und dem SEW. Tabelle 5 zeigt die Mittelwerte und Standardabweichungen sowie die Anzahl der gültigen Fälle (*H*) und den Minimal- und Maximalwert für beide Gruppen. Die Gruppen sind sich relativ ähnlich, wobei eine Tendenz dahingehend besteht, dass extFU in Unternehmen arbeiten, die einem stärkeren Familieneinfluss unterliegen und etwas länger in Familienbesitz sind. Die Unterschiede sind nicht signifikant (Einweg-ANOVA für Unternehmensanteile: $F(1) = .031, p = .861$; für Generationszahl: $F(1) = 2.831, p = .096$; für Anzahl aktiver Familienmitglieder: $F(1) = .653, p = .421$; für Anzahl der Gesellschafter: $F(1) = 2.678, p = .107$).

Item	Versuchsgruppe	Gültige Fälle (*H*)	Mittelwert (*M*)	Standardabweichung (*SD*)	Minimum	Maximum
Unternehmensanteile in Familienbesitz in Prozent	famFU	42	89,71	29,72	0	100
	extFU	39	90,73	21,11	0	100
Aktuelle Generationszahl	famFU	50	2,80	1,23	1	6
	extFU	53	3,30	1,74	1	8
Anzahl aktiver Familienmitglieder im Unternehmen	famFU	46	2,59	1,44	1	6
	extFU	42	3,10	3,99	0	25
Anzahl an Gesellschaftern	famFU	42	2,74	2,28	0	13
	extFU	38	4,05	4,63	0	20

Tabelle 5: *Deskriptive Statistik für FU-bezogene Items je FU-Versuchsgruppe*

Tabelle 6 zeigt die Mittelwerte der Skalenindizes für die drei untersuchten SEW-Dimensionen auf einer Skala von 1 („stimme gar nicht zu") bis 5 („stimme voll zu"). FamFU weisen durchgehend einen höheren SEW-Wert auf als extFU. Die multivariate Varianzanalyse ergibt, dass sich die Gruppen für die Dimensionen „Identification with the Firm" und „Binding Social Ties" signifikant bzw. hoch signifikant unterscheiden (MANOVA für „Identification with the Firm": $F(1) = 4.337, p = .04$; für „Binding Social Ties": $F(1) = 10.578, p = .002$; für „Renewal of Family Bonds": $F(1) = .127, p = .722$). FamFU beurteilen den SEW dabei als Familienmitglieder aus einer internen Perspektive, wobei es sich bei den Urteilen der extFU um eine externe Sicht und damit um eine Fremdbeurteilung auf den SEW der Familienmitglieder handelt.

Item	Versuchs-gruppe	Gültige Fälle (*H*)	Mittelwert (*M*)	Standardabweichung (*SD*)	Minimum	Maximum
Identification of Family Members With the Firm	famFU	50	4,23	0,56	3,00	5,00
	extFU	52	3,99	0,63	2,67	5,00
Binding Social Ties	famFU	50	3,89	0,66	2,60	5,00
	extFU	52	3,39	0,87	1,20	5,00
Renewal of Family Bonds Through Dynastic Succession	famFU	50	4,31	0,68	1,75	5,00
	extFU	52	4,25	0,78	2,00	5,00

Tabelle 6: *Deskriptive Statistik für SEW-Items je FU-Versuchsgruppe*

Von den insgesamt 219 Teilnehmern, von denen bis zu diesem Punkt nur die Personen mit Führungsaufgabe behandelt wurden, beantworteten weitere 66 Personen den Fragebogen als Geführte, wobei sich 9 Personen der Versuchsgruppe famFU, 18 der Gruppe extFU und 39 der Gruppe nonFU zuordnen lassen. Da die Geführten in dieser Untersuchung vor allem den Zweck haben, Daten für die Überprüfung der Robustheit der Ergebnisse zu generieren, ist hier zu prüfen, ob die Geführten der jeweiligen Gruppe tatsächlich der gleichen Population bzw., in diesem konkreten Fall, den ähnlichen Unternehmen entstammen, wie die Führenden der Gruppe. Die Gruppen der Führenden und Geführten unterscheiden sich über die organisationalen Parameter Branche, Unternehmensalter, Mitarbeiterzahl und Umsatz nicht signifikant, weshalb davon ausgegangen werden kann, dass sie der gleichen Population entstammen. Eine Ausnahme bilden die famFU-Mitglieder mit nur 9 Geführten, für die sich die Geführten und die Führenden dieser Gruppe rechnerisch über das Unternehmensalter und den Umsatz unterscheiden. Dieses Ergebnis ist jedoch nicht aussagekräftig, denn bei lediglich 9 Personen kann nicht davon ausgegangen werden, dass es sich nicht zufällig um mehrere Ausreißer, d. h. Ergebnisse, die stark vom Erwarteten abweichen, handelt. Aufgrund der geringen Fallzahl in dieser Gruppe werden im Weiteren für die Geführten lediglich die Gruppen FU und NFU unterschieden.

6.3. Überprüfung der Gütekriterien

Die TFF-Faktoren sollen konzeptionell fünf verschiedene Faktoren darstellen. Um die interne Konsistenz der TFF-Faktoren zu überprüfen, werden die Faktorladungen der

Items, die Cronbachs Alphas und die Item-to-Total-Korrelationen für diese Komponenten des MLQ berechnet. Zudem werden Korrelationen zwischen den zentralen Konstrukten berechnet, um sich ein Bild von den Zusammenhängen der Daten bilden zu können.

Mittels Faktorenanalyse und den damit verbundenen Faktorladungen können irrelevante Items identifiziert werden. Das Gesamtmodell sollte mindestens 50 % der Varianz aufklären (Field, 2009). Die einzelnen Ladungen sollten mindestens einen Wert von .40 erreichen (Janssen & Laatz, 2010). Eine Analyse der Hauptkomponenten (PCA) wurde mit den 20 Items der TFF-Faktoren mit obliquer Rotation durchgeführt. Die Dateneignung für eine Faktorenanalyse wurde mit dem Kaiser-Meyer-Olkin(KMO)-Kriterium als gut bis sehr gut verifiziert (KMO = .833; Kaiser, 1974). Der Bartlett-Test der Sphärizität indiziert mit einem Chi-Quadrat von 812.560, p < .001, bei 190 Freiheitsgraden, dass die Korrelationen zwischen den einzelnen Items ausreichend groß für die Durchführung der Hauptkomponentenanalyse (PCA) sind. Die Faktorenanalyse extrahierte fünf verschiedene Faktoren mit Eigenwerten über dem Kaiser-Kriterium von 1 und erklärten gemeinsam 57,76 % der Varianz. Die Faktorenanzahl ist damit konsistent mit Bass und Avolios (1995) Modell der TFF. Eine Rotation konnte in 30 Iterationen nicht konvergieren. Tabelle 7 stellt die Faktorladungen dar. Mehrere Items weisen eine erhebliche Faktorenladung (> +/- .400) auf zwei oder sogar drei Faktoren auf, was für eine mangelnde Trennschärfe spricht. Diese Items könnten aus der Untersuchung ausgeschlossen werden. Obwohl eine Fünffaktorenstruktur vorgeschlagen wird, weist vor allem der erste Faktor hohe Ladungen auf vielen Items auf (17 von 20), die anderen Faktoren laden auf nur sehr wenigen Items. Die Faktorenanlyse liefert damit eine Faktorenstruktur, welche nicht sinnvoll mit dem Modell vereinbar ist und daher für die vorliegende Untersuchung nicht auf die theoretischen Konstrukte angewandt wird.

	Komponente				
	1	2	3	4	5
"Ich spreche über meine wichtigsten Wertvorstellungen und Überzeugungen" (Item 1 für "Behavioral Idealized Influence")	**.619**	-.037	.108	-.113	.480
"Ich führe die Wichtigkeit einer starken Vision auf." (Item 2 für "Behavioral Idealized Influence")	**.606**	-.208	**.419**	.281	-.132
"Ich berücksichtige die moralischen und ethischen Auswirkungen von Entscheidungen" (Item 3 für "Behavioral Idealized Influence")	.257	**.681**	-.084	.182	**-.400**
"Ich betone die Wichtigkeit einer gemeinsamen Vision" (Item 4 für "Behavioral Idealized Influence")	**.551**	-.259	.185	**.489**	-.286
"Ich mache andere stolz darauf, mit mir zusammenzuarbeiten." (Item 1 für "Attributed Idealized Influence")	**.446**	-.248	**-.533**	.238	.304
(Item 2 für "Attributed Idealized Influence")	.269	.165	**.487**	-.326	.176
(Item 3 für "Attributed Idealized Influence")	-.094	.368	.045	**.456**	.137
(Item 4 für "Attributed Idealized Influence")	**.613**	.080	-.354	.191	.010
(Item 1 für "Inspirational Motivation")	**.536**	-.306	-.237	-.242	-.025
(Item 2 für "Inspirational Motivation")	**.754**	-.212	.207	.066	.086
(Item 3 für "Inspirational Motivation")	**.646**	**-.403**	.157	.280	-.085
(Item 4 für "Inspirational Motivation")	**.567**	-.046	.176	-.292	.036
(Item 1 für "Intellectual Stimulation")	**.552**	-.003	.256	-.155	-.081
(Item 2 für "Intellectual Stimulation")	**.644**	.087	-.292	-.221	-.020
(Item 3 für "Intellectual Stimulation")	**.682**	.250	-.130	-.300	-.081
(Item 4 für "Intellectual Stimulation")	**.622**	-.031	.003	-.162	-.285
(Item 1 für "Individualized Consideration")	**.423**	.178	-.218	.215	.118
(Item 2 für "Individualized Consideration")	**.417**	.409	.174	.233	**.513**
(Item 3 für "Individualized Consideration")	**.479**	**.612**	.125	-.022	-.083
(Item 4 für "Individualized Consideration")	**.748**	.045	-.282	-.118	-.112

Tabelle 7: *Komponentenmatrix für die Items der Skala des transformationalen Führungsstils, erstellt durch die Analyse der Hauptkomponenten*

Cronbachs Alphas geben ebenfalls Hinweise auf den Ausschluss einzelner Items. Bei mehr als drei Items sollte mindestens ein Alpha von .70 erreicht werden, bei zwei oder drei Items ein Alpha von .40 (Field, 2009). Wird der Mindestwert unterschritten, so geben die Item-to-Total-Korrelation sowie inhaltliche Überlegungen an, welches Item ausgeschlossen werden sollte. Die Skalen zeigen unterschiedliche Reliabilitäten:

- "Behavioral Idealized Influence": α = .520

(mit einer Steigerung auf α = .588 durch Eliminierung des Items "Ich berücksichtige die moralischen und ethischen Auswirkungen von Entscheidungen")

- "Attributed Idealized Influence": α = .128

(mit einer Steigerung auf α = .240 durch Eliminierung des Items 2)

- "Inspirational Motivation": α = .711

(ohne Steigerungsmöglichkeit durch Eliminierung)

- "Intellectual Stimulation": α = .712

(ohne Steigerungsmöglichkeit durch Eliminierung)

- "Individualized Consideration": α = .588

(ohne Steigerungsmöglichkeit durch Eliminierung)

Somit erfüllen drei von fünf Skalen der TFF nicht die geforderte Norm von mindestens $\alpha = .70$. Auch durch Eliminierung einzelner Items kann in diesen Fällen keine Steigerung des Wertes auf ein genügend hohes Maß erreicht werden. Aus diesem Grund wird hier darauf verzichtet, die in anderen Fällen mehrfach validierte Skala zu zerlegen. Die ungenügende Faktorenstruktur wird im Diskussionsteil erneut aufgegriffen. Auch in der bestehenden Literatur wurde die mangelnde Trennschärfe der transformationalen Skalen und anderer MLQ-Skalen diskutiert. Dies ist ein relevanter Mangel des Fragebogens, der trotz dieses Aspektes das meistgenutzte Werkzeug zur Erfasssung von Führungsstilen ist (s. 5.5.1.).

Auf die Überprüfung des BFI-10 wird verzichtet, weil es sich um ein etabliertes, valides Instrument handelt und die fünf Persönlichkeitskonstrukte lediglich eine explorative Rolle in der Untersuchung innehaben. Die Erfassung des SEW wurde jedoch mangels eines erprobten Instrumentes nur über Itementwürfe durchgeführt, weswegen deren Skalen ebenfalls in oben dargestellter Form analysiert werden sollen.

Eine Analyse der Hauptkomponenten (PCA) wurde außerdem mit den 20 Items der SEW-Skala mit obliquer Rotation durchgeführt. Die Dateneignung für eine Faktorenanalyse wurde mit dem Kaiser-Meyer-Olkin(KMO)-Kriterium als gut verifiziert (KMO = .718). Der Bartlett-Test der Sphärizität indiziert mit einem Chi-Quadrat von 397.005, $p <$ .001, bei 105 Freiheitsgraden, dass die Korrelationen zwischen den einzelnen Items ausreichend groß für die Durchführung der Hauptkomponentenanalyse (PCA) sind. Die Faktorenanalyse extrahierte ebenfalls fünf verschiedene Faktoren mit Eigenwerten über dem Kaiser-Kriterium von 1 und diese erklärten gemeinsam 65,34 % der Varianz. Die Faktorenanzahl ist damit höher als die Anzahl der von Berrone u. a. (2012) postulierten drei Konstrukte „Identification with the Firm", „Binding Social Ties" und „Renewal of Family Bonds". Eine Rotation konvergierte in 26 Iterationen. Tabelle 8 stellt die Faktorladungen dar. Der Faktor „Identification with the Firm" ist bis auf sein letztes Item noch recht klar zu erkennen. Die beiden weiteren Faktoren laden häufig ebenfalls auf der Komponente 1. Hier ein inhaltlich bzw. theoretisch sinnvolles Muster zu analysieren bzw. zu entwickeln bedarf einer ausführlicheren Faktorenanalyse, ist jedoch nicht Inhalt der vorliegenden Untersuchung und wird daher vernachlässigt.

	Komponente				
	1	2	3	4	5
"Die Familienmitglieder haben ein starkes Zugehörigkeitsgefühl zum FU" (Item 1 für "Identification with the Firm")	**.655**	-.343	.182	-.008	.007
"Die Familienmitglieder empfinden den Erfolg des FU als ihren persönlichen Erfolg" (Item 2 für "Identification with the Firm")	**.560**	-.240	-.253	-.071	.251
"Das FU hat eine große persönliche Bedeutung für die Familienmitglieder" (Item 3 für "Identification with the Firm")	**.585**	-.245	.164	**-.402**	.162
"Mitglied des FU zu sein hilft bei der Definition unseres Selbstverständnisses" (Item 4 für "Identification with the Firm")	**.564**	-.080	-.030	.146	-.157
"Familienmitglieder sind stolz darauf, sich anderen gegenüber als Teil des FU zu präsentieren" (Item 5 für "Identification with the Firm")	**.721**	-.297	-.040	-.355	.006
"Kunden assoziieren oft den Familiennamen mit den Produkten und Dienstleistungen des FU" (Item 6 für "Identification with the Firm")	.297	.004	.177	.114	**.764**
"Das FU ist sehr aktiv in der Förderung sozialer Aktivitäten innerhalb des Unternehmens" (Item 1 für "Binding Social Ties")	**.475**	**.621**	-.309	-.104	.266
"Im FU werden die familienexternen Mitarbeiter als Teil der Familie behandelt" (Item 2 für "Binding Social Ties")	.353	**.441**	-.268	-.337	-.226
"Im FU basieren Vertragsverhältnisse hauptsächlich auf Vertrauen und Gegenseitigkeit" (Item 3 für "Binding Social Ties")	**.458**	**.667**	-.155	-.009	-.136
"Das Aufbauen enger Beziehungen ist wichtig für das FU" (Item 4 für "Binding Social Ties")	**.573**	.259	**.500**	.179	.080
"Mitarbeiterverträge beruhen im Unternehmen auf nachhaltigen und langfristigen Beziehungen" (Item 5 für "Binding Social Ties")	**.580**	.249	**.409**	-.355	-.193
"Die Fortsetzung des Familienerbes und der Tradition sind wichtige Ziele des FU" (Item 1 für "Renewal of Family Bonds")	**.712**	-.237	-.214	.276	-.022
"Die Inhaberfamilie neigt weniger dazu, ihr Investment kurzfristig zu betrachten" (Item 2 für "Renewal of Family Bonds")	.333	.333	**.423**	**.541**	-.119
"Familienmitglieder würden nur sehr unwahrscheinlich den Verkauf des FU in Erwägung ziehen" (Item 3 für "Renewal of Family Bonds")	**.546**	-.031	**-.508**	**.429**	.042
"Ein erfolgreicher Unternehmenstransfer zur nächsten Generation ist ein wichtiges Ziel für die Familienmitglieder" (Item 4 für "Renewal of Family Bonds")	**.568**	-.376	-.005	.124	**-.472**

Tabelle 8: *Komponentenmatrix für die Items der SEW-Skala, erstellt durch die Analyse der Hauptkomponenten*

Die theoretisch von Berrone u. a. (2012) angedachten Skalen zeigen folgende Reliabilitäten:

- "Identification with the Firm": Cronbachs α = .721
(ohne Steigerungsmöglichkeit durch Eliminierung)
- "Binding Social Ties": α = .772
(ohne Steigerungsmöglichkeit durch Eliminierung)
- "Renewal of Family Bonds": α = .666
(mit einer Steigerung auf α = .705 durch Eliminierung des Items 2)

Somit erfüllen alle drei angewandten Skalen des SEW - unter Ausschluss des Items „Die
Inhaberfamilie neigt weniger dazu, ihr Investment kurzfristig zu betrachten" aus der
Skala „Renewal of Family Bonds" - die geforderte Reliabilitätsnorm von mindestens
α = .70. Dies deutet auf eine gute interne Konsistenz hin, sodass davon ausgegangen
werden kann, dass die Items der einzelnen Skalen ein gemeinsames Konstrukt erfassen.

In Tabelle 9 sind die Interkorrelationen der Störvariablen (s. 5.1.) dargestellt. Die Störvariablen werden in unternehmensbezogene, spezifisch FU-bezogene und personenbezogene Variablen unterteilt. Zudem wird in der Korrelationstabelle der Zusammenhang
mit der UV „Gruppenzugehörigkeit", d. h. der Versuchsgruppenzugehörigkeit, dargestellt. Darüber hinaus werden die beiden weiteren Skalen BFI-10 zur Erfassung der Per-
sönlichkeitsstruktur und SEW zur Messung des sozio-emotionalen Kapitals mit den
Störvariablen in Beziehung gesetzt. Die Korrelationen zeigen zwischen diversen Variablen systematische Zusammenhänge auf, welche jedoch keinem eindeutigen Muster folgen.

Aufgrund des Studiendesigns müssen bestimmte Verzerrungen in den Daten in Erwägung gezogen werden. So kann durch die Selbstselektion der Fragebogenteilnehmer ein
„non-response bias"[45] nicht ausgeschlossen werden. Eine Möglichkeit der Überprüfung,
ob diese Verzerrung in den Daten zu finden ist, besteht aufgrund des Erhebungsdesigns
nicht. Sie wäre nur möglich, wenn die konkret Nichtantwortenden bewusst erfasst worden wären. Um die Auftretenswahrscheinlichkeit der Verzerrung trotzdem beurteilen zu
können, können die Eigenschaften der Stichprobe mit den Eigenschaften der Grundgesamtheit der Unternehmen verglichen werden. Dies wird im folgenden Abschnitt der
Beschreibung der Stichprobe getan und später im Diskussionsteil erörtert.

---

[45] Der „non-response bias" behandelt eine Verzerrung der Stichprobe, welche dadurch verursacht wird, dass Individuen mit bestimmten Eigenschaften überhaupt nicht an der Befragung teilnehmen und durch ihr Fehlen das Daten-
bild verzerren.

Tabelle 9

	Unternehmensbezug				FU-Bezug				Personaler Bezug						UV
	Branche	Unternehmensalter	Mitarbeiteranzahl	Jahresumsatz	Generationszahl	Anteile in Familienbesitz	Gesellschafteranzahl	Anzahl aktiver Familienmitglieder	Eigene Anteile	Geschlecht	Personenalter	Management-Ebene	Führungserfahrung	Gruppenzugehörigkeit	Gruppenzugehörigkeit
Branche	1	-.209*	-.055	-.094	-.114	-.148	-.089	.077	-.025	.077	-.200*	-.127	-.266**	.352**	.352**
Unternehmensalter	-.209*	1	.460**	.240**	.759**	.304**	.174	.036	-.240*	.015	.153	-.069	.067	-.321**	-.321**
Mitarbeiteranzahl	-.055	.460**	1	.613**	.500**	.210	.182	-.014	-.446**	-.057	.056	-.412**	-.077	.096	.096
Jahresumsatz	-.094	.240**	.613**	1	.340**	.397**	.126	-.013	-.341**	-.030	.030	-.336**	-.054	.144	.144
Generationszahl	-.114	.759**	.500**	.340**	1	.311**	.338**	.202	-.349**	.003	-.077	-.215*	-.201*	.165	.165
Anteile in Familienbesitz	-.148	.304**	.210	.397**	.311**	1	.234	.063	-.311**	.147	.043	-.005	.047	.020	.020
Gesellschafteranzahl	-.089	.174	.182	.126	.338**	.234	1	.140	-.248*	.064	.027	-.078	.078	.182	.182
Anzahl aktiver Familienmitglieder	.077	.036	-.014	-.013	.202	.063	.140	1	-.150	.046	-.015	-.167	-.025	.087	.087
Eigene Anteile	-.025	-.240*	-.446**	-.341**	-.349**	-.311**	-.248*	-.150	1	.004	.181	.486**	.224*	-.379**	-.379**
Geschlecht	.077	.015	-.057	-.030	.003	.147	.064	.046	.004	1	-.215**	.059	-.204**	-.035	-.035
Personenalter	-.200*	.153	.056	.030	-.077	.043	.027	-.015	.181	-.215**	1	.287**	.204**	-.365**	-.365**
Management-Ebene	-.127	-.069	-.412**	-.336**	-.215*	-.005	-.078	-.167	.486**	.059	.287**	1	.420**	-.424**	-.424**
Führungserfahrung	-.266**	.067	-.077	-.054	-.201*	.047	.078	-.025	.224*	-.204**	.204**	.420**	1	-.409**	-.409**
Gruppenzugehörigkeit	.352**	-.321**	.096	.144	.165	.020	.182	.087	-.379**	-.035	-.365**	-.424**	-.409**	1	1
SEW:"Identification"	.018	.025	-.080	-.104	-.066	-.109	.000	.016	.435**	-.079	.082	.240*	.131	-.204*	-.204*
SEW:"Binding"	.098	-.194	-.130	-.100	.130	.078	-.026	.165	-.026	-.001	-.019	.063	-.016	-.309**	-.309**
SEW:"Renewal"	.142	.147	-.033	.011	.143	.000	.133	-.115	-.009	-.024	-.133	-.097	-.088	-.036	-.036
BFI:"Extraversion"	.085	.059	-.045	-.045	-.055	.118	.133	-.115	-.051	.019	-.126	-.088	-.155	.040	.040
BFI:"Verträglichkeit"	-.003	-.080	.027	.122	-.028	.183	-.013	.050	-.071	.148	-.029	.052	.069	.109	.109
BFI:"Gewissenhaftigkeit"	.052	.223	.117	.138	.061	.104	-.131	.253	-.071	.128	-.063	.034	-.101	-.089	-.089
BFI:"Neurotizismus"	-.036	-.019	-.145	.000	.110	.019	.104	.253	-.131	.128	-.063	.034	-.101	-.009	-.009
BFI:"Offenheit"	.190	.101	-.007	.074	-.020	.112	-.192	-.205	.179	.045	.056	.017	.017	-.041	-.041

Tabelle 9: Korrelationen für die unternehmensbezogenen, familienunternehmensbezogenen und personalen Störvariablen sowie die unabhängige Variable "Gruppenzugehörigkeit" und die Skalen SEW und BFI-10

Weiterhin kann aufgrund der Erfassung aller relevanten Variablen über die Selbstbeurteilung der Führungskräfte ein „common-method bias"[46] nicht ausgeschlossen werden. Um den potentiellen Effekt eines „common-method bias" beurteilen zu können, wurde entsprechend Podsakoff und Organ (1986) eine PCA-Faktorenanalyse mit obliquer Rotation gerechnet, die alle Items der unabhängigen, abhängigen und Kontrollvariablen beinhaltete (s. o.). Die Dateneignung für eine Faktorenanalyse wurde mit dem Kaiser-Meyer-Olkin(KMO)-Kriterium als gut verifiziert (KMO = .702). Der Bartlett-Test der Sphärizität indiziert mit einem Chi-Quadrat von 916.603, $p <$ .001, bei 325 Freiheitsgraden, dass die Korrelationen zwischen den einzelnen Items ausreichend groß sind. Die Faktorenanalyse extrahierte 22 verschiedene Faktoren mit Eigenwerten über dem Kaiser-Kriterium von 1 und diese erklärten gemeinsam 88,05 % der Varianz. Der erste Faktor allein erklärt 21,68 % der Varianz. Da dieser eine Faktor damit nicht für die Mehrheit der Varianz verantwortlich ist, ist das Auftreten eines „common-method bias" unwahrscheinlich (Eddleston, Kellermanns & Sarathy, 2008).

Im Folgenden werden die Hypothesen überprüft.

6.4. Überprüfung der Hypothesen mittels t-Test

Die oben beschriebenen Unterschiede zwischen den drei Gruppen über die Störvariablen erschweren die einfache Interpretation der Gruppenunterschiede im Sinne der Überprüfung der Hypothesen. Da die Wirkung der Störvariablen jedoch in den Hypothesen nicht diskutiert wird und es kaum empirische Belege für deren Einfluss gibt (s. 5.1.), werden die Hypothesen zuerst unabhängig von den Störvariablen analysiert, sodass diese weiter hinten in Regressions- und Kovarianzanalysen einbezogen werden (s. 6.6.).

Mithilfe von t-Tests für unabhängige Stichproben werden Mittelwerte zweier Gruppen auf ihre Unterschiedlichkeit überprüft. Geprüft wird, ob die Unterschiedlichkeit über den Standardfehler hinausgeht und daher von einer systematischen Unterschiedlichkeit anstatt einer auf Zufall beruhenden, unsystematischen Unterschiedlichkeit der Gruppen ausgegangen werden kann.

Da es sich bei einem t-Test um einen parametrischen Test handelt, müssen folgende Voraussetzungen erfüllt sein, um ihn durchführen zu dürfen: Die Testdaten sollten mindestens auf einer Intervallskala erhoben worden sein und die Werte einzelner Teilnehmer müssen unabhängig von denen anderer Teilnehmer sein. Diese Forderungen sind durch

---

[46] Der „common-method bias" behandelt eine Verzerrung der Messergebnisse, welche dadurch verursacht wird, dass die Befragten gleichzeitig Auskunft über die UVn und AVn der Untersuchung liefern, was zu systematischen Fehlervarianzen aller Variablen führen kann.

die Datenerfassung erfüllt[47]. Weiterhin sollten die Varianzen der Gruppen homogen und die Variablen normalverteilt sein. Die Varianzenhomogenität wird mithilfe des Levene-Tests überprüft und ist gegeben, soweit nicht anders berichtet. Auf die Prüfung der Stichprobennormalverteilung wird mit Verweis auf Stevens (1999), Bortz (1999) und Everitt (1996) verzichtet, da t-Tests auch bei kleineren Stichproben robust gegenüber Nicht-Normalität sind.

Alle ungeraden statistischen Hypothesen stellen Annahmen über die Unterschiedlichkeit der Skalenindizes der MLQ-Faktoren „Behavioral Idealized Influence" (H1), „Attributed Idealized Influence" (H3), „Inspirational Motivation" (H5), „Intellectual Stimulation" (H7) und „Individualized Consideration" (H9) zwischen Mitgliedern der Gruppen famFU und nonFU auf. Die jeweils folgenden, geraden Hpyothesen stellen entsprechend Annahmen über die Unterschiedlichkeit zwischen famFU und extFU auf.

Die erste Hypothese postuliert, dass Mitglieder der Gruppe famFU höhere Skalenwerte für den Faktor „Idealized Influence (Behavior)" aufweisen als Mitglieder der Gruppe NFU. Um diese Annahme zu prüfen, wird ein unabhängiger t-Test zwischen famFU und nonFU für den Skalenindex „Idealized Influence (Behavior)" als Testvariable gerechnet. Es werden die beiden in Abbildung 21 und 22 dargestellten Tabellen ausgegeben. Die Tabelle in Abbildung 21 zeigt die gültigen Fälle (H), den Mittelwert (M), die Standardabweichung (SD) und den Standardfehler (SE[48]) für beide Gruppen. Zufällig sind die Gruppen mit 50 gültigen Fällen gleich groß. FamFU weisen einen marginal höheren Mittelwert auf, beide sind mit über 4 Skalenpunkten auf einer 5-Punkt-Skala relativ hoch. Die Standardabweichung (Δ[49] = 0,02) und der Standardfehler (Δ= 0,00) sind ähnlich groß.

---

[47] Die MLQ-Skala von „1 - überhaupt nicht" bis „5 - meistens, wenn nicht immer" ohne eine verbale Formulierung für die drei mittleren Skalenpunkte „2", „3" und „4" wird in den Sozialwissenschaften vereinfacht als Intervallskala behandelt, da davon ausgegangen wird, dass die Beantwortenden mithilfe der Beschriftung der Pole die gleichen Abstände für alle Skalenpunkte für sich selbst erstellen, weil keine subjektiv interpretierbare Vollbeschriftung für alle Skalenpunkte existiert (Porst, 2008).
[48] *SE* ist die Abkürzung für 'standard error'. Der Standardfehler ist die Standardabweichung der Stichprobenmittel. Damit ist es ein Maß für die Repräsentativität einer Stichprobe für eine Grundgesamtheit. Ein kleiner Standardfehler, verglichen mit dem Stichprobenmittel, indiziert, dass die Stichprobenmittel ähnlich der Grundgesamtheit sind und die Stichprobe damit wahrscheinlich eine akkurate Reflektion der Grundgesamtheit ist (Field, 2009).
[49] Delta (Δ) meint hier die Differenz zwischen zwei Werten.

	Versuchsgruppe	H	Mittelwert	Standardab-weichung	Standardfehler MIttelwert
Mittelwert "Behavioral Idealized Influence"	Ja, als Familienmit-glied (famFU)	50	4,0217	,63461	,08975
	Nein, es ist kein Familienunterneh-men (nonFU)	50	4,0133	,61384	,08681

Abbildung 21: *SPSS-Ausgabe der Gruppenstatistik des t-Tests für Hypothese 1*

Die Tabelle in Abbildung 22 zeigt das Resultat der Überprüfung der Varianzenhomogenität. Da das Ergebnis des Levene-Tests nicht signifikant ist ($p > .05$), kann die Varianzengleichheit angenommen werden, sodass die obere Zeile der Tabelle betrachtet wird. Der t-Wert (t) und die Freiheitsgrade (df) ergeben die Irrtumswahrscheinlichkeit (*Sig.*), welche für eine zweiseitige, d. h. ungerichtete Hypothese ausgegeben wird. Da die Hypothesen konkrete Richtungen annehmen, wird die Irrtumswahrscheinlichkeit durch die Hälfte geteilt ($p = .947 / 2 = .474$). Diese bleibt aber relativ hoch, sodass die Hypothese verworfen werden muss. Dies kann auch daran erkannt werden, dass das untere und obere Ende des 95%-Konfidenzintervalls der Differenz die Null einschließt. Der marginale Unterschied zwischen den beiden Gruppen scheint zufällig entstanden zu sein.

		Levene-Test der Varianzgleichheit		t-Test für die Mittelwertgleichheit						
		F	Sig.	t	df	Sig. (2-seitig)	Mittel-wertdiffe-renz	Standard-fehler-differenz	95% Konfidenzintervall der Differenz	
									Unterer	Oberer
Mittelwert "Behavioral Idealized Influence"	Varianz-gleichheit angenom-men	,060	,807	,067	98	,947	,00833	,12486	-,23945	,25612
	Varianz-gleichheit nicht ange-nommen			,067	97,892	,947	,00833	,12486	-,23945	,25612

Abbildung 22: *SPSS-Ausgabe der Testparameter des Tests bei unabhängigen Stichproben für Hypothese 1*

Im Durchschnitt haben famFU also deskriptiv einen marginal höheren Skalenwert für „Idealized Influence (Behavior)" ($M = 4.02$, $SE = 0.63$)[50] als nonFU ($M = 4.01$, $SE = 0.61$), deren Unterschied jedoch nicht signifikant ist ($t(98) = 0.067$, $p = .474$). Ergänzend zur statistischen Relevanz des Tests wird die Effektgröße als Größe der praktischen Relevanz herangezogen. Diese liegt im vorliegenden Fall bei $r = .007$, sodass auch von keinem substantiellen Effekt ausgegangen werden kann. Damit gilt Hypothese 1 für die vorliegende Stichprobe als nicht bestätigt. Die oberen Ausführungen zur Interpretation ei-

---

[50] Die Rundung der Kennwerte auf zwei Nachkommastellen trägt der Tatsache Rechnung, dass sozialwissenschaftliche Fragebogenforschung stets mit einer relativ hohen Ungenauigkeit behaftet ist (Field, 2009).

nes unabhängigen t-Tests gelten für die folgenden Hypothesenprüfungen analog.

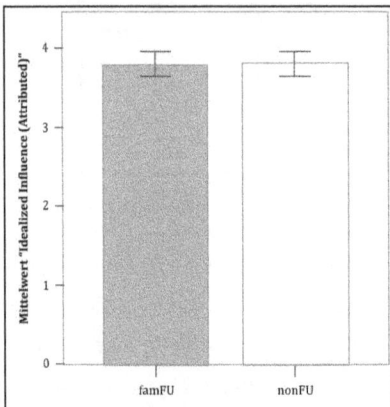

Im Durchschnitt haben nonFU deskriptiv einen marginal höheren Skalenwert für „Idealized Influence (Attributed)" als famFU (s. Tab. 10, *M* und *SE*). Die Richtung dieses Unterschiedes widerspricht der Vorhersage, die Höhe ist jedoch ebenfalls nicht signifikant (s. Tab. 10, *p*). Auch hier ergibt sich für die Effektgröße kein substantieller Effekt (s. Tab. 10, *r*). Hypothese 3 kann also für die Stichprobe ebenfalls als nicht bestätigt angesehen werden (für das Konfidenzintervall s. Abb. 23).

Abbildung 23: *Fehlerbalken für das 95%-Konfidenzintervall der AV "Idealized Influence (Attributed)" für die zwei Versuchsgruppen famFU und nonFU*

Abhängige Variable (AV)	Vergleichsgruppen	M	SE	t	df	p	r
Idealized Influence (Attributed)	famFU	3,787	0,53	-0,064	98	,475	,006
	nonFU	3,793	0,52				

Tabelle 10: *Parameter des t-Tests zwischen den Gruppen famFU und nonFU über die AV "Idealized Influence (Attributed)"*

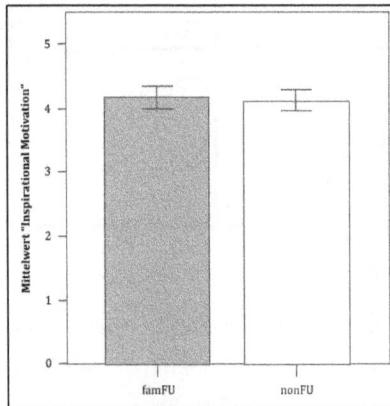

Im Durchschnitt haben famFU deskriptiv einen marginal höheren Skalenwert für „Inspirational Motivation" als nonFU. Dieser Unterschied ist nicht signifikant und ist entsprechend kein substantieller Effekt (s. Abb. 24 u. Tab. 11). Hypothese 5 wird damit nicht bestätigt.

Abbildung 24: *Fehlerbalken für das 95%-Konfidenzintervall der AV "Inspirational Motivation" für die zwei Versuchsgruppen famFU und nonFU*

Abhängige Variable (AV)	Vergleichsgruppen	M	SE	t	df	p	r
Inspirational Motivation	famFU	4,20	0,64	0,474	97	,318	,048
	nonFU	4,14	0,56				

Tabelle 11: *Parameter des t-Tests zwischen den Gruppen famFU und nonFU über die AV "Inspirational Motivation"*

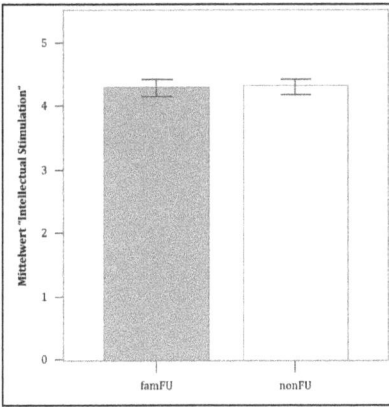

Im Durchschnitt haben nonFU deskriptiv einen marginal höheren Skalenwert für „Intellectual Stimulation" als famFU. Dieser Unterschied ist nicht signifikant und ist entsprechend kein substantieller Effekt (s. Abb. 25 u. Tab. 12). Hypothese 7 wird damit nicht bestätigt.

Abbildung 25: Fehlerbalken für das 95%-Konfidenzintervall der AV "Intellectual Stimulation" für die zwei Versuchsgruppen famFU und nonFU

Abhängige Variable (AV)	Vergleichsgruppen		M	SE	t	df	p	r
Intellectual Stimulation	famFU	4,30	0,49	-0,235	98	,408	,024	
	nonFU	4,31	0,43					

Tabelle 12: *Parameter des t-Tests zwischen den Gruppen famFU und nonFU über die AV "Intellectual Stimulation"*

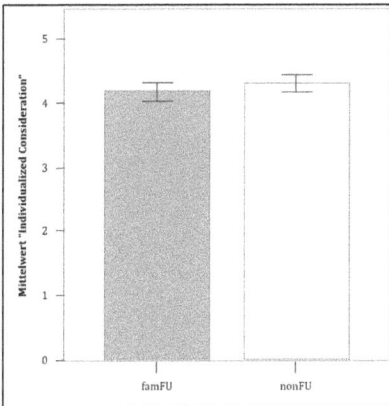

Im Durchschnitt haben nonFU deskriptiv einen marginal höheren Skalenwert für „Individualized Consideration" als famFU. Dieser Unterschied ist nicht signifikant, entspricht aber einem kleinen Effekt[51] und erklärt damit 1,9 % der gesamten Varianz (s. Abb. 26 u. Tab. 13). Hypothese 9 wird damit nicht bestätigt.

Abbildung 26: Fehlerbalken für das 95%-Konfidenzintervall der AV "Individualized Consideration" für die zwei Versuchsgruppen famFU und nonFU

Abhängige Variable (AV)	Vergleichsgruppen	M	SE	t	df	p	r
Individualized Consideration	famFU	4,18	0,51	-1,374	98	,174	,137
	nonFU	4,31	0,44				

Tabelle 13: *Parameter des t-Tests zwischen den Gruppen famFU und nonFU über die AV "Individualized Consideration"*

---

[51] Effektgrößen gelten für r = .10 als kleiner substantieller Effekt, für r = .30 als mittlerer substantieller Effekt und für r = .50 als großer substantieller Effekt. Die Entwicklung ist nicht linear (Cohen, 1988).

Die übrigen, geraden statistischen Hypothesen stellen Annahmen über die Unterschied-lichkeit der Skalenindizes der MLQ-Faktoren „Behavioral Idealized Influence" (H2), „At-tributed Idealized Influence" (H4), „Inspirational Motivation" (H6), „Intellectual Stimula-tion" (H8) und „Individualized Consideration" (H10) zwischen famFU und extFU auf.

Im Durchschnitt haben famFU deskriptiv einen marginal höheren Skalenwert für „Idea-lized Influence (Behavior)" als extFU. Dieser Un-terschied ist nicht signifikant und ist entspre-chend ein kleiner Effekt und erklärt damit 1,1 % der gesamten Varianz (s. Abb. 27 u. Tab. 14). Hy-pothese 2 kann damit nicht bestätigt werden. Überraschend hierbei ist, dass extFU auch hinter nonFU zurückfallen, was der Hypothesenherlei-tung widerspricht. Da die Unterschiede jedoch jeweils nicht signifikant sind, können sie nicht interpretiert, sondern müssen als zufälliges Er-gebnis klassifiziert werden.

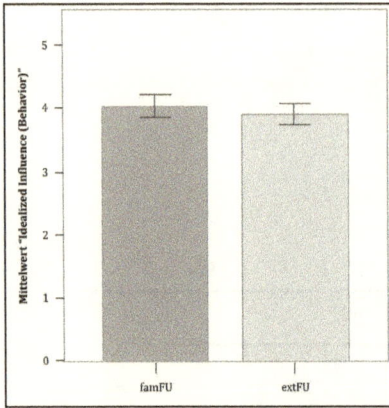

Abbildung 27: Fehlerbalken für das 95%-Konfidenzintervall der AV "Idealized Influence (Behavior)" für die zwei Ver-suchsgruppen famFU und extFU

Abhängige Variable (AV)	Vergleichs-gruppen	M	SE	t	df	p	r
Idealized Influence (Behavior)	famFU	4,02	0,63	1,052	101	,148	,104
	extFU	3,89	0,62				

Tabelle 14: Parameter des t-Tests zwischen den Gruppen famFU und extFU über die AV "Idealized Influence (Behavior)"

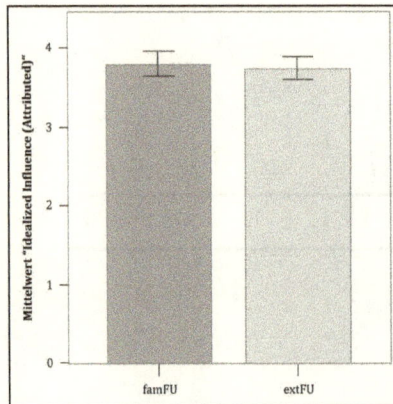

Im Durchschnitt haben famFU deskriptiv einen marginal höheren Skalenwert für „Idealized In-fluence (Attributed)" als extFU. Dieser Unter-schied ist nicht signifikant und ist entsprechend kein substantieller Effekt (s. Abb. 28 u. Tab. 15). Hypothese 4 wird damit nicht bestätigt.

Abbildung 28: Fehlerbalken für das 95%-Konfidenzintervall der AV "Idealized Influence (Attributed)" für die zwei Versuchsgruppen famFU und extFU

Abhängige Variable (AV)	Vergleichs-gruppen	M	SE	t	df	p	r
Idealized Influence (Attributed)	famFU	3,79	0,53	0,584	101	,280	,058
	extFU	3,73	0,49				

Tabelle 15: *Parameter des t-Tests zwischen den Gruppen famFU und extFU über die AV "Idealized Influence (Attributed)"*

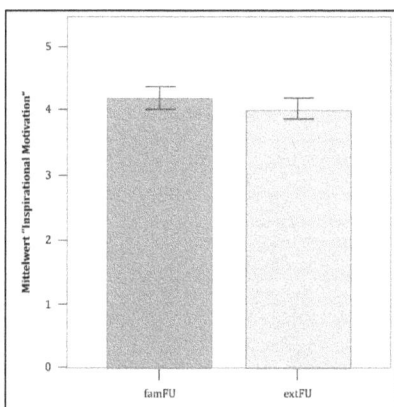

Im Durchschnitt haben famFU deskriptiv einen marginal höheren Skalenwert für „Inspirational Motivation" als extFU. Dieser Unterschied ist nicht signifikant, ist entsprechend ein kleiner Effekt und erklärt damit 1,9 % der gesamten Varianz (s. Abb. 29 u. Tab. 16). Es kann jedoch von einem Trend gesprochen werden.[52] Hypothese 6 wird damit trotzdem nicht bestätigt, obwohl sich ein Trend abzeichnet.

Abbildung 29: *Fehlerbalken für das 95%-Konfidenzintervall der AV "Inspirational Motivation" für die zwei Versuchsgruppen famFU und extFU*

Abhängige Variable (AV)	Vergleichs-gruppen	M	SE	t	df	p	r
Inspirational Motivation	famFU	4,20	0,64	1,400	101	,083	,138
	extFU	4,02	0,66				

Tabelle 16: *Parameter des t-Tests zwischen den Gruppen famFU und extFU über die AV "Inspirational Motivation"*

Im Durchschnitt haben famFU deskriptiv einen marginal höheren Skalenwert für „Intellectual Stimulation" als extFU. Dieser Unterschied ist signifikant. Trotzdem ist dies ein kleiner Effekt und erklärt damit 4,0 % der gesamten Varianz (s. Abb. 30 u. Tab. 17). Hypothese 8 wird damit bestätigt. Um diesen Effekt besser verstehen zu können, wurde der Zusammenhang für weitere potentielle Einflussfaktoren analysiert. Wenn die Unternehmensgröße oder das Unternehmensalter hinzugezogen werden, differenziert sich das Bild. So bleibt der Zusammenhang für Unternehmen von 1 bis 500 Mitarbeitern in ähnlicher Höhe signifikant (s. Tab. 18), für 251 bis über 1.000 Mitarbeiter verschwindet

---

[52] Goodman (2008) führt aus, dass gerade bei geringen Fallzahlen wie N = 50 je Gruppe Signifikanzen schwieriger erreicht werden. Daher sind in diesen Fällen bereits Trends aussagekräftig, von denen entsprechend der geltenden Konvention bei $0,1 < p \leq 0,05$ gesprochen werden kann.

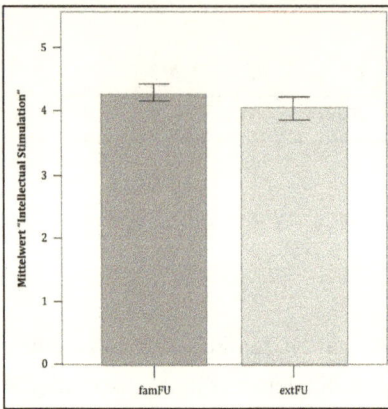

der Zusammenhang aber (s. Tab. 19)[53]. Der Zusammenhang ist für Unternehmen mit einem Alter von unter 65 Jahren deutlich verstärkt (s. Tab. 20), für Unternehmen mit einem Alter von über 65 Jahren nicht bestätigt (s. Tab. 21).

Abbildung 30: *Fehlerbalken für das 95%-Konfidenzintervall der AV "Intellectual Stimulation" für die zwei Versuchsgruppen famFU und extFU*

Abhängige Variable (AV)	Vergleichs-gruppen	M	SE	t	df	p	r
Intellectual Stimulation	famFU	4,29	0,49	2,057	101	,021	,201
	extFU	4,05	0,67				

Tabelle 17: *Parameter des t-Tests zwischen den Gruppen famFU und extFU über die AV "Intellectual Stimulation"*

Abhängige Variable (AV)	Vergleichs-gruppen	M	SE	t	df	p	r
Intellectual Stimulation	famFU (H = 35)	4,27	0,51	2,027	31	,026	,342
	extFU (H = 22)	3,86	0,84				

Tabelle 18: *Parameter des t-Tests zwischen den Gruppen famFU und extFU über die AV "Intellectual Stimulation" für Unternehmen von 1 bis 500 Mitarbeitern*

Abhängige Variable (AV)	Vergleichs-gruppen	M	SE	t	df	p	r
Intellectual Stimulation	famFU (H = 22)	4,29	0,54	1,255	59	,110	,161
	extFU (H = 39)	4,08	0,65				

Tabelle 19: *Parameter des t-Tests zwischen den Gruppen famFU und extFU über die AV "Intellectual Stimulation" für Unternehmen von 251 bis über 1.000 Mitarbeitern*

---

[53] Die Überschneidung der Mitarbeiterzahlen rührt daher, dass die Kategorie „250 bis 500 Mitarbeiter" der Median der Verteilung ist und an diesem der Split zwischen kleinen und großen Unternehmen vollzogen wurde. Um genügend Fälle in den Gruppen zu belassen, wurde diese Kategorie beiden Gruppen zugeordnet.

Abhängige Variable (AV)	Vergleichs- gruppen	M	SE	t	df	p	r
Intellectual Stimulation	famFU (H = 18)	4,51	0,45	3,258	35	,001	,482
	extFU (H = 23)	3,85	0,84				

Tabelle 20: *Parameter des t-Tests zwischen den Gruppen famFU und extFU über die AV "Intellectual Stimulation" für Unternehmen mit einem Alter von unter 65 Jahren*

Abhängige Variable (AV)	Vergleichs- gruppen	M	SE	t	df	p	r
Intellectual Stimulation	famFU (H = 29)	4,16	0,49	0,623	52	,268	,086
	extFU (H = 25)	4,24	0,48				

Tabelle 21: *Parameter des t-Tests zwischen den Gruppen famFU und extFU über die AV "Intellectual Stimulation" für Unternehmen mit einem Alter von über 65 Jahren*

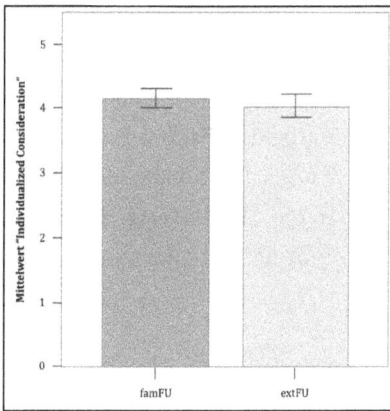

Im Durchschnitt haben famFU deskriptiv einen marginal höheren Skalenwert für „Individualized Consideration" als extFU. Dieser Unterschied ist nicht signifikant. Dies ist entsprechend ein kleiner Effekt und erklärt damit 1,4 % der gesamten Varianz (s. Abb. 31 u. Tab. 22). Hypothese 10 wird damit nicht bestätigt.

Abbildung 31: *Fehlerbalken für das 95%-Konfidenzintervall der AV "Individualized Consideration" für die zwei Versuchsgruppen famFU und extFU*

Abhängige Variable (AV)	Vergleichs- gruppen	M	SE	t	df	p	r
Individualized Consideration	famFU	4,18	0,51	1,190	101	,238	,118
	extFU	4,04	0,66				

Tabelle 22: *Parameter des t-Tests zwischen den Gruppen famFU und extFU über die AV "Individualized Consideration"*

Die Untersuchung der Hypothesen zeigte, dass nur eine einzige Hypothese das Signifi- kanzniveau erreichte. Da die Unterschiede zwischen den Gruppen für die betrachteten Faktoren nicht ausreichend sind, kann man nicht von einer systematischen Differenzierung ausgehen. Der Vollständigkeit halber werden im nächsten Abschnitt die übrigen Faktoren des MLQ untersucht, die die Komponenten „transaktionale Führung", „passiv-vermeidende Führung" und „Organisationsergebnisse als Führungseffekte" abbilden. Dies erfolgt explorativ, weil vorab keine Annahmen über die Unterschiedlichkeit aufgestellt wurden. Zudem soll betrachtet werden, inwiefern die Fremdbeurteilungen durch die Geführten von den Selbstbeurteilungen der Führenden je Versuchsgruppe abweichen (s. 5.6.).

6.5. Exploration weiterer MLQ-Variablen mittels Varianzanalyse

Nachdem die Stichprobencharakteristika (s. 6.2.), die Datengütekriterien (s. 6.3.) und die statistischen Hypothesen (s. 6.4.) untersucht wurden, sollen darüber hinaus erstens die weiteren Führungsstile des „Full Range Leadership"-Modells, zweitens die aus den Führungsstilen resultierenden Organisationsergebnisse und drittens die Fremdbeurteilung des Führungsstils durch unabhängige Geführte beider Unternehmensformen, jeweils über die Versuchsgruppenzugehörigkeit verglichen, explorativ analysiert werden.

Erstens wird die Frage untersucht, ob die verschiedenen Versuchsgruppen ein unterschiedliches Ausmaß auf der einen Seite an „transaktionaler Führung", d. h. den beiden Faktoren „Contingent Reward" und „Management-by-Exception: Active", und auf der anderen Seite an „passiv-vermeidender Führung", d. h. den beiden Faktoren „Management-by-Exception: Passive" und „Laissez-Faire" (s. Abb. 9 unter 5.1.), aufweisen. Dafür wird eine einfaktorielle Varianzanalyse gerechnet, in der die Skalenwerte der MLQ-Komponenten als abhängige Variablen und die Einteilung in die Versuchsgruppen als Faktor eingegeben wurden (Ergebnisse s. Tab. 23).

Komponente	Versuchs-gruppe	Gültige Fälle (*H*)	Mittel-wert (*M*)	Standardabwei-chung (*SD*)	Mini-mum	Maxi-mum
	famFU	50	4,01	0,52	3,00	5,00
Contingent Reward	extFU	53	3,94	0,64	2,25	5,00
	nonFU	50	4,08	0,50	2,50	5,00
	famFU	50	2,98	0,61	1,50	4,50
Management-by-Exception: Active	extFU	53	3,04	0,65	2,00	4,50
	nonFU	49	3,02	0,73	1,50	4,25
Management-by-Exception: Passive	famFU	50	2,30	0,63	1,00	3,75
	extFU	53	2,28	0,64	1,33	3,75

	nonFU	50	2,18	0,69	1,00	4,00
	famFU	50	1,49	0,52	1,00	3,25
Laissez-Faire	extFU	53	1,61	0,68	1,00	3,75
	nonFU	50	1,61	0,52	1,00	3,75

Tabelle 23: *Deskriptive Statistik für weitere Führungsstilkomponenten des MLQ*

Die Varianzenhomogenität ist für alle Komponenten außer „Laissez-Faire" gegeben. Für „Contingent Reward" ergibt sich kein Effekt zwischen den drei Versuchsgruppen, $F(2)$ = 0.756, p = .471, ω^2 = -.00[54]. Für „Management-by-Exception: Active" ergibt sich kein Effekt zwischen den drei Versuchsgruppen ($F(2)$ = 0.116, p = .891, ω^2 = -.01). Für „Management-by-Exception: Passive" ergibt sich ebenfalls kein Effekt zwischen den drei Versuchsgruppen ($F(2)$ = 0.478, p = .621, ω^2 = -.01). Für „Laissez-Faire" muss aufgrund der fehlenden Varianzenhomogenität die F-ratio von Brown und Forsythe (1974) verwendet werden. Es ergibt sich auch hier kein Effekt zwischen den drei Versuchsgruppen ($F(2)$ = 0.726, p = .486, ω^2 = -.00). Da keiner der Effekte signifikant ist, ist die Untersuchung, welche Gruppen konkret differieren, irrelevant. Alle Post-hoc-Tests zur Exploration ohne spezifische Hypothesen sind nicht signifikant. Somit hat die Zugehörigkeit zu einer Versuchsgruppe keinen Einfluss auf diese weiteren MLQ-Komponenten.

Zweitens soll untersucht werden, ob die Zugehörigkeit zu einer der Versuchsgruppen im Zusammenhang mit den einzelnen Faktoren der TFF Auswirkungen auf die „Organisationsergebnisse als Führungseffekte" hat. Die Faktoren der TFF werden dabei zur unabhängigen Variable, die „Organisationsergebnisse" zur abhängigen Variable (s. Abb. 8 unter 5.1.). Gerechnet wird dafür jeweils eine Varianzanalyse[55] mit den einzelnen Komponenten der TFF und der Gruppenzugehörigkeit als festen Faktoren und den Organisationsergebnissen „Extra Effort", „Effectiveness" und „Satisfaction" als abhängigen Variablen (signifikante Ergebnisse s. Tab. 24).

Art der Effekte	Unabhängige Variable (UV)	Abhängige Variable (AV)	Freiheitsgrade (df)	F-Wert	p-Wert
Haupteffekte	Idealized Influence (Behavior)	Extra Effort	12	3,822***	,001
		Effectiveness	12	2,052*	,025
		Satisfaction	12	1,867*	,045

---

[54] ω^2 ist eine Effektgrößenschätzung, die die Summe der Quadrate für die durch das Modell erklärte Varianz und die Fehlervarianz berechnet. Dadurch wird auch ein Bezug zur Population hergestellt, der durch andere Maße vernachlässigt wird (Field, 2009).

[55] Hier wird für jede TFF-Komponente eine eigene ANOVA gerechnet, weil alle Faktoren in einem Modell ein 5x5x3-Design darstellen würden, das aufgrund seiner Komplexität theoretisch nicht mehr interpretierbar wäre. Deshalb wurden die theoretisch begründbaren Faktorenkombinationen ausgewählt, was fünf verschiedenen Modellen entspricht, in denen sich die einzelnen TFF-Komponenten nicht gegenübergestellt werden.

	Gruppenzugehörigkeit	Effectiveness	2	3,487*	,034
		Satisfaction	2	5,297**	,006
Haupteffekte	Idealized Influence (Attributed)	Extra Effort	14	2,237**	,010
		Satisfaction	14	2,451**	,005
	Gruppenzugehörigkeit	Effectiveness	2	1,534**	,008
		Satisfaction	2	2,190**	,003
Haupteffekte	Inspirational Motivation	Extra Effort	13	6,725***	,001
		Effectiveness	13	2,022*	,024
	Gruppenzugehörigkeit	Effectiveness	2	7,778***	,001
		Satisfaction	2	6,355**	,002
Haupteffekte	Intellectual Stimulation	Extra Effort	13	4,124***	,001
		Effectiveness	13	3,866***	,001
		Satisfaction	13	1,804*	,050
	Gruppenzugehörigkeit	Effectiveness	2	3,241*	,043
		Satisfaction	2	6,261**	,003
Haupteffekte	Individualized Consideration	Extra Effort	11	4,785***	,001
		Effectiveness	11	3,397***	,001
		Satisfaction	11	7,591***	,001
	Gruppenzugehörigkeit	Satisfaction	2	5,430**	,005
Interaktion	Individualized Consideration X Gruppenzugehörigkeit	Satisfaction	14	3,282***	,001

Tabelle 24: *Tests der Zwischensubjekteffekte für signifikante Ergebnisse zwischen Komponenten des TFF, der Versuchsgruppenzugehörigkeit und den Organisationsergebnissen*

Viele der Haupteffekte von den TFF-Komponenten auf die Organisationsergebnisse und von der Versuchsgruppenzugehörigkeit auf die Organisationsergebnisse sind signifikant bis höchst signifikant. Auffällig ist, dass der Zusammenhang von „Gruppenzugehörigkeit" und „Extra Effort" in keinem Fall signifikant ist, „Gruppenzugehörigkeit" und „Satisfaction" jedoch für jede separate ANOVA. Tabelle 25 zeigt die Richtungen auf, in denen die Zugehörigkeit zu einer der Versuchsgruppen einen Einfluss auf die Organisationsergebnisse hat. Die Mittelwerte variieren über die jeweils weitere UV (in Klammern). NonFU erzielen jedoch stets den höchsten Wert. Zwischen famFU und extFU sind die Unterschiede eher gering, vor allem bezüglich der Zufriedenheit der Mitarbeiter mit der Führung. Zudem ist zwischen diesen Gruppen keine eindeutige Richtung eines Zusammenhangs auszumachen.

Unabhängige Variable (UV)	Abhängige Variable (AV)	Mittelwert famFU	Mittelwert extFU	Mittelwert nonFU
Haupteffekt Gruppenzugehörigkeit (ANOVA mit Behavioral Idealized Influence)	Effectiveness	4,04	3,82	4,29
	Satisfaction	3,63	3,75	4,24
Haupteffekt Gruppenzugehörigkeit (ANOVA mit Attributed Idealized Influence)	Effectiveness	4,01	4,02	4,31
	Satisfaction	3,76	3,88	4,26
Haupteffekt Gruppenzugehörigkeit (ANOVA mit Inspirational Motivation	Effectiveness	3,95	3,62	4,35
	Satisfaction	3,71	3,74	4,26
Haupteffekt Gruppenzugehörigkeit (ANOVA mit Intellectual Stimulation)	Effectiveness	4,03	3,74	4,32
	Satisfaction	3,69	3,79	4,26

Tabelle 25: *Mittelwerte der abhängigen Variablen des MLQ "Effectiveness" und " Satisfaction" für die drei verschiedenen Versuchsgruppen*

Zudem ist eine Interaktion zwischen der Versuchsgruppenzugehörigkeit und den TFF-Komponenten signifikant, nämlich die von „Individualized Consideration" und „Gruppenzugehörigkeit". Nur in diesem Fall verändert sich also, abhängig von der „Gruppenzugehörigkeit", der Zusammenhang zwischen „Individualized Consideration" und „Satisfaction" (s. Abb. 32).

Für eine geringe Ausprägung an „Individualized Consideration" gilt, dass die Höhe der Zufriedenheit mit dem Führungsstil für extFU am geringsten, für famFU ähnlich gering und für nonFU mit Abstand am höchsten ausfällt. Für eine hohe Ausprägung an „Individualized Consideration" ist die Unterschiedlichkeit weniger stark, doch auch hier zeigt sich der höchste Wert für nonFU, wobei extFU einen ähnlich hohen Zufriedenheitswert aufweisen. FamFU zeigen auch in diesem Fall verhältnismäßig tiefe Zufriedenheitsmaße. Das bedeutet, dass nonFU auch dann eine hohe Zufriedenheit angeben, wenn sie ihre Mitarbeiter eher wenig individuell betrachten und entwickeln. FamFU hingegen geben in diesen Fällen eine geringe Zufriedenheit der Mitarbeiter mit dem Führungsstil der Führungskraft an. Bei hoher individueller Betrachtung und Entwicklungsbemühungen unterscheiden sich die Gruppen weniger in ihrer Bewertung der Mitarbeiterzufriedenheit. Am zufriedensten werden die Mitarbeiter eingeschätzt, wenn die Führenden ein hohes „Individualized Consideration"-Verhalten angeben.

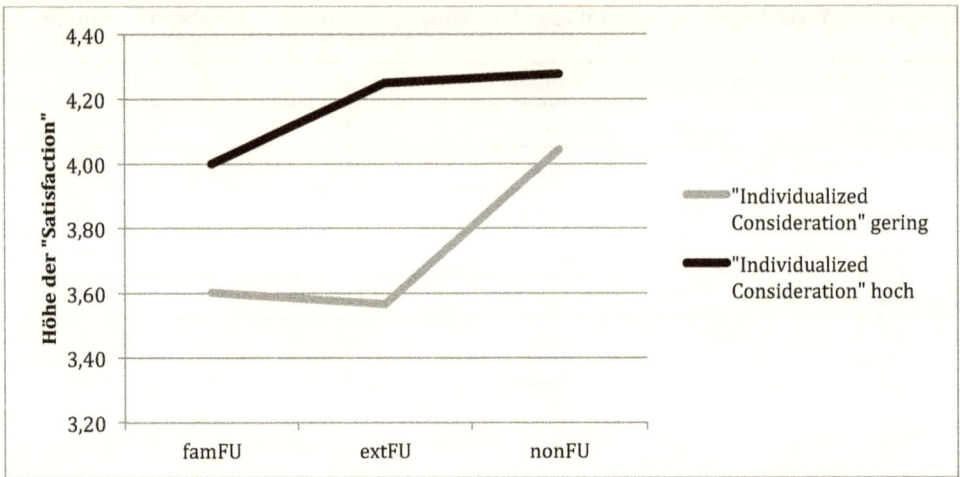

Abbildung 32: *Interaktionsdiagramm zum Zusammenspiel von Versuchsgruppenzugehörigkeit und "Individualized Consideration" und deren Wirkung auf "Satisfaction"*

Aufgrund der signifikanten Interaktion können die in Tabelle 24 berichteten, zugehörigen Haupteffekte nicht mehr interpretiert werden. Deshalb wurde für jede der drei Versuchsgruppen eine eigene Varianzanalyse mit der UV „Individualized Consideration" und den AVn „Extra Effort", „Effectiveness" und „Satisfaction" gerechnet. Tabelle 26 zeigt die signifikanten Ergebnisse. Es ergibt sich kein systematisches Bild. Für extFU haben höhere Werte für die TFF-Komponente „Individualized Consideration" eine systematische Auswirkung auf alle drei Organisationsergebnisse. Für famFU beschränkt sich die Auswirkung auf die Zufriedenheit mit der Führungskraft, für nonFU auf die zusätzliche Anstrengung und die Effektivität der Führung.

Versuchsgruppe	Abhängige Variable (AV)	Freiheitsgrade (*df*)	*F*-Wert	*p*-Wert
famFU	Satisfaction	8	9,035***	,001
	Extra Effort	11	3,582***	,001
extFU	Effectiveness	11	4,217***	,001
	Satisfaction	11	5,170***	,001
nonFU	Extra Effort	6	6,443***	,001
	Effectiveness	6	3,961***	,001

Tabelle 26: *Effekte für die UV "Individualized Consideration" auf die AVn der Organisationsergebnisse laut MLQ gestaffelt nach Versuchsgruppenzugehörigkeit*

Drittens soll untersucht werden, inwiefern die Fremdbeurteilungen der Geführten einer unabhängigen Gruppe zu ähnlichen Ergebnissen führen wie die Selbstbeurteilungen der befragten Führenden (s. Abb. 8 unter 5.1.). Sollten sich dabei ähnliche Resultate ergeben, so stützt das die Hypothesenergebnisse, welche auf den Daten der Selbsteinschätzungen der Führenden beruhen und damit evtl. einer Verzerrung unterliegen (s. 5.1. u. a.). Für diesen Robustheitstest werden die gleichen t-Tests wie für die Hypothesenüberprüfung an dieser Stelle für die Urteile der Geführten über ihre Vorgesetzten aus FU oder NFU durchgeführt. Befragte Führende und Geführte entstammen nicht den gleichen Teams (s. 5.1.). Aufgrund der geringen Stichprobengröße für Geführte mit einer famFU-Führungskraft wird nur zwischen Geführten aus FU und Geführten aus NFU unterschieden. FamFU-geführte und extFU-geführte Mitarbeiter werden gemeinsam betrachtet.

In vier von fünf TFF-Faktoren weisen die Geführten in FU einen marginal höheren Skalenwert auf als die Geführten in NFU (s. Tab. 27). Die Unterschiedlichkeit der Urteile innerhalb der eigenen Gruppe sind für vier von fünf Faktoren bei Geführten in NFU größer als bei Geführten in FU. Keiner der t-Tests zeigt einen signifikanten Unterschied zwischen den Gruppen FU und NFU. Damit werden die Hypothesenergebnisse, welche ebenfalls keinen Unterschied im Führungsstil zwischen den beiden Unternehmensformen ausmachen konnten, gestützt. Die Robustheit der Daten ist gesteigert worden.

Abhängige Variable (AV)	Vergleichs- gruppen	M	SE	t	df	p	r
Idealized Influence (Behavior)	Geführte in FU	3,63	0,78	-0,912	64	,365	,113
	Geführte in NFU	3,45	0,85				
Idealized Influence (Attributed)	Geführte in FU	3,83	0,67	-1,798	64	,077	,219
	Geführte in NFU	3,46	0,91				
Inspirational Motivation	Geführte in FU	3,73	0,69	0,267	64	,790	,033
	Geführte in NFU	3,78	0,80				
Intellectual Stimulation	Geführte in FU	3,61	0,94	-0,161	64	,873	,020
	Geführte in NFU	3,57	0,93				
Individualized Consideration	Geführte in FU	3,63	0,96	-0,929	63	,356	,116
	Geführte in NFU	3,39	1,02				

Tabelle 27: *Analyse des Einflusses der Unternehmenszugehörigkeit auf die Führungsstilurteile der Geführten*

Nach der detaillierteren Betrachtung der Zusammenhänge um die MLQ-Komponenten soll das Zusammenspiel mit den organisationalen und personalen Parametern noch einmal analysiert werden.

6.6. Einbeziehung der Störvariablen mittels multipler Regression und Kovarianzanalyse

Für die zulässige Durchführung einer Regressionsanalyse müssen folgende Voraussetzungen erfüllt sein: Die UVn bzw. Prädiktoren sind mindestens intervallskaliert oder bikategorial. Um dies für die Versuchsgruppenzugehörigkeit zu erreichen, wird die Variable dummy-kodiert. Die AVn bzw. Ergebnisvariablen sind mindestens intervallskaliert, kontinuierlich und ungebunden, d. h. sie unterliegen keiner Beschränkung in ihrer Variabilität auf der zur Verfügung stehenden Skala. Diese Forderung ist für die TFF-Komponenten erfüllt. Die UVn dürfen keine Null-Varianzen aufweisen. Diese sind nach Durchsicht der Daten nicht gegeben. Alle Werte der AVn sind unabhängig voneinander. Diese Forderung wird durch die Erfassung über verschiedene Versuchspersonen gewährleistet. Die Residuen müssen gleiche Varianzen aufweisen und normalverteilt sein, beide Forderungen sind erfüllt. Es darf keine perfekte Multikollinearität der Prädiktoren auftreten[56], welche anhand der Korrelationstabelle 9 und der Werte des 'variance inflation factors' von durchschnittlich VIF = 1.094 (Min. = 1.000; Max. = 2.276) ausgeschlossen werden kann (Field, 2009). Zur Überprüfung werden die VIF-Werte der Modelle dargestellt. Die UVn sollen mit externalen Variablen, welche keinen Einzug in das Modell finden, unkorreliert sein. Aufgrund dieser Forderung muss stets eine Reihe von Störvariablen in die Regression einbezogen werden, weil entsprechend den Befunden aus 6.2 signifikante bis hoch signifikante Korrelationen zwischen der Versuchsgruppenzugehörigkeit und der Branche, dem Unternehmensalter, dem Besitz eigener Unternehmensanteile, dem Personenalter, der Management-Ebene, der Führungserfahrung und zweier SEW-Dimensionen existieren. Die Residuen müssen unkorreliert sein, was mit dem Durbin-Watson-Test überprüft wird, dessen Wert zwischen 1 und 3 liegen sollte (Field, 2009). Dieser nimmt für jede berichtete Regressionsanalyse günstige Werte an (Durbin-Watson-Test: 1.785 bis 2.144).

Zum Anfang dieses Empirie-Kapitels wurde gezeigt, dass sich mehrere Störvariablen über die Versuchsgruppen systematisch unterscheiden. Es soll untersucht werden, ob sich die Mittelwerte zwischen den Versuchsgruppen für konkrete abhängige Variablen unterscheiden, wenn weitere Faktoren - die der oben gelisteten Störvariablen - hinzukommen. Die schrittweise multiple Regression untersucht mit der „Rückwärts-Technik" (Bortz, 2005, S. 461) mehrere Prädiktoren eines Modells, indem zu Beginn alle potentiellen Prädiktoren in das Modell integriert werden und der Prädiktor mit der geringsten

---

[56] Multikollinearität meint die perfekt lineare Beziehung zwischen zwei oder mehr UVn, welche über besonders hohe Korrelationen zwischen Prädiktoren aufgedeckt wird. Besonders hohe Korrelationen nehmen Werte von $r > .80$ an (Field, 2009).

Vorhersagekraft aus dem Modell entfernt wird. Daraufhin wird das Modell für die verbleibenden Prädiktoren erneut geschätzt, wonach der Prädiktor mit der geringsten Vorhersagekraft eliminiert wird. So bleiben bedeutende Faktoren im Modell, weniger bedeutende werden eliminiert. Um das Regressionsmodell zu berechnen, muss die UV „Gruppenzugehörigkeit", die ursprünglich drei mögliche Ausprägungen aufweist, in Dummyvariablen kodiert werden. Diese werden dem Regressionsmodell als Block hinzugefügt. Es folgen die weiteren Faktoren in der schrittweisen Prozedur, wobei diese in thematischen Blöcken wie unternehmens- oder personenspezifischen Parametern hinzugefügt werden. Die Multikollinearität der Faktoren ist nicht gegeben, da die Korrelationen zwischen den Prädiktoren unter $r = .80$ liegen. Die höchsten Korrelationen der Faktoren untereinander sind zwischen „Personenalter" und „Führungserfahrung" ($r = .720$, $p < .001$***), zwischen den SEW-Dimensionen „Identification with the Firm" und „Renewal of Family Bonds" ($r = .575$, $p < .001$***) und zwischen „Management-Ebene" und „Gruppenzugehörigkeit" ($r = .541$, $p < .001$***).

Analyse der AV „Idealized Influence (Behavior)"
Zwei sich inhaltlich unterscheidende Modelle zeigen eine zufriedenstellende Varianzaufklärung auf. Dabei werden jeweils zahlreiche Faktoren aus den Modellen ausgeschlossen, selbst der UV-Dummy „famFU vs. nonFU". Beide Modelle werden hier kurz erläutert.

Im ersten Modell werden die Persönlichkeitsdimensionen Neurotizismus und Offenheit, welche bereits zuvor einen signifikanten Zusammenhang mit der UV gezeigt haben, berücksichtigt. Tabelle 28 zeigt die schrittweise Einbeziehung der berücksichtigten Faktoren, wie diese sich auf den Modellpassungsparameter Beta (β) auswirkt und ob die Auswirkung signifikant ist. Werte über $\beta = +/-.200$ gelten als relevant (Field, 2009). Zudem wird dargestellt, welche Varianzaufklärung (R^2) die jeweiligen Stufen erreichen und ob sich die Stufen jeweils signifikant von der Passung der Zufallsannahme des Mittelwertes als Regressionslinie unterscheiden (p). Zudem wird die Veränderung der Varianzaufklärung von Modell zu Modell (ΔR^2) und deren Signifikanz berichtet. Wie aus Tabelle 28 ersichtlich wird, führt Schritt 1 noch zu einer sehr geringen Modellpassung und keiner relevanten Varianzaufklärung. Wird der Neurotizismuswert der Personen zusätzlich berücksichtigt, so verändert sich das Bild und das Modell klärt 15 % an Varianz in den Daten auf und unterscheidet sich hoch signifikant von der Annahme des Mittelwertes. Wird darüber hinaus auch die Offenheit der Personen ins Modell einbezogen, so werden 23 % an Varianz aufgeklärt, was einer höchst signifikanten Unterscheidung von der Annahme des Mittelwertes entspricht.[57]

	(1)	(2)	(3)
(Konstante)			
extFU vs. nonFU	-,099	-,047	,012
Neurotizismus		-,377***	-,302**
Offenheit			,299**
R^2	,010	,150**	,229***
ΔR^2	,010	,140***	,079**

Tabelle 28: *Reduzierte SPSS-Ausgabe der Modell- und Koeffizienten-Übersicht für Versuchsgruppenzugehörigkeit, Persönlichkeitsvariablen, SEW-Variablen und "Idealized Influence (Behavior)"*

Ein zweites Modell berücksichtigt unternehmens- und personenspezifische Faktoren (s. Tab. 29). So wird auch hier in einer ersten Stufe der UV-Dummy „extFU vs. nonFU" einbezogen, der UV-Dummy „famFU vs. nonFU" jedoch ausgeschlossen. Auch dieser erste Schritt zeigt keine besonders gute Modellpassung mit einem β < +/-.200, einer geringen Varianzaufklärung und keiner signifikanten Unterscheidung zur Annahme des Mittelwertes als Regressionslinie. Im zweiten Schritt integriert die schrittweise Regression die Faktoren Branche und Unternehmensalter, was jedoch zu keiner Verbesserung des Modells führt. Erst in einem dritten Schritt - unter der Einbeziehung des Faktors eigener Unternehmensanteile - verbessert sich das Modell deutlich. So weist der Anteilsbesitz ein relativ hohes β von .479 auf. Durch Hinzunahme des Anteilsbesitzes wird 10,2 % mehr Varianz aufgeklärt als ohne diesen Faktor. Dies bildet einen signifikanten Unterschied ab. Wenn weiterhin in einem folgenden Schritt die Führungserfahrung der Personen hinzugezogen wird, so werden weitere 5,8 % an Varianz aufgeklärt, was einen hoch signifikanten Unterschied abbildet.[58]

	(1)	(2)	(3)	(4)
(Konstante)				
extFU vs. nonFU	-,182	-,179	,152	,146
Branche		-,065	-,088	-,057
Unternehmensalter		,138	,263*	,284*
Eigene Anteile			,479**	,428*
Führungserfahrung				,249*
R^2	,033	,058	,160*	,218**

		Δ R²	,033	,025	,102**	,058*

Tabelle 29: *Reduzierte SPSS-Ausgabe der Modell- und Koeffizienten-Übersicht für Versuchsgruppenzugehörigkeit, unternehmens- und personenspezifische Faktoren und "Idealized Influence (Behavior)"*

Im Folgenden werden die analogen Modelle für die vier weiteren AVn der TFF vorgestellt.

<u>Analyse der AV „Idealized Influence (Attributed)"</u>

Auch für diesen wie für alle weiteren Faktoren der TFF zeigen zwei Modelle eine zufriedenstellende Varianzaufklärung. Auch in diesem Fall, sowie in den folgenden Modellen, werden zahlreiche Faktoren, selbst der UV-Dummy „famFU vs. nonFU", ausgeschlossen.

Im ersten Modell wird das Personenalter und die Persönlichkeitsdimension Neurotizismus berücksichtigt. Tabelle 30 zeigt wiederum die Details zur Modellpassung auf. Hier führt Schritt 1 zu keinerlei Varianzaufklärung. Erst die Einbeziehung der beiden weiteren Variablen verbessert die Modellpassung, sodass durch die Berücksichtigung des Personenalters 20,4 % der Varianz in den Daten aufgeklärt werden, durch die Hinzuziehung von Neurotizismus weitere 7,8 %.

	(1)	(2)	(3)
(Konstante)			
extFU vs. nonFU	-,006	,021	,056
Personenalter		,453***	,389***
Neurotizismus			-,288**
R²	,000	,204***	,282***
Δ R²	,000	,204***	,078**

Tabelle 30: *Reduzierte SPSS-Ausgabe der Modell- und Koeffizienten-Übersicht für Versuchsgruppenzugehörigkeit, Persönlichkeitsvariablen, SEW-Variablen und "Idealized Influence (Attributed)"*

Im zweiten Modell wird in den ersten beiden Schritten keine signifikant bessere Passung erreicht, als sie durch die Annahme des Mittelwertes erreicht werden würde (s. Tab. 31). Erst im letzten Schritt, wiederum unter Hinzunahme des Personenalters, klärt das Modell 24,2 % der Varianz auf und unterscheidet sich höchst signifikant von einer Schätzung über den Mittelwert.

	(1)	(2)	(3)
(Konstante)			
extFU vs. nonFU	-,069	-,065	-,031
Branche		-,024	-,007

Unternehmensalter		-,032	-,025
Personenalter			,487***
R^2	,005	,006	,242***
ΔR^2	,005	,001	,236***

Tabelle 31: *Reduzierte SPSS-Ausgabe der Modell- und Koeffizienten-Übersicht für Versuchsgruppenzugehörigkeit, unternehmens- und personenspezifische Faktoren und "Idealized Influence (Attributed)"*

Analyse der AV „Inspirational Motivation"

Im ersten Modell werden die Persönlichkeitsdimensionen Neurotizismus und Extraversion berücksichtigt (s. Tab. 32). Die Einbeziehung des Neurotizismuswertes der Personen führt zu einer zusätzlichen Varianzaufklärung von 21,6 %, die Einbeziehung von Extraversion zu weiterer Aufklärung von 7,9 %. Beide Modellschritte führen zu einer höchst signifikanten Verbesserung.

	(1)	(2)	(3)
(Konstante)			
extFU vs. nonFU	-,165	-,101	-,096
Neurotizismus		-,469***	-,409***
Extraversion			-,287**
R^2	,027	,243***	,322***
ΔR^2	,027	,216***	,079**

Tabelle 32: *Reduzierte SPSS-Ausgabe der Modell- und Koeffizienten-Übersicht für Versuchsgruppenzugehörigkeit, Persönlichkeitsvariablen, SEW-Variablen und "Inspirational Motivation"*

Das zweite Modell berücksichtigt die Branche und das Unternehmensalter, zeigt aber nur Betawerte, welche knapp über dem Schwellenwert von β = +/-.200 liegen, und keine besonders hohe Varianzaufklärung (s. Tab. 33). Es werden für dieses zweite Modell keinerlei personenspezifische Faktoren berücksichtigt.

	(1)	(2)
(Konstante)		
extFU vs. nonFU	-,250*	-,239
Neurotizismus		-,078
Extraversion		-,052
R^2	,063*	,070
ΔR^2	,063*	,008

Tabelle 33: *Reduzierte SPSS-Ausgabe der Modell- und Koeffizienten-Übersicht für Versuchsgruppenzugehörigkeit, unternehmens- und personenspezifische Faktoren und "Inspirational Motivation"*

Analyse der AV „Intellectual Stimulation"

Im ersten Modell werden die Persönlichkeitsdimensionen Offenheit und Neurotizismus berücksichtigt (s. Tab. 34). Zum ersten Mal findet hier zusätzlich eine SEW-Dimension, „Identification with the Firm", Berücksichtigung. Alle drei zusätzlich zur UV „extFU vs. nonFU" betrachteten Faktoren klären weitere 37,3 % Varianz auf. Jeder der vier Modellschritte zeigt eine signifikant bis höchst signifikant bessere Modellpassung als die Annahme des Mittelwertes.

	(1)	(2)	(3)	(4)
(Konstante)				
extFU vs. nonFU	-,234*	-,134	-,029	,001
Offenheit		,430***	,403***	,325***
"Identification"			,368***	,395***
Neurotizismus				-,290**
R^2	,055*	,229***	,352***	,428***
ΔR^2	,055*	,175***	,123***	,076**

Tabelle 34: Reduzierte SPSS-Ausgabe der Modell- und Koeffizienten-Übersicht für Versuchsgruppenzugehörigkeit, Persönlichkeitsvariablen, SEW-Variablen und "Intellectual Stimulation"

Auch in das zweite Modell findet „Identification with the Firm" Einzug und führt dabei allein zu 16,4 % zusätzlicher Varianzaufklärung (s. Tab. 35). Daraufhin werden die Branche und das Unternehmensalter berücksichtigt, die jedoch wieder keine relevanten Betawerte aufweisen. Die Einbeziehung des Anteilsbesitzes im vierten Schritt führt zu weiteren 5,1 % Varianzaufklärung bei einem relativ hohen Betawert von β = .339.

	(1)	(2)	(3)	(4)
(Konstante)				
extFU vs. nonFU	-,277*	-,154	-,150	,077
"Identification"		,424***	,430***	,406***
Branche			-,030	-,042
Unternehmensalter			,013	,102
Eigene Anteile				,339*
R^2	,077*	,241***	,242***	,293***
ΔR^2	,077*	,164***	,001	,050*

Tabelle 35: Reduzierte SPSS-Ausgabe der Modell- und Koeffizienten-Übersicht für Versuchsgruppenzugehörigkeit, unternehmens- und personenspezifische Faktoren und "Intellectual Stimulation"

Analyse der AV „Individualized Consideration"

Im ersten Modell werden die Persönlichkeitsdimensionen Neurotizismus, Offenheit und Extraversion sowie die SEW-Dimension „Identification with the Firm" berücksichtigt (s. Tab. 36). Diese werden dem Modell separiert in fünf Schritten hinzugefügt. Das Modell zeigt sehr hohe Signifikanzwerte und eine hohe Varianzaufklärung von 34,1 %. Diese erscheint vor allem unter dem Aspekt erstaunlich hoch zu sein, da deutlich mehr Variablen in das Modell eingegeben, von der Regression jedoch ausgeschlossen wurden (s. Fußnote 55).

	(1)	(2)	(3)	(4)	(5)
(Konstante)					
extFU vs. nonFU	-,211	-,170	-,115	-,119	-,055
Neurotizismus		-,375***	-,305**	-,270*	-,288**
Offenheit			,277*	,238*	,214*
Extraversion				,214*	,229*
"Identification"					,222*
R^2	,049	,187***	,255***	,297***	,341***
ΔR^2	,049	,138***	,068*	,042*	,044*

Tabelle 36: *Reduzierte SPSS-Ausgabe der Modell- und Koeffizienten-Übersicht für Versuchsgruppenzugehörigkeit, Persönlichkeitsvariablen, SEW-Variablen und "Individualized Consideration"*

Im zweiten Modell finden sich wieder unternehmens- und personenspezifische Variablen (s. Tab. 37). Die Berücksichtigung der Branche und des Unternehmensalters bieten ein weiteres Mal keine bedeutende zusätzliche Varianzaufklärung und keine signifikant bessere Modellpassung. Die Berücksichtigung der Führungserfahrung hingegen weist sowohl einen mittleren Betawert als auch fast eine Verdoppelung der Varianzaufklärung und damit eine signifikante Verbesserung der Modellpassung auf.

	(1)	(2)	(3)
(Konstante)			
extFU vs. nonFU	-,246*	-,264*	-,231
Branche		,125	,159
Unternehmensalter		,095	,135
Führungserfahrung			,285*
R^2	,061*	,082	,159*
ΔR^2	,061*	,021	,078*

Tabelle 37: *Reduzierte SPSS-Ausgabe der Modell- und Koeffizienten-Übersicht für Versuchsgruppenzugehörigkeit, unternehmens- und personenspezifische Faktoren und "Individualized Consideration"*

Damit erzeugt die multiple Regression für die fünf TFF-Faktoren zwar schwer verallgemeinerbare, doch in ihrer Bedeutung relevante Zusatzergebnisse. Diese sollen im Diskussionskapitel genauer interpretiert werden.

Eine weitere Untersuchung der Ergebnisse unter Einbezug der Störvariablen liefert die Kovarianzanalyse. Diese untersucht, ob sich die Mittelwerte zwischen den Versuchsgruppen für konkrete abhängige Variablen unterscheiden, angepasst an den Effekt einer oder mehrerer weiterer Kovariaten. Kovariate haben einen Einfluss auf die abhängigen Variablen, sind jedoch nicht Bestandteil der primären Untersuchung. So können Fehlervarianzen innerhalb der Gruppen reduziert werden, weil einige der bisher unerklärten Varianz durch die Kovariaten erklärt werden kann und somit weniger Fehlervarianz verbleibt. Damit kann der Effekt der unabhängigen Variablen genauer bestimmt werden. Auch die Konfundierung der Variablen mit den Störvariablen kann eliminiert werden, weil der Einfluss der weiteren Variablen errechnet und damit Verzerrungen vermieden werden können. Dafür werden verschiedene Modelle gerechnet, welche sich aufgrund der bisherigen Einblicke in die Analysen als fruchtbar erweisen, und auf ihre Passung überprüft. Im Folgenden werden die drei passendsten Modelle vorgestellt.

Das erste Modell wird durch die unabhängigen Variablen „Gruppenzugehörigkeit" und „Eigene Anteile am Unternehmen", die Komponenten der TFF als abhängige Variablen und die Kovariaten Branche, Unternehmensalter und Mitarbeiter bestimmt. Das korrigierte Modell wird für „Idealized Influence (Attributed)" ($F(29) = 1.717$, $p = .030$), „Inspirational Motivation" ($F(29) = 1.779$, $p = .023$) und „Individualized Consideration" ($F(29) = 1.920$, $p = .012$) signifikant. Für „Idealized Influence (Behavior)" ergibt sich ein Trend ($F(29) = 1.450$, $p = .098$). In diesem Modell beeinflusst die Branche die AV „Individualized Consideration" signifikant, die Versuchsgruppenzugehörigkeit die AV „Individualized Consideration" tendentiell, die eigenen Anteile die AVn „Idealized Influence (Attributed)" und „Inspirational Motivation" signifikant und „Individualized Consideration" tendentiell. Die Interaktion zwischen den beiden UVn wird für die AVn „Idealized Influence (Behavior)" und „Individualized Consideration" signifikant, für „Inspirational Motivation" ergibt sich ein Trend (s. Tab. 38).

Unabhängige Variable (UV)	Abhängige Variable (AV)	Freiheitsgrade (df)	F-Wert	p-Wert
Branche	Individualized Consideration	1	5,145*	,026
Gruppenzugehörigkeit	Individualized Consideration	2	2,991	,056
Eigene Anteile am Unternehmen	Idealized Influence (Attributed)	20	1,738*	,044
	Inspirational Motivation	20	1,990*	,016

Unabhängige Variable (UV)	Abhängige Variable (AV)	Freiheitsgrade (df)	F-Wert	p-Wert
	Individualized Consideration	20	1,665	,057
Gruppenzugehörigkeit X Eigene Anteile am Unternehmen	Idealized Influence (Behavior)	4	4,630**	,002
	Individualized Consideration	4	2,610*	,041
	Inspirational Motivation	4	2,242	,072

Tabelle 38: *Reduzierte SPSS-Ausgabe der Tests der Zwischensubjekteffekte für Modell 1*

Das zweite Modell verwendet die UVn „Gruppenzugehörigkeit" und „Eigene Anteile am Unternehmen" sowie die Komponenten der TFF als abhängige Variablen, vernachlässigt aber die Kovariaten. Dadurch werden zwar die Haupteffekte der beiden UVn schwächer. Die Interaktion zwischen den beiden unabhängigen Variablen wird für die AV „Individualized Consideration" nicht mehr auf dem 5%-Niveau signifikant, doch dafür zeigen vier von fünf AVn mindestens einen deutlichen Trend auf. Das korrigierte Modell wird nur noch für „Idealized Influence (Attributed)" ($F(26) = 1.764$, $p = .027$) und „Inspirational Motivation" ($F(26) = 2.086$, $p = .006$) signifikant. In diesem Modell beeinflussen die eigenen Anteile die AVn „Inspirational Motivation" signifikant und „Idealized Influence (Attributed)" tendentiell. Die Interaktion zwischen den beiden UVn wird für die AV „Idealized Influence (Behavior)" signifikant, für „Idealized Influence (Attributed)", „Inspirational Motivation" und „Individualized Consideration" ergibt sich ein Trend (s. Tab. 39).

Unabhängige Variable (UV)	Abhängige Variable (AV)	Freiheitsgrade (df)	F-Wert	p-Wert
Eigene Anteile am Unternehmen	Inspirational Motivation	20	2,106**	,009
	Idealized Influence (Attributed)	20	1,574	,078
Gruppenzugehörigkeit X Eigene Anteile am Unternehmen	Idealized Influence (Behavior)	4	3,965**	,005
	Idealized Influence (Attributed)	4	2,442	,053
	Inspirational Motivation	4	2,359	,060
	Individualized Consideration	4	2,208	,075

Tabelle 39: *Reduzierte SPSS-Ausgabe der Tests der Zwischensubjekteffekte für Modell 2*

Das dritte Modell zeigt eine ganz andere Konstellation auf. Als UV wird „Gruppenzugehörigkeit" verwendet, als AVn die Komponenten der TFF. Die Kovariaten sind das Personenalter, Extraversion, Neurotizismus, Offenheit und die SEW-Dimension „Identification with the Firm". Die UV hat hier keinen Effekt mehr, doch Kovariate sind hoch relevant. Das korrigierte Modell wird für alle AVn höchst signifikant: „Idealized Influence (Behavior)" ($F(6) = 5.764$, $p < .001$), „Idealized Influence (Attributed)" ($F(6) = 6.141$, $p < .001$), „Inspirational Motivation" ($F(6) = 9.265$, $p < .001$), „Intellectual Stimulation" ($F(6)$

= 9.730, $p < .001$) und „Individualized Consideration" ($F(6) = 5.523$, $p < .001$). In diesem Modell beeinflusst das Personenalter die AVn „Idealized Influence (Behavior)" und „Idealized Influence (Attributed)" signifikant, die Extraversion „Inspirational Motivation" signifikant, „Individualized Consideration" tendentiell, Neurotizismus alle fünf AVn mindestens hoch signifikant, Offenheit „Idealized Influence (Behavior)" und „Intellectual Stimulation" signifikant, „Idealized Influence (Attributed)" und „Individualized Consideration" tendentiell, „Identification with the Firm" „Intellectual Stimulation" signifikant, „Inspirational Motivation" tendentiell und die UV der Versuchsgruppenzugehörigkeit keine AV (s. Tab. 40).

Unabhängige Variable (UV)	Abhängige Variable (AV)	Freiheitsgrade (*df*)	*F*-Wert	*p*-Wert
Personenalter	Idealized Influence (Behavior)	1	14,317***	,001
	Idealized Influence (Attributed)	1	5,512*	,021
Extraversion	Inspirational Motivation	1	14,121***	,001
	Individualized Consideration	1	3,208	,077
Neurotizismus	Idealized Influence (Behavior)	1	9,412**	,003
	Idealized Influence (Attributed)	1	7,058**	,009
	Inspirational Motivation	1	15,914***	,001
	Intellectual Stimulation	1	9,658**	,002
	Individualized Consideration	1	11,175***	,001
Offenheit	Idealized Influence (Behavior)	1	7,242**	,008
	Intellectual Stimulation	1	16,712***	,001
	Idealized Influence (Attributed)	1	2,933**	,090
	Individualized Consideration	1	3,839	,053
"Identification of Family Members with the Firm"	Intellectual Stimulation	1	12,729***	,001
	Inspirational Motivation	1	2,804	,097

Tabelle 40: *Reduzierte SPSS-Ausgabe der Tests der Zwischensubjekteffekte für Modell 3*

Alle drei Modelle weisen keine befriedigende Passung auf und sind daher nur schwer interpretierbar. Die Regressionsergebnisse lassen sich leichter interpretieren, können aber mit den Ergebnissen der Kovarianzanalyse verglichen und angereichert werden.

Nachdem in diesem Kapitel alle Ergebnisse vorgestellt worden sind, sollen diese im folgenden Kapitel eingehend erläutert und diskutiert werden. Zudem sollen Implikationen diskutiert und Limitationen der Arbeit sowie ein Ausblick in die zukünftige Forschung gegeben werden.

7. Diskussion

Nach der Beschreibung der Analyseergebnisse im letzten Kapitel werden diese im Weiteren interpretiert (7.1.) und in ihrer praktischen Relevanz diskutiert (7.2.). Daraufhin wird auf die Grenzen der Studie eingegangen (7.3.) und ein Forschungsausblick gegeben (7.4.).

7.1. Interpretation der Ergebnisse

Die Interpretation der Ergebnisse orientiert sich an folgender Gliederung: Zuerst werden die Hypothesenergebnisse eingehender diskutiert (7.1.1.). Dann werden die Parameter der Stichprobe betrachtet (7.1.2), um Repräsentativität der Studienteilnehmer bewerten zu können. Zuletzt werden die explorativ untersuchten Zusammenhänge erörtert (7.1.3. bis 7.1.5.).

7.1.1. Hypothesen

Die zehn Hypothesen konnten mithilfe der erfassten Stichprobe zum größten Teil nicht bestätigt werden. Dies spricht dafür, dass familienangehörige und -externe Führungskräfte in FU und NFU keinen unterschiedlichen Führungsstil anwenden. Sie zeigen kein unterschiedliches Ausmaß an transformationalem Führungsverhalten. Dies ist insofern entgegen dem Erwarteten, als dass sich diverse Experten des Forschungsgebietes in der Literatur einvernehmlich äußern, dass der Führungsstil einen der gravierendsten Unterschiede darstellen würde (Mittelsten-Scheid, 1985; Wimmer et al., 1996; Siefer, 1994). Die Daten dieser Erhebung legen jedoch nahe, dass der Führungsstil eine der Komponenten ist, die sich über die Unternehmensformen mit und ohne Unternehmerfamilienanschluss sowie über individuelle Unternehmerfamilienzugehörigkeit der Führenden nicht unterscheiden. Um eine Begrenzung der verwendeten statistischen Methodik auszuschließen wird in Abschnitt 7.1.4 auf die Berücksichtigung diverser Einflussfaktoren eingegangen.

Die einzige statistische Bestätigung erfährt die Hypothese 8. Sie lautet: „Die Ausprägung des Konstruktes ‚Intellectual Stimulation' ist bei familienangehörigen Führungskräften in FU höher als bei familienexternen Führungskräften in FU." Dieser Zusammenhang gilt für kleine und mittlere Unternehmen bis 500 Mitarbeiter und junge Unternehmen bis zu einem Alter von 65 Jahren. Er verschwindet für größere und ältere Unternehmen. In kleinen und jungen FU fordern die Familienangehörigen demnach mehr zu innovativem Denken und dem Finden neuer Lösungen auf als externe Führungskräfte. Diese Einschränkung auf konkrete Unternehmenscharakteristika leuchtet ein: In kleinen FU in erster und zweiter Generation können die Patriarchen oder in anderer Form zentralen familienangehörigen Führenden etwas wagen, Verantwortung übernehmen und vorausgehen, Vordenker sein und diese Rolle auch vorleben. Dies könnte vor allem darin begründet sein, dass der Gestaltungsspielraum - erlangt darüber, dass der bisherige Unternehmenserfolg die Richtigkeit der Führungshandlungen belegt - in dem selbst aufgebauten und erfolgreich gemachten Unternehmen sehr viel größer ist als in einem nicht selbst aufgebauten. Damit ist auch das Vertrauen der zentralen Führungskraft - in fast allen Fällen gleichzeitig der Eigentümer - in ihre eigenen Fähigkeiten größer, als wenn die eigenen Handlungen bisher weniger deutliche Auswirkungen gezeigt hätten. Externe Führende hingegen sind, verglichen mit der familienangehörigen, häufig der Gründungs-Person, verhaltener und trauen sich weniger, Neues zu riskieren, gehen weniger Risiken ein, welche in dem Betreten neuer Pfade stecken. Dieses unterschiedliche Verhalten ergibt sich möglicherweise aus den jeweils mit ihrer Position verfolgten Zielen: Während familienexterne Führende an einer Karriereentwicklung in ihrem zeitlich und örtlich nicht exklusiven Job interessiert sind und diese durch riskantes Verhalten gefährden könnten, verfolgen familienangehörige Führende keine klassische Karriereentwicklung, weil ihre aktuelle und zukünftige Tätigkeit im Idealfall exklusiv auf die Führungsposition im eigenen Familienunternehmen beschränkt ist. Damit sind sie unabhängiger von der externen Beurteilung ihrer Leistung und direkter abhängig von den Ergebnissen ihrer Handlungen für ihr Unternehmen, an dem sie häufig direkt und indirekt mit profitieren. Je älter und größer das Unternehmen wird, desto eher werden sich familienangehörige Führende entsprechend des SEW-Ansatzes aber bewahrend verhalten, um das lang gehegte Erbe zu erhalten. Mit der Verlängerung der Unternehmensgeschichte steigt auch das Risiko für die Führenden, die Arbeit vorangegangener Generationen zu schmälern bzw. zu ruinieren. Externe Führende hingegen sind im Vergleich zu Familienangehörigen in diesen älteren und größeren Unternehmen unbefangener und weniger durch die große Verantwortung belastet, da es sich für sie um einen Job ohne starken Identitätsbezug handelt. Diese Umkehr der Motive familienangehöriger Führender von der Unternehmensentwicklung auch mithilfe von Risiken hin zu einer Unternehmensbewahrung durch z. B. die Vermeidung von Risiken könnte der Grund dafür sein, dass der Effekt mit zunehmender Unternehmensgröße und steigendem -alter eliminiert wird. Es ist anzunehmen, dass sich die Einstellung und das Verhalten der extFU über beide Unternehmensklassen nur wenig unterscheidet, sondern vor allem die famFU mit steigendem Unternehmensalter deutlich risikoaverser werden und sich so von einem Pol der Innovationsskala zum anderen bewegen, wobei die extFU sich in beiden Fällen eher mittig positionieren dürften. Bestätigung für den gefundenen Zusammenhang liefern Kraiczy, Hack und Kellermanns (in press), die ebenfalls beschreiben, dass das unternehmerische Risiko in der ersten Generation von FU am höchsten ist und sich daraus eine höhere Innovationskraft ergibt, weil der Einzelne an der Unternehmensspitze den größten Einfluss auf das Unternehmen nehmen kann. Dies ist jedoch von der individuellen Risikopräferenz dieses Einzelnen abhängig.

Ein Trend für eine Hypothesenbestätigung trat für Hypothese 6 auf: „Die Ausprägung des Konstruktes ‚Inspirational Motivation' ist bei familienangehörigen Führungskräften in FU höher als bei familienexternen Führungskräften in FU". Obwohl unter 7.1.2. belegt wird, dass die Stichprobe ausreichend groß ist, um signifikante Zusammenhänge aufzudecken, sind die gefundenen Werte für diese Hypothese nahe an der Signifikanzgrenze und könnten diese in einer neuen Untersuchung wahrscheinlich überschreiten. Dies würde bedeuten, dass familienangehörige Führende glaubwürdigere Visionen des Unternehmenszwecks und -ziels verkörpern und weitergeben könnten als externe Führende in FU. Möglicherweise sind also famFU besser dazu in der Lage, bei ihren Geführten ein „Psychological Ownership" zu aktivieren als extFU, sodass von famFU Geführte das Unternehmen als ein ‚gefühltes Eigentum' betrachten und damit die Ziele von den tatsächlichen Eigentümern, den famFU, und ihren Geführten homogenisiert werden (für Erläuterungen s. 4.2.; Sieger, Zellweger & Aquino, 2013). Dieser Befund ginge mit dem SEW-Ansatz einher, der famFU das Ziel der Langfristigkeit, auch gegenüber einzelnen Mitarbeitern, attestiert und von einer Verpflichtung der Nachfolger, langjährige Mitarbeiter ‚durchzuziehen', spricht. Da das Unternehmen laut SEW-Ansatz als Fortsetzung der Familie angesehen wird (Berrone, Cruz & Gómez-Mejía, 2012a), sollten vor allem Familienmitglieder um ein positives Bild des Unternehmens in der Öffentlichkeit bemüht sein, was auch durch die Übernahme sozialer Verantwortung und die gute Behandlung der Mitarbeiter entstehen kann (Sharma & Manikuti, 2005; Westhead, Cowling & Howorth, 2001). Darüber hinaus wird in Bezug auf den SEW-Ansatz diskutiert, dass auch konfliktgeladene Beziehungen in der Hoffnung, dass sich diese mit der Zeit harmonisch ins Unternehmen einfügen, aufrechterhalten werden (Berrone, Cruz & Gómez-Mejía, 2012a). Diese Verhaltensweisen, vornehmlich von famFU und weniger wahrscheinlich von extFU gezeigt, könnten den Geführten Glaubwürdigkeit und Interessenhomogenität vermitteln. Dadurch könnten die Geführten höher motiviert sein, die von ihren Führungskräften vermittelten Visionen zu teilen und an ihrer Verwirklichung aktiv mitzuwirken. Damit würde sich aus den SEW-bezogenen Eigenschaften der famFU ein Erfolgsfaktor für das Unternehmen ergeben. Es lohnt sich daher, diese Hypothese für weitere Untersuchungen im Blick zu behalten.

Alle anderen Hypothesen konnten nicht bestätigt werden. Offenbar weisen familienangehörige Führungskräfte in FU (famFU) und Führungskräfte in NFU (nonFU) auf keiner der fünf TFF-Dimensionen unterschiedliches Verhalten auf. Das bedeutet, dass famFU im gleichen Maße einen transformationalen Führungsstil - geprägt durch idealisierten Einfluss auf die Geführten und eine inspirierende Motivation, intellektuelle Stimulierung und individuelle Betrachtung der Geführten - anwenden wie nonFU. Weiterhin weisen famFU und familienexterne Führungskräfte in FU (extFU) auf drei der fünf TFF-Dimensionen kein unterschiedliches Verhalten auf, sodass famFU im gleichen Maße einen idealisierten Einfluss auf die Geführten und die individuelle Betrachtung der Geführten anwenden wie extFU. Dies könnte daran liegen, dass sich die strukturelle Verantwortung nicht voneinander unterscheidet. So sind sowohl famFU als auch extFU und nonFU für das Wohl ihrer direkt Untergebenen persönlich verantwortlich. Diese Verantwortung werden sie vermutlich umso intensiver empfinden, je wahrscheinlicher sie sich über ein starkes Wertesystem definieren (Klein, 1991). Diese direkte, persönliche Verantwortung steht möglicherweise in keinem Zusammenhang mit dem individuellen Bezug der jeweiligen Führungskraft zum Unternehmen, der z. B. durch die Unternehmerfamilienzugehörigkeit entsteht. Es ist eine menschliche Verantwortung von Person zu Person, die in einem anderen Kontext, z. B. einer kirchlichen Gemeinde oder einem gemeinnützigen Verein für die jeweilige Führungsperson vermutlich ähnlich ausgeprägt wäre, wenn die zwischenmenschliche Beziehung zwischen Führungskraft und Geführten vergleichbar intensiv o. ä. wäre (Avolio & Bass, 2004; Bass, 2008). Die Behandlung der Geführten müsste ebenfalls einem bestimmten Zeitgeist folgen. So steht man im Personalwesen derzeit allgemein vor der Herausforderung, „guter" Führung eine erhöhte Bedeutung zukommen zu lassen, um qualifizierte und engagierte Mitarbeiter zu gewinnen und zu halten (s. 2.5.4. u. a.). Diese Bedeutung könnte sich z. B. in der Schulung von Führungskräften in einem bestimmten Verhalten, der Incentivierung der Ausübung eines bestimmten Führungsstils oder der Bindung an offizielle Leitbilder zum individuellen Umgang aller Mitarbeiter untereinander äußern. War der am häufigsten anzutreffende Führungsstil in den siebziger Jahren ein patriarchialischer - der die Demonstration von Stärke darstellte und sich darüber den größten Respekt unter den Mitarbeitern sicherte (Sohm, 2007) -, sollte heute die Qualität des transformationalen Führungsstils und dessen positive Auswirkungen weitläufig bekannt sein. Diese werden in betriebswirtschaftlichen Vorlesungen und denen ähnlicher Disziplinen in der westlichen Kultur wohl an allen Universitäten seit mittlerweile Jahrzehnten gelehrt (u. a. Bestseller Wöhe & Döring, 2008). Absolventen dieser Studiengänge düften sich heute in allen Unternehmensformen befinden und das Wissen über die Wirkung transformationaler Führung im Vergleich zu transaktionaler Führung und Laissez-Faire-Führung an diesen Orten einbringen und weiter verbreiten. Daraus resultierend dürften Personen, die ihr Führungsverhalten kritisch reflektieren und an dieses einen hohen Anspruch pflegen, in der heutigen Zeit mit dem nötigen Wissen bewusst auf Verhaltensweisen des transformationalen Führungsstils achten und diese anwenden. Diese Argumentation führt auch zu der Vermutung, dass das Alter der Führungskraft - und damit ihr individueller Sozialisierungsrahmen dazu, was gute Führung ausmacht - eine stärkere Auswirkung auf den angewendeten Führungsstil haben könnte als die Unternehmens- oder Unternehmerfamilienzugehörigkeit. Eventuell wird ein Unterschied im Führungsstil auch über andere Grenzen deutlich. So könnte es eine Rolle spielen, in welcher Branche sich eine Führungskraft befindet und auf welcher Kompetenzebene sie führt. So spielt ein transformationaler Führungsstil in sozial anspruchsvolleren Branchen wie der Dienstleistungsbranche möglicherweise eine größere Rolle als z. B. in der Industrie und findet für die Führung intellektuell anspruchsvollerer Geführtenpositionen wahrscheinlicher Anwendung als für die Führung von Positionen mit weniger individuellem Gestaltungsspielraum (Avolio & Bass, 2004). Ebenso könnte das Stadium des Unternehmens in einerseits einer Krise oder andererseits einem Zustand hoher Stabilität den Führungsstil beeinflussen (Gebert, 2002) und die Region, in der das Unternehmen ansässig ist, eine Auswirkung auf das Wertesystem und die Altersstruktur im Unternehmen und damit indirekt auf den Führungsstil haben. Ebenfalls denkbar sind Messfehler wie verzerrte Selbstbeurteilungen der famFU und bzw. oder extFU sowie nonFU (s. 6.5.), welche einen vorhandenen Effekt der Versuchsgruppenzugehörigkeit auf den Führungsstil verschleiern.

7.1.2. Stichprobe

Für sowohl die organisationalen als auch die personalen Parameter ergeben sich überwiegend höchst signifikante Unterschiede zwischen den Versuchsgruppen famFU, extFU und nonFU. Dies spricht einerseits dafür, dass die Stichprobe ausreichend groß ist, um potentiell auftretende Diskrepanzen aufzuspüren, und andererseits dafür, dass sich Führungskräfte in FU und NFU sowie die Auftretenswahrscheinlichkeit von famFU und extFU für die erfassten Parameter deutlich voneinander unterscheiden (für Limitationen der Interpretierbarkeit s. 7.3.). In diesem Abschnitt wird die Stichprobe detailliert diskutiert, um die Befragten und ihre Unternehmen genauer verstehen und einordnen zu können.

Bezüglich der Unternehmensbranche sind famFU und extFU relativ ähnlich. Ein deutlicher Unterschied zeigt sich in der Stichprobe stattdessen für NFU im Vergleich zu FU. Während FU vermehrt in Branchen auftreten, die ein bestimmtes Gewerk oder einen bestimmten Erfahrungsbereich sowie u. U. Patente und langfristig gewachsene Fertigkeiten und Wissen erfordern, sind NFU in der Stichprobe vermehrt in der Dienstleistungsbranche tätig oder finden sich in den angebotenen Kategorien gar nicht wieder. Die Branchenverteilung der Unternehmen ist der in der Erhebung von Klein (2010b) bis auf eine geringere Proportion von verarbeitenden NFU zugunsten von Dienstleistungs-NFU sehr ähnlich. Das Unternehmensalter teilt die Gruppen ebenfalls deutlich auf. So sind NFU in der deutlichen Mehrheit zwischen 0 und 15 Jahren alt, wohingegen sich die FU gleichmäßiger streuen. Hier besteht die Gefahr, dass für die Gruppe der NFU vor allem Start-Ups in die Befragung eingingen, sodass NFU in ihrer Breite möglicherweise nicht repräsentativ erfasst worden sind. Die Unternehmen der extFU sind mindestens 15 Jahre alt, am häufigsten jedoch über 120 Jahre alt. Es scheint, als würde die Wahrscheinlichkeit des Auftretens der extFU mit zunehmendem Alter steigen. Es ist leicht vorstellbar, dass ältere FU, die bereits über viele Jahre erfolgreich waren, auch größer sind, wodurch ein erhöhter Bedarf an Führungskräften ausgelöst wird. Die Mitarbeiteranzahl, ein Indikator für die Größe eines Unternehmens, scheint diesen Trend zu bestätigen. So finden sich extFU zum größten Teil in Unternehmen mit über 1.000 Mitarbeitern wieder. Der zweite Indikator für die Unternehmensgröße, der Umsatz, untermauert diesen Effekt mit mehr als der Hälfte der extFU in FU mit über 100 Mio. EUR Umsatz angestellt. Mit steigender Unternehmensgröße eines FU wird es wahrscheinlicher, extFU anzutreffen. Die famFU und nonFU zeigen sich konträr dazu vor allem in besonders kleinen, jungen und besonders großen, alten Unternehmen. Diese treten in der kleinen Form besonders häufig auf. Der Unterschied zwischen FU und NFU ist über die Unternehmensbranche und das Alter des Unternehmens am größten. Für die Unternehmensgröße zeigen sich diese Unterschiede nicht. So klaffen die Mitarbeiteranzahl der FU und NFU sowie der Jahresumsatz der Unternehmen nicht so deutlich auseinander. Damit widersprechen die Eigenschaften der Stichprobe den Zahlen für FU in Deutschland nicht (s. 3.3.2.), was die Repräsentativität der erfassten Daten unterstützt.

In NFU sind die Führungskräfte überwiegend zwischen 30 und 40 Jahren alt und sind damit durchschnittlich 10 Jahre jünger als extFU. Auch dieses Ergebnis erscheint vereinbar mit den Eigenschaften der verschiedenen Gruppen: Wo Mitarbeiter länger im Unternehmen verbleiben, kann auch die Karriereentwicklung stetiger und über einen längeren Zeitraum verlaufen. Bei einer kurzen Verweildauer der Mitarbeiter, wie in NFU, können Beförderungen bzw. Führungsverantwortung auch ein Mittel des Anreizes sein. Zudem ist zu berücksichtigen, dass NFU im vorliegenden Datensatz überwiegend relativ jung sind. Für die famFU hingegen gibt es erwartungsgemäß keine Regeln bezüglich ihres Alters, da hier die begrenzte Ressource „Familienmitglied" nicht nach rein formalen Kriterien, sondern nach den aktuellen Bedingungen und dem Bedarf eingesetzt wird. So zeigen diese sich bereits relativ jung und als einzige Gruppe auch noch in einem Alter von über 60 Jahren. Dies könnte dadurch verursacht sein, dass Familienmitglieder, vor allem im Top-Management, überwiegend selbst entscheiden dürfen, wie lange sie im Unternehmen verbleiben. Zudem ist ihre Tätigkeit entsprechend dem SEW-Ansatz stärker als die ihrer Referenzgruppen mit ihrer individuellen Identität verbunden. So verbleiben famFU länger in ihrer Führungsposition als extFU und nonFU. Die Gedanken des SEW-Ansatzes werden auch durch die Management-Ebene der diversen Gruppen gestützt: Während nonFU über die verschiedenen Ebenen nahezu gleichverteilt sind, treten extFU überwiegend im mittleren Management auf. Hier gehen sie der Verantwortung nach, mehrere Mitarbeiter zu führen, ohne dass die Unternehmerfamilie der extFU zu viel Kontrolle und Einfluss überlässt, die eine Gefahr der Kontrollerhaltung in der Familie entsprechend dem SEW-Konzept darstellen könnte. FamFU hingegen treten hauptsächlich im Top-Management auf. Auch hier deutet sich an, dass diese durch ihre Charakteristik „Familienmitglied" in diese Position gelangen und sich wenig in niedrigeren Ebenen aufhalten, sondern schnell bzw. direkt in die Unternehmensführung eingebunden sind. Auch dieses Ergebnis entspricht damit den gruppenimmanenten Charakteristika. Die Dauer der Führungserfahrung korreliert mit dem Alter der Führungspersonen: So haben nonFU die geringste Führungserfahrung, famFU mit über 20 Jahren die längste und extFU sind auf diesem Parameter relativ ähnlich verteilt. FamFU können vermutlich auch deshalb die längste Führungserfahrung aufweisen, weil sie früher in ihre Führungsposition und damit in die Verantwortung gelangen als ihre Referenzgruppen.

Die Verteilung der Unternehmensanteile stellt sich ebenfalls erwartungskonform dar. Bei famFU und nonFU kommen alle Modelle bis zum Vollbesitz aller Unternehmensanteile vor. Die durchschnittlichen Werte unterscheiden sich jedoch bei annähernd gleicher Streuung enorm. So besitzen die befragten famFU durchschnittlich über die Hälfte der Unternehmensanteile, was eine deutliche Kontrolle über das Unternehmen suggeriert. NonFU hingegen besitzen durchschnittlich knapp weniger als die Minderheitsanteile eines Fünftels des Unternehmens, was sie höchst wahrscheinlich am Erfolg partizipieren lässt und damit zu gesteigerter Leistung motiviert, jedoch keine relevanten Stimmrechte beinhaltet. extFU liegen weit dahinter und halten maximal 10 % am Unternehmen, durchschnittlich aber nicht einmal ein halbes Prozent. Dies entspricht wohl am wahrscheinlichsten einer systematischen Mitarbeiterbeteiligung. FU scheinen jedoch deutlich verhaltener mit der Beteiligung von Mitarbeitern bzw. Führungskräften umzugehen. Theoretisch ist diese Annahme dahingehend gestützt, dass die Familie nach dem SEW-Ansatz bestrebt ist, die Kontrolle in der eigenen Unternehmerfamilie zu erhalten.

ExtFU arbeiten tendenziell in Unternehmen mit einem stärkeren Einfluss durch die Unternehmerfamilie und einer längeren Familienhistorie. Die Unternehmerfamilie besitzt mehr Anteile, befindet sich in einer höheren Generation, zählt mehr aktive Familienmitglieder im Unternehmen und mehr Gesellschafter, wobei nur der letztgenannte Unterschied signifikant ist. Der SEW der famFU ist für die Dimensionen „Identification of Family Members with the Firm" und „Binding Social Ties" relevant höher als der der extFU. Dieses Ergebnis ist erwartungskonform, da die Zugehörigkeit zur Unternehmerfamilie einen direkten Einfluss auf die Höhe des SEW hat, wohingegen das Angestelltenverhältnis eines Mitarbeiters eher einen indirekten Einfluss auf den SEW haben dürfte, der ggf.

über die Unternehmenskultur und in ihr vorgelebte Werte entwickelt wird. Zudem beurteilen die Gruppen aus unterschiedlichen Perspektiven: Während famFU als Unternehmerfamilienmitglieder den SEW in Form einer Selbstbeurteilung einschätzen, geben extFU eine Fremdbeurteilung über die Unternehmerfamilienmitglieder ab. Zudem sollten FU mit familienexternen Führungskräften (extFU) bereits durch deren Einbezug ins Unternehmen per Definition einen geringeren SEW aufweisen, weil sie darüber ihre Kontrolle über das Unternehmen verringert haben, wodurch sie wiederum ihr sozioemotionales Vermögen gefährden. Dass die Ausprägung der Dimension „Renewal of Family Bonds through Dynastic Succession" für beide Gruppen ähnlich ist, könnte damit zusammenhängen, dass diese Dimension die wahrscheinlich besonders offen im Unternehmen dargestellte und kommunizierte Komponente des SEW ist und den Mitarbeitern daher einerseits klar bewusst ist und andererseits eine erhöhte Zieldeckung mit den eigenen Zielen wie der eigenen Arbeitsplatzsicherheit stattfindet. Das Ziel des langfristigen Erhalts des Unternehmens deckt sich mit dem Ziel eines stabilen Arbeitsplatzes (s. 4.3.).

Es zeigt sich für jede der drei Versuchsgruppen ein klares Profil anhand der oben dargestellten Parameter: FamFU stammen überwiegend aus dem verarbeitenden Gewerbe und dem Handel, sind in allen Unternehmensaltersgruppen vertreten und stammen vor allem aus jungen, kleinen oder alten, großen Unternehmen. Häufiger treten sie mit steigendem Unternehmensalter auf. Sie sind selbst in jedem Alter vorhanden, auch älter mit über 60 Jahren, sitzen fast nur im Top-Management des Unternehmens und blicken auf eine langjährige Führungserfahrung zurück. Sie besitzen Unternehmensanteile, die ihnen umfangreiche Kontrollrechte einräumen. Identifikation mit dem Unternehmen und soziale Bindungen sind ihnen besonders wichtig. ExtFU gehören ebenfalls den verarbeitenden oder handelnden Unternehmen an, finden sich aber vor allem in sehr alten und sehr großen Unternehmen mit vielen Mitarbeitern und einem hohen Umsatz. Ihre Führungskräfte sind mittleren Alters und befinden sich vor allem im mittleren Management mit mittlerer Führungserfahrung. Sie halten im besten Fall eine Mitarbeiterbeteiligung im Nachkomma- oder einstelligen Prozentbereich. Sie nehmen das Unternehmensziel des Generationstransfers für sich persönlich an. NonFU sind vor allem bis 15 Jahre alt und besonders stark in der Dienstleistungs- oder einer nicht-klassischen Branche wie z. B. den Medien vertreten. Die beschäftigenden Unternehmen sind vor allem jung und klein oder alt und groß. Sie treten häufiger in jungen Unternehmen auf. Ihre Führungskräfte sind eher jung, mit geringer Führungserfahrung, und befinden sich auf allen Führungsebenen gleichermaßen. Sie besitzen Minderheitsanteile am Unternehmen.

Insgesamt zeigen die deskriptiven Maße, dass die Größe der Stichprobe ausreichend ist, um signifikante Unterschiede zuverlässig aufzudecken. Zudem scheint es sich um eine relativ repräsentative Stichprobe zu handeln, da die gefundenen Ergebnisse intuitiv logisch und erwartungskonform für jede Unternehmensform erscheinen. Sie widersprechen den offiziellen Zahlen des IfM und der Stiftung Familienunternehmen für FU in Deutschland nicht.

7.1.3. Exploration der Faktoren des „Full Range Leadership"-Modells

Im vorangegangenen Kapitel der Ergebnisdarstellung wurden neben der Prüfung von Gütekriterien und Hypothesen explorative Untersuchungen vorgestellt, welche einerseits die diversen Komponenten des MLQ-Fragebogens (s. 6.5.) und damit des zugrundeliegenden „Full Range Leadership"-Modells (s. 5.5.1.) und andererseits die darüber hinaus erfassten Einflussfaktoren (s. 6.6.) betrachteten. Darüber hinaus wurde eine SEW-Skala zur Datenerfassung verwendet, die bis dahin nicht genutzt wurde (s. 5.5.5.). Die Ergebnisse sollen hier - für die Komponenten des Modells - und in den beiden folgenden Abschnitten - für die Einflussfaktoren (7.1.4.) und die SEW-Skala (7.1.5.) - erneut aufgegriffen und interpretiert werden.

Es konnte kein Einfluss der Versuchsgruppenzugehörigkeit auf die Führungsstile „transaktionale Führung" und „passiv-vermeidende Führung" belegt werden. Dies deckt sich mit der Kritik an diesen beiden Konstrukten, bestehend aus jeweils zwei Faktoren, welche als häufig nicht trennscharf und nicht valide replizierbar diskutiert werden (s. 5.5.1.). Aus diesem Grund wurden sie nicht in die Hypothesen einbezogen und die explorative Analyse zeigt, dass dies die richtige Entscheidung war. Die Zugehörigkeit zu einer Versuchsgruppe hat keinen Einfluss auf die Anwendung der beiden weiteren Führungsstile des „Full Range Leadership"-Modells.

Der bereits aus der Literatur bekannte Zusammenhang zwischen TFF und den Organisationsergebnissen wurde bestätigt (Bass & Avolio, 2004; Heinitz, 2006). Dies unterstützt die Datendichte und -qualität. Bisher nicht untersucht wurde, ob die Versuchsgruppenzugehörigkeit eine Auswirkung auf die Organisationsergebnisse hat. Dies konnte mit den vorhandenen Daten bestätigt werden. Der Zusammenhang ist sogar über die fünf verschiedenen Komponenten der TFF relativ stabil und oft höchst signifikant. Wenn also schon der Führungsstil der FU-Führungskraft sich nicht von dem in NFU unterscheidet, so unterscheiden sich die erzielten Organisationsergebnisse zwischen den Versuchsgruppen doch bedeutend. Interessanterweise erzielen nonFU stets den höchsten Wert, d. h. sie schneiden in den aus dem Führungsverhalten resultierenden Auswirkungen deutlich besser ab. Zwischen den Gruppen famFU und extFU sind die Unterschiede eher gering, vor allem bezüglich der Zufriedenheit der Mitarbeiter mit der Führung. Zudem ist zwischen diesen Gruppen keine eindeutige Richtung einer überlegenen und einer unterlegenen Partei auszumachen. Diese Ergebnisse sind kontraintuitiv und überraschen zunächst einmal. Wenn man unterstellt, dass die Daten die Realität nicht widerspiegeln, so kann man annehmen, dass das Selbsturteil der nonFU positiv verzerrt ist, wobei das der Führungskräfte in FU eher realistisch ist. Die gefundene Interaktion zwischen der Gruppenzugehörigkeit und dem TFF-Faktor „Individualized Consideration" für die Zufriedenheit der Mitarbeiter unterstützt diese Annahme: nonFU geben auch dann eine hohe Zufriedenheit an, wenn sie ihre Mitarbeiter nach eigenen Angaben eher wenig individuell betrachten und entwickeln. FamFU hingegen geben in diesen Fällen eine geringe Zufriedenheit der Mitarbeiter mit dem Führungsstil der Führungskraft an. Dass aber die individuelle Berücksichtigung der Mitarbeiter unabhängig von deren Zufriedenheit sei, wurde in bisherigen Studien nicht gefunden (s. 5.5.1.), sodass dies ein Hinweis darauf sein könnte, dass die Urteile der nonFU positiv verzerrt sind.

Eine mögliche Argumentation hierfür wäre, dass nonFU sich stärker gegenüber Mitarbeitern, Kollegen und Führungskräften darstellen müssen, da sie, anders als famFU, keine Per-se-Legitimation für ihre Position innehaben. Für famFU ist die Per-se-Legitimation häufig bereits über die Familienzugehörigkeit gegeben. Für nonFU muss die Legitimation z. B. gänzlich über erfolgreiche Tätigkeiten oder entsprechende Erfahrungen hergestellt werden. Daher müssten nonFU evtl. stärker damit beschäftigt sein, sich für ihre Position zu legitimieren, gegenüber anderen und sich selbst. Daraus könnte eine besondere Bedeutung der Selbstdarstellung erwachsen, welche für famFU deutlich weniger relevant wäre, da diese ihre Legitimation lediglich am tatsächlichen Unternehmenserfolg festmachen können, weil sie wahrscheinlich einen direkteren Einfluss auf diesen haben als nonFU, und müssen, weil sie weniger wahrscheinlich von anderen beurteilt werden als nonFU und deshalb der Unternehmenserfolg ihre einzige Möglichkeit zur Messung ihres Handelns darstellt. Wenn FU-Führungskräfte, d. h. famFU und extFU, von anderen beurteilt werden, so wird dies häufig die Unternehmerfamilie selbst sein, die sich als Eigentümer wiederum stark an den Organisationsergebnissen orientieren müsste, um unternehmensdienliche Entscheidungen zu treffen. In NFU werden nonFU in den meisten Fällen von angestellten Managern bewertet, für die im Vergleich zu famFU eine Bewertung anhand von nachhaltigen Unternehmenszielen weniger relevant ist, sodass mehr Raum für weitere, individuell geprägte sowie unternehmenspolitisch motivierte, Bewertungskriterien bleibt. Deshalb müssten nonFU mehr Aufwände in ein wirkungsvolles „Impression Management" stecken als famFU und extFU, welche sich auf die tatsächlichen Leistungen konzentrieren können. FamFU werden hingegen möglicherweise direkt dafür bestraft, wenn sie sich gegenüber nicht ehrlich sind und werden auch für eine positive Verzerrung nicht belohnt. Denn von ihrem realistischen Urteil ist der Unternehmenserfolg abhängig. Ein unrealistisches Urteil würde immer am tatsächlichen Effekt der Führung gemessen und damit immer relativ deutlich auf den Familienunternehmer zurückfallen. Nur er wäre für die Auswirkungen verantwortlich, sodass eine realistische Einschätzung anstatt einer verzerrten den Unternehmenserfolg und den Selbstwert der Person wahrscheinlicher sichern kann. In NFU hingegen herrscht in weniger Fällen die alleinige persönliche Verantwortung und Identifikation mit dem Unternehmenserfolg, sodass die Wahrnehmungsverzerrung zugunsten der Selbstwerterhaltung des Einzelnen funktional ist. Diese Annahme kann über die Diskrepanz zwischen dem Selbsturteil der Führenden und dem Fremdurteil ihrer Geführten in einer separaten Studie geprüft werden, welche bei einer Selbstüberschätzung der Führenden besonders groß ausfallen würde. Der MLQ eignet sich mit zwei unterschiedlichen Versionen für einerseits die Selbst- und andererseits die Fremdbeurteilung für die Erfassung dieser Diskrepanz. Das Studiendesign sähe dann jedoch mindestens drei Geführtenurteile je Selbsturteil vor. Die Bewertungsdiskrepanz wäre individuell funktional: Indem die Urteile der Führenden und Geführten auseinandergehen, können beide Parteien die Schuld für eventuelle negative Organisationsergebnisse von sich schieben. Der Führende bewertete seine Führungsleistung als gut, sodass eventuelle negative Resultate von der Leistung der Geführten abhängen müssten. Geführte bewerteten die Führungsleistung des Vorgesetzten als weniger gut, sodass eventuelle negative Resultate von dieser Führung anstatt der Geführtenleistung abhängen müssen. Daher würde eine solche Diskrepanz die externale Attribuierung verdeutlichen, nach der bestimmte Resultate weniger den eigenen, selbst beeinflussbaren Eigenschaften zugeschrieben werden, sondern vielmehr durch äußere Faktoren, z. B. die Leistung der anderen Partei, verursacht angesehen werden. Weiterhin kann spekuliert werden, ob Geführte in NFU einfach kritischer gegenüber ihren Vorgesetzten sind oder sein dürfen als Geführte in FU, weil z. B. keine familienähnlichen Bande sondern eine professionelle Distanz zwischen den Mitarbeitern durch das Unternehmen läuft. Ob diese aber ehrlicher oder unverdient kritischer sind, bliebe in diesem Zusammenhang unklar.

7.1.4. Exploration diverser Einflussfaktoren

Die TFF-Komponenten werden von diversen Einflussfaktoren mit geprägt. Dabei korrelieren diese selten, aber in diesen Fällen sinnvoll untereinander. Die Störvariablen in die Beziehung zwischen Versuchsgruppenzugehörigkeit und TFF-Faktoren aufzunehmen, liefert diverse Regressionsmodelle, aus denen in allen Fällen die Dummy-Variable „famFU vs. nonFU" als ein Prädiktor mit einer zu geringen Vorhersagekraft ausgeschlossen wird. Die Variable „extFU vs. nonFU" hingegen verbleibt in allen Modellen im ersten Integrationsschritt. Damit liefert die Unterscheidung zwischen familienexternen Führungskräften in FU und Führungskräften in NFU eine bessere Vorhersage für den Führungsstil als die Unterscheidung zwischen familienangehörigen Führungskräften in FU und Führungskräften in NFU. Offenbar zeigen extFU ein anderes Führungsverhalten als nonFU, famFU jedoch kein anderes als nonFU. Dieses Ergebnis widerspricht dem Erwarteten, weshalb keine Hypothesen zu dieser Gruppenunterscheidung „extFU vs. nonFU" aufgestellt wurden. Dass das Verhalten der mittleren Gruppe extFU von dem der einen Extremgruppe nonFU abweicht, die Extremgruppen - hinsichtlich Unternehmensform und Unternehmerfamilienzugehörigkeit - jedoch nicht voneinander abweichen, könnte möglicherweise mit der Passung zwischen erstens dem Bindungsmechanismus der Person an die Unternehmensentwicklung, zweitens dem Gestaltungsspielraum im Unternehmen und drittens den Erwartungen der Kontrollinstanz begründet werden. FamFU befinden sich im FU in ihrem natürlichen Umfeld. Sie sind hoch emotional gebunden, gepaart mit einer Verantwortung für die eigenen Handlungen und das Unternehmensschicksal. Sie haben im Gegenzug als häufig höchste Kontrollinstanz des Unternehmens den größten Entscheidungsspielraum. Wenn sie sich gegenüber höheren Instanzen verantworten müssen, so entspricht diese Verantwortung ihren eigenen Interessen, dem Wohlergehen des Unternehmens zu dienen. Von ihnen wird z. B. eine hohe Identifikation mit dem Unternehmen erwartet und erlebt. Die Passung ist demnach gut. Betrachtet man nonFU, bewegen diese sich wiederum im NFU in ihrem natürlichen Umfeld. Hier haben die eigenen Vorgesetzten per se kaum eine persönlichere oder emotionalere Bindung an das Unternehmen als die nonFU selbst. So trägt man als Führungskraft Verantwortung im Rahmen einer rationalen, nicht jedoch einer emotionalen Bindung, die evtl. größere Aufopferung verlangen würde. Von ihnen wird keine hohe Identifikation mit dem Unternehmen erwartet und diese wird vermutlich auch weniger wahrscheinlich erlebt. Die Passung ist demnach ebenfalls gut. Für extFU besteht nun möglicherweise keine Passung zwischen Bindungsmechanismus der Person - als Nicht-Familienmitglied entsprechend den FIBER-Dimensionen des SEW durchschnittlich weniger emotional gebunden - und Gestaltungsspielraum der eigenen Rolle - der für eine familienexterne Person als durchschnittlich relativ gering einzuordnen sein müsste - sowie den Erwartungen der Kontrollinstanz - der Unternehmerfamilie selbst. Trotz des geringen Gestaltungsspielraums repräsentieren extFU vor anderen Mitarbeitern, z. B. gegenüber den ihnen direkt unterstellten Personen, das Unternehmen. Von extFU wird von der Seite der Unternehmerfamilie vermutlich ebenfalls eine relativ hohe Identifikation mit dem Unternehmen erwartet (Bernhard & O'Driscoll, 2011; Vallejo, 2009; Barnett & Kellermanns, 2006), diese entsteht aber nicht zwangsläufig aus ihrer Position heraus, denn extFU könnten ihre berufliche Tätigkeit ebenfalls wie nonFU auf rationale Bindungsmechnismen begrenzen. Die Passung ist demnach wahrscheinlicher weniger gut als für die beiden anderen Gruppen. Es ergibt sich, dieser Überlegung folgend, der Verdacht, dass sich extFU möglicherweise häufiger in einem stärkeren Spannungsfeld zwischen fremden Erwartungen und eigener Bereitschaft befinden als famFU und nonFU. Dieser gedankliche Exkurs wäre in zukünftigen Studien zu untersuchen.

Für die Einbeziehung weiterer Störvariablen ergibt sich für jeden TFF-Faktor ein separates Bild. Bedeutend scheinen jedoch das Personenalter, die Persönlichkeitsdimensionen Neurotizismus, Offenheit und Extraversion, die SEW-Dimension „Identification", Anteilsbesitz und Führungserfahrung zu sein. Immer wieder werden auch die Branche und das Unternehmensalter gemeinsam mit in die Modelle einbezogen, sie verbessern die Modelle jedoch stets nur geringfügig.

Der TFF-Faktor „Behavioral Idealized Influence" wird v. a. durch Neurotizismus (ca. 15 % Varianzaufklärung) und den Besitz von Anteilen (ca. 10 % Varianzaufklärung) vorhergesagt. In anderen Worten heißt das, dass die Verkörperung von Werten und die Vorbildwirkung durch die emotionale Stabilität der Führungskraft und deren Eigentum am Unternehmen mitbestimmt wird. Für den Faktor „Attributed Idealized Influence" ist v. a. das Personenalter (ca. 20 bzw. 24 % Varianzaufklärung) ein Prädiktor. D. h. die Wahrnehmung als eine vorbildliche und charismatische Führungskraft durch die Geführten wird durch das Alter der Führungskraft determiniert. Für „Inspirational Motivation" ist Neurotizismus (ca. 22 %) ein wichtiger Prädiktor. D. h. die glaubwürdige Vermittlung einer gemeinsamen Vision wird durch die emotionale Stabilität der Führungskraft mitbestimmt. „Intellectual Stimulation" wird v. a. durch Offenheit (ca. 23 %) und die SEW-Dimension „Identification" (ca. 12 bzw. 16 %) vorhergesagt. D. h. die Anregung der Mitarbeiter zu innovativem Problemlösen hängt davon ab, inwiefern die Führungskraft eine Offenheit für neue Erfahrungen zeigt und sich mit dem Unternehmen über das normale Maß einer Arbeitsstelle identifiziert. „Individualized Consideration" wird v. a. durch Neurotizismus (ca. 19 %) vorhergesagt. D. h. die individuelle Förderung der Mitarbeiter hängt von der emotionalen Stabilität der Führungskraft ab. Obwohl alle Ergebnisse psychologisch nachvollziehbar erscheinen, müssen die genauen Wirkzusammenhänge und Kausalitäten in zukünftigen Studien untersucht werden.

Die Modelle der Kovarianzanalysen sind aufgrund der schlechten Modellpassungsparameter schwer interpretierbar. Es zeigt sich aber, dass die oben genannten Variablen auch hier einen Einfluss haben. Besondere Bedeutung kommt dabei dem Besitz eigener Anteile am Unternehmen zu, denn auch die Interaktion zwischen dem Anteilsbesitz der Versuchsgruppenzugehörigkeit scheint relevant zu sein. Damit hat der Anteilsbesitz je nach Gruppe eine unterschiedliche Wirkung auf den gezeigten Führungsstil, konkret auf alle TFF-Faktoren außer die „Intellectual Stimulation". Sucht man nach einer Begründung für dieses Ergebnis, so kann eine durch den Anteilsbesitz gesteigerte Motivation und dadurch eine höhere Glaubwürdigkeit der Führungskraft herangezogen werden. Damit sind viele der Argumentationslinien aus der Hypothesenherleitung auch für den Besitz eigener Anteile gültig und, nach Aussage der explorativen Analyse, sogar gültiger für den Anteilsbesitz als die Familienzugehörigkeit. Dies führt zu der Annahme, dass die

Familienzugehörigkeit in der FU-Forschung eine breitere Kategorie als der Besitz von Anteilen ist, da die Familienzugehörigkeit einen Anteilsbesitz nicht einschließt, der Anteilsbesitz die Familienzugehörigkeit jedoch impliziert. Die reine Familienzugehörigkeit in Kombination mit einer Führungsrolle reicht nicht ausreicht, den Führungsstil zu verändern, der Besitz von Anteilen am Unternehmen jedoch schon. Dies spricht gegen den allgemeingültigen Einfluss der Familie über Werte und Tradition und für die motivierende Wirkung, selbst konkret am Unternehmenserfolg beteiligt zu sein. Anteilsbesitz existiert über die Unternehmensformen hinweg, sodass nicht von einem trennenden Faktor im Sinne der FU-Forschung gesprochen werden kann.

7.1.5. Exploration der SEW-Skala

Die SEW-Skala, vorgeschlagen von Berrone u. a. (2012) und für diese Studie adaptiert (s. 5.5.5.), kann bisher auf keine Validierung zurückgreifen. Aufgrund der Neuheit der theoretischen Grundlage und ihrer Bedeutung für die FU-Forschung beschäftigt sich dieser Abschnitt kurz mit den Nebenergebnissen der Studie, welche sich auf die SEW-Skala beziehen.

Die Faktorenanalyse ergibt ein Drei-Faktoren-Konstrukt, wobei sich der Faktor „Identification of Family Members with the Firm" inhaltlich bis auf sein letztes Item klar herausstellt. Die beiden weiteren Faktoren „Binding Social Ties" und „Renewal of Family Bonds through Dynastic Succession" laden häufig ebenfalls auf der Komponente 1, was dem SEW-Rahmenwerk inhaltlich nicht entspricht. Die Cronbachs Alphas unterstützen die theoretische Struktur jedoch: Alle drei Subskalen - unter Ausschluss des Items mit der Formulierung „Die Inhaberfamilie neigt weniger dazu, ihr Investment kurzfristig zu betrachten" aus der Skala „Renewal of Family Bonds" - erfüllen die geforderte Reliabilitätsnorm von mindestens $\alpha = .70$. Dies deutet auf eine gute interne Konsistenz hin, sodass davon ausgegangen werden kann, dass die Items der einzelnen Subskalen ein gemeinsames Konstrukt erfassen. Die drei Subskalen eignen sich also auf einen ersten Blick als separate Konstrukte.

Die zwei SEW-Dimensionen „Identification with the Firm" und „Binding Social Ties" zeigen signifikant bis hoch signifikant positive Zusammenhänge mit dem Besitz eigener Unternehmensanteile und treten signifikant bis hoch signifikant häufiger in famFU als in nonFU auf. Diese Ergebnisse sind mit der theoretischen Basis konform: Der Anteilsbesitz ist ein Charakteristikum der Familienunternehmer. Der SEW-Ansatz postuliert, dass durch das Eigentum eine hohe Identifikation und soziale Bindungen für Familienunternehmer hervorgerufen werden, die Nicht-Familienunternehmer in dieser Form nicht aufweisen. Die Skalen „Identification with the Firm" und „Renewal of Family Bonds" korrelieren miteinander. Dies bestätigt ihr gemeinsames Auftreten laut dem SEW-Ansatz.

Die SEW-Skala zeigt also relativ gute Modellpassungsparameter und Zusammenhänge mit anderen Variablen, die mit den theoretischen Überlegungen konform sind. Es lohnt sich, die Skala in einer separaten Studie zu optimieren und zu validieren. Sie kann als sinnvolle Grundlage für die Erfassung der drei Dimensionen des SEW-Rahmenwerkes verwendet werden.

7.2. Relevanz der Ergebnisse

Aus der oben geschilderten Interpretation der Ergebnisse lassen sich bestimmte Implikationen für die FU-Forschung (7.2.1.) und die Praxis in FU und NFU (7.2.2.) ableiten. Die dargestellten Gedanken führen weiterhin zur Idee einer „Corporate Family" (7.2.3.).

7.2.1. Familienunternehmensforschung

Es zeigte sich, dass der Führungsstil kein sinnvolles Unterscheidungsmerkmal für FU und NFU zu sein scheint, da zwischen den Unternehmensformen keine signifikanten Unterschiede in den Führungsstilen existieren. Dies ist ein kontraintuitives Ergebnis, da sich diverse Autoren in der Vermutung einig sind, dass es sich hierbei um ein besonders deutliches Unterscheidungsmerkmal handeln würde, auch wenn diese Vermutung häufig nicht klar nachvollziehbar begründet wird. Sinnvoller erscheint nach den in dieser Studie erhobenen Daten die Untersuchung der Organisationsergebnisse, welche sich tatsächlich über die zwei Unternehmensformen unterscheiden könnten. Aus der vorliegenden Studie kann dieser Schluss jedoch noch nicht abgeleitet werden, weil die Variablen rund um die Organisationsergebnisse lediglich explorativ untersucht wurden und im Nachhinein nicht eindeutig festgestellt werden kann, ob die Ergebnisse einer Verzerrung durch die Selbsteinschätzung der Befragten unterliegen. Ein weiteres Unterscheidungsmerkmal scheint der Anteilsbesitz der Führungskraft zu sein, durch den ein größerer Einfluss auf den Führungsstil konstatiert werden kann als durch die Unternehmensform oder die Unternehmerfamilienzugehörigkeit. Dieser trennt jedoch die FU-Forschung nicht so eindeutig von der Management- und Motivationsforschung wie es die Anwesenheit einer Unternehmerfamilie tut. Wenn hier eine Spezifik für FU, z. B. über eine sinnvolle Interaktion zwischen dem Anteilsbesitz und FU-spezifischen Kriterien, ausgemacht werden kann, lohnt sich der Einbezug des Anteilsbesitzes laut den vorliegenden Ergebnissen in zukünftige FU-Forschungsstudien. Doch auch für diese Variable ist in der vorliegenden Studie lediglich explorativ vorgegangen worden, sodass im Weiteren konkrete Hypothesen zu testen wären, um die Ergebnisse zu stützen.

Die FU-Forschungsgemeinschaft soll aufgrund der vorliegenden Ergebnisse dazu angehalten werden, die famFU noch einmal bewusst in zwei Gruppen zu unterteilen: Über das Unternehmensalter bzw. die Unternehmensgröße trennen sich zwei verschiedene Gruppen auf, die der „Lone Founder Family Firm" und die der „True Family Firm" (für eine Erläuterung s. Miller et al., 2007; 3.3.3.). Beide Gruppen zeigen in dieser Untersuchung deutlich unterschiedliche Eigenschaften, u. a. im Innovativitätsgrad „Intellectual Stimulation". Daher ist es ratsam, beide Gruppen auch in anderen Forschungsthemen als der FU-Forschung bewusst voneinander zu trennen, da sie nicht nur deutlich unterschiedlichen Bedingungen unterliegen, sondern offenbar auch deutlich unterschiedliche Auswirkungen verursachen.

Allgemein ist vor der Beliebigheit der Forschungsthemen in der FU-Forschung zu warnen, da viele Bereiche nicht spezifisch für FU sein dürften, sondern vielmehr in allen Unternehmensformen auftreten und von Parametern wie Personen- oder Kontextfaktoren sehr viel stärker beeinflusst werden als von den Spezifika der FU. FU-Forscher sind dazu anzuhalten, das FU nicht als unabhängigen Kosmos, abgeschnitten von der Außenwelt und in seinen systemischen Grenzen quasi undurchlässig, zu betrachten, sondern ebenso zu berücksichtigen, dass Unternehmensgrenzen im Leben der Untersuchungssubjekte keine übergeordneten Begrenzungen abbilden müssen. Dies gilt vor allem für Forschung, welche sich nicht auf den Vergleich von FU und NFU bezieht, sondern lediglich die heterogene Gruppe der FU untersucht, da in diesen Fällen keine Kontrolle auf eventuelle ‚Nicht-Spezifika' der FU implementiert ist. FU-Forschung darf hier nicht beliebig werden, sondern muss sich auf die Kernunterschiede beziehen. Es ist also fraglich, ob die Untersuchung des Einsatzes bestimmter Kreativitätstechniken oder der Kantinenmenüs in FU relevant ist oder es sich hierbei vielmehr um Themen handelt, die in der FU-Forschung nicht richtiger aufgehoben sind als in anderen Forschungsfeldern. Die Gefahr besteht, dass die Spezifizierung auf FU in diesen Fällen beliebig wirkt und damit von vorn herein eine nicht vorhandene Diskrepanz unterstellt.

Zu Beginn dieser Arbeit wurde diskutiert, dass der Führungsstil einerseits einen besonders großen Unterschied zwischen FU und NFU ausmacht, andererseits aber empirisch deutlich unterrepräsentiert untersucht wurde. Damit war die Relevanz der Untersuchung und die Notwendigkeit der quantitativen Erforschung relativ hoch. Nach Auswertung der Ergebnisse zeigt sich, dass sich der Führungsstil für FU und NFU nicht unterscheidet und Unterschiede vielmehr in anderen Bereichen zu suchen bzw. zu finden sind. Die Ergebnisse von Vallejo (2008), dass FU-Führende einen transformationaleren Führungsstil aufweisen würden, konnten nicht repliziert werden. Mit dem Gewinn der Erkenntnisse verliert das Forschungsthema „Führung in FU", anfangs als besonders relevant herausgestellt, an Bedeutung.

7.2.2. Praxis in Familienunternehmen und Nicht-Familienunternehmen

Aus der Auswertung der Ergebnisse ergibt sich die Implikation, dass FU-Führende nicht automatisch einen erfolgreicheren Führungsstil anwenden als NFU-Führende. Der Führungsstil von Familienunternehmensmitgliedern ist nicht durch eine gesteigerte Fähigkeit zur Mitarbeitermotivation und Bedeutungsvermittlung gekennzeichnet. Das bedeutet für FU-Führende, dass diese sich nicht auf einer per se vorhandenen familiären Atmosphäre ausruhen dürfen, sondern hart an sich arbeiten müssen, wenn sie ein erfolgreicheres Führungsverhalten anwenden möchten. Dies ist möglich, da ein transformationaler Führungsstil trainierbar ist, indem die zugehörigen Verhaltensweisen möglichst häufig angewendet werden (Avolio & Bass, 2004). NFU-Führende hingegen erleiden gegenüber FU-Führenden keinen Nachteil durch einen weniger erfolgreichen Führungsstil, sondern können in gleichem Maße an diesem arbeiten, um ihn zu optimieren.

Auch für die Praxis der Personalauswahl in FU und NFU sei betont, dass die Betrachtung des Individuums in der Führungsrolle und seiner Persönlichkeitsdimensionen für den Führungsstil deutlich aussagekräftiger sind als die Unternehmenskultur oder die Unternehmerfamilienzugehörigkeit. Es lohnt sich also, auch Familienmitglieder bezüglich der individuellen Eignung auszuwählen oder weiterzuentwickeln, damit diese einen möglichst erfolgreichen Führungsstil anwenden. Jedoch produziert auch die Auswahl nach primär fachlicher Qualifikation, wie sie in NFU klassischerweise gehandhabt wird, keinen herausstechenden Vorteil für das angewandte Führungsverhalten. So sollte es sich für NFU lohnen, neben der fachlichen Qualifikation ebenfalls persönlichkeitsbezogene Parameter und den individuellen Führungskontext zu berücksichtigen.

Auch für den Führungsstil könnte jedoch die häufig diskutierte Janusköpfigkeit der FU gelten: Eventuell befinden sich in der Gruppe der FU sowohl die besten, als auch die schlechtesten Führungskräfte. So zeigt das prominente Beispiel „Schlecker", dass auch eine besonders schlechte Leistung durch das „Überlebensfähigkeitskapital" (Sirmon & Hitt, 2003, s. 3.4.3.) länger ausgehalten werden kann als dies in Publikumsgesellschaften mit z. B. vielen anonymen Aktionären statt wenigen, häufig aktiven, Eigentümern der Fall ist. Die Führungsspitze des Unternehmens „Schlecker" hatte eine große Menge ihrer Mitarbeiter entlassen, um sie direkt im Anschluss über eine eigens zu diesem Zweck gegründete Zeitarbeitsfirma zu etwa der Hälfte des vorherigen Stundenlohns wieder für die gleiche Aufgabe anzustellen (Reißmann, 2010). Diese und weitere Maßnahmen mit negativen Auswirkungen auf den Unternehmenserfolg führten erst Jahre später zum Konkurs des Unternehmens (Marquart, 2012). Dies verdeutlicht, dass FU auch personalpolitisch deutlich länger durchhalten können und auch eine schlechte Leistung unabhängig von externen Kontrollen „gedeckelt" werden kann. Hier muss die Führungsspitze eines börsennotierten Unternehmens deutlich stärker Rücksicht auf die öffentliche Meinung nehmen als die anderer Unternehmensformen. Nicht zuletzt sind alle deutschen Rüstungsunternehmen familiengeführt, da diese unabhängiger von der öffentlichen Meinung und der Kontrolle von Gewerkschaften agieren können. Dieses Verhalten weicht jedoch deutlich von den Vorhersagen des SEW-Ansatzes ab, der z. B. über die FIBER-Dimension „Identification with the Firm" postuliert, dass sich FU u. a. sozial verantwortlicher verhalten, weil ihr Name mit den Unternehmensaktivitäten verbunden ist und ein negativer Ruf auch auf die Familie zurückfallen würde. Die Varianzen der vorliegenden Studie deuten zwar nicht auf die Unterschiedlichkeit des Führungsstils in verschiedenen FU hin. Sie sind annähernd gleich groß für alle Versuchsgruppen. Dies verwundert jedoch nicht, weil es sich um eine selbstselektierte Stichprobe handelt, der sich Führungskräfte mit besonders niedrigen Werten für effizientes Führungsverhalten höchstwahrscheinlich gar nicht erst anschließen werden.

7.2.3. Entwicklung einer „Corporate Family" über Transformationale Führung

Es lohnt sich, die durch die Anwendung von TFF entstehende „Corporate Family" zu betrachten: Ein Team, das von der Verkörperung von Werten („Idealized Influence"), der gemeinsamen Verfolgung einer - egoistischen Individualzielen übergeordneten - geteilten Vision („Inspirational Motivation"), der Förderung geistiger Flexibilität („Intellectual Stimulation") und der individuellen Berücksichtigung und Förderung einzelner Mitglieder („Individualized Consideration") geprägt ist. Durch die Integration dieser Bestandteile in die Personalführung und deren Auswirkung auf die Teammitglieder entsteht eine „Corporate Family", die sowohl für FU als auch für NFU adaptierbar ist und auch klassische Familienwerte wie Loyalität, Vertrauen, Offenheit, Zuneigung und Respekt beinhaltet. Dabei dürften bei der Entstehung unterschiedliche Mechanismen für die zwei Unternehmensformen wirken.

Für FU ist die Entwicklung einer „Corporate Family" einfacher, da sie organisch hergestellt werden kann, weil z. B. mehrere Familienmitglieder die Werte der Familie durch ihren Umgang untereinander direkt ins Unternehmen transportieren. Andere Mitarbeiter müssen diese dann nur noch für ihren Umgang untereinander adaptieren. In NFU hat die „Corporate Family" keinen natürlichen Ursprung, sondern wird über die Veränderung der individuellen Bedürfnisse auf ein Level höherer Ordnung (s. Augmentationseffekt unter 2.4.2.) hergestellt. In NFU muss die Entwicklung der „Corporate Family" also erst bewusst kultiviert werden, wenn diese erwünscht ist, da die natürliche Aufstellung der Unternehmensmitglieder eine transaktionale Beziehung, d. h. den Austausch von

Arbeit gegen Geld, in den Vordergrund stellt. Unterstützt wird diese Qualität der Beziehung durch die Arbeitsleid-Hypothese und eine ausgeprägte Work-Life-Balance der Mitarbeiter. Der Augmentationseffekt verändert die transaktionale Beziehung zu einer transformationalen. Am einfachsten scheint das möglich zu sein, wenn das Unternehmen noch besonders jung oder klein ist und einzelne werteorientierte Personen für die Personalführung verantwortlich sind. Dies gilt für beide Unternehmensformen gleichermaßen.

Da für TFF keine Unterschiede zwischen den Unternehmensformen existieren, scheint die Existenz einer „echten" Unternehmerfamilie auch weniger elementar für den Führungsstil zu sein. Vielmehr bestimmt die Verteilung der Unternehmensanteile den verkörperten Führungsstil. Dies kann von Unternehmen gezielt eingesetzt werden, um die Augmentation der TFF zur Entstehung einer „Corporate Family" einzusetzen. Vor allem NFU können damit das Manko einer fehlenden Unternehmerfamilie auszugleichen versuchen.

7.3. Limitationen der Studie

Die Studie unterliegt naturgemäß gewissen Limitationen. So handelt es sich bei der Erfassung des Führungsstils um eine Selbstbeurteilung, die auch davon geprägt ist, wie reflektiert die antwortende Person eigene Handlungen wahrnimmt. Psychologische Mechanismen wie z. B. die soziale Erwünschtheit könnten die Daten ebenfalls verzerrt haben. Auch die Definition als FU ist hauptsächlich über eine einfache Selbsteinschätzung erfasst, die ausgefeilte Differenzierungen vermissen lässt und prinzipiell offen für unwahre Aussagen ist. Diese Selbsteinschätzung konnte anhand diverser familienunternehmensspezifischer Definitionsmerkmale wie Bestandteilen der F-PEC-Skala verifiziert werden. Aufgrund der Erfassung aller Variablen über die eine Auskunftsquelle kann ein „common-method bias" nicht ausgeschlossen werden. Das Auftreten des Effekts ist jedoch anhand der Faktorenstruktur der Items als unwahrscheinlich einzuschätzen. Die Hypothesen haben aufgrund ihrer nicht-experimentellen Eigenschaft, d. h. der Erfassung im Feld, einen hohen empirischen Informationsgehalt, doch auch eine hohe Falsifizierungsmöglichkeit wegen zahlreicher Einflussmöglichkeiten (Huber, 1997). Eventuell wurden in dieser Studie Einflussmöglichkeiten nicht mit erfasst, die den Zusammenhang zwischen der Versuchsgruppenzugehörigkeit und dem Führungsstil verschleiern. Der Führungsstil ist nicht frei variierbar, weswegen nur ein nicht-experimentelles Versuchsdesign für die Erforschung der Fragestellung möglich ist. Dies verursacht eine geringere Künstlichkeit der Studie, eine natürliche Umgebung im Feld und die Darbietung eines natürlichen Verhaltens statt eines instruierten (Tunnell, 1979).

Die relativ kleine Stichprobe von min. $N = 50$ Führungskräften je Versuchsgruppe ist anfällig für Ausreißer, reicht aber aus, um statistisch signifikante Unterschiede zu dokumentieren. So ist aus den Daten ersichtlich, dass die Ergebnisse überwiegend intuitiv logisch und konsistent und in der gefundenen Form interpretierbar sind. Die Messinstrumente MLQ und BFI-10 sind etablierte Fragebögen, doch die Erfassung des SEW musste mangels fortgeschrittener Forschung eher pragmatisch, anhand einer Itemempfehlung ohne bekannte Gütekriterien, erfolgen. Die Faktorenanalyse zeigt für den MLQ eine ungenügende Faktorenstruktur, welche nicht sinnvoll mit dem „Full Range Leadership"-Modell vereinbar ist. Daher scheint das Messinstrument für die erfasste Stichprobe nicht entsprechend des Modells zu operationalisieren. Lediglich die Konstrukte der bestätigten Hypothesen weisen angemessene Gütekriterien auf. Dies deutet darauf hin, dass die ungenügende Faktorenstruktur für die ausgebliebenen Effekte verantwortlich sein könnte. Da die Analyse und Adaption des Messinstrumentes nicht Ziel der vorliegenden Studie war, wurde darauf verzichtet, die Skala zu zerlegen. Es bleibt die Frage, warum dieses in anderen Fällen vielfach validierte, häufig empfohlene und am häufigsten verwendete Messinstrument mit den vorhandenen Daten derart schlechte Passungsparameter aufweist und inwiefern die Ergebnisse von diesem Umstand verzerrt sind.

Die Datenerfassung erfolgte über eine Selbstselektion der Teilnehmer. Es war nicht möglich, das grobe Thema des Fragebogens, den Führungsstil, zu verschleiern. Insofern könnten sich vor allem für das Thema affine, möglicherweise besonders erfolgreiche Führende, angesprochen fühlen. Zudem bleibt unklar, inwiefern die Rekrutierungsform über einen Online-Link bestimmte Branchen aufgrund einer unterschiedlichen Arbeitsweise per se ausschließt bzw. deren Teilnahmewahrscheinlichkeit reduziert. Auch der geringe Rücklauf an Antworten deutet auf eine relevante Selektion hin. Welche Störvariable evtl. beteiligt ist, dass ein größerer Prozentsatz an potentiellen Teilnehmern nicht teilgenommen hat, bleibt unklar. Ein „non-response bias" ist aufgrund der Selbstselektion und der geringen Rücklaufquote wahrscheinlich. Die Änderung der Incentivierung könnte ebenfalls Auswirkungen auf die Struktur und Motive der früher und später Befragten gehabt haben.

Mehrfachantworten können über den Online-Link nicht komplett ausgeschlossen werden. Warum ein Teilnehmer jedoch zu einer Mehrfachantwort motiviert sein sollte, ist unklar. Auch die Fremdbeurteilungen können gewissen Verzerrungen unterliegen: So könnten diese negativ verzerrt sein, weil die Geführten anonym und ohne Bezug auf eine konkrete Führungskraft befragt wurden, sodass evtl. auch hier in besonderer Form betroffene Geführte antworteten, was einen weiteren „non-response bias" verursachen würde. Die Prüfung der Passung zwischen Führenden und Geführten ist daher in einer Studie mit angepasster Fragestellung genauer zu untersuchen. Allgemein ergibt sich für die Erfassung des Führungsstils ein Operationalisierungsproblem, da dieser entsprechend dem etabliertesten „Full Range Leadership"-Modell über das Verhalten der Führungskraft operationalisiert wird. Streng genommen müsste ein unabhängiger, objektiver Beobachter das Verhalten der Führungskraft im Feld quantifizierbar dokumentieren, um Urteilsverzerrungen der Beteiligten ausschließen zu können. Die Unabhängigkeit und Objektivität von Beobachtern kann jedoch für die Konstrukte der TFF durch Individuen nie in ihrer Reinform erreicht werden, da die Wahrnehmung z. B. von Werten und Innovativität immer auch von der individuellen Historie, dem Kulturkreis und den Erfahrungen des Beobachters abhängen.

Fast alle gefundenen Unterschiede wurden explorativ untersucht, sodass dazu die theoretischen Vorannahmen fehlen. Diese Ergebnisse müssen zunächst hypothesengeleitet überprüft werden, um sie theoretisch zu fundieren und zu replizieren. So kann die Wahrscheinlichkeit einer zufälligen Entstehung der Differenzen in einer nichtrepräsentativen Stichprobe reduziert werden.

Die vorliegende Arbeit stellt einen ersten Vorstoß dar, sich dem Forschungsthema zu nähern. Sie hat keinen Anspruch, künstliche Bedingungen für eine besonders exakte Erfassung der Führungsstile zu erzeugen. Es geht primär darum, eine tendentielle Antwort auf die bisher nicht untersuchte Forschungsfrage zu geben, ob sich Führungsstile über die betrachteten Unternehmensformen unterscheiden. Dies scheint nicht der Fall zu sein, weil der potentielle Unterschied durch die diskutierten Begrenzungen der Studie eher unwahrscheinlich gänzlich verschleiert wurde. Die Untersuchung bietet eine erste Diagnose an, gilt aber ebenfalls als Einladung an Forschende zur Ausdifferenzierung der Detailfragen und kritischen Replizierung der Ergebnisse.

7.4. Forschungsausblick

Zukünftige Forschungsaktivitäten zu Führungsstilen in FU und NFU und zur Wirkung der Unternehmerfamilienzugehörigkeit sollten die Limitationen der vorliegenden Studie überwinden und die Daten in einem operativ aufwendigeren Studiendesign erfassen, in dem der Versuchsleitung eine höhere Kontrolle der Datenqualität obliegt. Dies kann z. B. durch eine persönliche Face-to-Face-Befragung erreicht werden, welche zwar keine Anonymität gewährleistet, die Ernsthaftigkeit der Antworten jedoch erhöhen dürfte und Rückfragen gestattet. Ebenso ist auf diese Weise die Datenerfassung über mehrere Personen sowie objektive Unternehmensdaten möglich. Zudem sollten die explorativen Ergebnisse und die theoretischen Zusatzannahmen dieser Studie hypothesengeleitet überprüft werden.

Zu verwerfen ist die Vorannahme, dass sich der Führungsstil in FU und NFU per se unterscheidet. Vielmehr muss hier der Detailgrad der Betrachtungen erhöht werden, indem Hypothesen über die konkrete Unterschiedlichkeit unter bestimmten Bedingungen oder über verschiedene Unternehmensspezifika erarbeitet werden. Besonders bedeutsam scheint die Überprüfung der spezifischen Organisationsergebnisse zu sein, welche durch die Anwendung eines Führungsstils erreicht werden und welche sich für FU und NFU laut der vorliegenden Studie unterscheiden. Hier könnte sich für die Wirkung des Führungsstils, für welchen selbst zwar kein Unterschied zu finden ist, der aber unter verschiedenen Bedingungen unterschiedlich wirken könnte, ein Wettbewerbsvorteil für eine der Unternehmensformen abzeichnen. Neben der Unternehmerfamilienzugehörigkeit sollte auch der Besitz von Unternehmensanteilen in die Untersuchung des Führungsstils aufgenommen werden, der ggf. über die vom SEW-Ansatz diskutierten Mechanismen (s. a. Hypothesenherleitung unter 4.1. bis 4.4.) zu einem veränderten Verhalten führt. Auch zusätzliche Einflussfaktoren wie die Qualifikation der Führungskraft und die Kultur des Unternehmens, die in dieser Studie keine Berücksichtigung fanden, sollten in Erwägung gezogen werden, um weitere potentielle Zusammenhänge zu untersuchen.

Literaturverzeichnis

(BDI), Bundesverband der Deutschen Industrie e.V. (2013). *Die größten Familienunternehmen in Deutschland. Daten, Fakten, Potenziale. Herausgegeben vom Bundesverband der Deutschen Industrie e.V. und der Deutschen Bank AG.* Durchgeführt vom Institut für Mittelstandsforschung (IfM) Bonn.

Adams, J. S. (1965). Inequity in social exchange. In L. Berkowitz, *Advances in experimental social psychology. Volume 2* (S. 267-299). New York, NY: Academic Press.

Aldrich, H. E., & Cliff, J. E. (2003). The pervasive effects of family on entrepreneurship: Toward a family embeddedness perspective. *Journal of Business Venturing* , 18, 573-596.

Allio, M. K. (2004). Family businesses: their virtues, vices, and strategic path. *Strategy & Leadership* , 32(4), 24-33.

Alvarez, S., & Barney, J. (2004). Organizing rent generation and appropriation: Toward a theory of the entrepreneurial firm. *Journal of Business Venturing* , 19(5), 621-635.

Amelang, M., & Bartussek, D. (2001). *Differentielle Psychologie und Persönlichkeitsforschung.* Stuttgart: Kohlhammer.

Ampenberger, M. (2010). *Unternehmenspolitik in börsennotierten Familienunternehmen.* Wiesbaden: Gabler Verlag Springer Fachmedien.

Anderson, A. R., Jack, S. L., & Dodd, S. D. (2005). The role of family members in entrepreneurial networks: Beyond the boundaries of the family firm. *Family Business Review* , 18(2), 135-154.

Anderson, R. C., & Reeb, D. M. (2003). Founding-Family Ownership and Firm Performance: Evidence from the S&P 500. *The Journal of Finance* , 58, 1301-1327.

Andres, C. (2006). *Family Ownership as the Optimal Organizational Structure?* Working Paper: University of Bonn.

Antonakis, J. (2010). "Emotional intelligence:" What does it measure and does it matter for leadership? In G. B. Graen, *LMX leadership – game changing designs: Research-based organizational change strategies. Volume 7.* Greenwich, CT: Information Age.

Antonakis, J. D. (2010). Emotional intelligence: On definitions, neuroscience, and marshmallow. *Industrial and Organizational Psychology: Perspectives on Science and Practice* , 3(2), 165-170.

Antonakis, J. (2011). Predictors of leadership: The usual suspects and the suspect traits. In A. Bryman, D. Collinson, K. Grint, B. Jackson, & M. Uhl-Bien, *Sage Handbook of Leadership* (S. 269-285). Thousand Oaks, CA: Sage.

Antonakis, J., & House, R. J. (2002). The full-range leadership theory: The way forward. In B. J. Avolio, & F. J. Yammarino, *Transformational and charismatic leadership: The road ahead* (S. 3-33). Amsterdam: JAI.

Antonakis, J., Avolio, B. J., & Sivasubramaniam, N. (2003). Context and leadership: An examination of the nine full-range leadership theory using the multifactor leadership questionnaire. *Leadership Quarterly* , 14, 261-295.

Antonakis, J., Cianciolo, A. T., & Sternberg, R. J. (2004). Leadership: Past, present, future. In J. Antonakis, A. T. Cianciolo, & R. J. (Eds.), *The Nature of Leadership* (S. 3-15). Thousand Oaks, CA: Sage.

Aronoff, C. (2004). Self-perpetuation Family Organization Built on Values: Necessary Condition for Longterm Family Business Survival. *Family Business Review* , 17(1), 55.

Arregle, J., Hitt, M. A., Sirmon, D. G., & Very, P. (2007). The development of organizational social capital: Attributes of family firms. *Journal of Management Studies* , 44(1), 73-95.

Arthur, W. J., & Graziano, W. G. (1996). The five-factor model, conscientiousness, and driving accident involvement. *Journal of Personality* , 64, 593-618.

Arthurs, J. D., & Busenitz, L. W. (2003). The Boundaries and Limitations of Agency Theory and Stewardship Theory in the Venture Capitalist/Entrepreneur Relationship. *Entrepreneurship Theory and Practice* , 28, 145-162.

Astrachan, J. H. (2008). Emotional Returns and Emotional Costs in Privately Held Family Businesses: Advancing Traditional Business Valuation. *Family Business Review* , 21(2), 139-149.

Astrachan, J. H. (2003). Family Businesses' Contribution to the U.S. Economy: A Closer Look. *Family Business Review* , 16, 211-219.

Astrachan, J. H., & Kolenko, T. A. (1994). A Neglected Factor A Neglected Factor Explaining Family Business Success: Human Resource Practices. *Family Business Review* , 7, 251-262.

Astrachan, J. H., Klein, S. B., & Smyrnios, K. X. (2002). The F-PEC Scale of Family Influence: A Proposal for Solving the Family Business Definition Problem. *Family Business Review* , 15, 45-54.

Avey, J. B., Avolio, B. J., Crossley, C. D., & Luthans, F. (2009). Psychological ownership: Theoretical extensions, measurement and relation to work outcomes. *Journal of Organizational Behavior* , 30, 173-191.

Avolio, B. J. (1999). *Full Leadership Development: Building the Vital Forces in Organizations.* Thousand Oaks, CA: Sage.

Avolio, B. J. (1994). The "natural" leader: Some antecedents to transformational leadership. *International Journal of Public Administration* , 17, 1559-1581.

Avolio, B. J., & Bass, B. M. (2004). *Multifactor Leadership Questionnaire: Manual and sampler set. 3rd edition.* Redwood City, CA: Mind Garden.

Avolio, B. J., & Bass, B. M. (1991). *The full-range of leadership development.* Binghamton, NY: Center for Leadership Studies.

Avolio, B. J., & Bass, B. M. (1988). Transformational leadership, charisma and beyond. In J. G. Hunt, B. R. Baloga, H. P. Dachler, & C. Schriesheim, *Emerging leadership vistas* (S. 29-50). Emsford, NY: Pergamon.

Avolio, B. J., & Yammarino, F. J. (2002). *Transformational and charismatic leadership: The road ahead.* New York, NY: Erlbaum.

Avolio, B. J., Bass, B. M., & Jung, D. I. (1996). *Construct validation of the multifactor leadership questionnaire MLQ-Form 5X (CLS Report 96-1).* Binghamton, NY: State University of New York, Center for Leadership Studies.

Avolio, B. J., Bass, B. M., & Jung, D. I. (1999). Re-examining the components of transformational and transactional leadership using the multifactor leadership questionnaire. *Journal of Occupational and Organizational Psychology* , 72, 441-462.

Avolio, B. J., Waldman, D. A., & Einstein, W. O. (1988). Transformational leadership in a management simulation: Impacting the bottomline. *Group and Organization Studies* , 13, 59-80.

Awamleh, R., & Gardner, W. L. (1999). Perceptions of leader charisma and effectiveness: The effects of vision content, delivery, and organizational performance. *Leadership Quarterly* , 10, 345-373.

Baecker, D. (1995). Durch diesen schönen Fehler mit sich selbst bekannt gemacht. Das Experiment der Organisation. In B. Heitger, C. Schmitz, & P.-W. Gester, *Managerie. 3. Jahrbuch Systemisches Denken und Handeln im Management* (S. 210-230). Heidelberg: Auer.

Bandura, A. (1997). *Self-efficacy: The exercise of control.* New York, NY: Freeman.

Bardmann, T. M., & Groth, T. (2001). Die Organisation der Organisation - Eine Einleitung. In T. M. Bardmann, & T. Groth, *Zirkuläre Positionen 3. Organisation, Management und Beratung* (S. 7-20). Wiesbaden: Westdeutscher Verlag.

Barling, J., Loughlin, C., & Kelloway, E. K. (2002). Development AND test of a model linking safetyspecific transformational leadership and occupational safety. *Journal of Applied Psychology* , 87, 488-496.

Barling, J., Weber, T., & Kelloway, K. E. (1996). Effects of transformational leadership training on attitudinal and financial outcomes. A field experiment. *Journal of Applied Psychology* , 81, 827-832.

Barnett, H. (1953). *Innovation: The Basis of Cultural Change.* New York, NY: McGraw-Hill.

Barnett, T., & Kellermanns, F. W. (2006). Are We Family and Are We Treated as Family? Nonfamily Employees' Perceptions of Justice in the Family Firm. *Entrepreneurship Theory and Practice* , 30, 837-854.

Barney, J. (1991). Firm resources and sustained competitive advantage. *Journal of Management* , 17(1), 99-120.

Baron, R. A. (2008). The role of affect in the entrepreneurial process. *Academy of Management Review* , 33(2), 328-340.

Barrick, M. R., Mount, M. K., & Gupta, R. (2003). Meta-analysis of the relationship between the fivefactor model of personality and Holland's occupational types. *Personnel psychology* , 56, 45-74.

Bass, B. M. (1997). Does the transactional/transformational leadership paradigm transcend organizational and national boundaries? *American Psychologist* , 52, 130-139.

Bass, B. M. (1990b). Editorial: Transformational leaders are not necessarily participative. *Leadership Quarterly* , 1, vii.

Bass, B. M. (1988). Evolving perspectives on charismatic leadership. In J. A. Conger, & R. N. Kanungo, *Charismatic leadership: The elusive factor in organizational effectiveness* (S. 40-77). San Francisco, CA: Jossey-Bass.

Bass, B. M. (1990). From transactional to transformational leadership: Learning to share the vision. *Organization Dynamics* , 18(3), 19-31.

Bass, B. M. (1994). *Improving organizational effectiveness through transformational leadership.* Newbury Park, CA: Sage Publications.

Bass, B. M. (1985). *Leadership and performance beyond expectations.* New York, NY: Free Press.

Bass, B. M. (1985). Leadership: Good, better, best. *Organizational Dynamics* , 13, 26-41.

Bass, B. M. (2008). *The Bass handbook of leadership: Theory, research and managerial applications. 4th edition.* New York, NY: Free Press.

Bass, B. M. (1989). The two faces of charismatic leadership. *Leaders Magazine* , 12(4), 44-45.

Bass, B. M. (1995). The universality of transformational leadership. *Distinguished Scientific Society for Industrial/Organizational Psychology* .

Bass, B. M. (1995). Transformational leadership redux. *Leadership Quarterly* , 6, 463-477.

Bass, B. M. (1998). *Transformational Leadership: Industrial, Military, and Educational Impact.* Mahwah, NJ: Erlbaum.

Bass, B. M. (1999). Two decades of research and development in transformational leadership. *European Journal of Work and Organizational Psychology* , 8(1), 9-32.

Bass, B. M., & Avolio, B. J. (1997). *Full range leadership development. Manual for the multifactor leadership questionnaire.* Redwood City, CA: Mind Garden.

Bass, B. M., & Avolio, B. J. (1994). *Improving organizational effectiveness through transformational leadership.* Newbury Park, CA: Sage.

Bass, B. M., & Avolio, B. J. (1991). *Multifactor Leadership Questionnaire (Form 5x).* Palo Alto, CA: Consulting Psychologists Press.

Bass, B. M., & Avolio, B. J. (2004). *Multifactor leadership questionnaire: Manual leader form, rater, and scoring key for MLQ (Form 5x-Short).* Redwood City, CA: Mind Garden.

Bass, B. M., & Avolio, B. J. (1989). Potential biases in leadership measures: How prototypes, leniency, and general satisfaction relate to ratings and rankings of transformational and transactional leadership constructs. *Educational and Psychological Measurement* , 49, 509-527.

Bass, B. M., & Avolio, B. J. (1995). Shatter the glass ceiling: Women may make better managers. *Human Resources Management* , 33, 549-560.

Bass, B. M., & Avolio, B. J. (1993). Transformational leadership and organizational culture. *Public Administration Quarterly* , 17, 112-122.

Bass, B. M., & Avolio, B. J. (1993). *Transformational leadership development: Manual for the Multifactor Leadership Questionnaire.* Palo Alto, CA: Consulting Psychologists Press.

Bass, B. M., & Avolio, B. J. (1993). Transformational leadership: A response to critiques. In M. M. Chemmers, & R. Ayman, *Leadership theory and research: Perspectives and directions* (S. 49-80). New York, NY: Academic Press.

Bass, B. M., & Riggio, R. E. (2006). *Transformational leadership.* Mahwah, NJ: Erlbaum.

Bass, B. M., & Stogdill, R. M. (1990). *Bass & Stogdill's handbook of leadership theory, research, and managerial applications. 3rd edition.* New York, NY: Free Press.

Bass, B. M., Avolio, B. J., & Atwater, L. (1996). The transformational and transactional leadership of men and women. *Applied Psychology: An International Review* , 45, 5-34.

Bassanin, A., Breda, T., Caroli, E., & Rebérioux, A. (2010). *Working in family firms: Less paid but more secure? Evidence from French matches employer-employee data.* PSE Working Papers - HAL.

Baum, J. R., Locke, E. A., & Kirkpatrick, S. A. (1998). A longitudinal study of the relation of vision and vision communication to venture growth in entrepreneurial firms. *Journal of Applied Psychology* , 83(1), 43-54.

Baysinger, B. D., Kosnik, R. H., & Turk, T. A. (1991). Effects of Board and Ownership Structure on Corporate R&D Strategy. *Academy of Management Journal* , 34, 205-214.

Beehr, T. A., Drexler, J. A., & Faulkner, S. (1997). Working in small family businesses. *Journal of Organizational Behavior* , 18, 297-312.

Bennedsen, M., Nielsen, K. M., Perez-Gonzalez, F., & Wolfenzon, D. (2007). Inside the Family Firm: The Role of Families in Succession Decisions and Performance. *Quarterly Journal of Economics* , 122(2), 647-691.

Bennis, W. G. (1989). *On Becoming a Leader.* New York, NY: Addison-Wesley.

Bennis, W. G., & Nanus, B. (1985). *Leaders: The strategies for taking charge.* New York, NY: Harper and Row.

Bernhard, F., & O'Driscoll, P. (2011). Psychological ownership in small familyowned businesses: Leadership style and nonfamily-employees' work attitudes and behaviors. *Group & Organization Management*, 36, 345-384.

Berrone, P., Cruz, C. C., & Gomez-Mejia, L. R. (2012). Socioemotional wealth in family firms: A review and a future research agenda. *Family Business Review*, 25, 258-273.

Berrone, P., Cruz, C. C., & Gomez-Mejia, L. R. (2012). Socioemotional Wealth in Family Firms: Theoretical Dimensions, Assessment Approaches, and Agenda for Future Research. *Family Business Review*, in press (DOI: 10.1177/0894486511435355):.

Berrone, P., Cruz, C. C., Gomez-Mejia, L. R., & Larraza-Kintana, M. (2010). Socioemotional wealth and corporate response to institutional pressures: Do family-controlled firms pollute less? *Administrative Science Quarterly*, 55, 82-113.

Bertrand, M., & Schoar, A. (2006). The role of family in family firms. *Journal of Economic Perspectives*, 20(2), 73-96.

Bertrand, M., Johnson, S., Samphantharak, K., & Schoar, A. (2008). Mixing family with business: a study of Thai business groups and the families behind them. *Journal of Financial Economics*, 88(3), 466-498.

Beyer, J. M. (1999). Taming and promoting charisma to change organizations. *Leadership Quarterly*, 10(2), 307-330.

Birley, S. (2001). Owner-manager attitudes to family and business issues: A 16 country study. *Entrepreneurship Theory and Practice*, 26(2), 63-76.

Blake, P., & El Mansour, B. (2012). *Exploring corporate social responsibility leadership. Human Resource Development International.* Porto, Portugal: HRDI.

Blake, R. R., & Mouton, J. S. (1964). *The Managerial Grid.* Houston, TX: Gulf Publishing Company.

Block, D. J. (2009). *Healthcare Stewardship.* Bloomington, IN: iUniverse.

Block, J. (2010). Family Management, Family Ownership and Downsizing: Evidence From S&P 500 Firms. *Family Business Review*, 23(2), 109-130.

Block, J. H. (2011). How to Pay Nonfamily Managers in Large Family Firms: A Principal-Agent Model. *Family Business Review*, 24, 9-27.

Block, J., Block, J. H., & Keyes, S. (1988). Longitudinally foretelling drug usage in adolescence: Early childhood personality and environmental precursors. *Child Development*, 59, 336-355.

Blyer, M., & Coff, R. W. (2003). Dynamic capabilites, social capital and rent appropriation: Ties that split pies. *Strategic Management Journal*, 24, 677-686.

Boerner, S. (1994). *Die Organisation zwischen offener und geschlossener Gesellschaft.* Berlin: Duncker & Humblot.

Boivie, S., Graffin, S. D., & Pollock, T. G. (2012). Time For Me To Fly: Predicting Director Exit at Large Firms. *Academy of Management Journal*, 29, 363-382.

Boivie, S., Lange, D., McDonald, M. L., & Westphal, J. D. (2011). Me or we: The effects of CEO organizational identification on agency costs. *Academy of Management Journal*, 54(3), 551-576.

Bono, J. E., & Judge, T. A. (2003). Self-concordance at work: Toward understanding the motivational effects of transformational leaders. *Academy of Management Journal* , 46, 554-571.

Borghans, L., Duckworth, A. L., Heckman, J. J., & ter Weel, B. (2008). *The Economics and Psychology of Personality Traits. IZA Discussion Paper No. 3333.* Bonn: IZA.

Borkenau, P., & Ostendorf, F. (1993). *NEO-Fünf-Faktoren Inventar (NEO-FFI) nach Costa und McCrae.* Göttingen: Hogrefe.

Bortz, J. (2005). *Statistik für Human- und Sozialwissenschaftler. 6. Auflage.* Heidelberg: Springer Medizin Verlag.

Bortz, J. (1999). *Statistik für Sozialwissenschaftler. 5. Auflage.* Berlin: Springer.

Bowen, D. E., & Ostroff, C. (2004). Understanding HRM-firm performance linkages: The role of "strength" of the HRM system. *Academy of Management Review* , 29, 203-221.

Boyd, J. T. (1988). *Leadership extraordinary: A cross national military perspective on transactional versus transformational leadership. Doctoral dissertation.* Fort Lauderdale, FL: Nova University.

Brockhaus, R. H. (1994). Entrepreneurship and family business research: comparisons, critique and lessons. *Entrepreneurship: Theory and Practice* , 19(1), 25-38.

Brooks, I. (2009). *Organisational behaviour. 4th edition.* Harlow: Pearson/FT Prentice Hall.

Brown, M. C. (1982). Administrative succession and organizational performance: The succession effect. *Administrative Science Quarterly* , 27, 1-16.

Bryman, A. (1992). *Charisma and leadership in organizations.* London: Sage.

Bubolz, M. (2001). Family as a source, user and builder of social capital. *Journal of Socio-Economics* , 30, 129-131.

Burkart, M., Gromb, D., & Panunzi, F. (1997). Large shareholders, monitoring, and the value of the firm. *Quarterly Journal of Economics* , 112(3), 693-728.

Burns, J. M. (1978). *Leadership.* New York, NY: Harper and Row.

Bycio, P., Hackett, R. D., & Allen, J. S. (1995). Further assessments of Bass' conceptualization of transactional and transformational leadership. *Journal of Applied Psychology* , 80, 468-478.

Cabrera-Suarez, K., de Saa-Perez, P., & Garcia-Almeida, D. (2001). The succession process from a resource- and knowledge-based view of the family firm. *Family Business Review* , 14, 37-48.

Calder, G. H. (1953). *Some management problems of the small family controlled manufacturing business. Doctoral dissertation.* Bloomington: School of Business, Indiana University.

Campbell, D. T., & Stanley, J. C. (1963). Experimental and quasi-experimental designs for research on teaching. In N. L. Gage, *Handbook of research on teaching* (S. 171-246). Chicago, IL: Rand McNally.

Carless, S. A. (1998). Assessing the discriminant validity of transformational leader behavior as measured by the MLQ. *Journal of Occupational and Organizational Psychology* , 71, 353-358.

Carlock, R. S., & Ward, J. L. (2001). *Strategic Planning for the Family Business: Parallel Planning to Unify the Family and Business.* Houndsmill, NY: Palgrave.

Carlyle, T. (1902). The hero as a king. In T. Carlyle, & A. MacMechan, *Carlyle on heroes, hero, worship, and the heroic in history.* Boston, MA: Ginn & Co.

Carney, M. (2005). Corporate Governance and Competitive Advantage in Family-Controlled Firms. *Entrepreneurship Theory and Practice* , 29(3), 249-265.

Carney, M., & Gedajlovic, E. (2003). Strategic Innovation and the Administrative Heritage of East Asian Family Business Groups. *Asia Pacific Journal of Management* , 20(1), 5-26.

Carrigan, M., & Buckley, J. (2008). 'What's so special about family business?' An exploratory study of UK and Irish consumer experiences of family businesses. *International Journal of Consumer Studies* , 32, 656-666.

Caspi, R. S. (2005). Personality Development: Stability and Change. *Annual Review of Psychology* , 56, 453-484.

Casson, M. (1999). The economics of the family firm. *Scandinavian Economic History Review* , 47, 10-23.

Castanias, R. P., & Helfat, C. E. (1992). Managerial and windfall rents in the market for corporate control. *Journal of Economic Behavior and Organization* , 18(2), 153-184.

Castanias, R. P., & Helfat, C. E. (1991). Managerial resources and rents. *Journal of Management* , 17, 155-171.

Cennamo, C., Berrone, P., & Gomez-Mejia, L. R. (2009). Does stakeholder management have a dark side? *Journal of Business Ethics* , 89, 491-507.

Chang, C., Chiu, C., & Chen, A. C. (2010). The effect of TQM practices on employee satisfaction and loyalty in government. *Total Quality Management & Business Excellence* , 21(12), 1299-1314.

Charbonneau, D., Barling, J., & Kelloway, E. K. (2001). Transformational leadership and sports performance: The mediating role of intrinsic motivation. *Journal of Applied Social Psychology* , 1, 1521-1534.

Chemers, M. M. (1997). *An Integrative Theory of Leaders.* New York, NY: Erlbaum.

Chemers, M. M. (2000). Leadership research and theory: A functional integration. *Group Dynamics* , 4(1), 27-43.

Chen, H. L., & Hsu, W. T. (2009). Family ownership, board independence, and R&D investment. *Family Business Review* , 22, 347-362.

Chirico, F., & Salvato, C. (2008). Knowledge Integration and Dynamic Organizational Adaptation in Family Firms. *Family Business Review* , 21, 169-181.

Chirico, F., Ireland, R. D., & Sirmon, D. G. (2011). Franchising and the family firm: Creating unique sources of advantage through "familiness.". *Entrepreneurship Theory and Practice* , 35, 483-501.

Choi, Y., & Mai-Dalton, R. R. (1999). The model of followers' responses to self-sacrificial leadership. *Leadership Quarterly* , 10(3), 397-421.

Chrisman, J. J., & Patel, P. C. (2012). Variations in R&D investments of family and non-family firms: Behavioral agency and myopic loss aversion perspectives. *Academy of Management Journal* , 55, 976-997.

Chrisman, J. J., Chua, J. H., & Kellermanns, F. W. (2009). Priorities, resource stocks, and performance in family and nonfamily firms. *Entrepreneurship Theory and Practice* , 33, 739-760.

Chrisman, J. J., Chua, J. H., & Litz, R. (2003). A unified systems perspective of family firm performance: An extension and integration. *Journal of Business Venturing* , 18(4), 467-472.

Chrisman, J. J., Chua, J. H., & Litz, R. A. (2004). Comparing the Agency Costs of Family and

Non-Family Firms: Conceptual Issues and Exploratory Evidence. *Entrepreneurship Theory and Practice* , 28, 335-354.

Chrisman, J. J., Chua, J. H., & Sharma, P. (2003). *Current trends and future directions in family business management studies: Toward a theory of the family firm. Coleman White Paper Series.* Madison, WI: Coleman Foundation and U.S. Association of Small Business and Entrepreneurship.

Chrisman, J. J., Chua, J. H., & Sharma, P. (2005). Trends and Directions in the Development of a Strategic Management Theory of the Family Firm. *Entrepreneurship Theory and Practice* , 29(5), 555-576.

Chrisman, J. J., Chua, J. H., & Zahra, S. A. (2003). Creating wealth in family firms through managing resources: Comments and extensions. *Entrepreneurship Theory and Practice* , 27, 359-365.

Chrisman, J. J., Chua, J. H., Kellermanns, F. W., & Chang, E. P. (2007). Are family managers agents or stewards? An exploratory study in privately-held family firms. *Journal of Business Research* , 60, 1030-1038.

Chrisman, J. J., Kellermanns, F. W., Chan, K. C., & Liano, K. (2010). Intellectual foundations of current research in family business: An identification and review of 25 influential articles. *Family Business Review* , 23, 9-26.

Chrisman, J. J., Steier, L. P., & Chua, J. H. (2008). Toward a Theoretical Basis for Understanding the Dynamics of Strategic Performance in Family Firms. *Entrepreneurship Theory and Practice* , 32(6), 935-947.

Christensen, A. J., Ehlers, S. L., Wiebe, J. S., Moran, P. J., Raichle, K., Ferneyhough, K., et al. (2002). Patient personality and mortality: A 4-year prospective examination of chronic renal insufficiency. *Health Psychology* , 21, 315-320.

Chua, J. H., Chrisman, J. J., & Chang, E. (2004). Are Family Firms Born or Made? An Exploratory Investigation. *Family Business Review* , 17(1), 37-55.

Chua, J. H., Chrisman, J. J., & Sharma, P. (1999). Defining the family business by behavior. *Entrepreneurship Theory and Practice* , 23(4), 19-39.

Chua, J. H., Chrisman, J. J., & Sharma, P. (2003). Succession and nonsuccession concerns of family firms and agency relationship with nonfamily managers. *Family Business Review* , 16, 89-107.

Church, A. H., & Waclawski, J. (1998). The relationship between individual personality orientation and executive leadership behaviour. *Journal of Occupational and Organizational Psychology* , 71, 99-125.

Churchill, N. C., & Hatten, K. J. (1987). Non-Market-Based Transfers of Wealth and Power: A Research Framework for Family Businesses. *American Journal of Small Business* , 11(3), 51-64.

Claessens, S., Djankov, S., & Lang, L. (2000). The separation of ownership andcontrol in East Asian corporations. *Journal of Financial Economics* , 58, 81-112.

Claessens, S., Djankov, S., Fan, J. P., & Lang, L. H. (2002). Disentangling the Incentive and Entrenchment Effects of Large Shareholdings. *The Journal of Finance* , 57, 2741-2771.

Clark, A., & Postel-Vinay, F. (2009). Job security and job protection. *Oxford Economic Papers* , 61, 207-239.

Clasen, J. (1992). *Turnaround Management für mittelständische Unternehmen.* Wiesbaden: Gabler.

Cliff, J. E., & Jennings, P. D. (2005). Commentary on the multidimensional degree of family influence construct and the F-PEC measurement instrument. *Entrepreneurship Theory and Practice*, 29, 341-347.

Cohen, W. M., & Klepper, S. (1996). A Reprise of Size and R&D. *The Economic Journal*, 106(437), 925-951.

Coleman, J. S. (1990). *Foundations of social theory.* Cambridge, MA: The Belknap Press.

Coleman, J. S. (1998). Social capital in the creation of human capital. *American Journal of Sociology*, 93, 291-321.

Colli, A. (2012). Contextualizing performances of family firms: The perspectives of business history. *Family Business Review*, 25, 243-257.

Colli, A., Fernandez-Perez, P., & Rose, M. (2003). National Determinants of Family Firm Development? Family Firms in Britain, Spain and Italy in the Nineteenth and Twentieth Centuries. *Enterprise and Society*, 4, 28-64.

Conger, J. A. (1989). *The charismatic leader: Behind the mystique of exceptional leadership.* San Francisco, CA: Jossey-Bass.

Conger, J. A., & Hunt, J. G. (1999). Charismatic and transformational leadership: Taking stock of the present and future (part 1). *Leadership Quarterly*, 10, 121-127.

Conger, J. A., & Kanungo, R. N. (1987). Toward a behavioral theory of charismatic leadership in organizational settings. *Academy of Management Review*, 12(4), 637-647.

Cook, T. D., & Campbell, D. T. (1979). *Quasi-experimentation: Design & analysis issues for field settings.* Chicago: Rand McNally.

Corbetta, G., & Salvato, C. A. (2004). The Board of Directors in Family Firms: One Size Fits All? *Family Business Review*, 17, 119-134.

Corstjens, M., Peyer, U., & Van der Heyden, L. (2005). *Stock Market Performance of Family Firms.* Working Paper INSEAD.

Cosier, R. A., & Dalton, D. R. (1983). Equity theory and time: A reformulation. *Academy of Management Review*, 8, 311-319.

Costa, P. T., & McCrae, R. R. (1992). *Revised NEO Personality Inventory and NEO Five Factor Professional Manual.* Odessa, FL: Psychological Assessment Resources.

Costa, P. T., & McCrae, R. R. (1989). *The NEO PI/FFI Manual Supplement.* Odessa, FL: Psychological Assessment Resources.

Costa, P. T., Terracciano, A., & McCrae, R. R. (2001). Gender differences in personality traits across cultures: Robust and surprising findings. *Journal of Personality and Social Psychology*, 81, 322-331.

Covin, T. J. (1994). Perceptions of family-owned firms: The impact of gender and educational level. *Journal of Small Business Management*, 32(3), 29-39.

Craig, J., & Dibrell, C. (2006). The Natural Environment, Innovation, and Firm Performance: A Comparative Study. *Family Business Review*, 19, 275-288.

Craig, J., & Salvato, C. (2012). The distinctiveness, design, and direction of family business research: Insights from management luminaries. *Family Business Review*, Advance online publication. doi:10.1177/0894486511429682.

Cruz, C. G.-M. (2010). Perceptions of benevolence and the design of agency contracts: CEO-TMT relationships in family firms. *Academy of Management Journal*, 53, 69-89.

Cyert, R., & March, J. (1963). *A Behavioral Theory of the Firm.* Englewood Cliffs, NJ: Prentice-Hall.

Daily, C. M., & Dollinger, M. J. (1992). An empirical examination of ownership structure and family and professionally managed firms. *Family Business Review* , 5, 117-136.

Daily, C., & Thompson, S. (1994). Ownership structure, strategic posture and firm growth: an empirical examination. *Family Business Review* , 7, 237-249.

Danco, L. A. (1975). *Beyond Survival: A Business Owner's Guide for Success.* Cleveland, OH: The University Press.

Danes, S. M., Stafford, K., Haynes, G., & Amarapurkar, S. S. (2009). Family capital of family firms: Bridging human, social, and financial capital. *Family Business Review* , 22, 199-216.

Dansereau, F., Graen, G. G., & Haga, W. (1975). A Vertical dyad linkage approach to leadership in formal organizations. *Organizational Behavior and Human Performance* , 13, 46-78.

Dansereau, F., Yammarino, F. J., & Kohles, J. (1999). Multiple levels of analysis from a longitudinal perspective: Some implications for theory building. *Academy of Management Review* , 24, 346-357.

Dansereau, T., Alutto, J. A., & Yammarino, F. J. (1984). *Theory testing in organizational behavior: The variant approach.* Englewood Cliffs, NJ: Prentice Hall.

Das, T. K., & Teng, B. S. (1998). Between trust and control: Developing confidence in partner cooperation in alliances. *Academy of Management Review* , 23, 491-512.

Davis, J. H. (1998). Lessons of successful family business dynasties. *Vortrag gehalten auf der 9. F.B.N. Annual World Conference vom 24.-26. September.* Paris.

Davis, J. H., Allen, M. R., & Hayes, H. D. (2010). Is blood thicker than water? A study of stewardship perceptions in family business. *Entrepreneurship Theory and Practice* , 34(6), 1093-1115.

Davis, J. H., Schoorman, F., & Donaldson, L. (1997). Towards a Stewardship Theory of Management. *Academy Of Management Review* , 22(1), 20-47.

Davis, P. (1983). Realizing the Potential of the Family Business. *Organizational Dynamics* , 12(1), 47-56.

Dawson, A., & Mussolino, D. (2014). Exploring what makes family firms different: Discrete or overlapping constructs in the literature? *Journal of Family Business Strategy, in press.*

Day, D. V., & Antonakis, J. (2012). Leadership: Past, present, future. In D. V. Day, & J. Antonakis, *The Nature of Leadership. 2nd edition* (S. 3-25). Thousand Oaks, CA: Sage.

Day, D. V., & Lord, R. G. (1988). Executive leadership and organizational performance: Suggestions for a new theory and methodology. *Journal of Management* , 14, 453-464.

De Massis, A., Frattini, F., & Lichtenthaler, U. (2013). Research on technological innovation in family firms: Present debates and future directions. *Family Business Review* , 26, 10-31.

De Massis, A., Kotlar, J., Chua, J. H., & Chrisman, J. J. (2014). Ability and willingness as sufficiency conditions for family-oriented particularistic behavior: Implications for theory and empirical studies. *Journal of Small Business Management* , 52(2), 344-364.

De Massis, A., Sharma, P., Chua, J., & Chrisman, J. (2012). *Family Business Studies: An Annotated Bibliography.* Northampton, MA: Edward Elgar.

Debicki, B. J. (2012). *Socioemotional Wealth and Family Firm Internationalization: The Moderating Effect of Environmental Munificence.* Starkville, MI: Mississippi State University.

Debicki, B. J., Matherne, C. F., Kellermanns, F. W., & Chrisman, J. J. (2009). An Overview of the Who, the Where, the What and the Why. *Family Business Review*, 22(2), 151-166.

Deephouse, D. L., & Jaskiewicz, P. (2013). Do Family Firms Have Better Reputations Than Non-Family Firms? An Integration of Socioemotional Wealth and Social Identity Theories. *Journal of Management Studies*, 50, 337-360.

DeGroot, T., Kiker, D. S., & Cross, T. C. (2000). A meta-analysis to review organizational outcomes related to charismatic leadership. *Canadian Journal of Administrative Sciences*, 17(4), 356-371.

Deluga, R. J. (1988). The relationship of transformational and transactional leadership with employee influencing strategies. *Group and Organization Studies*, 13, 456-467.

Den Hartog, D. N. (1997). *Inspirational leadership. Academisch Profschrift.* Amsterdam: Free University of Amsterdam.

Den Hartog, D. N., Van Muijen, J. J., & Koopman, P. L. (1997). Transactional versus transformational leadership: An analysis of the MLQ. *Journal of Occupational and Organizational Psychology*, 70, 19-34.

Deniz, D. M., & Suarez, C. K. (2005). Corporate Social Responsibility and Family Business in Spain. *Journal of Business Ethics*, 56, 27-41.

Densten, I. L. (2002). Clarifying inspirational motivation and its relationship to extra effort. *Leadership & Organization Development Journal*, 23, 40-44.

Dionne, S. D., Yammarino, F. J., Atwater, L. E., & James, L. R. (2002). Neutralizing substitutes for leadership theory: Leadership effects and common-source bias. *Journal of Applied Psychology*, 87, 454-464.

Dirks, K. T., Cummings, L. L., & Pierce, J. L. (1996). Psychological ownership in organizations: Conditions under which individuals promote and resist change. In R. W. Woodman, & W. A. Pasmore, *Research in organizational change and development* (S. 9, 1-23). Greenwhich, CT: JAI Press.

Donaldson, L. (1990). The Ethereal Hand: Organizational Economics and Management Theory. *Academy Of Management Review*, 15(3), 369-381.

Donaldson, L., & Davis, J. H. (1991). Stewardship theory or agency theory: CEO governance and shareholder returns. *Australian Journal of Management*, 16(1), 49-64.

Dörr, M. (2006). *Nähe und Distanz: Ein Spannungsfeld pädagogischer Professionalität.* Juventa: Beltz.

Duh, M., Belak, J., & Milfelner, B. (2010). Core values, culture and ethical climate as constitutional elements of ethical behaviour: Exploring differences between family and non-family enterprises. *Journal of Business Ethics*, 97(3), 473-489.

Dumdum, U. R., Lowe, K. B., & Avolio, B. J. (2002). A meta-analysis of transformational and transactional leadership correlates of effectiveness and satisfaction: An update and extension. In B. J. Avolio, & F. J. Yammarino, *Transformational and charismatic leadership: The road ahead. Volume 2* (S. 35-66). Oxford: Elsevier Science.

Dunn, B. (1995). Success themes in Scottish family enterprises: Philosophies and practices through the generations. *Family Business Review*, 8(1), 17-28.

Dunn, B. (1999). The family factor: Impact of family relationship dynamics on progress by business-owning families during ownership and leadership transitions in family enterprises. *Family Business Review*, 12(1), 41-60.

Durand, R., & Vargas, V. (2003). Ownership, organization, and private firms' efficient use of resources. *Strategic Management Journal* , 24, 667-675.

Dvir, T., & Shamir, B. (2003). Follower developmental characteristics as predicting trans-formational leadership: A longitudinal field study. *Leadership Quarterly* , 14, 327-344.

Dyck, B., Mauws, M., Starke, F. A., & Mischke, G. A. (2002). Passing the baton: The importance of sequence, timing, technique, and communication in executive succession. *Journal of Business Venturing* , 17, 143-162.

Dyer, W. G. (1986). *Cultural Change in Family Firms: Anticipating and Managing Business and Family Transitions.* San Francisco, CA: Jossey-Bass.

Dyer, W. G. (1989). Integrating professional management into a family owned business. *Family Business Review* , 2(3), 221-235.

Dyer, W. G. (2009). Putting the family into family business research. *Family Business Review* , 22, 216-219.

Dyer, W. G., & Whetten, D. A. (2006). Family Firms and Social Responsibility: Preliminary Evidence from the S&P 500. *Entrepreneurship Theory and Practice* , 30, 785-802.

Eagly, A. H., Johannesen-Schmidt, M. C., & van Engen, M. L. (2003). Transformational, transactional, and laissez-faire leadership styles: A meta-analysis comparing men and women. *Psychological Bulletin* , 129, 569-591.

Ebers, M. (1985). *Organisationskultur: Ein neues Forschungsprogramm?* . Wiesbaden: Gabler Verlag .

Eddleston, K. A., & Kellermanns, F. W. (2007). Destructive and productive family relationships: A stewardship theory perspective. *Journal Of Business Venturing* , 22(4), 545-565.

Eddleston, K. A., Chrisman, J. J., Steier, L. P., & Chua, J. H. (2010). Governance and Trust in Family Firms: An Introduction. *Entrepreneurship Theory and Practice* , 34, 1043-1056.

Eddleston, K. A., Kellermanns, F. W., & Sarathy, R. (2008). Resource Configuration in Family Firms: Linking Resources, Strategic Planning and Technological Opportunities to Performance. *Journal of Management Studies* , 45, 26–50.

Ehrhardt, O., Nowak, E., & Weber, F.-M. (2005). Running in the Family: The Evolution of Ownership, Control, and Performance in German Family-owned Firms 1903-2003. *Review of Finance/CEPR conference on Early Securities Markets, Humboldt University Berlin* .

Ehrhart, M. G., & Klein, K. J. (2001). Predicting followers' preferences for charismatic leadership: The fluence of follower values and personality. *Leadership Quarterly* , 12, 153-179.

Eisenhardt, K. M. (1989). Making fast strategic decisions in high-velocity environments. *Academy of Management journal* , 32(3), 543-576.

Epstein, N. B., Bishop, D., Ryan, C., Miller, I., & Keitner, G. (1993). The McMaster model view of healthy family functioning. In F. Walsh, *Normal family processes* (S. 138-160). New York, NY: Guilford Press.

Evans, M. G. (1970). The effects of supervisory behavior on the path-goal relationship. *Organizational Behavior and Human Performance* , 5, 277-298.

Everitt, B. S. (1996). *Making Sense of Statistics in Psychology.* Oxford: Oxford University Press.

Faccio, M. P., & Lang, L. H. (2002). The Ultimate Ownership of Western European Corporations. *Journal of Financial Economics* , 65, 365-395.

Faccio, M. P., Lang, L. H., & Young, L. (2001). Dividends and Expropriation. *American*

Economic Review , 91, 54-78.

Fairhurst, G. T., Jordan, J. M., & Neuwirth, K. (1997). Why are we here? Managing the meaning of an organizational mission statement. *Journal of Applied Communication Research* , 25(4), 243-263.

Fama, E. F., & Jensen, M. C. (1983). Separation of ownership and control. *Journal of Law and Economics* , 26, 301-325.

Feingold, A. (1994). Gender differences in personality: A meta-analysis. *Psychological Bulletin* , 116, 429-456.

Felden, B., & Hack, A. (2014). *Management von Familienunternehmen.* Wiesbaden: Springer-Gabler.

Felfe, J. (2005). *Charisma, transformationale Führung und Commitment* . Köln: Kölner Studien Verlag.

Felfe, J. (2009). *Mitarbeiterführung.* Göttingen: Hogrefe.

Felfe, J., & Goihl, K. (2002). Deutsche überarbeitete und ergänzte Version des „Multifactor Leadership Questionnaire" (MLQ). In A. Glöckner-Rist, *ZUMA-Informationssystem. Elektronisches Handbuch sozialwissenschaftlicher Erhebungsinstrumente.* Mannheim: ZUMA.

Felfe, J., Tartler, K., & Liepmann, D. (2004). Advanced research in the field of transformational leadership. *Zeitschrift für Personalforschung* , 18, 262-288.

Ferguson, K. E. (2011). *Non-Family Employee's Identification with Family: The Moderating Effect of Culture in Family Firms.* Thesis, DBA Program, Kennesaw State University.

Fiedler, F. E. (1967). *A theory of leadership effectiveness.* New York, NY: McGraw-Hill.

Fiedler, F. E. (1993). The leadership situation and the black box in contingency theories. In M. M. Chemers, & R. Ayman, *Leadership, theory, and research: Perspectives and directions.* New York, NY: Academic Press.

Fiegener, M. K., Brown, B. M., Prince, R. A., & File, K. M. (1996). A comparison of successor development in family and non-family businesses. *Family Business Review* , 7, 313-329.

Field, A. (2009). *Discovering Statistics using SPSS. 3rd edition.* London: Sage.

File, K. M., & Prince, R. A. (1996). Attribution of family business failures: The heir's perspective. *Family Business Review* , 9, 171-184.

Filipp, S.-H. (2006). Kommentar zum Themenschwerpunkt: Entwicklung von Fähigkeitsselbstkonzepten. *Zeitschrift für Pädagogische Psychologie* , 20(1,2), 65-72.

Filipp, S.-H., & Mayer, A.-K. (2005). Selbst und Selbstkonzept. In H. Weber, & T. Rammsayer, *Handbuch der Persönlichkeitspsychologie und Differentiellen Psychologie* (S. 266-276). Göttingen: Hogrefe.

Fletcher, D. (2000). Family and enterprise. In S. Carter, & D. Jones-Evans, *Enterprise and small business: Principles, practice and policy* (S. 155-165). Essex: Pearson Education.

Fletcher, D., Melin, L., & Gimeno, A. (2012). Culture and values in family business - A review and suggestions for future research. *Journal of Family Business Strategy* , 3, 127-131.

Flören, R. H. (2002). Crown princes in the clay: An empirical study on the tackling of succession challenges in Dutch family farms, Assen. In C. A. Folker, R. L. Sorenson, & M. Hoelscher, *Undervalued assets in family firms* (S. 1-10). Reno, NV: Paper presented at the Annual Conference of the U.S. Association of Small Business and Entrepreneurship.

Fox, M., Nilakant, V., & Hamilton, R. T. (1996). Managing Succession in Family-owned Businesses. *International Small Business Journal*, 15, 15-25.

French, J., & Raven, B. (1959). The Bases of Social Power. In D. Cartwright, *Studies in Social Power* (S. 150-167). Ann Arbor, MI: Institute for Social Research.

Friedman, H. S. (2000). Long-term relations of personality and health: Dynamisms, mechanisms, tropisms. *Journal of Personality*, 68, 1089-1108.

Friedman, H. S., Tucker, J. S., Schwartz, J. E., Martin, L. R., Tomlinson-Keasey, C., Wingard, D. L., et al. (1995). Childhood conscientiousness and longevity: Health behaviors and cause of death. *Journal of Personality and Social Psychology*, 68, 696-703.

Fukuyama, F. (1995). Social capital and the global economy. *Foreign Affairs*, 74, 89-103.

Gabriel, Y. (1997). Meeting god: When organizational members come face to face with the supreme leader. *Human Relations*, 50(4), 315-342.

Gantzel, K. (1962). *Wesen und Begriff der mittelständischen Unternehmung. Abhandlungen zur Mittelstandsforschung. Band 4.* Köln: Westdeutscher Verlag.

Gardner, W. L., & Avolio, B. J. (1998). The charismatic relationship: A dramaturgical perspective. *Academy of Management Review*, 23, 32-58.

Gaspar, S. (1992). *Transformational leadership: An integrative review of the literature.* Doctoral dissertation, Western Michigan University, Kalamazoo, MI.

Gebert, D. (2002). *Führung und Innovation.* Stuttgart: Kohlhammer.

Gebert, D. (2002). Organization development. In A. Sorge, *Führung und Innovation* (S. 434-455). Stuttgart: Kohlhammer.

Gebert, D., & Boerner, S. (1995). *Manager im Dilemma—Abschied von der offenen Gesellschaft?* . Frankfurt: Campus Verlag.

Gersick, K. E., & Feliu, F. (2014). Governing the family enterprise: Practices, performance, and research. In *SAGE Handbook of Family Business.* Boston, MA: Harvard Business School Press.

Gersick, K. E., Davis, J. A., McCollom-Hampton, M., & Lansberg, I. (1997). *Generation to generation: Life cycles of the family business.* Boston, MA: Harvard Business School Press.

Geyer, A. L., & Steyrer, J. (1998). Transformational leadership, classical leadership dimensions and performance indicators in savings banks. *Leadership Quarterly*, 47, 397-420.

Gimeno, A., Baulenas, G., & Coma-Cros, J. (2010). *Familienunternehmen führen - Komplexität managen: Mentale Modelle und praktische Lösungen.* Göttingen: Vandenhoeck & Ruprecht.

Göbel, E. (2002). *Neue Institutionenökonomik: Konzeption und betriebswirtschaftliche Anwendungen.* Stuttgart: Lucius & Lucius.

Goehler, A. (1993). Der Erfolg großer Familienunternehmen im fortgeschrittenen Lebenszyklus: Dargestellt am Beispiel der deutschen Bauwirtschaft. *Dissertation St. Gallen*, 79 ff.

Goldberg, L. R. (1992). The development of markers for the Big-Five factor structure. *Psychological Assessment*, 4, 26-42.

Goldberg, S. D., & Wooldridge, B. (1993). Self-Confidence and Managerial Autonomy: Successor Characteristics Critical to Succession in Family Firms. *Family Business Review*, 6, 55-73.

Gomez-Mejia, L. R., Cruz, C., Berrone, P., & De Castro, J. (2011). The bind that ties: Socio-emotional wealth preservation in family firms. *Academy of Management Annals*, 5(1), 653-707.

Gomez-Mejia, L. R., Haynes, K., Nunez-Nickel, M., Jacobson, K. J., & Moyano-Fuentes, J. (2007). Socioemotional wealth and business risks in family-controlled firms: Evidence from Spanish olive oil mills. *Administrative Science Quarterly*, 52, 106-137.

Gomez-Mejia, L. R., Larraza-Kintana, M., & Makri, M. (2003). The determinants of executive compensation in family controlled public corporations. *Academy of Management Journal*, 46(2), 81-95.

Gomez-Mejia, L. R., Makri, M., & Larraza-Kintana, M. (2010). Diversification Decisions in Family-Controlled Firms. *Journal of Management Studies*, 47(2), 223-252.

Gomez-Mejia, L. R., Nunez-Nickel, M., & Gutierrez, I. (2001). The role of family ties in agency contracts. *Academy of Management Journal*, 44(1), 81-95.

Gomez-Mejia, L. R., Welbourne, T. M., & Wiseman, R. M. (2000). The role of risk taking and risk sharing under gainsharing. *Academy of Management Review*, 25(3), 492-507.

Goodman, S. (2008). A Dirty Dozen: Twelve P-Value Misconceptions. *Seminars in Hematology*, 45, 135-140.

Goodwin, V. L., Wofford, J. C., & Boyd, N. G. (2000). A laboratory experiment testing the antecedents of leader cognitions. *Journal of Organizational Behavior*, 21, 769-788.

Goodwin, V. L., Wofford, J. C., & Whittington, J. L. (2001). A theoretical and empirical extension to the transformational leadership construct. *Journal of Organizational Behavior*, 22, 759-774.

Gordon, G. G. (1985). The relationship of corporate culture to industry sector and corporate performance. In R. H. Kilmann, M. J. Saxton, & R. Serpa, *Gaining Control of the Corporate Culture* (S. 103-125). San Francisco, CA: Jossey-Bass.

Graen, G. B., & Cashman, J. F. (1975). A role making model of leadership in formal organizations: A developmental approach. In J. G. Hunt, & L. L. Larson, *Leadership Frontiers* (S. 143-165). Kent, OH: Kent State University Press.

Graen, G. B., & Scadura, T. A. (1987). Toward a psychology of dyadic organizing. In L. L. Cummings, & B. M. Staw, *Research in Organizational Behavior* (S. 9; 175-208). Greenwich, CT: JAI Press.

Graen, G. B., & Uhl-Bien, M. (1995). Relationship-based approaches to leadership: Development of LMX theory of leadership over 25 years: Applying a multi-domain approach. *Leadership Quarterly*, 6, 219-247.

Graves, C., & Thomas, J. (2004). Internationalisation of the family business: A longitudinal perspective. *International Journal of Globalisation and Small Business*, 1, 7-27.

Greenleaf, R. K. (1977). *Servant leadership.* New York, NY: Paulist Press.

Greenwood, R. (2003). Commentary on: 'Toward a Theory of Agency and Altruism in Family Firms'. *Journal of Business Venturing*, 18, 491-494.

Greiner, L. E. (1972). Evolution and Revolution as Organizations Grow. *Harvard Business Review*, Jg. 50, 37-46.

Grint, K. (2000). *The Arts of Leadership.* Oxford: Oxford University Press.

Groth, T., & von Schlippe, A. (2012). Die Form der Unternehmerfamilie - Paradoxiebewältigung zwischen Entscheidung und Bindung. *Familiendynamik*, 37(4), 268-280.

Gudmundson, D., Hartman, E. A., & Tower, C. B. (1999). Strategic orientation: Differences between family and nonfamily firms. *Family Business Review*, 12, 27-39.

Günterberg, B., & Wolter, H.-J. (2003). *Unternehmensgrößenstatistik 2001/2002 - Daten und Fakten, IfM-Materialien Nr. 157.* Bonn: Institut für Mittelstandsforschung Bonn.

Gutenberg, E. (1951). *Die Produktion.* Berlin: Springer.

Habbershon, T. G., & Astrachan, J. H. (1997). Research Note Perceptions Are Reality: How Family Meetings Lead to Collective Action. *Family Business Review* , 10, 37-52.

Habbershon, T. G., & Williams, M. (1999). A resource-based framework for assessing the strategic advantage of family firms. *Family Business Review* , 12, 1-25.

Habbershon, T., Williams, M. L., & MacMillan, I. C. (2003). Familiness: A unified systems perspective of family firm performance. *Journal of Business Venturing* , 18(4), 451-465.

Habig, H., & Berninghaus, J. (2004). *Die Nachfolge im Familienunternehmen ganzheitlich regeln. 2. erweiterte Auflage.* Heidelberg: Springer.

Hack, A. (2009). Sind Familienunternehmen anders? Eine kritische Bestandsaufnahme des aktuellen Forschungsstands. *Zeitschrift für Betriebswirtschaft* , Special Issue 2, 1-29.

Hackman, J. R. (2002). *Leading teams: Setting the stage for great performances.* Boston, MA: Harvard Business School Press.

Hall, A., & Nordqvist, M. (2008). Professional Management in Family Businesses: Toward an Extended Understanding. *Family Business Review* , 21, 51-69.

Hall, A., Melin, L., & Nordqvist, M. (2001). Entrepreneurship as radical change in the family business: Exploring the role of culture patterns . *Family Business Review* , 14, 193-208.

Halpin, A. W. (1957). The leader behavior and effectiveness of aircraft commanders. In R. M. Stogdill, & A. E. Coons, *Leader behavior: Its description and measurement* (S. 52-64). Columbus, OH: Bureau of Business Research, Ohio State University.

Halpin, A. W., & Winer, B. J. (1957). A factorial study of the leader behavior descriptions. In R. M. Stogdill, & A. E. Coons, *Leader behavior: Its description and measurement* (S. 39-51). Columbus, OH: Bureau of Business Research, Ohio State University.

Handler, W. C. (1989). Methodological issues and considerations in studying family businesses. *Family Business Review* , 2(3), 257-276.

Handler, W. C. (1994). Succession in family business: A review of the literature. *Family Business Review* , 7(2), 133-157.

Handler, W. C. (1992). The succession experience of the next-generation. *Family Business Review* , 5(3), 283-307.

Harris, M., Martinez, J. I., & Ward, J. L. (1994). Is strategy different for the family-owned business? . *Family Business Review* , 7, 159-174.

Hater, J. J., & Bass, B. M. (1888). Supervisors' evaluations and subordinates' perceptions of transformational and transactional leadership. *Journal of Applied Psychology* , 73, 695-702.

Haunschild, L., & May-Strobl, E. (2010). Backbone of the economy: The economic significance of small and medium-sized companies in Germany. *Germany Contact India, Magazine on Indo-German Economic Relations* , 4, 10-11.

Haunschild, L., & Wolter, H.-J. (2010). *Volkswirtschaftliche Bedeutung von Familien- und Frauenunternehmen, IfM-Materialien Nr. 199.* Bonn: Institut für Mittelstandsforschung Bonn.

Hauschildt, J. (2004). *Innovationsmanagement. 3. Auflage.* München: Vahlen.

Hauswald, H., & Hack, A. (2013). Impact of Family Control/Influence on Stakeholders'

Perceptions of Benevolence. *Family Business Review*, 26(4), 356-373.

Heck, R. K., & Trent, E. S. (1999). The prevalence of family business from a household sample. *Family Business Review*, 12(3), 209-224.

Hehn, M. (2011). Auswirkungen der Beteiligung von Private Equity Gesellschaften auf die Governance von Familienunternehmen in Deutschland. In S. B. Klein, P. Jaskiewicz, P. May, & A. von Schlippe, *Family Business. Band 4.* St. Gallen: Josef Eul.

Heider, F. (1958). *The psychology of interpersonal relations.* New York, NY: Wiley.

Heinitz, K. (2006). *Assessing the Validity of the Multifactor Leadership Questionnaire.* Berlin: Dissertation Philosophie.

Hennerkes, B.-H. (1998). Der Beirat in Familienunternehmen. In H. Sobanski, & J. Gutmann, *Erfolgreiche Unternehmensnachfolge* (S. 221-230). Wiesbaden: Gabler.

Hennerkes, B.-H. (1988). *Familienunternehmen sichern und optimieren.* Frankfurt: Campus Verlag.

Henssen, B. (2009). The Dynamics of Psychological Ownership in Family Firms: A new perspective on non-financial value creation. *Proceedings of the 5th EIASM workshop on family firm management research. Volume 5.* Hasselt.

Henssen, B., Voordeckers, W., Lambrechts, F., & Koiranen, M. (2011). A Different Perspective on Defining Family Firms: The Ownership Construct Revisited. Belgium: KIZOK – Research Center for Entrepreneurship and Innovation, Hasselt University.

Hersey, P., & Blanchard, K. H. (1969). *Management of organizational behavior. 1st edition.* Englewood Cliffs, NJ: Prentice Hall.

Hiebl, M. R. (2010). *Familienunternehmen. Bedeutung, Ausprägungsformen und Besonderheiten. Wissenschaftliche Beiträge.* Johannes Kepler Universität Linz.

Hillier, D., & McColgan, P. (2005). *Firm Performance, Entrenchment and Managerial Succession in Family Firms.* Working Paper, University of Leeds.

Hilse, H. (2001). Profil eines „Wandlers zwischen den Welten". In T. M. Bardmann, & T. Groth, *Zirkuläre Positionen 3. Organisation, Management und Beratung* (S. 191-196). Wiesbaden: West-deutscher Verlag.

Hilse, H., & Wimmer, R. (2009). Führung in Familienunternehmen. In A. von Schlippe, & T. Groth, *Schriften zu Familienunternehmen. Band 2* (S. 25-45). Köln: Eul.

Hinkin, T. R., & Tracey, B. J. (1999). The relevance of charisma for transformational leadership in stable organizations. *Journal of Organizational Change Management*, 12, 105-119.

Hirn, W. (11 1997). Wechseljahre. *managermagazin*, S. 128-137.

Hirsch, P., Michaels, S., & Friedman, R. (1987). "Dirty hands" versus "clean models". Is sociology in danger of being seduced by economics? *Theory and Society*, 16(3), 317-336.

Hofstede, G. (1991). *Cultures and Organizations. Software of the Mind.* New York, NY: McGraw-Hill.

Holt, D. T., Rutherford, M. W., & Kuratko, D. F. (2010). Advancing the field of family business research: Further testing the measurement properties of the F-PEC. *Family Business Review*, 23, 76-88.

House, R. J. (1977). A theory of charismatic leadership. In J. G. Hunt, & L. Larson, *Leadership: The cutting edge* (S. 189-207). Carbondale, CO: Southern Illinois University Press.

House, R. J., & Dessler, G. (1974). The path-goal theory of leadership: Some post hoc and a priori tests. In J. G. Hunt, & L. L. Larson, *Contingency approaches to leadership* (S. 29-55). Carbondale, CO: Southern Illinois University Press.

House, R. J., & Mitchell, T. R. (1974). Path-goal theory of leadership. *Contemporary Business*, 3, 81-98.

House, R. J., & Shamir, B. (1993). Toward the integration of transformational, charismatic and visionary theories. In M. M. Chemers, & R. Ayman, *Leadership theory and research. Perspectives and direction* (S. 81-107). San Diego, CA.

House, R. J., Rousseau, D. M., & Thomas-Hunt, M. (1995). The meso paradigm: A framework for the integration of micro and macro organizational behavior. In L. L. Cummings, & B. M. Staw, *Research in organizational behavior. Volume 17* (S. 71-114). Greenwich, CT: JAI.

House, R. J., Spangler, W. D., & Woycke, J. (1991). Personality and charisma in the U.S. presidency: A psychological theory of leadership effectiveness. *Administrative Science Quarterly*, 36(3), 364-396.

Howell, J. M. (1988). Two faces of charisma: Socialized and personalized leadership in organizations. In J. A. Conger, & R. N. Kanungo, *Charismatic leadership: The elusive factor in organizational effectiveness* (S. 213-236). San Francisco, CA: Jossey-Bass.

Howell, J. M., & Avolio, B. J. (1993). Transformational leadership, transactional leadership, locus of control, and support for innovation: Key predictors of consolidated business business-unit performance. *Journal of Applied Psychology*, 78, 891-902.

Hoy, F. (2012). Review of three influential books by Ward (1987), Gersick et al (1997), and Miller & Le-Breton Miller (2005). *Family Business Review*, 25(1), 117-120.

Huber, O. (1997). *Das psychologische Experiment: Eine Einführung. 2. Auflage.* Bern: Huber.

Hunt, J. G. (1999). Transformational/charismatic leadership`s transformation of the field: An historical essay. *Leadership Quarterly*, 10, 335-343.

Huybrechts, J., Voordeckers, W., & Lybaert, N. (2013). Entrepreneurial Risk Taking of Private Family Firms The Influence of a Nonfamily CEO and the Moderating Effect of CEO Tenure. *Family Business Review*, 26(2), 161-179.

Ikävalko, M., Pihkala, T., & Jussila, I. (2006). *Psychological ownership and family businesses – Identifying the common ground through discriminant analysis.* Paper presented at the RENT Conference on Research in Entrepreneurship and Small Business. Brussels, Belgium, November 2006.

Ilies, R., Gerhardt, M. W., & Le, H. (2004). Individual differences in leadership emergence: Integrating meta-analytic findings and behavioral genetics estimates. *International Journal of Selection and Assessment*, 12, 207-219.

IZA. (2013). *Neue Anforderungen durch den Wandel der Arbeitswelt. Materialie PG 5/14.* Bonn: Enquete-Kommission Wachstum, Wohlstand, Lebensqualität des Deutschen Bundestages.

James, A. E., Jennings, J. E., & Breitkreuz, R. S. (2012). Worlds apart? Re-bridging the distance between family science and family business research. *Family Business Review*, 25th Anniversary Special Issue, 25, 89-110.

James, W. (2007). *The Principles of Psychology, Volume 1. Originally published in 1890.* New York, NY: Cosimo.

Janis, I. L. (1989). *Crucial decisions: Leadership in policymaking and crisis management.* New York, NY: Free Press.

Janssen, J., & Laatz, W. (2010). *Statistische Datenanalyse mit SPSS. 7. Auflage.* Berlin: Springer.

Jaskiewicz, P., Schiereck, D., & May, P. (2006). Nicht aktive Gesellschafter in Familienunternehmen - im Spannungsfeld zwischen Familienzugehörigkeit und Unternehmenskontrolle. *Zeitschrift für KMU und Entrepreneurship* , 54, 175-196.

Jensen, M. C., & Meckling, W. H. (1976). Theory of the firm: Managerial behavior, agency costs and ownership structure. *Journal of Financial Economics* , 3(4), 305-360.

John, O. P., Donahue, E. M., & Kentle, R. L. (1991). *The Big Five Inventory – versions 4a and 5.* Berkeley, CA: University of California, Institute of Personality and Social Research.

John, O. P., Naumann, L. P., & Soto, C. J. (2010). Paradigm shift to the integrative big five trait taxonomy: History, measurement, and conceptual issues. In O. P. John, R. W. Robins, & L. A. Pervin, *Handbook of personality: Theory and research. 3rd edition.* New York, NY: Guilford.

Jones, C. D., Makri, M., & Gomez-Mejia, L. R. (2008). Affiliate Directors and Perceived Risk Bearing in Publicly Traded, Family-Controlled Firms: The Case of Diversification. *Entrepreneurship Theory and Practice* , 3, 1007-1026.

Jorrisen, A., Laveren, E., Martens, R., & Reheul, A. (2005). Real versus sample-based differences in comparative Family Business research. *Family Business Review* , 18, 229-246.

Judge, T. A., & Piccolo, R. F. (2004). Transformational and transactional leadership: A meta-analytic test of their relative validity. *Journal of Applied Psychology* , 89(5), 755-768.

Judge, T. A., Bono, J. E., Ilies, R., & Gerhardt, M. W. (2002). Personality and leadership: A qualitative and quantitative review. *Journal of Applied Psychology* , 87(4), 765-80.

Judge, T. A., Heller, D., & Mount, M. K. (2002). Five-factor model of personality and job satisfaction: A meta-analysis. *Journal of Applied Psychology* , 87(3), 530-541.

Judge, T. A., Piccolo, R. F., & Ilies, R. (2004). The forgotten ones? The validity of consideration and initiating structure in leadership research. *Journal of Applied Psychology* , 89(1), 36-51.

Kahneman, D., & Tversky, A. (1979). Prospect Theory: An Analysis of Decision under Risk. *Econometrica* , 47(2), 263-291.

Kaiser, H. (1974). An index of factorial simplicity. *Psychometrika* , 39(1), 31-36.

Karra, N., Tracey, P., & Phillips, N. (2006). Altruism and Agency in the Family Firm: Exploring the Role of Family, Kinship, and Ethnicity. *Entrepreneurship Theory and Practice* , 30, 861-877.

Katz, D., & Kahn, R. L. (1978). *The social psychology of organizations. 2nd edition.* New York, NY: John Wiley.

Katz, R. L. (1955). Skills of an effective administrator. *Harvard Business Review* , 33(1), 33-42.

Kellermanns, F. W., Eddleston, K. A., Sarathy, R., & Murphy, F. (2010). Innovativeness in family firms: A family influence perspective. *Small Business Economics Journal* , 38(1), 85-101.

Kellermanns, F. W., Walter, J., Floyd, S. W., Lechner, C., & Shaw, J. (2011). To Agree or Not to Agree? A Meta-Analytical Review of the Relationship between Strategic Consensus and Organizational Performance. *Journal of Business Research* , 64(2), 126-33.

Kelley, H. H. (1973). The Process of Causal Attribution. *American Psychologist* , Feb, 107-

128.

Kelloway, E. K., & Barling, J. (1993). Member's participation in local union activities: Measurement, prediction, replication. *Journal of Applied Psychology* , 78, 262-279.

Kelly, E. L., & Conley, J. J. (1987). Personality and compatibility: A prospective analysis of marital stability and marital satisfaction. *Journal of Personality and Social Psychology* , 52, 27-40.

Kelly, L. M., Athanassiou, N., & Crittenden, W. F. (2000). Founder centrality and strategic behavior in the family-owned firm. *Entrepreneurship Theory and Practice* , 25(2), 27-42.

Kets de Vries, M. F. (1996). *Family Business: Human Dilemmas in the Family Firm.* London: Thompson.

Kets De Vries, M. F. (1993). *Leaders, Fools and Impostors.* Lincoln, NE: iUniverse.

Kets de Vries, M., & Carlock, R. (2007). *The family business on the couch: A psychological perspective.* West Sussex: Wiley.

Kets de Vries, R., Roe, R. A., & Taillieu, T. C. (1999). On charisma and need for leadership. *European Journal of Work and Organizational Psychology* , 8(1), 109-126.

Kim, H., Kim, H., & Lee, P. M. (2008). Ownership structure and the relationship between financial slack and R&D investments: Evidence from Korean firms. *Organization Science* , 19(3), 404-418.

Kipnis, D. (1976). *The powerholders.* Chicago, IL: The University of Chicago Press.

Klein, S. B. (1991). *Der Einfluss von Werten auf die Gestaltung von Organisationen. Wirtschaftspsychologische Schriften, Band 12.* Berlin: Duncker und Humblot.

Klein, K. J., Dansereau, F., & Hall, R. J. (1994). Levels issues in theory development, data collection, and analysis. *Academy of Management Review* , 19, 195-229.

Klein, S. B. (2000). Family Business in Germany: Significance and Structure. *Family Business Review* , 13, 157-181.

Klein, S. B., Astrachan, J. H., & Smyrnios, K. X. (2005). The F-PEC scale of family incluence: construction, validation, and further implication for theory. *Entrepreneurship Theory and Practive* , 29, 321-39.

Klein, S. B., & Bell, F. A. (2007). Non-family executives in family businesses – A literature review. *Electronic Journal of Business Studies* , 1(1), 19-37.

Klein, S. B. (2010a). *Corporate Governance, family business complexity and succession.* International Conference "Transfer of Ownership in Private Businesses – European Experiences", Stockholm, März 2010.

Klein, S. B. (2010b). *Familienunternehmen: Theoretische und empirische Grundlagen. 3. Auflage.* Köln: Josef Eul.

Kleine, S., Kleine, R. E., & Allen, C. T. (1995). How Is a Possession 'Me' or 'Not Me'? Characterizing Types and an Antecedent of Material Possession Attachment. *Journal of Consumer Research* , 22(Dec), 327-343.

Koenig, D. (1986). *Die mittelgroße Familienunternehmung in der Rechtsform der Aktiengesellschaft.* Bergisch-Gladbach: Eul.

Koh, W. L. (1990). *An empirical validation of the theory of transformational leadership in secondary schools in Singapore.* Doctoral dissertation, University of Oregon, Eugene, OR.

Körner, A., Geyer, M., & Brähler, E. (2002). Das NEO-Fünf-Faktoren-Inventar (NEO-FFI): Validierung anhand einer deutschen Bevölkerungsstichprobe. *Diagnostica* , 48, 19-27.

Körner, T., & Günther, L. (2011). Frauen in Führungspositionen. Ansatzpunkte zur Analyse von Führungskräften in Mikrozensus und Arbeitskräfteerhebung. *Wirtschaft und Statistik* , 5, 434-451.

Kotey, B. (2005). Are Performance Differences Between Family and Nonfamily SMEs Uniform Across All Firm Sizes? *International Journal of Entrepreneurial Behaviour and Research* , 11(6), 394-421.

Kotey, B. (2005). Goals, management practices and performance of family SMEs. *International Journal of Entrepreneurial Behaviour & Research* , 11(1), 3-24.

Kotey, B., & Folker, C. (2007). Employee training in SMEs: Effect of size and firm type - family and nonfamily. *Journal of Small Business Management* , 45(2), 214-238.

Kotter, J. P. (1985). *Power and Influence.* New York, NY: Free Press.

Kraaijenbrink, J., Spender, J. C., & Groen, A. J. (2010). The resource-based view: A review and assessment of its critiques. *Journal of Management* , 36(1), 349-372.

Kraiczy, N. D., Hack, A., & Kellermanns, F. W. (2014). What makes a family firm innovative? CEO risk-taking propensity and the organizational context of family firms. *Journal of Product Innovation Management* , doi: 10.1111/jpim.12203.

Kraiczy, N. (2013). *Innovations in Small and Medium-Sized Family Firms. Familienunternehmen und KMU.* Wiesbaden: Springer Gabler.

Krüger, T., & Funke, J. (1998). *Psychologie im Internet.* Weinheim: Beltz.

La Porta, R., Lopez de Silanes, F., Shleifer, A., & Vishny, R. W. (1999). Investor Protection and Corporate Governance. *Journal of Financial Economics* , 58(1), 3-27.

Lansberg, I. S. (1996). Managing human resources in family firms: The problem of the institutional overlap. *Organizational Dynamics* , 12(1), 39-46.

Lansberg, I. S. (1999). *Succeeding generations: realizing the dream of families in business.* Boston, MA: Harvard Business School Press.

Lansberg, I. S. (1988). The Succession Conspiracy. *Family Business Review* , 1(2), 119-143.

Lansberg, I. S., & Gersick, K. E. (1993). Editor's notes: The first six volumes. *Family Business Review* , 6, 349-350.

Lansberg, I. S., Perrow, E. L., & Rogolsky, S. (1988). Family business as an emerging field. *Family Business Review* , 1, 1-8.

Lattmann, C. (1975). *Führungsstil und Führungsrichtlinien.* Bern: Haupt.

Lauterbach, B., & Vaninsky, A. (1999). Ownership structure and firm performance: Evidence from Israel. *Journal of Management and Governance* , 3(2), 189-201.

Le Breton-Miller, I. L., & Miller, D. (2013). Socioemotional wealth across the family firm life cycle: A commentary on "Family Business Survival and the Role of Boards". *Entrepreneurship Theory and Practice* , 37(6), 1391-1397.

Le Breton-Miller, I. L., & Miller, D. (2006). Why Do Some Family Businesses Out-Compete? Governance, Long-Term Orientations, and Sustainable Capability. *Entrepreneurship Theory and Practice* , 30(6), 731-746.

Le Breton-Miller, I. L., Miller, D., & Lester, R. H. (2011). Stewardship or agency: A social embeddedness reconciliation of conduct and performance in public family businesses. *Organization Science* , 22(3), 704-721.

Le Breton-Miller, I. L., Miller, D., & Steier, L. P. (2004). Toward an Integrative Model of Effective FOB Succession. *Entrepreneurship Theory and Practice* , 28, 305-328.

Leana, C. R., & van Buren, H. J. (1999). Organizational Social Capital and Employment Practices. *The Academy of Management Review* , 24(3), 538-555.

Lee, J. (2006). Family Firm Performance: Further Evidence. *Family Business Review* , 19, 103-114.

Letmathe, P., Eigler, J., Welter, F., Kathan, D., & Heupel, T. (2007). *Management kleiner und mittlerer Unternehmen: Stand und Perspektiven der KMU-Forschung.* Wiesbaden: Springer.

Levie, J., & Lerner, M. (2009). Resource Mobilization and Performance in Family and Nonfamily Businesses in the United Kingdom. *Family Business Review* , 22(1), 25-38.

Lievens, F., Van Geit, P., & Coetsier, P. (1997). Identification of transformational leadership qualities: An examination of potential biases. *European Journal of Work and Organizational Psychology* , 6, 415-430.

Lim, E. N., Lubatkin, M. H., & Wiseman, R. M. (2010). A family firm variant of the behavioral agency theory. *Strategic Entrepreneurship Journal* , 4, 197-211.

Lipman-Blumen, J. (2000). *Connective Leadership: Managing in a changing world.* Oxford: Oxford University Press.

Littunen, H., & Hyrsky, K. (2000). The Early Entrepreneurial Stage in Finnish Family and Nonfamily Firms. *Family Business Review* , 13, 41-54.

Litz, R. A. (1995). The family business: Toward definitional clarity. *Family Business Review* , 8(2), 71-81.

Litz, R. A. (1997). The family firm's exclusion from business school research: Explaining the void, addressing the opportunity. *Entrepreneurship Theory and Practice* , 21(3), 55-71.

Lord, R. G., De Vader, L. C., & Alliger, G. M. (1986). A meta-analysis of the relation between personality traits and leadership perceptions: An application of validity generalization procedures. *Journal of Applied Psychology* , 71, 402-410.

Lowe, K., & Gardner, W. (2000). Ten Years of The Leadership Quarterly: Contributions and challenges for the future. *Leadership Quarterly* , 11, 551-579.

Lowe, K., Kroeck, G., & Sivasubramaniam, N. (1996). Effectiveness correlates of transformational and transactional leadership: A meta-analytic review. *Leadership Quarterly* , 1, 385-426.

Lubatkin, M. H., Schulze, W. S., Ling, Y., & Dino, R. N. (2005). The effects of parental altruism on the governance of family-managed firms. *Journal of Organizational Behavior* , 26(3), 313-330.

Lubinski, D. (2009). Cognitive epidemiology: With emphasis on untangling cognitive ability and socioeconomic status. *Intelligence* , 37, 625-633.

Lucas, R. E., & Donnellan, M. B. (2011). Personality Development Across the Life Span: Longitudinal Analyses With a National Sample From Germany. *Journal of Personality and Social Psychology* , 101, 847-861.

Malik, F. (2006). *Gefährliche Managementwörter. Und warum man sie vermeiden sollte.* Frankfurt: Campus.

Mandl, I. (2008). Overview of Family Business Relevant Issues. In *KMU FORSCHUNG AUSTRIA.* Wien: Austrian Institute for SME Research.

Mann, R. D. (1959). A review of the relationship between personality and performance in small groups. *Psychological Bulletin* , 56, 241-270.

Manstead, A. S., & Semin, G. R. (2003). Methodologie in der Sozialpsychologie: Werkzeuge zur Überprüfung von Theorien. In W. Stroebe, K. Jonas, & M. Hewstone, *Sozialpsychologie. 4. Auflage.* Berlin: Springer.

Marquart, M. (1. Juni 2012). *Zerschlagung von Schlecker: Ladenschluss im Drogerie-Imperium.* Abgerufen am 9. September 2014 von http://www.spiegel.de/wirtschaft/unternehmen/zerschlagung-von-schlecker-grueende-fuer-die-pleite-a-835436.html

Martinez, J. I., Stöhr, B. S., & Quiroga, B. F. (2007). Family Ownership and Firm Performance: Evidence From Public Companies in Chile. *Family Business Review* , 20, 83-94.

Maury, B. (2006). Family ownership and firm performance: Empirical evidence from western European corporations. *Journal of Corporate Finance* , 12, 321-341.

Maxwell, J. C. (1998). *The Twenty-One Irrefutable Laws of Leadership.* Nashville: Thomas Nelson.

Mayer, R. C., Davis, J. H., & Schoorman, F. D. (1995). An integrative model of organizational trust. *Academy of Management Review* , 20, 709-734.

McCarthy, J. M., Johnson, S. A., Vernon, P. A., Molson, M., Harris, J. A., & Jang, K. L. (1998). *Born to lead? A genetic investigation of leadership style.* Dallas, TX: Paper presented to the Society for International and Organizational Psychology.

McClelland, D. C. (1975). *Power: The inner experience.* New York, NY: Irvington-Halstead-Wiley.

McConaughty, D. L. (2000). Family CEOs vs. Nonfamily CEOs in the Family-Controlled Firm: An Examination of the Level and Sensitivity of Pay to Performance. *Family Business Review* , 13(2), 121-131.

McConaughy, D. L., Matthews, C. H., & Fialko, A. S. (2001). Founding Family Controlled Firms: Efficiency, Risk, and Value. *Journal of Small Business Management* , 39(1), 31-49.

McCrae, R. R., Costa, P. T., de Lima, M. P., Simoes, A., Ostendorf, F., Angleitner, A., et al. (1999). Age differences in personality across the adult life span: Parallels in five cultures. *Developmental Psychology* , 35, 466-477.

McGovern, G., Simmons, D., & Gaken, D. (2008). *Leadership and service: An introduction.* Dubuque, IA: Kendall Hunt.

Mehrotra, V., Morck, R. K., Shim, J., & Wiwattanakang, Y. (2010). *Adoptive expectations: Rising son tournaments in Japanese family firms.* Edmonton, AB, Canada: Working paper, University of Alberta.

Meindl, J. R., & Ehrlich, S. B. (1987). The Romance of Leadership and the evaluation of organizational performance. *Academy of Management Journal* , 30, 91-109.

Meindl, J. R., Ehrlich, S. B., & Dukerich, J. M. (1985). The romance of leadership. *Administrative Science Quarterly* , 30, 78-102.

Meinhövel, H. (1999). *Defizite der Principal-Agent-Theorie.* Lohmar: Eul.

Melin, L., & Nordqvist, M. (2007). The reflexive dynamics of institutionalization: The case of the family business. *Strategic Organization* , 5(3), 321-333.

Meyer, J. P., & Allen, N. J. (1991). A three-component conceptualization of organizational commitment. *Human resource management review* , 1(1), 61-89.

Micelotta, E. R., & Raynard, M. (2011). Concealing or revealing the family? Corporate brand identity strategies in family firms. *Family Business Review* , 24, 197-216.

Miller, D., & Le Breton-Miller, I. (2006). Family Governance and Firm Performance:

Agency, Stewardship and Capabilities. *Family Business Review* , 19(1), 73-87.

Miller, D., & Le Breton-Miller, I. (2011). Governance, social identity, and entrepreneurial orientation in closely held public companies. *Entrepreneurship Theory and Practice* , 35, 1051-1076.

Miller, D., & Le Breton-Miller, I. (2005). *Managing for the long run: Lessons in competitive advantage from great family businesses.* Boston, MA: Harvard Business School Press.

Miller, D., Le Breton-Miller, I., & Lester, R. H. (2013). Family Firm Governance, Strategic Conformity and Performance: Institutional versus Strategic Perspectives. *Organization Science* , 24(1), 189-209.

Miller, D., Le Breton-Miller, I., & Lester, R. H. (2010). Family ownership and acquisition behavior in publicly-traded companies. *Strategic Management Journal* , 31(2), 201-214.

Miller, D., Le Breton-Miller, I., & Scholnick, B. (2008). Stewardship vs. Stagnation: An Empirical Comparison of Small Family and Non-Family Businesses. *Journal of Management Studies* , 45(1), 51-78.

Miller, D., Le Breton-Miller, I., Lester, R., & Cannella, A. (2007). Family firm performance revisited. *Journal of Corporate Finance* , 13, 829-858.

Miller, D., Lee, J., Chang, S., & Le Breton-Miller, I. (2009). Filling the institutional void: The social behavior and performance of family versus non-family technology firms in emerging markets. *Journal of International Business Studies* , 40, 802-817.

Miller, D., Steier, L., & Le Breton-Miller, I. (2006). Lost in time: Intergenerational succession, change and failure in family business. In P. Poutziouris, K. Smyrnios, & S. Klein, *Handbook of Research on Family Business. 1st edition* (S. 371-387). Cheltenham: Edward Elgar.

Milton, L. P. (2008). Unleashing the relationship power of family firms: Identity Confirmation as a Catalyst for Performance. *Entrepreneurship Theory and Practice* , 32(6), 1063-1081.

Mintzberg, H. (2004). *Managers Not MBAs, A Hard Look At The Soft Practice of Managing and Management Development.* San Francisco, CA: Berrett-Koehler.

Mintzberg, H. (1991). *Mintzberg über Management: Führung und Organisation, Mythos und Realität.* Wiesbaden: Gabler.

Mishra, C. S., & McConaughy, D. L. (1999). Founding Family Control and Capital Structure: The Risk of Loss of Control and the Aversion to Debt. *Entrepreneurship Theory and Practice* , 23, 53-64.

Mittelsten-Scheid, J. (1985). *Gedanken zum Familienunternehmen.* Stuttgart: Poeschel.

Morck, R., & Yeung, B. (2003). Agency problems in large family business groups. *Entrepreneurship Theory and Practice* , 27, 367-382.

Morck, R., Wolfenzon, D., & Yeung, B. (2005). Corporate governance, economic entrenchment, and growth. *Journal of Economic Literature* , 43, 655-720.

Morris, M. H., Williams, R. O., Allen, J. A., & Avila, R. A. (1997). Correlates of success in family business transitions. *Journal of Business Venturing* , 12, 385-401.

Moss, T. W., Payne, T. G., & Moore, C. B. (2014). Strategic Consistency of Exploration and Exploitation in Family Businesses. *Family Business Review* , 27(1), 51-71.

Mumford, M. D., Zaccaro, S. J., Connelly, M. S., & Marks, M. A. (2000). Leadership skills: Conclusions and future directions. *The Leadership Quarterly* , 11, 155-170.

Munari, F., Oriani, R., & Sobrero, M. (2010). The effects of owner identity and external governance systems on R&D investments: A study of Western European firms. *Research Policy* , 39, 1093-1104.

Munoz-Bullon, F., & Sanchez-Bueno, M. J. (2011). The impact of family involvement on the R&D intensity of publicly traded firms. *Family Business Review* , 24, 62-70.

Mustakallio, M., Autio, E., & Zahra, S. A. (2002). Relational and contractual governance in family firms: Effects on strategic decision-making. *Family Business Review* , 15(3), 205-222.

Nadler, R. S. (2007). *Leadership Keys Field Guide: Keys to Great Leadership.* Santa Barbara, CA: Psyccess Press.

Nahapiet, J., & Ghoshal, S. (1998). Social capital, intellectual capital, and the organizational advantage. *Academy of Management Review* , 23, 242-266.

Naldi, L., Cennamo, C., Corbetta, G., & Gomez-Mejia, L. (2013). Preserving Socioemotional Wealth in Family Firms: Asset or Liability? The Moderating Role of Business Context. *Entrepreneurship Theory and Practice* , 37, 1341-1360.

Naldi, L., Nordqvist, M., Sjöberg, K., & Wiklund, J. (2007). Entrepreneurial orientation, risk taking and performance in family firms. *Family Business Review* , 10, 33-47.

Neuberger, O. (2002). *Führen und führen lassen. 6. Auflage.* Stuttgart: Lucius und Lucius.

Neuberger, O. (1990). *Führen und geführt werden. 3. Auflage.* Stuttgart: Enke.

Newbert, S. L. (2007). Empirical research on the resource-based view of the firm: An assessment and suggestions for future research. *Strategic Management Journal* , 28, 121-146.

Nickell, S., & Quintini, G. (2002). The Recent Performance of the UK Labour Market. *Oxford Review of Economic Policy* , 18(2), 202-220.

Northouse, P. G. (2007). *Leadership: Theory and practice. 3rd edition.* Thousand Oaks, CA: Sage.

Northouse, P. G. (2010). *Leadership: Theory and practice. 5th edition.* Thousand Oaks, CA: Sage.

O'Connor, P., & Day, D. (2007). Shifting the emphasis of leadership development: From „me" to „all of us". In J. A. Conger, & R. E. Reggio, *The Practice of Leadership* (S. 64-86). San Francisco, CA: Jossey-Bass.

Organ, D. W., & Ryan, K. (1995). A meta-analytic review of attitudinal and dispositional predictors of organizational citizenship behavior. *Personnel Psychology* , 48, 775-802.

Orne, M. T. (1962). On the social psychology of the psychological experiment: With particular reference to demand characteristics and their implications. *American Psychologist* , 17, 776-783.

Ostendorf, F., & Angleitner, A. (2004). *NEO-Persönlichkeitsinventar nach Costa und McCrae. Revidierte Fassung.* Göttingen: Hogrefe.

Paddison, A., & Calderwood, E. (2007). Rural retailing: a sector in decline? *International Journal of Retail & Distribution Management* , 35(2), 136-155.

Palmer, D., & Barber, B. M. (2001). Challengers, elites, and owning families: A social class theory of corporate acquisitions in the 1960s. *Administrative Science Quarterly* , 46(1), 87-120.

Palmer, T. B., & Wiseman, R. M. (1999). Decoupling risk taking from income stream uncertainty: A holistic model of risk. *Strategic Management Journal* , 20(11), 1037-1062.

Parada, M. J., Nordqvist, M., & Gimeno, A. (2010). Institutionalizing the family business:

The role of professional associations in fostering a change of values. *Family Business Review* , 26, 1-18.

Park, C. H., Song, J. H., Yoon, S. W., & Kim, J. (2013). A missing link: Psychological ownership as a mediator between transformational leadership and organizational citizenship behaviour. *Human Resource Development International* , 16(5), 558-574.

Paulus, P. B., & Yang, H. (2000). Idea generation in groups: A basis for creativity in organizations. *Organizational Behavior & Human Decision Processes* , 82, 76-87.

Pawar, B. S., & Eastman, K. K. (1997). The nature and implications of contextual influences on transformational leadership: A conceptual examination. *Academy of Management Review* , 22, 80-109.

Pearson, A. W., & Marler, L. E. (2010). A Leadership Perspective of Reciprocal Stewardship in Family Firms. *Entrepreneurship Theory and Practice* , 34(6), 1117-1124.

Pearson, A. W., Carr, J. C., & Shaw, J. C. (2008). Toward a theory of familiness: A social capital perspective. *Entrepreneurship Theory and Practice* , 32(6), 949-969.

Penrose, E. T. (1959). *The Theory of the Growth of the Firm.* New York, NY: Oxford University Press.

Perlitz, M., & Löbler, H. (1989). *Das Innovationsverhalten in der mittelständischen Industrie – Das Risk/Return Paradoxon.* Stuttgart: Poeschel.

Perrow, C. (1986). *Complex Organizations: A Critical Essay. 3. Auflage.* New York, NY: Osborn.

Pfeffer, J. (1982). Power and resource allocation in organisations. In B. M. Staw, & G. R. Salancik, *New directions in organizational behavior* (S. 235-265). Malabar, FL: Robert E. Krieger.

Pfeffer, J., & Sutton, R. I. (2006). *Hard Facts, Dangerous Half-Truths and Total Nonsense: Profiting From Evidence-Based Management.* Cambridge: Harvard Business School Press.

Pfohl, H.-C., & Kellerwessel, P. (1982). Abgrenzung der Klein- und Mittelbetriebe von Großbetrieben. In H.-C. Pfohl, *Betriebswirtschaftslehre der Mittel- und Kleinbetriebe* (S. 9-34). Berlin: Erich Schmidt.

Pierce, G. R., Sarason, I. G., & Sarason, B. R. (1991). General and Relationshipbased Perceptions of Social Support: Are Two Constructs Better Than One? *Journal of Personality and Social Psychology* , 61, 1028-1039.

Pierce, J. L., & Jussila, I. (2010). Collective psychological ownership within the work and organizational context: Construct introduction and elaboration. *Journal of Organizational Behavior* , 31, 810-834.

Pierce, J. L., Jussila, I., & Cummings, A. (2009). Psychological ownership within the job design context: Revision of the job characteristics model. *Journal of Organizational Behavior* , 30, 477-496.

Pierce, J. L., Kostova, T., & Dirks, K. T. (2001). Toward a theory of psychological ownership in organizations. *Academy of Management Review* , 26(2), 298-310.

Pierce, J. L., O'Discroll, M. P., & Coghlan, A.-M. (2004). Work Environment Structure and Psychological Ownership: The Mediating Effects of Control. *The Journal of Social Psychology* , 144(5), 507-534.

Pierce, J., Kostova, T., & Dirks, K. (2003). The state of psychological ownership: Integrating and extending a century of research. *Review of General Psychology* , 7, 84-107.

Pillai, R., Schriesheim, C. A., & Williams, E. S. (1999). Fairness perceptions and trust as mediators for transformational and transactional leadership: A two-sample study. *Journal of Management* , 25, 897-933.

Pinnow, D. F. (2008). *Führen. Worauf es wirklich ankommt.* Wiesbaden: Gabler.

Podsakoff, P. M., & Organ, D. W. (1986). Self-reports in organizational research: Problems and prospects. *Journal of Management* ,12(2), 531-544.

Podsakoff, P. M., MacKenzie, S. B., Moorman, R. H., & Fetter, R. (1990). Transformational leader behaviors and their effects of followers' trust in leader, satisfaction, and organizational citizenship behaviors. *Leadership Quarterly* , 1, 107-142.

Popper, M., Mayseless, O., & Castelnovo, O. (2000). Transformational leadership and attachment. *Leadership Quarterly* , 11(2), 267-289.

Porst, R. (2008). *Fragebogen: Ein Arbeitsbuch. Studienskripte zur Soziologie.* Wiesbaden: VS Verlag für Sozialwissenschaften.

Porter, M. E. (1987). From Competitive Advantage to Corporate Strategy. *Harvard Business Review* , 65(3), 43-59.

Porter, M. E. (1994). Toward a Dynamic Theory of Strategy. In R. P. Rumelt, D. Schendel, & D. J. Teece, *Fundamental Issus in Strategy - A research agenda* (S. 423-461). Boston, MA: Harvard Business School Press.

Post, J. M. (1993). Current concepts of the narcissistic personality: Implications for political psychology. *Political Psychology* , 14, 99-121.

Poza, E. (2004). *Family Business.* Mason, OH: Thomson South-Western Publishing.

Poza, E., & Alfred, T. (1996). What the silent majority thinks (but may not tell you). *Family Business Magazine* , Autumn, 13-21.

Poza, E., Alfred, T., & Maheshwari, A. (1997). Stakeholder perceptions of culture and management practices in family and non-family firms. A preliminary report. *Family Business Review* , 10, 135-155.

Prabhu, G. N. (1999). Social entrepreneurial leadership. *Career Development International* , 4(3), 140-145.

Pratt, J. W., & Zeckhauser, R. J. (1985). *Prinzipals and Agents: The Structure of Business.* Boston, MA: Harvard Business School Press.

Priem, R. L., & Butler, J. E. (2001). Is the resource-based ‚view' a useful perspective for strategic management research? *Academy of Management Review* , 26, 22-40.

Puccio, G. J., Murdock, M. C., & Mance, M. (2007). *Creative Leadership: Skills that Drive Change.* Thousand Oaks, CA: Sage.

Putnam, R. D. (2000). *Bowling alone: The collapse and revival of American community.* New York, NY: Simon and Schuster.

Quermann, D. (2004). *Führungsorganisation in Familienunternehmungen. Eine explorative Studie.* Köln: Eul.

Rammstedt, B. (1997). *Die deutsche Version des Big Five Inventory (BFI): Übersetzung und Validierung eines Fragebogens zur Erfassung des Fünf-Faktoren-Modells der Persönlichkeit.* Bielefeld: Universität Bielefeld.

Rammstedt, B. (2007). The 10-Item Big Five Inventory (BFI-10): Norm values and investigation of socio-demographic effects based on a German population representative sample. *European Journal of Psychological Assessment* , 23, 193-201.

Rammstedt, B., & John, O. P. (2007). Measuring personality in one minute or less: A 10-item short version of the Big Five Inventory in English and German. *Journal of Research in Personality* , 41, 203-212.

Rammstedt, B., Kemper, C. J., Klein, M. C., Beierlein, C., & Kovaleva, A. (2012). *Eine kurze Skala zur Messung der fünf Dimensionen der Persönlichkeit: Big-Five-Inventory-10.* GESIS-Working Papers, 22.

Rau, S. (2014). Resource-based view of family firms. In L. Melin, M. Nordqvist, & P. Sharma, *The SAGE handbook of family business* (S. 321-340). London: Sage.

Redlefsen, M. (2002). *Ausstieg von Gesellschaftern aus großen Familienunternehmen.* Vallendar: WHU.

Reid, R. S., & Harris, R. I. (2002). The determinants of training in SMEs in Northern Ireland. *Education & Training* , 44, 443-450.

Reißmann, O. (11. Januar 2010). *Schlappe für Discounter: Schlecker stoppt Billig-Leiharbeit.* Abgerufen am 9. September 2014 von http://www.spiegel.de/wirtschaft/soziales/schlappe-fuer-discounter-scjlecker-stoppt-billig-leiharbeit-a-671335.html

Roiger, M. B. (2006). *Gestaltung von Anreizsystemen und Unternehmensethik: Eine norm- und wertbezogene Analyse der normativen Principal-Agent-Theorie.* München: Deutscher Universitätsverlag.

Rost, J. C. (1991). *Leadership for the Twenty-First Century.* New York, NY: Praeger.

Rousseau, D. M. (1985). Issues of level in organizational research: Multi-level and cross-level perspectives. *Research in Organizational Behavior* , 7, 1-37.

Rousseau, D. M. (1990). New hire perspectives of their own and their employer's obligations: A study of psychological contracts. *Journal of Organizational Behavior* , 11, 389-400.

Rusbult, C. E., Farrell, D., Rogers, G., & Mainous, A. G. (1988). Impact of exchange variables on exit, voice, loyalty and neglect: An integrative model of responses to declining job satisfaction. *Academy of Management Journal* , 31, 599-627.

Rüsen, T., von Schlippe, A., & Groth, T. (2009). *Familienunternehmen – Exploration einer Unternehmensform.* Witten: WIFU-Schriftenreihe, Band II (10/2009).

Ruter, R. X., & Thümmel, R. C. (2009). *Beiräte in mittelständischen Familienunternehmen. 2. Auflage.* Stuttgart: Boorberg.

Rutherford, M. W., Kuratko, D. F., & Holt, D. T. (2008). Examining the Link Between "Familiness" and Performance: Can the F-PEC Untangle the Family Business Theory Jungle? *Entrepreneurship Theory and Practice* , 32, 1089-1109.

Sahin, S. (2004). The relationship between transformational and transactional leadership styles of school principals and school culture (the case of Izmir, Turkey). *Educational Sciences: Theory & Practice* , 4, 387-395.

Salvato, C., & Corbetta, G. (2013). Transitional leadership of advisors as a facilitator of successors' leadership construction. *Family Business Review* , 26, 235-255.

Sappington, D. E. (1991). Incentives in Principal-Agent Relationships. *Journal of Economic Perspectives* , 5(2), 45-66.

Sashkin, M. (1988). *The visionary leader.* Amherst, MA: HRD.

Scherer, F. M. (1998). The Size Distribution of Profits from Innovation. *Annales D'Economie et de Statistique* , 49/50, 495-516.

Schmidt, F. L., & Hunter, J. E. (1998). The Validity and Utility of Selection Methods in Personnel Psychology: Practical and Theoretical Implications of 85 Years of Research Findings. *Psychological Bulletin* , 124, 262-274.

Schneewind, K. A. (2010). *Familienpsychologie. 3rd edition.* Stuttgart: Kohlhammer.

Schneider, B., Goldsmith, H. W., & Smith, D. B. (1995). The ASA framework: An update. *Personnel Psychology* , 48, 747-773.

Scholz, C. (1991). *Personalmanagement. 2. Auflage.* München: Vahlen.

Schreyögg, G. (1999). Strategisches Management - Entwicklungstendenzen und Zukunftsperspektiven. *Die Unternehmung* , 53(6), 387-407.

Schreyögg, G. (2000). Wissen, Wissenschaftstheorie und Wissensmanagement. In G. Schreyögg, *Wissen in Unternehmen.* Berlin: Schmidt.

Schriesheim, C. A., & Kerr, S. (1977). Theories and measures of leadership: A critical appraisal. In J. G. Hunt, & L. L. Larson, *Leadership: The cutting edge* (S. 9-45). Carbondale, IL: Southern Illinois University Press.

Schulze, W. S., Lubatkin, M. H., & Dino, R. N. (2002). Altruism, agency, and the competitiveness of family firms. *Managerial and Decision Economics* , 23, 247-259.

Schulze, W. S., Lubatkin, M. H., & Dino, R. N. (2003). Exploring the agency consequences of ownership dispersion among the directors of private family firms. *Academy of Management Journal* , 46, 179-194.

Schulze, W. S., Lubatkin, M. H., & Dino, R. N. (2003). Toward a theory of agency and altruism in family firms. *Journal of Business Venturing* , 18, 473-490.

Schulze, W. S., Lubatkin, M. H., Dino, R. N., & Buchholtz, A. K. (2001). Agency Relationships in Family Firms. *Theory and Evidence Organization Science* , 12(2), 99-116.

Sciascia, S., & Mazzola, P. (2008). Family involvement in ownership and management: Exploring nonlinear effects on performance. *Family Business Review* , 21(4), 331-345.

Shamir, B., & Howell, J. M. (1999). Organizational and contextual influences on the emergence and effectiveness of charismatic leadership. *Leadership Quarterly* , 10(2), 257-283.

Shamir, B., House, R. J., & Arthur, M. B. (1993). The motivational effect of charismatic leadership: A self-concept based theory. *Organizational Science* , 4, 577-594.

Shanker, M. C., & Astrachan, J. H. (1996). Myths and realities: Family businesses' contribution to the US economy – A framework for assessing family business statistics. *Family Business Review* , 9(2), 107-119.

Sharma, P. (2004). An Overview of the Field of Family Business Studies: Current Status and Directions for the Future. *Family Business Review* , 17, 1-36.

Sharma, P. (2003). *Stakeholder Mapping Technique: Toward the Development of a Family Firm Typology.* Working Paper. Laurier University, School of Business and Economics.

Sharma, P., & Irving, P. G. (2005). Four Bases of Family Business Successor Commitment: Antecedents and Consequences. *Entrepreneurship Theory and Practice* , 29(1), 13-33.

Sharma, P., & Manikuti, S. (2005). Strategic divestments in family firms: Role of family structure and community culture. *Entrepreneurship Theory and Practice* , 29, 293-311.

Sharma, P., & Nordqvist, M. (2008). A classification scheme for family firms: From family values to effective governance to firm performance. In J. Tapies, & J. L. Ward, *Family values and value creation: How do family-owned businesses foster enduring values* (S. 71-101). Houndmills: Palgrave.

Sharma, P., Chrisman, J. J., & Chua, J. H. (1996). *A review and annotated bibliography of family business studies.* Boston, MA: Kluwer Academic.

Sharma, P., Chrisman, J. J., & Chua, J. H. (1997). Strategic management of the family business: Past research and future challenges. *Family Business Review*, 10, 1-35.

Sharma, P., Chrisman, J. J., & Gersick, K. E. (2012). 25 Years of Family Business Review: Reflections on the Past and Perspectives for the Future. *Family Business Review*, 25, 5-15.

Sharma, P., Hoy, F., Astrachan, J. H., & Koiranen, M. (2007). The practive-driven evolution of family business education. *Journal of Business Research*, 60, 1012-1021.

Sharma, P., Melin, L., & Nordqvist, M. (2014). Introduction: Scope, Evolution and Future of Family Business Studies. In L. Melin, M. Nordqvist, & P. Sharma, *SAGE Handbook of Family Business*. London: Sage.

Sharma, P., Salvato, C., & Reay, T. (2014). Temporal Dimensions of Family Enterprise Research. *Family Business Review*, 27, 10-19.

Shepherd, D. A., Wiklund, J., & Haynie, J. M. (2009). Moving forward: Balancing the financial and emotional costs of business failure. *Journal of Business Venturing*, 24(2), 134-148.

Short, J. C., Payne, G. T., Brigham, K. H., Lumpkin, G. T., & Broberg, J. C. (2009). Family firms and entrepreneurial orientation in publicly traded firms. *Family Business Review*, 22, 9-24.

Shukla, P., Carney, M., & Gedajlovic, E. (2014). Economic theories of family firms. In L. Melin, M. Nordqvist, & P. Sharma, *SAGE Handbook of Family Business*. London: Sage.

Siefer, T. (1996). *„Du bekommst später 'mal die Firma!". Psychosoziale Dynamik von Familienunternehmen.* Heidelberg: Auer.

Siefer, T. (1994). *„Du kommst später mal in die Firma!": Psychosoziale Dynamik von Familienunternehmen.* Wuppertal: Dissertation Universität Wuppertal.

Sieger, P., Zellweger, T., & Aquino, K. (2013). Turning Agents into Psychological Principals: Aligning Interests of Non-Owners through Psychological Ownership. *Journal of Management Studies*, 50, 361-388.

Simon, F. B. (2002). *Die Familie des Familienunternehmens.* Heidelberg: Carl-Auer-Systeme.

Simon, F. B. (1999). Familie, Unternehmen und Familienunternehmen. Einige Überlegungen zu Unterschieden, Gemeinsamkeiten und den Folgen. *Organisationsentwicklung*, 18(4), 16-23.

Singer, E. (2006). Nonresponse Bias in Household Surveys. *Public Opinion Quarterly*, 70(5), 637-645.

Sirmon, D. G., & Hitt, M. A. (2003). Managing resources: Linking unique resources, management, and wealth creation in family firms. *Entrepreneurship Theory and Practice*, 27(4), 339-358.

Sirmon, D. G., Hitt, M. A., & Ireland, R. D. (2007). Managing firm resources in dynamic environments to create value: Looking inside the black box. *Academy of Management Review*, 32, 273-292.

Sivanathan, N., Barling, J., & Turner, N. (2003). *Leading others to safety: Effects of transformational leadership training on occupational safety.* Kingston, ON: Manuscript in preparation. Queen's University.

Sohm, S. (2007). *Zeitgemäße Führung, Ansätze und Modelle. Eine Studie der klassischen und neueren Management-Literatur.* Gütersloh: Bertelsmann Stiftung.

Somers, M. J. (2001). Ethical codes of conduct and organizational context: A study of the relationship between codes of conduct, employee behavior and organizational values. *Journal of business ethics*, 30(2), 185-195.

Songini, L. (2006). The professionalization of family firms: theory and practice. In P. Z. Poutziouris, K. X. Smyrnios, & S. B. Klein, *Handbook of Research on Family Business* (S. 269-297). Cheltenham, UK and Northampton, MA, USA: Edward Elgar.

Sorenson, R. L. (1999). Conflict Management strategies used in successful family businesses. *Family Business Review*, 12(4), 325-339.

Sorenson, R. L. (2000). The Contribution of Leadership Style and Practices to Family and Business Success. *Family Business Review*, 13, 183-200.

Spary, P. (1981). *Unternehmer und Politik. Plädoyer für ein stärkeres Engagement der Unternehmer in der Politik.* Krefeld: Studiengesellschaft für Mittelstandsfragen e.V.

Spremann, K. (1987). Agent and Principal. In G. Bamberg, & K. Spremann, *Agency Theory, Information, and Incentives* (S. 3-38). Berlin: Springer.

Sraer, D., & Thesmar, D. (2007). Performance and Behavior of Family Firms: Evidence from the French Stock Market. *Journal of the European Economic Association*, 5, 709-751.

Srivastava, A., Heise, C., Garg, A., & Bell, J. B. (2002). The relationship between the dominant additional vein mutant in drosophila melanogaster and engrailed. *Genome*, 45(6), 1077-1082.

Staehle, W. (1999). *Management. 8th edition.* München: Vahlen.

Starnes, B. J., Truhon, S. A., & McCarthy, V. (2010). A Primer on Organizational Trust. *Human Development and Leadership Devision*, 1-15.

Stavrou, E., Kassinis, G., & Filotheou, A. (2007). Downsizing and Stakeholder Orientation Among the Fortune 500: Does Family Ownership Matter? *Journal of Business Ethics*, 72(2), 149-162.

Steier, L. (2001). Family Firms, Plural Forms of Governance, and the Evolving Role of Trust. *Family Business Review*, 14(4), 353-368.

Steier, L. (2003). Variants of agency contracts in family financed ventures as a continuum of familial altruisitic and market rationalities. *Journal of Business Venturing*, 18, 597-618.

Steinkellner, P. (2005). *Systemische Intervention in der Mitarbeiterführung.* Heidelberg: Carl Auer.

Stevens, J. (1999). *Intermediate Statistics. A Modern Approach.* London: Erlbaum.

Stevens, S. S. (1951). Mathematics, measurement, and psychophysics. In S. S. Stevens, *Handbook of experimental psychology.* New York, NY: Wiley.

Stewart, A., & Hitt, M. (2012). Why Can't a Family Business Be More Like a Nonfamily Business?: Modes of Professionalization in Family Firms. *Family Business Review*, 25(1), 58-86.

Steyrer, J. (1999). Charisma in Organisationen – zum Stand der Theorienbildung und empirischen Forschung. *Managementforschung*, 9, 143-197.

Stiftung Familienunternehmen. (2007). *Die volkswirtschaftliche Bedeutung der Familienunternehmen.* Bonn: Studie Stiftung Familienunternehmen und IfM Bonn.

Stiftung Familienunternehmen, Rhomberg, M. (2009). *Die Wahrnehmung der Wirtschaft in der Öffentlichkeit.* Stuttgart: Zeppelin Universität und Stiftung Familienunternehmen.

Stippler, M., Moore, S., Rosenthal, S., & Dörffer, T. (2011). *Führung – Überblick über Ansätze, Entwicklungen, Trends. Bertelsmann Stiftung Leadership Series. 2. Auflage.* Gütersloh: Bertelsmann Stiftung.

Stogdill, R. M. (1974). *Handbook of leadership.* New York, NY: Free Press.

Stogdill, R. M. (1948). Personal factors associated with leadership: A survey of the literature. *Journal of Psychology* , 25, 35-71.

Stoy Hayward. (1989). *Staying the Course. Survival Characteristics of the Family Owned Business.* London: Stoy Hayward.

Sundaramurthy, C., & Lewis, M. (2003). Control and collaboration: Paradoxes of governance. *Academy of Management Review* , 28(3), 397-415.

Sverke, M., Hellgren, J., & Näswall, K. (2002). No security: A meta-analysis and review of job insecurity and its consequences. *Journal of occupational health psychology* , 7(3), 242-264.

Tagiuri, R., & Davis, J. A. (1992). On the goals of successful family companies. *Family Business Review* , 5(1), 43-62.

Taguiri, R., & Davis, J. A. (1996). Bivalent attributes of the family firm. *Family Business Review* , 9(2), 199-208.

Tajfel, H. (1981). *Human groups and social categories: Studies in social psychology.* Cambridge: Cambridge University Press.

Tannenbaum, R., & Schmidt, W. H. (1958). How to choose a leadership pattern. *Harvard Business Review* , 36, 95-101.

Teal, E. J., Upton, N., & Seaman, S. L. (2003). A comparative analysis of strategic marketing practices of high-growth US family and non-family firms. *Journal of Developmental Entrepreneurship* , 8(2), 177-195.

Teece, D. J., Pisano, G., & Shuen, A. (1997). Dynamic capabilities and strategic management. *Strategic Management Journal* , 18, 509-533.

Tejeda, M. J., Scandura, T. A., & Pillai, R. (2001). The MLQ revisited. Psychometric properties and recommendations. *Leadership Quarterly* , 12, 31-52.

Tracey, J. B., & Hinkin, T. R. (1998). Transformational leadership or effective managerial practices? *Group & Organization Management* , 23, 220-236.

Tsai, W., & Ghoshal, S. (1998). Social capital and value creation: The role of intrafirm networks. *Academy of Management Journal* , 41, 464-476.

Tsui, A. S., & Gutek, B. A. (1984). A Role Set Analysis of Gender Differences in Performance, Affective Relationships, and Career Success of Industrial Middle Managers. *The Academy of Management Journal* , 27(3), 619-630.

Tuckman, B. W. (1965). Development sequence in small groups. *Psychological Bulletin* , 63, 384-399.

Tunnell, G. (1977). Three Dimensions of Naturalness: An Expanded Definition of Field Research. *Psychological Bulletin* , 84(3), 426-437.

Türcke, C. (23. Juni 1994). Wo Charisma schwindet, ist die Perspektivlosigkeit besiegelt und aller Tage Abend. *Die Zeit* .

Uhlaner, L. M. (2006). Business family as a team: Underlying force for sustained competitive advantage. In P. Poutziouris, K. Smyrnios, & S. B. Klein, *Handbook of research on family business* (S. 125-145). Bodmin: Edward Elgar.

Ulrich, H., & Krieg, W. (1974). *St. Galler Management-Modell.* Bern: Paul Haupt.

Ulrich, H., & Sidler, F. (1977). *Ein Management-Modell für die öffentliche Hand.* Bern: Paul Haupt.

Upton, N., Teal, E. J., & Felan, J. T. (2001). Strategic and Business Planning Practices of Fast-Growth Family Firms. *Journal of Small Business Management* , 39(1), 60-72.

Uzzi, B. (1997). Social structure and competition in interfirm networks: The paradox of embeddedness. *Administrative Science Quarterly* , 35-67.

Vallejo, M. C. (2009). Analytical Model of Leadership in Family Firms Under Transformational Theoretical Approach: An exploratory study. *Family Business Review* , 22(2), 136-150.

Vallejo, M. C. (2008). The effects of commitment of non-family employees of family firms from the perspective of stewardship theory. *Journal of Business Ethics* , 87, 379-390.

Valletta, R. (1999). Declining Job Security. *Journal of Labor Economics* , 17(4, pt.2), 170-197.

Valletta, R. (2000). Declining Job Security. In D. Neumark, *On the Job: Is Long-Term Employment a Thing of the Past?* (S. 227-256). New York, NY: Russell Sage Foundation.

Van Dyne, L., & Pierce, J. L. (2004). Psychological ownership and feelings of possession: Three field studies predicting employee attitudes and organizational citizenship behavior. *Journal of Organizational Behavior* , 25(4), 439-459.

Van Vugt, M. (2010). *Selected: Why some people lead, why others follows, and why it matters.* London: Profile Books.

Vandenberghe, C., Stordeur, S., & D'hoore, W. (2002). Transactional and transformational leadership in nursing: Structural validity and substantive relationships. *European Journal of Psychological Assessment* , 18, 16-29.

Vassend, O., & Skrondal, A. (1995). Factor analytic studies of the NEO Personality Inventory and the five-factor model: The problem of high structural complexity and conceptual indeterminacy. *Personality and Individual Differences* , 19(2), 135-147.

Vecchione, M., Schoen, H., Gonzalez Castro, J. L., Cieciuch, J., Pavlopoulos, V., & Caprara, G. V. (2011). Personality correlates of party preference: The Big Five in five big European countries. *Personality and Individual Differences* , 51, 737-742.

Viken, R. J., Rose, R. J., Kaprio, J., & Koskenvuo, M. (1994). A developmental genetic analysis of adult personality: extraversion and neuroticism from 18 to 59 years of age. *Journal of Personality and Social Psychology* , 66(4), 722-730.

Villalonga, B., & Amit, R. (2006). How do family ownership, control and management affect firm value? . *Journal of Financial Economics* , 80, 385-417.

Volberda, H. W. (1996). Toward the flexible form: How to remain vital in hypercompetitive environments. *Organization Science* , 7(4), 359-374.

Volpin, P. (2002). Governance with poor investor protection: evidence from top executive turnover in Italy. *Journal of Financial Economics* , 64, 61-90.

von Schlippe, A. (2007). Bewusst mit Widersprüchen umgehen - Paradoxiemanagement in Familienunternehmen. In N. Tomaschek, *Die bewusste Organisation. Steigerung der Leistungsfähigkeit, Lebendigkeit und Innovationskraft von Unternehmen* (S. 145-160). Heidelberg: Auer.

von Schlippe, A. (2007). Das Balancieren von Paradoxien in Familienunternehmen - Kultur mit Struktur versöhnen. In K. Rausch, R. Kröger, & A. Näpel, *Organisation gestalten. Struktur mit Kultur versöhnen. Band zur 13. Tagung der Gesellschaft für angewandte*

Wirtschaftspsychologie e.V. am 2. und 3. Februar 2007 in der FH Osnabrück (S. 111-129). Lengerich: Pabst.

von Schlippe, A. (2013). Kein "Mensch-ärgere-dich-nicht"-Spiel: Ein kritischer Blick auf das "Drei-Kreise-Modell" zum Verständnis von Familienunternehmen. In T. Schumacher, *Professionalisierung als Passion. Aktualität und Zukunftsperspektiven der systemischen Organisationsberatung* (S. 143-164). Heidelberg: Auer.

von Schlippe, A. (2008). Systemische Praxis zwischen Handwerk, Kunst, Wissenschaft und Profession. *OSC Organisationsberatung - Supervision - Coaching* , 15(4), 455-467.

von Schlippe, A., & Klein, S. B. (2010). Familienunternehmen - blinder Fleck der Familientherapie? . *Familiendynamik* , 35, 10-21.

von Schlippe, A., Buberti, C., Groth, T., & Plate, M. (2009). *Die zehn Wittener Thesen. Familienunternehmen: Exploration einer Unternehmensform.* Lohmar: Josef Eul.

von Schlippe, A., Groth, T., & Rüsen, T. A. (2012). Paradoxien der Nachfolge in Familienunternehmen. *Konfliktdynamik* , 1(4), 288-299.

von Schlippe, A., Nischak, A., & El Hachimi, M. (2008). *Familienunternehmen verstehen: Gründer, Gesellschafter und Generationen.* Göttingen: Vandenhoeck & Rubrecht.

Voß, E., Wilke, P., & Maack, K. (2003). Führungskräftebeteiligung. In E. Voß, P. Wilke, & K. Maack, *Mitarbeiter am Unternehmen beteiligen. Modelle, Wirkungen, Praxisbeispiele* (S. 95-103). Springer Gabler.

Vroom, V. H. (1976). Leadership. In M. D. Dunnette, *Handbook of industrial and organizational psychology* (S. 1527-1551). Chicago, IL: Rand McNally.

Vroom, V. H., & Yetton, P. W. (1973). *Leadership and decision making.* Pittsburgh, PA: University of Pittsburgh Press.

Waldman, D. A., & Bass, B. M. (1986). *Adding to leader and follower transactions: The augmenting effect of transformational leadership, Working Paper No. 86-109.* Binghamton, NY: State University of New York, School of Management.

Waldman, D. A., Bass, B. M., & Einstein, W. O. (1987). Leadership and outcomes of the performance appraisal process. *Journal of Occupational Psychology* , 60, 177-186.

Waldman, D. A., Bass, B. M., & Yammarino, F. J. (1990). Adding to contingent-reward behavior: The augmenting effect of charismatic leadership. *Group and Organizational Studies* , 15, 381-394.

Waldman, D. A., Ramirez, G. G., House, R. J., & Puranam, P. (2001). Does leadership matter? CEO leadership attributes and profitability under conditions of perceived environmental uncertainty. *Academy of Management Journal* , 44(1), 134-143.

Wang, G., Oh, I., Courtright, S. H., & Colbert, A. E. (2011). Transformational leadership and performance across criteria and levels: A meta-analytic review of 25 years of research. *Group & Organization Management* , 36, 223-270.

Wang, Y., Watkins, D., Harris, N., & Spicer, K. (2004). The relationship between succession issues and business performance. Evidence from UK family SMEs. *International Journal of Entrepreneurial Behavior & Research* , 10, 59-84.

Ward, J. L. (1987). *Keeping the family business healthy: How to plan for continuing growth, profitability, and family leadership.* San Francisco, CA: Jossey-Bass.

Ward, J. L. (2004). *Perpetuating the family business: 50 lessons learned from long-lasting, successful families in business.* New York, NY: Palgrave Macmillan.

Ward, J. L. (1988). The Special Role of Strategic Planning for Family Businesses. *Family*

Business Review , 1(2), 105-117.

Warr, P. (2009). Environmental "vitamins", personal judgments, work values, and happiness. In S. Cartwright, & C. Cooper, *The oxford handbook of organizational well-being* (S. 57-85). Oxford: Oxford University Press.

Warr, P. (2007). *Work, Happiness and Unhappiness.* New York, NY: Routledge.

Wegge, J., & von Rosenstiel, L. (2004). Führung. In H. Schuler, *Lehrbuch Organisationspsychologie.* Bern: Huber.

Weibler, J. (2004). Führung und Führungstheorien. In G. Schreyögg, & A. von Werder, *Handwörterbuch Unternehmensführung und Organisation. 4. Auflage* (S. 294-308). Stuttgart: Schäffer-Poeschel.

Weierter, S. J. (1997). Who wants to play „Follow the leader?" A theory of charismatic relationships based on routinized charisma and follower characteristic. *Leadership Quarterly* , 8(2), 171-193.

Weinert, A. B., & Scheffer, D. (1999). Neue Wege zur Identifikation von Führungs- und Managementpotential: Arbeiten mit dem „Rev. Deutschen CPI" zur Früherkennung durch Talent. *Führung & Organisation* , 4, 194-201.

Wernerfelt, B. (1984). A Resource-based View of the Firm. *Strategic Management Journal* , 5(2), 171-180.

Westhead, P., & Cowling, M. (1998). Family firm research: The need for a methodological rethink. *Entrepreneurship Theory and Practice* , 23, 31-56.

Westhead, P., & Howorth, C. (2006). Ownership and Management Issues Associated With Family Firm Performance and Company Objectives. *Family Business Review* , 19(4), 301-316.

Westhead, P., & Howorth, C. (2007). Types of private family firms: An exploratory conceptual and empirical analysis. *Entrepreneurship & Regional Development* , 19, 405-431.

Westhead, P., Cowling, M., & Howorth, C. (2001). The development of family companies: Management and ownership imperatives. *Family Business Review* , 14(4), 369-385.

Whetten, D., Foreman, P., & Dyer, G. W. (2014). Organizational identity and family business. In L. Melin, M. Nordqvist, & P. Sharma, *SAGE Handbook of Family Business.* London: Sage.

Whyte, M. K. (1996). The Chinese family and economic development: Obstacle or engine? *Economic Development and Cultural Change* , 44, 1-30.

Wibbeke, E. S. (2008). *Global Business Leadership. Geoleadership Strategies for the International Marketplace.* Oxford: Taylor & Francis.

Wiechers, R. (2006). *Familienmanagement zwischen Unternehmen und Familie – Zur Handhabung typischer Eigenarten von Unternehmensfamilien und Familienunternehmen.* Heidelberg: Carl-Auer.

Wiklund, J., Nordqvist, M., Hellerstedt, K., & Bird, M. (2013). Internal Versus External Ownership Transition in Family Firms: An Embeddedness Perspective. *Family Business Special Issue* , 37(6), 1319-1340.

Wilson, R. S., Mendes de Leon, C. F., Bienas, J. L., Evans, D. A., & Bennett, D. A. (2004). Personality and mortality in old age. *Journal of Gerontology: Psychological Sciences* , 59, 110-116.

Wimmer, R. (1989). Die Steuerung komplexer Organisationen. Ein Reformulierungsversuch der Führungsproblematik aus systemischer Sicht. In K. Sandner, *Politische Prozesse in Unternehmen* (S. 131-156). Berlin: Springer.

Wimmer, R. (1996). Die Zukunft von Führung. *Organisationsentwicklung* , 4, 46-57.

Wimmer, R. (1989b). Ist Führen erlernbar? Oder warum investieren Unternehmungen in die Entwicklung ihrer Führungskräfte? *Gruppendynamik* , 20(1), 13-41.

Wimmer, R., Domayer, E., Oswald, M., & Vater, G. (1996). *Familienunternehmen – Auslaufmodell oder Erfolgstyp?* Wiesbaden: Gabler.

Wiseman, R. M., & Gomez-Mejia, L. R. (1998). A behavioral agency model of managerial risk taking. *Academy of Management Review* , 22(1), 133-153.

Wöhe, G., & Döring, U. (2008). *Einführung in die Allgemeine Betreibswirtschaftslehre. 23. Auflage.* München: Vahlen.

Wofford, J. C., & Liska, L. Z. (1993). Path-goal theories of leadership: A meta-analysis. *Journal of Management* , 19, 858-876.

Wofford, J. C., Goodwin, V. L., & Whittington, J. L. (1998). A field study of a cognitive approach to understanding transformational and transactional leadership. *Leadership Quarterly* , 9, 55-84.

Wortman, M. S. (1994). Theoretical foundations for familyowned businesses: A conceptual and research based paradigm. *Family Business Review* , 7, 3-27.

Wunderer, R. (2007). *Führung und Zusammenarbeit - Eine unternehmerische Führungslehre.* Köln: Luchterhand.

Yammarino, F. J., & Bass, B. M. (1990). Long-term forecasting of transformational leadership and its effects among naval officers: Some preliminary findings. In K. E. Clark, & M. B. Clark, *Measures of leadership* (S. 151-169). West Orange, NJ: Leadership Library of America.

Yermack, D. (1996). Higher market valuation of companies with a small board of directors. *Journal of Financial Economics* , 40, 185-221.

Yukl, G. A. (1999). An evaluation of conceptual weaknesses in transformational and charismatic leadership theories. *Leadership Quarterly* , 10(2), 285-305.

Yukl, G. A. (1999). An evaluative essay on current conceptions of effective leadership. *European Journal of Work and Organizational Psychology* , 8, 33-48.

Yukl, G. A. (1998). *Leadership in organizations. 4th edition.* Englewood Cliffs, NJ: Prentice Hall.

Yukl, G. A. (2002). *Leadership in organizations. 5th edition.* Upper Saddle River, NJ: Prentice Hall.

Yukl, G. A. (2006). *Leadership in organizations. 6th edition.* Upper Saddle River, NJ: Prentice Hall.

Yukl, G. A. (2013). *Leadership in organizations. 8th edition.* Essex: Pearson.

Zahra, S. A. (2005). Entrepreneurial Risk Taking in Family Firms. *Family Business Review* , 18(1), 23-40.

Zahra, S. A. (2003). International expansion of U.S. manufacturing family businesses: The effect of ownership and involvement. *Journal of Business Venturing* , 18, 495-512.

Zahra, S. A., & Sharma, P. (2004). Family business research: A strategic reflection. *Family Business Review* , 17, 331-346.

Zahra, S. A., Hayton, J. C., & Salvato, C. (2004). Entrepreneurship in family vs. non-family firms: A resource-based analysis of the effect of organizational culture. *Entrpreneurship*

Theory and Practice , 28, 363-381.

Zaleznik, A. (1977). Managers and leaders: Are they different? *Harvard Business Review* , 54, 67-78.

Zellweger, T. M., & Astrachan, J. H. (2008). On the emotional value of owning a firm. *Family Business Review* , 21(4), 347-363.

Zellweger, T. M., Eddleston, K. A., & Kellermanns, F. W. (2010). Exploring the concept of familiness: Introducing family firm identity. *Journal of Family Business Strategy* , 1(1), 54-63.

Zellweger, T. M., Kellermanns, F. W., Chrisman, J. J., & Chua, J. H. (2011). Family control and family firm valuations by family CEOs: The importance of intentions for transgenerational control. *Organization Science* , 23(3), 851-868.

Zellweger, T., Nason, R., & Nordqvist, M. (2012). From longevity of firms to transgenerational entrepreneurship of families. *Family Business Review* , 25(2), 136-155.

Zwack, M., & von Schlippe, A. (2011). *The transmission of values in family businesses - stories as a form of communicating cultural values.* Witten: Paper presented at the 7th Workshop on Family Firm Management Researchthe European Institute for Advances Studies in Management (EIASM).

Abbildungsverzeichnis

Tabellenverzeichnis

www.ingramcontent.com/pod-product-compliance
Lightning Source LLC
Chambersburg PA
CBHW021554210326

41599CB00010B/437